莊子集成　劉固盛　主編

南華真經本義

［明］陳治安　撰

伍成泉　點校

海峽出版發行集團
THE STRAITS PUBLISHING & DISTRIBUTING GROUP
福建人民出版社

二〇一一—二〇二〇年國家古籍整理出版規劃項目
全國高等院校古籍整理研究工作委員會直接資助項目
華中師範大學中國語言文學一流學科建設項目

莊子集成出版前言

《莊子》是先秦道家重要經典，戰國中期莊周及其後學所撰。《莊子》原爲五十二篇，經西晉郭象删削編定，尚存三十三篇流傳至今。《莊子》在兩漢未受特別重視，至魏晉之際，因與玄學思潮投合，注釋漸多，影響較廣的有崔譔、向秀、司馬彪諸家，但多已亡佚。惟郭象參考諸家之注，加以發揮，形成後世通行的注本。唐代成玄英又依郭注作《南華真經注疏》，補釋郭注未及的字義名物，在思想上也有獨到闡發。陸德明《經典釋文》中有《莊子音義》三卷，因保存較多唐以前異文舊注，爲治《莊》必備之書。

目前流傳下來的《莊子》注本，多成書於宋以後。宋學長於義理思辨，以儒、釋、道解《莊》的傾向較爲明顯，到明代更形成了會通三教的風氣。宋代興起文章評點之風，林希逸、劉辰翁評析《莊子》，引發對《莊子》語言及行文的探索。明代又出現方式更多樣、結構更嚴密的《莊子》評點類著作，《莊子》文章批評成爲專門領域。

清乾嘉以來，考據輯佚之學盛行，注《莊》者更重視校釋文義、考正韻讀、輯補佚文，如盧文弨、王念孫、茆泮林、俞樾、孫詒讓諸家，均取得較高成就。清末郭慶藩、王先謙先後撰《莊子集釋》、《莊子集解》，雖繁簡各殊，而均以集納衆長、具總結性質，成爲百年來最通行的《莊子》注本。近代以降，隨着新舊學術轉型，《莊子》研究多從哲學史、文化史角度展開，或進行學術史的總結，已突破傳統格局。

歷代莊學著述今存三百餘種，近人嚴靈峰編《無求備齋莊子集成初編》、《續編》及《老列莊三子集成補編》，始予系統影印；方勇主編《子藏·道家部·莊子卷》，又續有增益。然均未經點校，不便閱讀。爲總結歷代莊學成就，推動莊學研究進程，福建人民出版社與華中師範大學道家道教研究中心合作編纂《莊子集成》，系統整理魏晉至民國間中國學者有關《莊子》的注疏文獻，分輯出版，以備廣大讀者、研究者使用。

二〇二二年十一月

目次

點校説明

一

《南華真經本義》十六卷《附録》八卷，明陳治安撰。陳治安，字爾道，一字汝道，又字鏡清，會稽（今浙江紹興）人。方勇《莊學史略》最早對《南華真經本義》作專门性探討，而對陳氏生平則僅「天啓二年（一六二二）舉人，官武昌、長沙、新化等縣令，著作有《梅山記事》、《正言》、《諭俗》、《南華真經本義》等」，數語而已，且有誤處。〔一〕簡光明在方書基礎上有所拓展，利用《譚元春集》挖掘陳氏履歷及家世等史料，

〔一〕方勇編著：《莊學史略》，巴蜀書社二〇〇八年版，頁四七七至四八三。按，此言「天啓二年舉人」實誤，且陳氏亦未曾任職長沙。

有關陳氏生平因之知曉更多。[一] 此後的相關論文僅二篇[二]，其中袁朗《陳治安〈南華真經本義〉研究》提及《（康熙）會稽縣誌》一條重要史料，兹引述如下：

> 陳治安，字鏡清，萬曆丙午舉於鄉。生而孝友，天資穎悟，讀書曉大義，不屑屑章句爲事。選授新化令，一以古法治民，清若止水。未幾，以母憂歸。詩六首題寒溪寺壁，譚元春見之，極賞歎，對人嘖嘖不止。詩甚清遠，越畦徑之外；所著古文詞近歐、柳，其《南華本義》尤見卓識。以經史爲性命，頂童齒落，持卷矻矻不少休，足罕入城市。與陶奭齡、董懋中、徐如翰輩爲「曹山八老」，每遇登臨，則吟嘯忘倦。一旦無疾而逝。[三]

此文雖將陳氏先知武昌與後知新化混爲一談，然整體價值頗大。結合簡、袁二文提供的線索可知，陳氏約生活在明嘉靖四十二年至崇禎十三年間（一五六三至一六四〇）。萬

[一] 簡光明：《陳治安探求〈莊子〉本義的方法》，載《中國學術年刊》第三十一期（二〇〇九年秋季號），頁一至二四。

[二] 袁朗：《陳治安〈南華真經本義〉研究》，華東師大二〇一〇年碩士學位論文。蘇韋菱《陳治安〈南華真經本義〉對〈養生主〉的開展及其現代意義》，載《諸子學刊》第十一輯，上海古籍出版社二〇一八年版，頁四〇一。

[三] （清）董欽德輯《（康熙）會稽縣誌》，《中國方誌叢書·華中地方》第五五三號，臺北成文出版社一九八三年版，頁五二〇。

曆三十四年，大約四十三歲的陳氏得中舉人，取得入仕資格，而其正式步入仕途似在萬曆四十五年知武昌縣，次年即丁母憂歸家，後一年又丁父憂，直至天啓二年得補新化知縣，其後輾轉江西德興縣、湖南安仁縣，以知縣相始終。崇禎元年（一六二八）冬，陳氏從安仁縣歸家，不復出焉。《（康熙）會稽縣誌》所言「曹山八老」當爲「七老」，据陶奭齡作於崇禎九年（一六三六）之詩《董建叔別墅成地連禹穴治具召相知數子續曹山七老之會》〔二〕，可知七人最後相聚於是年。崇禎十三年陶氏去世，陳氏或亦於是年前後辭世。

二

萬曆四十六年，陳氏丁母憂從武昌知縣任上返鄉，曾於武昌寒溪寺壁題詩六首。四年後即天啓二年，竟陵派文人譚元春（字友夏，號鵠灣）與其友孟登遊寺見詩，大爲贊賞。譚元春《鵠灣集》中有《陳武昌寒溪寺留壁六詩記》一文，於理解陳氏之志趣與氣度尤爲重要，全録如下：

〔二〕（明）陶奭齡：《賜曲園今是堂集》卷十，《四庫禁毀書叢刊》集部第八〇册，北京出版社一九九七年版，頁六七一。

天啓二年四月，春與故人孟登蔬食於寒溪寺者累日。山雨積林，梵聲低濕，間步殿門，仰視白板字，請孟登誦之。孟登爲誦其詩序，又請沙門取紙筆，録其全詩。詩六章，章各有題。其一曰《旱禱龍湖》，述龍德；其二曰《祀龍明日母疾靡留東門乏櫃孟封公遺美材》，述孟德；其三曰《縣人賻贈百金用爲歸資僧二十三人齋公六人爲誦禮經懺不取瓣香半粒》，述賻德；其四曰《縣有三鹿商有鹿米欲用秋祭予不可請者曰安知後來之不終用也》，述三鹿；其五曰《縣有魚課秋日届期請開湖曰待署者》，述魚課；其六曰《武昌勝地昔多名流百年千祀誰知陳生》，述名勝。六題古質鬱厚，詩俱稱是。

春瞪目而視孟登曰：「噫。」孟登曰：「此吾縣舊令鏡清陳公也，古人也。當在吾縣時，務以德化人，以禮服人。有父子兄弟訟於庭，賜父兄坐，與之茶，而令其子弟拜於堂下。入公門忿，出公門慚，觀者懌，聞者斂。不意刑政汩没、僞薄鑠骨之日，行其所學，不敢以衰世待世，不敢以衰世人待人。古人也，乃不知其詩至是。」春聞之改容。

嗚乎，道德之化，似亡而存；風雅之道，名存實亡。方此刑政汩没、僞薄鑠骨之日，有人焉不苦其力，不煩其視聽，隨其所安而與之無求，尚足以使民愧畏而懷思，故曰存也。學詩者先於澹其慮，厚其意，回翔其身於今人之上，無意爲詩而真氣聚焉。春嘗就而思之，歌兒舞女以情殉志，清流秀子以志殉情，其於詩也，似矻矻乎求所以亡之也，故曰亡也；兩無所殉而獨立焉，斯之謂存。存者，不告於人，而守此以待者也。陳君殆其人與？

孟登又言，君今年補官都下，得長沙新化令，登以計偕至，恒與相見。袖數文錢，日買飥飥充饑，晨出夕返數十里，皆緩步迤邐，無騎資，而人卒無知其賢者。春故梓其六詩，與孟登私相慶而爲之記。

陳君名治安，會稽人。春不詳其氏籍，孟登云爾也。〔二〕

品讀此文，陳氏之形象躍然於紙。譚氏謂陳氏「六題古質鬱厚，詩俱稱是」，「無意爲詩而真氣聚焉」，更有感於其「以德化人，以禮服人」之「古風」，故將此六詩刊行以廣其傳。以孟登爲中介，陳氏得與譚氏締交。今觀《譚元春集》，除上述《六詩記》外，

〔二〕 見《譚元春集》卷二〇《鵠灣集一·陳武昌寒溪寺留壁六詩記》，上海古籍出版社一九九八年版，頁五六〇至五六一。

尚有譚氏與孟登於寒溪寺見陳氏留詩後題句紀異之詩作，〔二〕譚氏得陳氏來書後的酬答詩作，〔三〕以及其爲陳氏之祖與父所作二墓銘，〔三〕據此可釐清陳氏家世及履歷。《將仕郎思野陳公墓誌銘》云：「楚舊尹陳子汝道，嘗以其親將仕郎思野公一傳一誌銘，請於春與鍾子伯敬。春諾傳，伯敬諾銘。迨汝道使使來徵，而伯敬先數月死。予傷其負也，因輟傳而從志，以終友信焉。」由此可知，陳氏與竟陵派另一巨擘鍾惺亦有交遊。鍾惺《隱秀軒集》中有鍾氏回復陳氏書信，〔四〕以及鍾氏因欽歎陳氏題壁六詩所作之詩。〔五〕詩中「陳侯恬曠士，埋名簿領間」句，謂陳氏爲人不帶煙火味，不過託身於簿書間罷了。

〔二〕　見《譚元春集》卷三《嶽歸堂合集三·與孟誕先住寒溪寺中見武昌舊令陳鏡清留詩六首中有三鹿魚課之篇讀之感人風雅之遺也題句紀異約知我者賞之》，頁一〇三。

〔三〕　見《譚元春集》卷一一《嶽歸堂新詩一·新化令陳鏡清予所刻六詩者也都門得書感寄二首》，頁三二八，以及卷一二《嶽歸堂新詩二·喪鍾蔡二公得陳鏡清書感答之》，頁三四八。

〔三〕　見《譚元春集》卷二五《鵠灣集六》之《廣西古田縣桐木鎮巡簡陳公墓誌銘》、《將仕郎思野陳公墓誌銘》，頁六九〇至六九四。

〔四〕　見《隱秀軒集》卷二八《復陳鏡清》，上海古籍出版社二〇一七年版，頁五六六至五六七。

〔五〕　見《隱秀軒集》卷四《武昌令陳鏡清前以憂去遺六詩於寺壁情文俱古欽其希聲實志欣歎》，頁五三。

三

譚元春有解《莊》著作《遇莊》三十三篇，其中《閱〈外物〉第二十六》云：「予年垂五十，鬢疏頭旋，衰相漸露。有感於會稽陳汝道、海鹽馮宗之二老友之言，始學爲閉息凝神、升降水火之功」，又云「汝道注《莊》精暢，予稍嫌其意義之太貫，如以我針綫縫荷裳蕙帶，多此綿密，微損隱趣。獨論神氣，洞知曲折，亶乎聞道者。如是篇注，予受益焉。」由此推知，陳譚交往甚密，譚氏受陳氏影響而學爲閉息凝神之術，有可能由此而研治莊學。陳氏經驗之談，謂解《莊》可以「已病」，「比三十三篇解竟，病亦良已」（《自叙一》），此語對譚氏或有觸動。毫無疑問，譚氏曾仔細研讀《南華真經本義》書稿，且對其中有關道家養生之説情有獨鍾，以其切於己用。譚氏《遇莊》與陳氏《本義》之觀點近似者頗多，極有可能爲切磋濡染所致。《本義附録》亦涉及《遇莊》，其末條即出自《遇莊·閱庚桑楚第二十三》，略有删節而已。如此，則陳氏亦曾獲覩譚氏此書，所謂「道義之交」，蓋即如此。

譚氏所言「汝道注《莊》精暢，予稍嫌其意義之太貫，如以我針綫縫荷裳蕙帶，多此綿密，微損隱趣」，可謂深中肯綮。《本義》之詞義訓釋僅有少量，而着力於梳理整段整篇文義，力圖將莊書之奧旨微意剖辨得曉暢明白，故「暢」、「貫」確爲其書所長。影響所及，清人徐廷槐在《南華經簡鈔・引言》中徵引其言道：

> 歷年手録評注，有忘其出於誰何氏者，亦不詳其姓氏。夙所繙閲，自劉辰翁、孫月峰、陶石簣、徐天池，林鬳齋之《口義》、羅勉道之《循本》、唐荆川之《釋略》、陸方壺之《副墨》，並舊所流傳諸本。外則宋咸淳間古杭道士褚伯秀之《義海》、明嘉靖間靖江朱得之參元之《通義》，又湘潭李騰芳湘洲有内七篇《説莊》，龍眠方以智密之（僧名藥地）有《炮莊》，毘陵蔣金式玉度有《偶説》。譚友夏曰：「會稽陳汝道《南華本義》，註最精暢，稍嫌其意義之太貫，如以我鍼綫縫荷裳蕙帶，多此綿密，微損隱趣。」陳諱治安，崇禎間人。〔一〕

徐廷槐，字立三，一字笠山，號墨汀，會稽（今浙江紹興）人，雍正庚戌（一七三〇）進士，以詩文知名於時。徐氏亦研治《莊》學，著有《南華經直解批註》四卷、《南華經簡鈔》四卷。乾隆辛未年（一七五一）敬義堂重刊《南華真經本義》，徐氏爲之序曰：「譚友夏夙寢饋於漆園，意其所得與所得於舊人者，當不知其幾，乃於《本義》

〔一〕見（清）徐廷槐《南華經簡鈔・引言》，《四庫全書存目叢書》子部第二五七册，齊魯書社一九九七年版，頁六一五。

獨推精暢。」徐氏一再稱引譚氏此語，足見其對《本義》的揄揚與推崇。徐氏曾於陳氏族孫士薪處獲《本義》藏本，「間鈔入舊鈔中，寶之如得新書」，其珍視如此。

四

在衆多莊學著作中，《南華真經本義》有一定特點，方、簡、袁諸人對此已有所揭櫫，茲強調三點：

其一，據《莊》書本旨以解《莊》，這從書名《本義》大致可以看出。陳氏反對自昔解《莊》者單純從字句上推求，一字一句，數句一節，章疏句釋式解經方法，主張會通全書而觀之，各篇參伍互證，一體同觀，如此則「隱顯參差，如堪輿龍脈，縱千里變換，而蛛絲馬跡自有可見」（自敘二），譬猶絲縷之有紀，網罟之有綱，豁然貫通，不然則窒礙難免：

《莊子》大意已盡在《內篇》，後之《外篇》、《雜篇》，雖各自爲說，有若爲《內篇》註解者。今吾試取《達生》解《逍遙遊》，《寓言》解《齊物論》，《外物》解《養生主》，則莊子作是三篇之意，自了了可見，人不用其所自解，而止於三篇內求解，故多悖於作者之意。……吾又取《山木》篇解《人間世》，《田子方》

解《德充符》，《天地》篇解《大宗師》，《在宥》、《天下》解《應帝王》，則莊子作是數篇之意又居然可見，不待後人爲説以解，而是數篇已先有其解。舉此篇以推餘篇，亦不必一一曰某篇解某篇，而參觀互證，理自玄同，不待後人爲説以解餘篇，而莊子於餘篇無不各有其解。（《自叙四》）

此種方法抑或曾有人採用，然未如陳氏這般明確提出，其啓迪意義自不待言。因此，陳氏反對《莊》書中存在後人攙入贋作之説，對東坡《祠堂記》首唱「《讓王》等四篇俱後人剿入」之説大加撻伐。

其二，援道家攝生之説解《莊》。此書雖不排斥「尊孔」，在闡釋中亦有一些「援儒解《莊》」傾向，其中也稍涉佛理。然此二者分量皆不甚重，其所重者仍在道家之養生。陳氏在《自叙一》中開宗明義指出：「《莊子》三十三篇，道家也。其旨在凝神葆息，與天合體，清静無爲而使物自正。」又言：「予生而多病，嘗欲治之。昨離去簿書，得取《莊子》爲之解，比三十三篇解竟，病亦良已。」其書宗旨由此可見一斑。翻檢全書，「仙學」、「丹經」、「攝生」、「固精葆神」、「吐納行氣」之類字眼往往而見。其突出者，如解「緣督以爲經」、「瞻彼闋者，虚室生白」、「空同授道」等，雖説别開生面，然終究予人以劍走偏鋒之感。

其三，有《附録》八卷，「爲莊子學史上所僅見」。[一] 其内容相當浩繁，卷一爲《宗傳》和《逸語》。《宗傳》敘道家傳承譜系，自老子、關尹、計然、列禦寇以至莊周，備載於篇；《逸語》則輯《莊子》佚文，搜羅自《古今樂録》、『逸書』、嚴君平《老子指歸》、《史記·日者列傳》至張華《博物志》諸書，在王應麟《困學紀聞》所輯基礎上有所增益。卷二至卷八爲歷代對於《莊子》之品評，彙集自戰國、兩漢至明代相關資料數十百條，免人翻檢之勞，頗便後學。陳氏之搜討雖勤，但貪多務得，細大不捐，因無甄别而不免濫收；且剪裁删削任意，不甚嚴謹。

五

《南華真經本義》卷十三《徐無鬼第二十四》卷末解説云：

丁卯夏日，偶爲分疏此篇，因欲解竟《莊子》。俄攝德興，又移攝安仁，遂棄去。戊辰冬，自安仁歸，遂取三十三篇盡爲之詮解，據見以陳，自爲頗不失其發言本意，而未知果不失其本意否也。此篇則詮解所自始，故記之。

[一] 見方勇編著：《莊學史略》，巴蜀書社二〇〇八年版，頁四八三。

陳氏撰著《本義》，自天啓七年（丁卯，一六二七）疏解《徐無鬼》篇始，因宦遊之故一度中輟；全力投入則在崇禎元年（戊辰，一六二八）冬自安仁歸里之後。《本義》書前自敘五篇，《敘一》署「己巳季夏四日」，即崇禎二年六月初四日；其後三篇皆在此年，《敘二》署「七月十四日」，《敘三》署「八月望後二日」，《敘四》署「陽月哉生明」即十月初三日，則集中撰寫歷時約半年。而《敘五》署「崇禎五年二月二十二日」，其言曰「銀陽多暇，作《莊子》解，名爲《本義》。既有敘四篇，兹來興國，再更寒暑，暇即覽觀，時有删改」，結合《附録敘》所署「崇禎壬申歲四月初十日」，可見自崇禎二年成書之後，歷經三年反復修改，增益《附録》，才最後定稿。同年，由武進孫慎行玄晏齋梓行。瞿冕良《中國古籍版刻辭典》「玄晏齋」條載：「玄晏齋，明直隸武進人孫慎行（一五六五—一六三六）室名。慎行，字聞思，一字淇澳，萬曆二十三年進士，仕至禮部尚書。崇禎五年刻印過陳治安《南華真經本義注》一六卷《附録》八卷。」[一] 通常所言「明崇禎五年刊本」，即玄晏齋刊本。此本每半葉十行，行二十字，白口，左右單邊，雙魚尾。卷首有自敘五篇，卷一題「會稽陳治安爾道父註，男嗣宗小阮

〔一〕 見瞿冕良編著：《中國古籍版刻辭典》，齊魯書社一九九九年版，頁一一二一。

父校」，其餘各卷則無。

除上述明崇禎五年刊本（下稱「崇禎本」）外，此書尚有清乾隆辛未年（一七五一）敬義堂重修本（下稱「乾隆本」）、道光乙未年（一八三五）紅蘭山房重刊本（下稱「道光本」）。後二種差別甚微，實屬同一系統，卷首除陳氏自敘五篇外，皆有辛未十二月山陰徐廷槐笠山撰《重修南華本義序》。卷一題「會稽陳治安爾道父註，族孫堎立山氏同侄雨木嗣薪、男賓況青重校」（其餘各卷無，與崇禎本稍異）。《附録》內容較崇禎本有所增補和調整：卷一《宗傳》，增補「段成式《酉陽雜俎》」條，將「葛洪曰」條自「陶都水言」條下移至「王子年《拾遺記》」條下；《逸語》則增補「張華《博物志》」條。《品評》部分，卷二增補「司馬季主」條；卷四「北齊顔之推曰」條自「後魏祖鴻勳」條下移至「明僧紹《正二教論》」條下，點評亦有所校改；卷八增補「譚元春」條。

近人嚴靈峰輯《無求備齋莊子集成續編》，將《本義》收入其中，[二]其所據底本爲道光乙未年紅蘭山房重刊本。據筆者查對，此本闕葉較多，非僅嚴氏於《後記》所指陳

[二] 陳治安《南華真經本義》，見嚴靈峰輯《無求備齋莊子集成續編》第二六册，藝文印書館一九七四年版，頁一至九二四；《南華真經本義附録》，《無求備齋莊子集成續編》第二七册，頁一至二一九。

者而已：卷三「宋王僧虔《戒子書》」條闕；卷四自「明僧紹作《正二教論》」至「俱指爲僞書」，包括「劉勰《文心雕龍》」條、「馬樞」條及陳氏部分點評皆闕；卷八自「《韓非子》」以下至「當得其實」，包括「《焦氏筆乘》」整條皆闕。

本次整理，以明崇禎五年刊本爲底本，以《無求備齋莊子集成續編》影印道光乙未年紅蘭山房刊本爲校本。凡後來增補之部分，如徐廷槐《重修南華本義序》及《附録》所增益之條目皆據以補入，嚴氏《重刊〈南華真經本義〉後記》亦予保留。

書中所引《莊子》文，則校以明世德堂《六子全書》本《南華真經》，其有明顯訛脱而窒礙難通者，據以更正，並出校記。避諱字如「邱」、「休」、「元」等，亦仍存其舊。形近而訛者徑改，不出校記。

伍成泉　謹識

二〇二三年八月二十五日

重修南華本義序

《南華本義》一書，樊江陳尔道先生所注也。陳氏代有著述，而《本義》尤見推於明時。譚友夏夙寢饋於漆園，意其所得與所得於舊人者，當不知其幾，乃於《本義》獨推精暢。今譚集所載《武昌寒溪寺留壁六詩記》，瞪目而嘆，贊不容口，是時尚未及見《本義》也。昔歲其族孫士薪以藏本見貽，予問鈔入舊鈔中，寳之如得新書。詢其原板，火燹墨污，半有墜落，猶幸藏於士薪伯祖家，欲整輯而未遑，惜全書之不得見。古人云：「宮成缺隅，衣成缺衽。」此理之常，無足怪者。然明之晚季到今，爲時未久，倘更歷歲年，又當何如耶？「中流失船，一壺千金。」讀其詞而悲。正其脱謬，彼昌黎子之於《鶡冠》何人哉？況其子孫哉？士薪有伯字立山者，承先志任事，同友張百斯校理付梓，頓還舊觀。自是愛其書者，必與友夏乃同嗜也矣。先生諱治安，初任武昌，再爲長沙新化令，廣敏多善政，其乃祖乃父，友夏俱爲誌銘，詳《鵠灣文集》。辛未十二月，山陰徐廷槐笠山序。

南華真經本義敘〔一〕 一

《莊子》三十三篇，道家也。其旨在凝神葆息，與天合體，清靜無爲而使物自正。夫無爲物正，與聖人位育、佛家普度意不相遠。但聖人位育在心，又必身爲其事。如二家者，願起而事畢，不一一爲也。彼亦唯得聖人身爲其事，而始能退修清淨，還其寂空。是聖人者，乃百家群品所藉，爲經營幹理之人，雖欲辭其勞瘁而不可得。故《莊子》語吾夫子者有曰：「天刑之，安可解？」自堯舜三王以至夫子，凡其所爲之事，莊子亦知其不容已，其道不可以相非。今欲明清淨無爲之爲，是姑借聖人之事所必不容已者，吾猶且以爲非，況聖人而外，爲其事之所得已者，又安足以入心也？夫使天下而果人人清淨，人人無爲，則天下果可以無事於聖人。聖人爲之經營幹理，誠爲多事，然而不能也。雖不能，而莊子已身爲清淨，身自無爲，唯恐人情豔慕於聖人，而不入於清淨無爲之內，姑出吾説以非之，而不自知其不可。夫人亦孰不知尊往聖、法孔子？莊子豈自謂能以一人之

〔一〕「敘」，原作「序」，據後文改。

言頓改其志意？非特自知不能，且於其事之不容已，道之不可以相非者，亦時時自見於言中。然動輒曰「堯舜孔子之道曾不足以爲」者，望百世之下知其解者，將恬然於清淨，而不生他豔慕於胸中也。如與不知者言之，彼且不知往聖之道不可不爲，而況於吾之無爲，知其解者知吾於聖道實爲之，而吾心恬然常無以爲爲也。其所謂不足爲者，特矯枉之言，而非其真也。如樂清淨者，謂萬乘非貴，四海非富，豈真謂貴者賤而富者貧哉？亦特矯枉言之，而非其真也。譽堯非桀，莊子以爲不可，今不非桀而非從古之往聖，非其情實明矣，非其情實明矣。極莊子之清淨，已全體似佛，佛則併空天地，莊子期於合天而止。聖人非不知覆載俱空，而吾民物現在，惟與爲現在，不必留既往，與求長生、慮將來，與言無生。譬聖道之於民生，其日用飲食，不可一缺。二家者，扶生治病之藥石也。予生而多病，嘗欲治之。昨離去簿書，得取《莊子》爲之解，比三十三篇解竟，病亦良已。己巳季夏四日，陳治安敘。

南華真經本義敘二

夫吾何以多病？解《莊》何以能已病？蓋緣時難留少，貌易侵衰，百齡途短，得到仍稀。吾之病，爲内憂死生而起。及見夫守氣澄神，形全精復，廣成傳道，嘗清淨而形未嘗衰；黄帝聽熒，參萬歲而成其一純。始悟吾生非今始有，來自先天，滅妄還真，或可更作超出之想；積薪傳火，何至頓憂年歲之盡？至於人抱一情，憎其異趣，貝錦偏成，夜光掩彩。吾之病，因外憂毀譽而增。迨觀至人無己，聖人無名，論汝身非汝有，原屬委形；况名乃實之賓，又在身外，縱人以牛馬而更相呼，其於我又何稱之不可受？故至潔無污，雖不爲東陵之死利；内重外輕，亦何恤於挾策而亡羊？又若風雲生色，誓刻河山，阨在鹽車，長鳴寡效，因功名得失則病轉劇，乃秋水面海若以旋驚，宋榮見徵國而發笑。缺甃藏中，何處望彌天巨浸；榆枋往外，更自有九萬遙程。當斯之時，唐堯天下，可喪諸汾水之陽；軒冕雖尊，何至爲聚僂之殉？當夫嬋娟鬬媚，妙響回風，羅綺飛揚，管弦聲咽。平原暢飲，至十日其何多；淳于留客，竟一石而忘醉。病因聲色旨味，遂頻經困殆。莊子著達生之旨，明外物之害。父子兄弟戒畏塗者，止於十殺一人；衽席盤飡爲耽毒者，乃百無一免。物有餘而形不養，形尚存而生已亡。故寧棄事遺生，謹守吾柴立之規；毋寧出外爲陽，致忘其鞭後之戒。猶記少時盛氣，動擬前修，依響發聲，印跡厝趾。然外貌未似其分毫，而内神已苦其矜跂。故莊子非堯舜，譏孔子，薄仁義，擯禮樂，盛言古道不宜於今，欲人虚心以順於化。初聞足駭，三復義存。蓋凡人妄有所摹擬，是自起病端。莊子爲詆其所摹擬，乃消除良藥。摹擬之病，苟非親曾爲折肱；詆毁之藥，亦孰知有大不得已乎哉？嗟乎，凡百有情，云誰無染；一開徑竇，便入膏肓。莊子立無心之法，爲諸症對治之方，如朱丹溪之倒倉，盡去其胸中夙積，而精神頓復元初者也。今世讀《莊》者，但喜辭華，不求歸趣。耽音響於行間，得效既淺；仍曲解於前世，紕繆尤深。人共一心，理無二趣。試取莊書，句爲之解。解之而吾心謂當如此，則莊子立言本意亦必如此；解之而吾於理見爲不然，則莊子當日本意亦必不然。今解三十三篇，皆用所謂當如此者，不用其所不當然者，故稱曰《莊子本義》云爾。七月十四日再敘。

南華真經本義敘三

解《莊子》者多矣，何以見今解所用者爲理當如此，而其所不用者爲理不當然？吾往讀《莊子》書，意所未了，取觀諸解，覺解與書左，益增紛塞。至徐思本旨，則隱顯參差，如堪輿龍脈，縱千里變換，而蛛絲馬跡自有可見。人惟不能會通本旨，但從字句求之，則有自一字、一句、數句、一節、數節至於通章，俱爲謬誤不然也者；有因一字不得解而知其通一書所解，俱爲謬誤不然也者；又執己意而強分強合，自一句、數句、一節、數節甚至通一書之篇章分合，而俱爲謬誤不然也者。

如《逍遙》篇曰：「夫子有蓬之心。」以斥鴳翱翔蓬蒿之間，故小惠子爲斥鴳。而解者曰爲「茅塞」，此猶於義理無傷也。至《大宗師》曰：「以德爲循者，言其與有足者至於丘也，而人真以爲勤行者也。」莊子見《論語》記夫子「足縮縮，如有循」，故言德爲循者，乃生而德與足俱，非由勉強勤行，而人真以夫子爲勤行。解者曰：「丘者，本也。」或曰：「丘，比德也。」此皆一字謬也。

《天下》篇曰：「其來不蛻。」蛻者，仙家所謂尸解；不蛻者，仙家所謂升舉。莊子修仙術超生死，而以茫乎未盡升舉爲歉。解者曰：「蜕，稅也，止也。」唯不悟蜕爲尸解，而於莊子修仙證道之意俱所未悟。此因一字謬而通一書之意俱爲謬誤不然者也。

《養生主》曰：「緣督以爲經。」乃「雙闕轆轤」修仙要術，解爲「子莫之執中」。惠子相梁，因緩見莊子，莊子將明「名位爲外物」，先用謔浪而相誣，謂惠子恐其代相，故廋匿國中三日，不敢見。《莊子》字多通用。郭子玄解爲「獀兵」，以莊子爲敵國外害乎哉？呂吉甫解爲「搜索」，以莊子爲奸人刺客乎哉？「孔子舍於蟻丘之漿，其鄰有夫妻臣妾登極者。」極，屋脊也。宜僚不欲身接孔子，又欲觀其爲人，故舉家登屋以望。解者不能言其所以登屋，呂吉甫曰：「欲從而之高也。」在屋上豈成其爲從乎哉？此皆解一句而謬者也。

《天地》篇言：「大惑不解。」莊子欲釋之於不推，其心又不忍釋，故以厲人生子，唯恐似己爲愈。解此者謂「雖有惡人，亦望人之爲善」，則於上下意俱不相屬。顔成子曰：「生有爲，死也。勸公以其死也，有自也；而生陽也，無自也。而果然乎？惡乎其所適，惡乎其所不適？」是語固難解。解者曰：「生有爲而私，故至於死。」今勸之以公而不私，於本句不肖，於後句難通。徐文長曰：「人有僕死而復生者，以死爲甚適，故勸公以死。」亦殊不然。顔成子言人於生死通，無所謂適不適也。生能有爲，則似生適；死能勸乃公以死，如廁鬼勸李赤死之類，又似死適。死有自者，死自溺水則以溺勸，自雉頸則以雉頸勸，皆幽陰積結之所爲。生陽氣而無自，何幽陰積結之有？說果然乎？又惡適、惡不適也？

又有《莊子》所稱爲「善」反作「不善」解，所稱爲「不善」反作「善」解。《庚桑楚》篇「備物以將形」三句皆有心之事，即後所云「惡乎，其有以備」者，是惡而非善也。「若是而萬惡至者」，即前所云「天鈞敗之」，故曰：「皆天也，非人也。」說者又以爲「善曰天理，或自有窮通」，「聖人工於天，謂工於道德之無爲；拙於人，謂拙於世味之有爲。能兼者爲全人」。而世豈有全人？必蟲也，蠢然蠕動是其蟲，即蠢然蠕動是其天，故能兼耳。人而欲爲全人，則惡天之妨人，且惡人之天妨吾之人，況吾之天乎、人乎求兼也。解者謂聖人、至人之外，更有全人，併能蟲、能天，俱作贊可。然則彼蟲者，亦在聖人、至人上邪？此皆以「不善」爲「善」解者也。《莊子》稱「孔子六十而化，曰：『已乎，已乎。』」禁惠子之輕議孔子也。「吾且不得而及彼乎」，是莊子之欽仰孔子也。說者謂「皆孔子所自言，以至人爲不可及」。或曰：「『彼』者，造化，以造化爲不可及，舉莊子欽仰聖人之意。」舉蕪没之矣。「秦佚弔老聃，止於三號」，曰「始吾以爲人」，謂生而具貌言視聽者也；「而今非也」，謂死而同蜩蛇遺蛻者也。說者據人哭泣之哀，直謂老子平日之非人。夫不蘄言而言，不蘄哭而哭，老子不蘄如此，而人自如此。遁天倍情者人也，謂在老聃哉？是皆以「善」而作「不善」解者也。

黃帝與北門成言樂，特借樂以明道，遂句句作樂解，故無一句得解。黃帝謂北門成：「依槁枯而吟，目知窮乎所欲見，力屈乎所欲逐，吾既不及，已夫。」此即其所吟之詞，而猶謂是黃帝之言樂，所謂「自一節、數節至一章，而俱爲謬誤不然」者，此等是也。

如前所言「至於丘也，而人直以爲勤行者也」，相連爲句。郭子玄讀「言其與有足者至於丘也」爲句。「死也，勸公以其死也」爲句，郭讀「勸公」爲句。知和曰「侅溺於馮」爲句，「氣若負重，行而上也」，言氣喘也。説者以「侅溺於馮氣」爲句。《外物》篇「外物不可必」、「木與木相守則然」是兩段，乃合爲一段；「目徹爲明」與「靜然可以補病」是一段，乃分兩段。「木與木相守則然」至「陳蜳不得成」，言天地五行相錯，至於火盛，則造物「有甚憂兩陷」之患。「心若懸於天地之間」，言人身五行相錯，至於火盛，則人生「有僨然道盡」之患。又混「造物」、「人生」而爲一矣。《徐無鬼》篇自「許由逃堯」至「外乎賢者知之矣」爲一段，「有暖姝者」至「於羊棄意」爲一段；「以目視目」至終篇，乃莊子欲有付託而懃懃望人致問，爲一段；「以目視目」後，自有照應。解者自「逃堯」併「以目視目」至「其變也循」而止，通作一段，後段莊子付託意都茫茫作别解。所謂「執己意而强分强合，自一句、數句，一節、數節，俱謬誤不然」者，此等是也。

其「通一書之分合而俱謬誤不然」，則欲黜去《讓王》等篇；又欲通黜去一書之篇名，直以「陽子居南遊於楚」合於「列御寇之齊」，如蘇子所説「近日名公俱爲尊信」者是也。兹亦特舉大概，爲悖謬尤也。

若稱情以言，則無篇而不有悖謬也者。試舉《逍遥》一篇，此開卷所見，人人知解，猶人人不得解。夫逍遥遊者，是道家養氣要旨也。總天地間，止是一氣。吾能御氣，則六合可通於一息；而跼促拘攣者，氣不過止於口鼻出入之間。唯能冥事於無心，則神凝而氣聚，萬物皆由之以造命，而我實無造之之心，無用而無乎不用。此所以爲逍遥遊也，豈以瀚漫烺曠之爲逍遥也哉？八月望後二日又敘。

南華真經本義敘四

自昔解《莊》者，俱用一時苦心，章疏句釋，欲爲後世讀《莊》者津梁。初讀《莊》者方藉解以求通曉，今何得指之曰悖謬？《莊子》曰：「言之所貴者，意也。」解《莊》而不得本意，雖欲藉爲通曉，祇增結塞耳。故吾謂其爲悖謬者，非敢以己意解《莊子》而謂人悖謬，即取《莊子》所自爲解者以解《莊子》，而知人之以己意解者多悖謬也。甚矣，莊子自欲其説之明也。既以其意一言之，又必於一書之内舉是意而再三言之。如曰「侅溺於馮」，意頗難解，隨即自爲解曰：「靜居則溺，體澤則馮。」總見富人肥重，轉動艱難，其靜居也，如肥豕之溺而不能起；其行動也，因體肥澤，必馮人而後得行。是莊子未嘗連「氣」字爲解，而解者曰：「侅溺於馮氣。」欲求爲「侅溺於馮氣」之説而使人得解，如之何能使其説之通而人得解也？《莊子》大意已盡在《内篇》，後之《外篇》、《雜篇》，雖各自爲説，有若爲《内篇》註解者。今吾試取《達生》解《逍遥遊》，《寓言》解《齊物論》，《外物》解《養生主》，則莊子作是三篇之意，自了了可見。人不用其所自解，而止於三篇内求解，故多悖於作者之意。解《逍遥遊》者，謂隨物大小，各有逍遥，趣在逍遥而已。乃莊子則趣在養氣，《達生》篇曰至人「行於萬物之上而不慄」，可以當逍遥矣，而謂「是純氣之守」。故知「乘天地之正，而御六氣之辯」者，是逍遥要旨也。《逍遥遊》終於大樗之無用，人謂莊子趣在無用而已，乃莊子則以無用爲大用。《達生》篇曰：「棄事則形不勞，遺生則精不虧。形全精復，與天地爲一。」天地者，萬物之父母也。是莊子之無用，將凝神御氣以造乎萬物。故知藐姑射之凝神，又爲御氣之要旨也。解《齊物論》者曰：「莊子欲齊彼此，齊是非。」而莊子之自爲解則曰：「不言則齊，言與齊不齊，齊與言不齊也。」本不期是非之齊而期忘爭辯。其欲忘爭辯者，自爲解曰：「非卮言日出，和之以天倪，孰得其久？」欲永年也。解《養生主》者謂「爲善無近名，爲惡無近刑」乃是執中，「緣督爲經」謂是執中之喻。至於《外物》篇，則舉關逢、比干、務光、申徒狄之儔，見爲善近名之患，不言爲善而不極於善，姑爲關逢、比干之善之中焉止也；舉惡來、桀、紂、《詩》、《書》發塚之儔，見爲惡近刑之患，不言爲惡而不極於惡，姑爲惡來、桀、紂之惡之中焉止也。又曰「物之有知者恃息」，「天之穿之，日夜無降」。正言氣息穿身，緣任督爲往來。此「緣督爲經」之義，不言其爲執中之喻也。吾又取《山木》篇解《人間世》，《田子方》解《德充符》，《天地》篇解《大宗師》，《在宥》、《天下》解《應帝王》，則莊子作是數篇之意又居然可見，不待後人爲説以解，而是數篇已先有其解。舉此數篇以推餘篇，亦不必一一曰某篇解某篇，而參觀互證，理自玄同，不待後人爲説以解餘篇，而莊子於餘篇無不各有其解。今不用莊子本意而用吾「見影生疑」之意，以解《莊子》。夫影與形隔，吾見於影隔，見中之疑，於見又隔。由是形本短，而吾則爲之説曰「其長也」有如此；形本圓，而吾則爲之説曰「其方也」有如此。豈不悖謬也乎哉？陽月哉〔二〕生明又敘。

〔二〕「哉」，原作「載」，《尚書·武成》「厥四月哉生明」，僞孔傳：「哉，始也。始生明，月三日。」據改。

南華真經本義敘五

銀陽多暇，作《莊子》解，名爲《本義》。既有敘四篇，兹來興國，再更寒暑，暇即覽觀，時有删改，意所不盡於前敘者，復作第五敘。敘曰：

群言衷聖，異竟歸同，不判疑端，未明全是。夫解《莊》欲以去病，在六經、《語》、《孟》，夫豈無方？爲二豎深藏，藥石不及傳。海上奇方者，用一味偏攻，取效更捷。莊子一味凝神御氣，何止去病，竟是神僊不死之大藥。然又時時言死之樂，謂悦生者爲弱喪而不知歸，若相矛盾。蓋生生者不生，殺生者不死；欲存其身，故必外其身；將住乎世，先出乎世，言死之樂，正其所以爲生之長也。故此之所謂住世，實同佛之所謂無生者矣。莊子死生一視，得喪同觀，意眇王公，併輕賢聖，人謂放敖，得無於世法爲疏？至讀《人間世》、《山木》篇，於人情世故，極是委曲周旋，世法不疏也。當崎嶇毓卼之衝、横逆紛拏之會，能自超然無碍，唯有得於莊教者爲然。觀其漆園寄跡，貧不爲憊，可使世主效其卿相，終不可使身用爲犧牛，據迹則似偏於不用，而凝神則已造在物先。莊子故曰「知無用，而始可與言用」，「順物自然，無容私而天下治矣」。夫流遁之志、決絶之行，噫其非至知厚德之任歟？故馬融感而應聘，安石祖尚成功。大哉，莊子道也。內能證聖，外則爲王。至其於篇章構撰，特文章小事，解中亦何以靦縷於此？初讀難曉，即欲棄去，喜其篇章結撰，復取朝夕覽觀，尋其歸趣，得有開悟。以開悟藉此，故靦縷及此。《淮南》、《呂覽》襲其詞，退之、眉山善其法。大哉，《莊子》文也。乃文章家鼻祖，其精神至今猶在，莊子真神僊也哉。昔嘗兩遭靈應，特不可舉向人言。初欲作解，竊自謂能合莊意。無所從問莊子本意果與合否，問諸大《易》，《易》曰：「睽孤，遇元夫，交孚，厲，無咎。」崇禎五年壬申二月二十二日敘。

南華真經本義卷一

内篇　逍遥遊第一

逍遥遊者，處廣莫而無爲，乘正氣以自得，瞑心無礙，遇事不膠，故稱逍遥遊也。蓋宇内衆靈均一氣所爲，故神人但知御氣，而衆靈自攝，萬用俱周，從《中庸》言，中和致位育，篤恭平天下，如此而止。莊子乃曰："「其神凝，使物不疵癘而年穀熟。」「其埃垢粃糠，猶將陶鑄堯舜。」"使人讀之而驚怪其言，乃徐尋以理，則竟不異也。首言鵾鵬之南徙，必憑九萬里之風力，見偏宇宙，皆一氣所積。有大力者，用此氣爲憑藉，如蜩鳩决起，不過榆枋間，其决起榆枋者，亦氣也，但未能盡此氣之力量。神人乘雲御氣，而陶鑄堯舜，盡氣之力量矣。而原本於無何有，以不用爲用，故堯有天下而思治，則不逍遥；必窅然喪其天下而天下自治，堯斯逍遥矣。

北冥有魚，其名爲鯤。鯤之大，不知其幾千里也。化而爲鳥，其名爲鵬。鵬之背，不

知其幾千里也。怒而飛，其翼若垂天之雲。是鳥也，海運則將徙於南冥。南冥者，天池也。《齊諧》者，志怪者也。《諧》之言曰：「鵬之徙於南冥也，水擊三千里，摶扶搖而上者九萬里。去以六月息者也。」野馬也，塵埃也，生物之以息相吹也。天之蒼蒼，其正色邪？其遠而無所至極邪？其視下也，亦若是則已矣。

《國語》：「魚禁鯤鮞。」鯤爲魚子。人謂莊子以至小爲至大，是滑稽開端。然鯤鵬非莊子自立名也。夏革告成湯曰：「終髮國之北有溟海者，天池也。有魚焉，其廣數千里，其長稱焉，其名爲鯤。有鳥焉，其名爲鵬，翼若垂天之雲，其體稱焉。世豈知有此物哉？大禹行而見之，伯益知而名之，夷堅聞而志之。」即後所引湯之問棘者是已。鯤大，鵬背復有鯤之大。南冥北冥已極天際，但未出世間，猶在世上住耳。「海運」者，是桑田蒼海相變之運會，不得不徙之時也。緣鯤鵬事涉渺茫，復出《齊諧》爲證。以九萬里爲直上，以半歲爲程途，此引證中敘事。「野馬」，取其活動，是游塵之名。塵埃在日光中菲菲可見者，即野馬之實。「生物」，以氣息相吹，而生生不窮者。真體不可見，獨游塵之所以動盪而不已，亦是一氣相吹之故。故游塵雖微，天之蒼蒼，乃其所積而爲，天視下亦若此。「蒼蒼」，乃其所積，而在下見滿天地間，一積氣耳。《楞嚴經》云：「猶野馬，熠熠清擾。」孤山註曰：「野馬，陽焰，浮埃也。日光着微塵爲陽焰。」

且夫水之積也不厚，則負大舟也無力。覆杯水於坳於高切。堂之上，則芥爲之舟；置杯焉則膠，水淺而舟大也。風之積也不厚，則其負大翼也無力。故九萬里，則風斯在下矣，而後乃今培風；背負青天而莫之夭閼遏。者，而後乃今將圖南。蜩條。與鷽鳩笑之曰：「我決起而飛，槍榆枋，時則不至而控於地而已矣，奚以之九萬里而南爲？」適莽蒼者，三飡而反，腹猶果然；適百里者，宿舂糧；適千里者，三月聚糧。之二蟲又何知？小知不及大知，小年不及大年。奚以知其然也？朝菌窘。不知晦朔，蟪蛄不知春秋，此小年也。楚之南有冥靈者，以五百歲爲春，五百歲爲秋；上古有大椿者，以八千歲爲春，八千歲爲秋。而彭祖乃今以久特聞，衆人匹之，不亦悲乎？

水積而載大舟，風積而負大翼。風者，積氣之所鼓蕩者也。滿天地間俱是積氣，而局於見者，謂氣在一呼一吸口鼻之間。故其身亦僅同於野馬游塵，營營尋丈之地，豈有通古今於一息、會宇宙於一身之力量？必有高出一世之大力，而後能舉古今天地在其一氣出入之中；必有棲息在天盡際之鯤鵬，而後能用此九萬之風力，能上下一視蒼蒼之色。向使鵬鳥亦欲與鷽鳩、斥鴳棲息世間，則榆枋、蓬蒿不但鵬鳥不能自容其身，而世間機辟網罟亦將畢集於鵬鳥，豈能久留世上？蜩與鷽鳩乃以飛槍榆枋之逍遥，笑鵬鳥圖南九萬之逍遥，此知小而不知大，猶之小年不及大年者也。「坳堂」，坳凹之處。稱「處」爲「堂」，今俗語猶然。「培」，加也，大鵬以翼加風上也。「衆人匹之」，豔慕彭祖，欲與齊也。

湯之問棘也是已。窮髮之北有冥海者，天池也。有魚焉，其廣數千里，未有知其修者，其名爲鯤。有鳥焉，其名爲鵬，背若泰山，翼若垂天之雲，摶扶搖羊角而上者九萬里，絶雲氣，負青天，然後圖南，且適南冥也。斥鴳晏。**笑之曰：「彼且奚適也？我騰躍而上，不過數仞而下，翱翔蓬蒿之間，此亦飛之至也。而彼且奚適也？」此小大之辨也。**

舉湯問，非證鯤鵬，乃又爲大小知、年不相及作引證。前言鵬爲鯤之所化，此言有鯤有鵬；前言蜩、鳩笑鵬，此又斥鴳笑鵬，若一事而傳聞互異者。「棘」，即夏革也，「革」與「棘」音近。自篇首至此皆寓言，全不露正意，正意已見於中，如詩人之比而興者也。其要緊在前「野馬」、「塵埃」三句，見一氣之徧滿宇宙，無息暫停，而萬靈之鼓動運用，無不藉是氣力者，但不得惑情於小處而輕用之，斯能爲大用耳。下接「知效一官」段，則緊緊入題矣。

故夫知去聲。**效一官，行比一鄉，德合一君，而徵一國者，其自視也，亦若此矣。而宋**

榮子猶然笑之。且舉世而譽之而不加勸，舉世而非之而不加沮，定乎內外之分，辯乎榮辱之境，斯已矣。彼其於世，未數數朔。然也。雖然，猶有未樹也。夫列子御風而行，泠然善也，旬有五日而後反。彼於致福者，未數數然也。此雖免乎行，猶有所待者也。若夫乘天地之正，而御六氣之辯，以遊無窮者，彼且惡乎待哉？故曰：至人無己，神人無功，聖人無名。

夫效官、比鄉、合君、徵國，翱翔蓬蒿之屬也，自視亦若斥鴳，方謂已至，方欲笑人，而宋榮子猶然笑之。苟未能忘情於世用，則其相笑未有已也。宋榮子不逐世情而定內外、辯榮辱，是豈數數於致用者？然而胸中猶未免有揀擇。其所定者、所辯者以爲是，則樹之；以爲非，則未樹也。此不必其所游，遇其所未樹，而後見困。內有一不欲樹之心，已大不逍遙。其唯列子之御風哉？御風而行，不與世人踽踽以俱行，世不能加之以福，況數數以致福？然免於行而待於風，未見有待者之逍遙也。「若夫乘天地之正，而御六氣之辯〔二〕，以游無窮者，彼且惡乎待哉？」斯一言也，乃篇中典要。綉譜金針均爲天地之一氣，而必曰「乘天地之正」者，前因說鯤鵬羽族

〔二〕「之辯」二字原闕，據前引《莊子》原文及後文「御六氣之辯者，陰陽、寒暑、晦明有周天之候焉」句補。

未得氣之正，而今且責成於人也。「御六氣之辯」者，陰陽、寒暑、晦明有周天之候焉，御風者不顯顯守氣，而貴知時也。如是而乘之以游，則造化生心，無有窮而惡有待？篇名《逍遥遊》，獨此處出一「遊」字，見此爲逍遥遊之要旨也。其曰「無己」、「無功」、「無名」者，御氣者之胸中無窮、無待，自然不染塵念，乃逍遥之明應。而説者以「三無」爲逍遥之要旨，亦見指忘月者類耳。

《陵陽子明經》曰：「春食朝霞，日始欲出，色赤黄氣也。秋食淪陰，日没以後，赤黄氣也。冬飲沆瀣，北方夜半氣也。夏食正陽，南方日中氣也。並天地玄黄之氣，是爲六氣。」此亦道家一術，然未必是莊子所言「六氣之辯」也。

列子師老商氏，友伯高子，進二子之道，乘風而歸。尹士聞之，從列子居，數月不省舍。因間請蘄其術者，十反而十不告。尹生懟而請辭，列子又不令。尹生退，數月，意不已，又往從之。列子曰：「汝何去來之頻？」尹生曰：「曩章戴有請於子，子不我告，固有憾於子。今復脱然，是以又來。」列子曰：「曩吾以汝爲達，今汝之鄙至此乎？姬將告汝所學於夫子者矣。自吾之事夫子友若人也，三年之後，心不敢念是非，口不敢言利害，始得夫子一眄而已。五年之後，心庚念是非，口庚念利害，夫子始一解顏而笑。七年之後，從心之所念更無是非，從口之所言更無利害，夫子始一引吾並席而坐。九年之後，橫心之所念，橫口之所言，亦不知我之是非利害與，亦不知彼之是非利害與？亦不知夫子之爲我師、若人之爲我友，內外進矣。而後眼如耳，耳如鼻，鼻如口，無不同也。心凝形釋，骨肉都融，不覺形之所倚、足之所履，隨風東西，猶木華幹殼。竟不知風乘我邪，我乘風邪？今汝居先生之門曾未浹時，而懟憾者再三。汝之片體將氣所不受，汝之一節將地所不載。履虛乘風，其可幾乎？」尹生甚怍，屏息良久，不敢復言。

堯讓天下於許由，曰：「日月出矣，而爝（爵）火不息，其於光也，不亦難乎？時雨降矣，而猶浸灌，其於澤也，不亦勞乎？夫子立而天下治，而我猶尸之，吾自視缺然。請致天下。」許由曰：「子治天下，天下既已治也，而我猶代子，吾將爲名乎？名者，實之賓也，吾將爲賓乎？鷦（焦）鷯（遼）巢於深林，不過一枝；偃鼠飲河，不過滿腹。歸休乎君，予無所用天下爲。庖人雖不治庖，尸祝不越樽俎而代之矣。」

如彼唐堯、許由，至人也，神人也，聖人也。堯與許由讓治而欲去天下，許由與堯讓名而不取天下，庶幾脱略於人已。功名之間而一推一拒，猶有功名人己之跡，正爲其猶有天下在耳。如列子雖免於行而有待於風，能喪其天下，則無事矣。

肩吾問於連叔曰：「吾聞言於接輿，大而無當，往而不返。吾驚怖其言，猶河漢而無極也，大有徑庭，不近人情焉。」連叔曰：「其言謂何哉？」「曰：『藐眇。姑射夜。之山，有神人居焉，肌膚若冰雪，淖綽。約若處子；不食五穀，吸風飲露；乘雲氣，御飛龍，而遊乎四海之外；其神凝，使物不疵癘而年穀熟。』吾以是狂誑。而不信也。」連叔曰：「然。瞽者無以與同「預」。乎文章之觀，聾者無以與乎鐘鼓之聲。豈惟形骸有聾盲哉？夫知亦有之。是其言也，猶時女汝。也。之人也，之德也，將磅礴薄。萬物以爲一，世蘄祈。乎亂，治也。孰弊弊焉以天下爲事？之人也，物莫之傷，大浸稽啓。天而不溺，大旱金石流、土山焦而不熱。是其塵垢粃糠，將猶陶鑄堯舜者也，孰肯以物爲事？」宋人資章甫而適諸越，越人斷短。髮文身，無所用之。堯治天下之民，平海内之政，往見四子藐姑射之山，汾焚。水之陽，窅杳。然喪其天下焉。徑在門前，庭居門内，兩者相遠。

肩吾問連叔以接輿之言，以質藐姑射神人之事。神人不食五穀，遺世味也；吸風飲露，飽息吹也；乘雲氣，御飛龍，而游四海之外，正所謂「乘天地之正，御六氣之辯以游無窮」者也。而物阜年登，則其神凝自然之效，胸中實未嘗有年有物。神爲氣母，神凝則氣聚，此又爲御氣者之要旨。神人凝神以御氣，一物不存於中，而神氣所磅礴，物自以不疵厲，年自以豐登。一世望之，各蘄其治，而神人則未嘗弊弊焉以治天下爲事。而一役其神、不役神於物者，物不能傷。其所磅礴之塵垢糠粃，猶足以成唐虞盛治。而神人之不肯以物爲事，無所用於天下，如越人之視章甫雖華，無用於其身。堯雖聖神，猶未能脱盡人己功名之迹者，因其心欲治天下之民，則神役於治民；欲平四海之政，則神役於平政。「見四子於藐姑射之山，汾水之陽」者，因肩吾、連叔、接輿而得見神人於是，始乘雲御氣而游乎四海之外，豈復弊弊焉以天下爲事？堯喪天下，而千鈞重負忽然去身，豈不逍遥？夫以堯之神聖，必得藐姑射之一見，而後成其逍遥，猶幾千里之鯤必化爲鵬，而後能圖南九萬里也。不然，莊子止言鵬摶亦足以見大，何必稱鯤魚之化哉？帝堯千古神聖，莊子猶欲化其爲堯。堯之神聖，千古所以莫及者，正以其巍巍有治天下之功，莊子化堯處，乃在喪其天下。夫以開闢洪荒之天下，猶不得留一芥於胸中以礙其逍遥，然則回視知效行比與夫定内外而辯榮辱者，不若一微塵之在九萬里内也哉？然莊子非真以堯之心胸尚有天下而使之化，欲人之凝神御氣，雖開闢洪荒之功，不得動念耳。藐姑射神人，乃莊子所欲修詣之極規；堯喪天下，乃莊子所欲與人共修之要功。山西襄陵縣有姑射山，喬宇作記。

惠子謂莊子曰：「魏王貽異。我大瓠之種，我樹之成而實五石，以盛成。水漿，其堅不能自舉也；剖之以爲瓢，則瓠落無所容。非不呺囂。然大也，吾爲其無用而掊剖。之。」莊子曰：「夫子固拙於用大矣。宋人有善爲不龜手之藥者，世世以洴屏。澼僻。絖曠。爲事。客聞之，請買其方百金。聚族而謀曰：『我世世爲洴澼絖，不過數金。今一朝而鬻技百金，請與之。』客得之，以説税。吳王。越有難，吳王使之將。冬與越人水戰，大敗越人，裂地而封之。能不龜手一也；或以封，或不免於洴澼絖，則所用之異也。今子有五石之瓠，何不慮以爲大樽而浮乎江湖？而憂其瓠落無所容，則夫子猶有蓬之心也夫？」

惠子謂莊子曰：「吾有大樹，人謂之樗。其大本擁腫而不中繩墨，其小枝卷拳。曲而不中規矩，立之塗，匠者不顧。今子之言，大而無用，衆所同去也。」莊子曰：「子獨不見狸狌生、星二音。乎？卑身而伏，以候敖遨。者；東西跳梁，不避高下；中於機辟，闢。死於罔罟。今夫斄離。牛，其大若垂天之雲。此能爲大矣，而不能執鼠。今子有大樹，患其無用，何不樹之於無何有之鄉，廣莫之野？彷徨乎無爲其側，逍遙乎寢臥其下，不夭斧斤，物無害者，無所可用，安所困苦哉？」彷徨，《正[二]韻》云「猶徘徊也」。今詳莊意，當是「徜徉曠蕩」之謂。

莊子言逍遥，而一舉頓出天際，目中遂空唐虞。故惠子謂其大言無用，同於五石之匏。夫五石之匏，真無所用？乃以爲大樽而浮江湖，又濟人之要物。莊子明己言爲濟人渡世之要言也。「有蓬之心」，斥鴳翱翔乎蓬蒿，小惠子爲斥鴳也。莊子以己言爲濟世之要言，而惠子猶以爲衆所同去，未得用之之方耳。「無何有之鄉，廣莫之野」乃無思無欲又凝神御氣之要方，故莊子舉「逍遥」字而露之於此，見其所以爲逍遥者也。一官一鄉之知行，宋榮子之内外榮辱，列子之風，帝堯之天下，皆害之之物也。無害者，無所可用，乃成其爲大用，安所困苦而不逍遥哉？前堯喪天下，正無所用於天下，此即是無何有之鄉，廣莫之野矣。今莊子顯從身分上言，示凝神者歸趣也。人乃以無所可用，謂莊子自露本相。夫莊子豈肯自以爲無用者哉？樽，如酒器，浮水者縛此以渡。

[二]「正」，原作「亦」，《洪武正韻》（省稱《正韻》）：「彷徨，猶徘徊、征營也。」據改。

南華真經本義卷二

内篇　齊物論第二

程子謂《齊物論》："「欲齊物理邪？物理從來齊，何待莊子而後齊？若齊物形，物形從來不齊，如何齊得？此是莊子見道淺，不奈胸中所得何，遂著此論也。」此爲未悉莊意。莊子作《齊物論》者，謂物論不齊，吾因其不齊者，與之俱不齊，而後無不齊。欲已辯也。近世徐文長曰："「莊子《齊物論》，闢惠子之強爲齊物者也。」物理原一，惠子、公孫龍輩舉凡物而綜核名實，細爲分析，又從分析後欲合之爲一，故曰："「勞神名爲一，而不知其同。」此近似莊意，猶未悉其所以作是篇之本意。莊子作是篇，欲人忘辯論而凝神葆氣，爲養生地。夫多言耗氣，執勝心，爭是非，欲以一己之見折服天下人之口，尤爲費損精神。故曰："「其殺如秋冬，以言其日消也。」夫勝心安生？由見於彼我之對待。彼與我同在一氣中，如一風被而衆竅鳴，何分彼此？使人不立彼此之見，亦如衆竅之唱和，是爲天籟，何至耗精神以爭無窮無益之是非？故曰：「因之以曼衍，所以窮年。」又曰：「振於無竟，故寓諸無竟。」若莊子專主闢惠子，則正是起爭，未能齊物也。

南郭子綦其。**隱**去聲。下同。**几而坐，仰天而嘘，嗒**榻。**焉似喪其耦。顏成子游立侍乎前，曰：「何居**姬。**乎？形固可使如槁木，而心固可使如死灰乎？今之隱几者，非昔之隱几者也。」子綦曰：「偃，不亦善乎，而問之也？今者吾喪我，汝知之乎？汝聞人籟而未聞地籟，汝聞地籟而未聞天籟夫。」**

子綦冥心御氣，嘘吸上通於天和。此時形骸心意，目前群品，皆爲元氣中剩物。「嗒然似喪其偶」者，人唯有我，則有物爲對；今我既不立，誰與物偶？稱「三籟」者，欲子游於我物所從受大源處，會之見物我同此一氣，不必立對偶、懷勝心而爭是非也。

子游曰：「敢問其方。」子綦曰：「夫大塊噫隘。**氣，其名爲風。是唯無作，作則萬竅怒呺。**號。**而獨不聞之翏翏**流。**乎？山林之畏**偉。**隹，**崔，去聲。**大木百圍之竅穴，似鼻，似口，似耳，似枅，**稽。**似圈，似臼，似洼者，似污者；激者、謞**孝。**者、叱者、吸者、叫者、譹**豪。

者、宎天、杳二音。**者、咬**坳。**者，前者唱于而隨者唱喁。**愚。**泠**泠。**風則小和，飄風則大和，厲風濟則衆竅爲虛。而獨不見之調調，之刁刁乎？」**

天、地、人三籟，同是一氣所爲。地籟者，大塊之噫氣，作則萬竅怒號。山林之畏佳，僻隈聚風之處，大木百圍之竅穴，其形似鼻，似口，似耳，似枅構櫨也。似圈，似臼，似洼牛跡也。者，似污者，形不勝異，正如人之彼我異形，而各成我相者也。其聲激者清，謞者粗，叱者厲，吸者咽，叫者揚，譹者放，宎者深，咬者恨，聲不勝異，正如人之門户分而各立言論，以明己意者也。形異聲異，宜彼此不勝異趣而起紛爭。乃衆竅無彼此對待之見，故一氣所被，仍是一家：前者唱于，如衆樂之長；竽者，衆樂之長也。隨者唱喁，無不和也。泠風小而小和，飄風大而大和，互相是非辯詰者誰乎？厲風濟，則衆竅爲虛，有獨留獨實於一竅之中，執勝心而不化者誰乎？獨不見風濟之後，調調刁刁，枝頭樹杪搖動自得之形乎？有衆竅無私心，故此竅不與彼竅相對偶而起爭也。

子游曰：「地籟則衆竅是已，人籟則比竹是已。敢問天籟。」子綦曰：「夫吹萬不同，而使其自己也。咸其自取，怒者其誰邪？」大知閑閑，小知間間；大言炎炎，小言詹

詹。其寐也魂交，其覺也形開，與接爲搆，日以心鬭。縵者，窖教。者，密者。小恐惴惴，大恐縵縵。其發若機栝，其司是非之謂也；其留如詛盟，其守勝之謂也；其殺如秋冬，以言其日消也；其溺之所爲之，不可使復之也；其厭壓。也如緘，以言其老洫也；近死之心，莫使復陽也。喜怒哀樂，慮歎變慹，聶。姚佚啓態；樂出虛，蒸成菌。日夜相代乎前，而莫知其所萌。已乎，已乎。旦暮得此，其所由以生乎？非彼無我，非我無所取。是亦近矣，而莫知其所爲使。若有真宰，而特不得其眹。可行已信，而不見其形，有情而無形。

比竹者，人以氣吹竹成聲，如彼笙簧，聲出笙簧而待人氣吹，故稱人籟。用問者言一句揭過。此化「有」爲「無」法也。至論天籟，則人之語言相是非者是。夫語言是非出於人者，亦正是人籟，何以云天？試觀前吹萬大小殊聲，各使自己竅中出乃稱。地籟者，以竅不自號，有怒而使號者在其誰邪？是大塊之噫氣也，地也，故名地籟。人言殊致，有如衆竅中亦有待而成聲者，繇天以一氣使然。一氣初分，實無彼我，人乃橫生意見，彼此之偶還立而不化。於是好勝起爭，盡忘其天之所使而情態百出，豈止如衆竅之殊形異響已哉？但見其大知則閒閒，而矜其所有餘；小知則間間，而營其所不足。大言炎炎，盛氣談也；小言詹詹，事彌縫也。寐魂交而中夜神馳，覺形開而百感俱集。與接爲構，日以心鬬。心鬬如何？心之瞞蔽者用縵鬬，深險者以窖鬬，謹細者以密鬬。小恐常惴惴然，大恐常縵縵然。其發若機括，必期中的，其司是非之謂也，此彼我各定之主念也；其留如詛盟，雖死不變，其守勝之謂也，此彼我不相下之成心也。唯各司是非而守勝心，故生機日牿，天真日減，其殺如秋冬，以言其日消也；其溺之所爲之，不可使復之而改圖也；其厭没於中也，如加封緘，以言其老洫而不能出也；近死之心，莫使其復陽也。此則爲忘天而爭辯者之實受禍處，不可不痛思而猛省者也。其見爲情狀，或喜焉，或怒焉，或哀焉，或樂焉。未至則慮，已過則歎，變而更張，慹而執滯。姚冶爲容也，佚放自肆也。忽啓而開明，忽態而作度。以本來無物之中生此諸情，如樂出虚器中，如濕氣蒸而成菌。喜怒去而哀樂來，慮歎已而變慹作，日夜循環，相代於前，而莫知其所萌。已乎，已乎，此諸情也，爲損實多，人胡不遣去之？乃不能自已者，豈以此爲我生身立命之原，旦暮必得此而所由以生乎？彼誠非生身立命之原，但非彼則我真爲槁木死灰，無復有運動；非我則於空寂中，又誰取諸情而爲之運動者？以此而語，其相藉相成之機，真若旦暮得之所由生，其情形是亦近矣。然此是有形後之作用，而非天地生成彼我之真宰。天之以一氣生成彼我，亦如噫氣之怒於衆竅，而有所以使之者。今迷於衆情而不知，雖在衆情迷惑之中，亦若有真宰在焉，而特不得其發見之朕。當應酬時，其中見爲可也則奉之而行，見當已也則信之而不行。是分明有所承禀於使之者而然，而第其所謂可、所謂已皆有膠擾牽滯之態，而不見真宰無牽無染之形。是以妄情爲真宰，而非真真宰也。忘情見則真形隱於無矣。

「可行已信」者，自意以爲可則行之，自意以爲不可行當已則信之而不行。

百骸、九竅、六藏，賅該。而存焉，吾誰與爲親？汝皆説悦。之乎？其有私焉？如是皆有爲臣妾乎？其臣妾不足以相治乎？其遞相爲君臣乎？其有真君存焉？如求得其情與不得，無益損乎其真。一受其成形，不忘以待盡。與物相刃相靡，其行盡如馳，而莫之能止，不亦悲乎？終身役役而不見其成功，薾涅。然疲役而不知其所歸，可不哀邪？人謂之不死，奚益？其形化，其心與之然，可不謂大哀乎？人之生也，固若是芒乎？其我獨芒，而人亦有不芒者乎？夫隨其成心而師之，誰獨且無師乎？奚必知代而心自取者有之？愚者與有焉。未成乎心而有是非，是今日適越而昔至也。是以無有爲有。無有爲有，雖有神禹，且不能知，吾獨且奈何哉？

夫妄情皆因形骸而生起，奈何聽之爲主宰？「百骸、九竅、六藏，賅而存焉」，六藏者，心藏神，肝藏魂，脾藏意，肺藏魄，腎藏志，通命門而六。是假合之妄形，吾誰與爲親？以不足親之妄形，汝乃皆悦之乎？而處處皆視之爲真宰。其有私焉？而獨奉一處爲真宰。如是皆有爲臣妾者乎？如手欲取足爲之奔，目欲視心爲之營也。其臣妾不足以相治乎？其遞相爲君臣乎？有欲在於此，則爲役者又將在彼役者臣，而能役之者又即爲君也。抑更有真君存焉？故目能視，耳能聽，手持足行，成其爲百骸竅藏之用。不容以百骸竅藏互相爲臣妾者，而妄推之爲君也。如是以求之，庶幾不遠一氣生成之本源，可以得真君有無之情狀。即令不得也，彼真君者，乃使聖、使愚、使彼、使我百骸竅臟俱藉以運動，此萬靈共被之真元，豈以一人爲存亡，而謂其有損益乎真哉？但自此一人言之，迷失真君，而反聽命於形骸。一受其成形，日夜以形骸所向者爲事，而不忘以待盡，與物逆則相刃，順則相靡，其行盡如馳，而莫之能止，趣人死鄉而已，不亦悲乎？終身役役，而謬用其妄情，不見成功；薾然疲役，迷失真君，不知其所歸，可不哀邪？人謂之不死，奚益？自少壯而衰老，其形日化，其心亦隨時以俱化，而神氣已索，與死不殊，可不謂大哀〔二〕乎？人之生也，忘其所使，失其真君，趣

〔二〕「哀」，原作「衰」，據上文《莊子》原文改。

死鄉而不覺，固若是芒昧乎？其我獨芒，而人亦有不芒昧者乎？同在一氣所使之中，我何以不覺悟而獨芒也？不可不思也。

又如楊、墨諸家，未必真有見於真君。然學楊、墨而成其爲楊、墨之心，學諸辯説家而成其爲諸辯説家者之心。隨其成心而師之，則中心判斷以爲可行，以爲當已。誰獨無師乎？亦自以爲不芒也，而未必真不芒也。此又奚必心稍靈明，知日夜相代之端，能自爲主張，而心自取者有之？雖愚者至茫昧，而據己見以爲可行，以爲當已，亦有師焉，而各有是非也。唯其未成乎心，則其是非不特無真見，求其有如楊、墨諸家之偏見而猶不得。而遽有是非，是全然着妄，爲今日適越而昔至也，是以無有爲有。無有爲有，雖神禹之大智，不能知其妄之所由起、妄之所以終，吾獨且奈何哉？此是非論辯所以益煩，真君所以愈迷。雖同在一氣中，求其如吹萬之相和不可得也。

夫言非吹也，言者有言，其所言者特未定也。果有言邪？其未嘗有言邪？其以爲異於鷇却。音，亦有辯乎，其無辯乎？道惡乎隱而有真僞？言惡乎隱而有是非？道惡乎往而不存？言惡乎存而不可？道隱於小成，言隱於榮華。故有儒墨之是非，以是其所非而

非其所是。欲是其所非而非其所是，則莫若以明。物無非彼，物無非是。此也。**自彼則不見，自知則知之。故曰彼出於是，是亦因彼。彼是方生之説也，雖然，方生方死，方死方生；方可方不可，方不可方可；因是因非，因非因是。是以聖人不由，而照之於天，亦因是也。是亦彼也，彼亦是也。彼亦一是非，此亦一是非。果且有彼是乎哉？果且無彼是乎哉？彼是莫得其偶，謂之道樞。樞始得其環中，以應無窮。是亦一無窮，非亦一無窮也。故曰莫若以明。**

夫言非吹萬也，有言者，有爲之言者。萬口所吐，同受靈於元氣，如竅中有怒，是亦一吹萬也。特其所言之人，有喪我、有我之分，未定其言之出於真君所使、不出於真君所使。果不出於真君所使，徒以我意言而有言邪？其出於真君所使，我雖言，而我實未嘗有言邪？如方出卵之㲉音，非有教之而自然啾啾成響。彼未嘗有言之言，言而無心，與㲉音奚辯？不謂之天籟，不可也。言爲天籟，則言出而道自顯，惡乎隱而有真僞？言出而真自定，惡乎隱而有是非？一氣所被，彼我俱在道中，道惡往而不存？一氣所使，彼我俱以道言，言惡存而不可？然而道與言卒隱而不存者何也？楊、墨辯説者之家不得真君所使，而各師其成心，道隱於小成矣。隨其成心以使之，而喜爲浮誇以惑聽，言隱於榮華矣。故有儒墨諸家之是非，各執我見，以是其所非而非其所是。果欲是其所非，非其所是，得道與言之真而不至於隱，此則非明不可。蓋明者徹見彼我受氣同源，真君不異。物無非彼，我亦彼也，何必是我？物無非此，彼亦此也，何必非彼？但不明者見我不見彼，自彼則不見，而唯覺彼之爲非；自知則知之，而但知此之爲是。緣我心未化，故彼出爲偶。彼出乎此，此亦因彼，兩者相爲對待。此方生之説也。方生者不終生，死隨其後；有此者不止此，彼還相參。雖然，此説猶緩也。生既終，而死方隨，若彼此之偶，現前即是，不必言既與隨也。方生即方死，方死即方生；方可即方不可，方不可即方可。因有我之自是，即有彼之相非；因有我之非彼，即有彼之自是。是以彼我對立之間，聖人不由，而照之以天。夫人言原是天籟，因而照之以天，契其真是之源。亦因是也，但見彼我一氣，此亦彼也，彼亦此也。彼亦一是非，何足辯詰？此亦一是非，何必異彼？果且有彼此之分辯乎哉，果且無彼此之分辯乎哉？彼此莫得其偶，所謂「嗒然自喪其偶」者也。是非圓轉，謂之「道樞」。唯圓轉，故其心虛而得環中，以應無窮。可以是天下之所是，亦可以是天下之所非，而是一無窮；可以非天下之所非，亦可以非天下之所是，而非亦一無窮。若此者，非照之以天不能也，故曰「莫若以明」。

以指喻指之非指，不若以非指喻指之非指也；以馬喻馬之非馬，不若以非馬喻馬之非馬也。天地一指也，萬物一馬也。可乎可，不可乎不可。道行之而成，物謂之而然。惡乎然？然於然。惡乎不然？不然於不然。物固有所然，物固有所可。無物不然，無物不可。故爲是舉莛庭。與楹，厲與西施，恢恑詭。憰決。怪，道通爲一。其分也，成也；其成也，毁也。凡物無成與毁，復通爲一。唯達者知通爲一，爲是不用而寓諸庸。庸也者，用也；用也者，通也；通也者，得也。適得而幾矣。因是已，已而不知其然，謂之道。勞神明爲一而不知其同也，謂之朝三。何謂朝三？曰：狙公賦芧序。曰：「朝三而暮四。」衆狙皆怒。曰：「然則朝四而暮三。」衆狙皆悦。名實未虧而喜怒爲用，亦因是也。是以聖人和之以是非而休乎天鈞，是之謂兩行。

物理一而無岐，衆言岐而易亂，照之以天則有形悉妄。彼辨説家有「非指非馬」之説矣，此公孫書云爾也。唯一以爲馬，又一以爲非馬；一以爲指，又一以爲非指。故説愈岐，是非愈以難定。今明知物之是非皆妄，指非指矣，何以更稱是指？又喻爲非指而使聽惑，何不直以非指喻指之非指，而使是指不與非指偶？其説易明也。明知白馬所以命色非馬矣，何以復稱是馬，又喻爲非馬而使名惑？何不直以非馬喻馬之非馬，而使是馬不與非馬偶？其名易定也。此只是要徑省議論之法。

《公孫龍書·白馬論》曰：「白馬非馬，可乎？」曰：「可。馬者，所以命形也。白者，所以命色也。故黄、黑馬一也，可以應有馬，不可以應有白馬。是白馬之非馬，審矣。」

《指物論》曰：「物莫非指，而指非指。天下無指，而物不可謂指也。不可謂指者，非指也。非指者，物莫非指也。天下無指而物不可謂指，非有非指也。且夫指固自爲非指，奚待於物而乃與爲指？指者，是非也。物物皆妄相指，妄相是非，故指皆非指。」

天地雖大，亦是妄形，猶一指也；萬物雖多，爲名悉假，猶一馬也。然則彼我之偶，亦妄亦假。非有彼我，而何容爭辯？遇其可而可之，遇其不可而不可之。道行之而成，非小成之行也；物謂之而然，非榮華之謂也。惡乎然？然於其所當然。惡乎不然？不然於其所不當然。所謂然與可者，不必專在於我，物固有所然，物固有所可。雖不然之物亦有然時，無物不然；雖不可之物亦有可時，無物不可。故爲是舉莛之直與楹之横，厲之醜與西施之美，恢恑憰怪之奇與道之正，其偶至不倫，而各有所須，不可以相無，則各有所然，各有所可，通而爲一矣。凡物之情，惡其分，喜於成。然而分也未有不抵於成，而成也未有不抵於毁，何得獨謂成者爲然、爲可，而分且毁者爲不然、爲不可？凡物無成毁之偶，復通爲一矣。唯明達者照之以天，而知通爲一。爲是不用彼此之偶，而寓諸庸。庸也者，用也，可常用者也；用也者，通也，通彼此爲一者也；通也者，得也，得彼我之真君者也。適得而幾矣，近天籟之自然矣。此何煩用一毫我見以爲之？但因是而已已。而辯説家不知通復爲一，若然者之謂道，乃析其本同者以爲異，而又强合至異者以爲同，有大一小一之稱，見《天下》篇。不用通復之一，勞神明以爲之一，乃不知物理原同，不勞爲也。若此爲者，謂之「朝三」。何謂「朝三」？狙公以七芧賦狙，朝三暮四，衆狙怒；朝四暮三，衆狙喜。均之七芧，而喜怒爲用。亦爲其有朝三暮四之不同，因是也而喜怒實不勞爲用也。亦猶辯説家因有通復爲一之理而勞神明以爲之一，而實則不煩爲一也。是以聖人於天下，和之以是非，亦如吹萬泠風、飄風之相和出乎天籟者，還以怡神平氣，而休息乎天均。天均者，造化之不偏者也。不以我偏於是，彼偏於非，謂之兩行。蓋通復爲一，故能兩行也。

古之人，其知有所至矣。惡乎至？有以爲未始有物者，至矣，盡矣，不可以加矣。其次以爲有物矣，而未始有封也。其次以爲有封焉，而未始有是非也。是非之彰也，道之

所以虧也。道之所以虧，愛之所以成。果且有成與虧乎哉，果且無成與虧乎哉？有成與虧，故昭氏之鼓琴也；無成與虧，故昭氏之不鼓琴也。昭文之鼓琴也，師曠之枝策也，惠子之據梧也，三子之知幾乎，皆其盛者也，故載事也。之末年。唯其好之也，以異於彼；其好之也，欲以明之。彼非所明而明之，故以堅白之昧終。而其子又以文之綸終，終身無成。若是而可謂成乎？雖我亦成也。若是而不可謂成乎？物與我無成也。是故滑汩。疑之耀，聖人之所圖也。爲是不用而寓諸庸，此之謂以明。

故至人冥心於未始有物之初，則是非安起？達者一視於既始有物之後，則彼我不立。古之人，其知有所至矣，惡乎至？有以爲未始有物者，元氣混淪，未離於天，至矣，盡矣，不可以復加矣。其次以爲有物矣，而一氣初受，未有彼我界限之封也。其次以爲有封焉，而受氣成形，未始有是非之辯也。是非彰則大道虧，大道虧則愛念成。此有物有封後之私見，仍以未始有物者視之，成虧之迹何足憑據也哉？倏成倏虧，轉盼間耳，如昭文之琴，一響一寂，何可以成虧言也？昭文之鼓琴奏曲，師曠之枝策成響，惠子之據梧而吟，三子聰智過人幾乎，皆其盛者也，故事之終身。此亦人情所偶好，不足以自異。乃三子之所好也，以爲獨擅其盛，有以異於在彼。其好之也，欲以明之，彼見我好者爲是，不好者爲非，非所明而明之。故昭文、堅石、白馬之辯，自以爲明而人以爲昧。其身既以昧終，其子又以昭文之緒業終，終身無成。若是而可謂成，凡有所事，事不論至否即謂之成，雖我亦成也；此莊子自肯低頭，消人盛氣。若不可謂成，雖好之末年，我與物俱無成，不足以明之。彼也若是者，由三子於彼我之間見之太明，而於己是非分上迷其禀受之原，又見之不明。故凡人於彼我對待之界限，不容過爲分別。滑疑之耀，聖人所圖也。滑者難執，疑者難定，於不執不定之中而自有分曉，此爲「滑疑之耀」。聖人處事欲用此法，爲是不用彼此對待之偶而寓諸庸，此之謂「以明」。蓋滑疑者，不察察於是非而聽其兩行，照之以天者也。昭文，古善琴者。枝，柱也；策，杖也，舉杖以擊節。堅白，堅石白馬之辯。綸，餘緒也。

今且有言於此，不知其與是類乎，其與是不類乎？類與不類，相與爲類，則與彼無以異矣。雖然，請嘗言之：有始也者，有未始有始也者，有未始有夫未始有始也者。有有也者，有無也者，有未始有無也者，有未始有夫未始有無也者。俄而有無矣，而未知有無之果孰有孰無也。今我則已有謂矣，而未知吾所謂之其果有謂乎，其果無謂乎？天下莫大於秋毫之末，而大山爲小；莫壽乎殤子，而彭祖爲夭。天地與我並生，而萬物與我爲一。既已爲一矣，且得有言乎？既已謂之一矣，且得無言乎？一與言爲二，二與一爲三。

自此以往，巧曆不能得，而況其凡乎？故自無適有以至於三，而況自有適有乎？無適焉，因是已。

今且有言於此，不知彼其所指之是非與此所出之是非，相同而類者乎，相異而不類者乎？類與不類雖不可知，均之爲是非言辯之類，則類也。今更不辯其爲是爲非之偶，而和之以爲類，則我之是非與彼之是非同是一類，無以異矣。雖謂之無言，可也。雖然，辯起無端，其流無極，請嘗言之：有始而氣方行也者，有未始有始而氣未行也者，古人之知以此爲至；而又有夫未始有夫未始有始而一氣渾淪，在無極先也者。有有而爲物也者，有無而無物也者，有未始有夫未始有無而泰初無有無名也者。俄而有無矣。氣之所起，有一而未形，此萬物芸芸之祖，而如欲細爲分辯，孰爲無時之所無，又孰爲有無之時之所有邪？今我則不但有無，而已有謂矣。未知吾所謂之果准於是非，爲必不可無之言，而有謂者乎？抑於是非無准，爲不必有之言，而無謂者乎？吾之所謂謂者，固未可以一定，而天下是非亦果可以兩行。謂「泰山大，毫末小」，爲斯言者是也。然微塵蚊睫更小於秋毫，則莫大於秋毫；天覆地載，於泰山何有，則泰山爲小，斯言又無不是也。謂「彭祖壽，殤子夭」，爲斯言者是也。然今日殤子後彭祖千百年方死，則莫壽於殤子；殤子千百歲前彭祖久亡，則彭祖爲夭，斯言又無不是也。蓋從大本源處統觀總會，則小小界限全不足據之以定是非。天地至寥廓矣，當未始，有時方與我俱無；及既始，有時亦與我俱有，是天地與我並生之物也。物至紛殊矣，語有無則同原於一氣，言是非則又相與爲一類，是萬物在我一體之内也。既已爲一矣，奚容爭辯而有言？既已謂之一矣，謂一即言，而且惡得無言？一，一矣；謂之一，又一矣，是一與言爲二。言二，二矣，二與一又三矣。自此以往，雖巧曆不能得其積累之數，而况凡人乎？自無適有以至於三，而况自有適有，其積之爲數，豈有窮極乎？欲無適焉而休於天均，只有因之之一法，聽其兩行而已。

夫道未始有封，言未始有常，爲是而有畛也。請言其畛：有左有右，有倫有義，有分有辯，有競有爭，此之謂八德。六合之外，聖人存而不論；六合之内，聖人論而不議；春秋經世先王之志，聖人議而不辯。故分也者，有不分也；辯也者，有不辯也。曰：何也？聖人懷之，衆人辯之以相示也。故曰辯也者，有不見也。夫大道不稱，大辯不言，大仁不仁，大廉不嗛謙。大勇不忮。道昭而不道，言辯而不及，仁常而不成，廉清而不信，勇忮而不成。五者园圓。而幾向方矣。故知止其所不知，至矣。孰知不言之辯，不道之道？若有能知，此之謂天府。注焉而不滿，酌焉而不竭，而不知其所由來，此之謂葆光。

夫道無彼此，何有於封？言無是非，何有於常？爲是自無適有而有畛也，無封而封矣，無常而常矣。左右、倫義、分辯、爭競八德者，畛之名也。左右謂優劣，倫義謂次序。義理辯則不但爲分競，又甚於相爭。自無適有之後，雖聖人亦與世在論議分辯中，但聖人無畛，聖人善因也。六合之外，荒唐而不可論，因存而不論；六合之内，寥廓而不容議，因論而不議。春秋經世先王之志，民生治亂關焉，不可無議也，特不必於過辯，故因之議而不辯。分有不分也，辯有不辯也。何也？聖人懷之，存分辯之理，使天下後世默受其益；衆人辯之，以相示誇耀於人而已。故曰：「辯也者，有不見也。」使其中有所見，則不辯矣。夫大道以不稱爲道，大辯以不言爲辯，猶之乎仁不仁，廉不嗛，勇不忮。五者，大道园而環中，以應無窮。若道昭、言辯、仁常、廉清、勇忮，則着於畛而幾向方矣。故知止其所不知，至矣。知之所不知，在未始有無之先；有無之後，則不知其孰有孰無，又不知其有謂無謂。於此而止，何至於有封、有常、有畛，而是非紛競之不已乎？故知貴不知，辯欲不言，道常不道。知之者謂之「天府」，謂其外形骸而契真宰，湛然一氣之中，注不滿，酌不竭，無封無常而不知其所由來，此之謂「葆光」，謂夫知而不用其知也。「封」，封疆，界限也。「嗛」者，以清節自快足也。

故昔者堯問於舜曰：「我欲伐宗、膾、胥敖，南面而不釋然。其故何也？」舜曰：「夫三子者，猶存乎蓬艾之間。若不釋然，何哉？昔者十日並出，萬物皆照，而況德之進乎日者乎？」

人自有知而分彼我，則有是非之爭辯。至於利害死生，則又是非爭辯中之最大者。前日聖智之人盡舉而掃除之，以爲一不足辯者也。昔堯以宗、膾、胥敖之不被德，欲伐之而不釋然。舜謂十日並出，照一萬物，而此日不嫌彼日之分光，豈以德之普被有進乎日者，而必期蓬艾間之國盡被我德也？是彼我當置不辯也。

齧缺問乎王倪曰：「子知物之所同是乎？」曰：「吾惡乎知之？」「子知子之所不知邪？」曰：「吾惡乎知之？」「然則物無知邪？」曰：「吾惡乎知之？雖然，嘗試言之：庸詎知吾所謂知之非不知邪，庸詎知吾所謂不知之非知邪？且吾嘗試問乎女：汝。民溼寢則腰疾偏死，鰌秋。然乎哉？木處則惴慄恂懼，猨猴然乎哉？三者孰知正處？民食芻豢，麋鹿食薦，蝍且疽。甘帶，鴟鴉嗜鼠，四者孰知正味？猨猵偏。狙且。以爲雌，麋與鹿交，鰌與魚游。毛嬙、麗姬，人之所美也；魚見之深入，鳥見之高飛，麋鹿見之決驟。四者孰知天下之正色哉？自我觀之，仁義之端，是非之塗，樊然殽亂，吾惡能知其辯？」齧缺曰：「子不知利害，則至人固不知利害乎？」王倪曰：「至人神矣。大澤焚而不能熱，河漢沍而不能寒，疾雷破山，風振海而不能驚。若然者，乘雲氣，騎日月，而游乎四海之外。死生無變於己，而況利害之端乎？」

「同是」者，謂物所共是而無非，意以此爲是之正者也。齧缺問「同是」於王倪，而王倪三不對，謂知不知之辯不在言，而是非之正莫可定也。求正處而必異處以爲安，則何安而爲處之正？求正味而必異味以爲嗜，將何嗜而爲味之正？求正色而各就其類以爲偶，則何偶而爲色之正？仁義是非之淆亂，夫亦猶是，而惡知其辯？不知是非，因不知利害。此至人乘雲氣，騎日月，而游乎四海之外者，是是非利害當置不辯也。薦，草也。帶，蛇也。

瞿鵲子問乎長梧子曰：「吾聞諸夫子：『聖人不從事於務，不就利，不違害，不喜求，不緣道；無謂有謂，有謂無謂，而游乎塵垢之外。』夫子以爲孟浪之言，而我以爲妙道之行也。吾子以爲奚若？」長梧子曰：「是黃帝之所聽熒也，而丘也何足以知之？且汝亦大早計，見卵而求時夜，見彈而求鴞炙。予嘗爲汝妄言之，汝以妄聽之。奚旁去聲。日月，挾宇宙？爲其脗合，置其滑汩。涽，昏。以隸相尊。衆人役役，聖人愚芚，參萬歲而一成純。萬物盡然，而以是相蘊。予惡乎知說悅。生之非惑邪？予惡乎知惡死之非弱喪而不知歸者邪？麗之姬，艾封人之子也。晉國之始得之也，涕泣沾襟；及其至於王所，與王同筐牀，食芻豢，而後悔其泣也。予惡乎知夫死者不悔其始之蘄生乎？夢飲酒者，旦而哭泣；夢哭泣者，旦而田獵。方其夢也，不知其夢也。夢之中又占其夢焉，覺而後知其夢也。且有大覺而後知此其大夢也。而愚者自以爲覺，竊竊然知之。君乎，牧乎，固哉。丘也與女，汝，下同。皆夢也；予謂女夢，亦夢也。是其言也，其名爲弔的。詭。萬世之後而一遇大聖，知其解蟹。者，是旦暮遇之也。」

生死，人之大利大害也。聖人棄世務，置利害，忘求忘道而忘言，游乎塵垢之外，庶幾神仙昇舉之事。夫子言之，以此爲孟浪無實，而瞿鵲子以爲妙道之行。長梧子曰：「此黃帝所聽熒。」而夫子遊方之內，何事知之？以黃帝所聽熒，而女輒輕許爲妙道，亦太蚤計。汝便聽同黃帝乎？無乃見卵而求時夜，見彈而求鴞炙者也。然予猶以爲黃帝爲不足爲，神仙爲不足學。予試妄言之，而汝試妄聽之。人亦奚必旁日月，挾宇宙，爲其窈冥清淨，與神仙脗合者？置其世務利害，爲庸俗之滑涽者？

老聃嘗言：「棄隸者若棄泥塗，知身貴於隸也。」此生之勞役，何異於隸？求長生者，人自以爲尊生，此以隸相尊耳。衆人以隸而役役於下，聖人得道，尊其隸而愚芚於上。一念萬年，古今一息，參萬歲而一成純，洵長生矣，然萬物自有天地以來至於今日，生生相禪，生豈不長？萬物盡然，黃帝何獨求長生，而蘊之於懷？予惡知説生之非惑邪？予惡知惡死之非弱喪而不歸者邪？弱喪者，幼而亡家，長而不返者也。觀麗姬之泣悔無端，夢覺之吉凶相反，死生之不相知正若此。覺而知夢，大覺而知爲大夢。使夢爲君而貴，夢爲牧而賤，一不足據也。凡在今日談中者，皆屬夢境中人，安得一遇大聖人而知此言非弔詭？如長梧子之言，死生誠不足爲辯也。（弔，至也。）

「既使我與若辯矣，若勝我，我不若勝，若果是也，我果非也邪？我勝若，若不吾勝，我果是也，而果非也邪？其或是也，其或非也邪？其俱是也，其俱非也邪？我與若不能相知也。則人固受其黮（啖。）闇，吾誰使正之？使同乎若者正之，既與若同矣，惡能正之？使同乎我者正之，既同乎我矣，惡能正之？使異乎我與若者正之，既異乎我與若矣，惡能正之？使同乎我與若者正之，既同乎我與若矣，惡能正之？然則我與若與人俱不能相知也，而待彼也邪？何謂和之以天倪？曰是不是，然不然。是若果是也，則是之異乎不是也，亦無辯；然若果然也，則然之異乎不然也，亦無辯。化聲之相待，若其不相待，和之以天倪，因之以曼邁。衍，所以窮年也。忘年忘義，振於無竟，故寓諸無竟。」

彼此、是非、利害、生死，俱不必辯。然彼此之辯常不已者，爲勝心所使也。前故曰「其發若機括，其司是非之謂；其留如詛咒，其守勝之謂」，乃辯之勝與不勝，於事理何益？既使我與若辯矣，若勝我，我不勝若；我勝若，若不勝我。其或是或非，俱是俱非，我與若不能相知，則人固受其黮闇。何者？不因是而照之以天，所謂「以明」者安在？宜其黮闇也。於是使同者、異者、半同半異者、全同全異者正之，而皆不能正。則我不能知，若不能知，於彼我對待之外，更益以他人，而猶不能知。然則始之相辯，徒損精神，亦有何益？我與彼全不足理會，全不足依據，而我猶欲待彼爲對辯之偶，與爭是非邪？莫若和之以天倪矣。我向曾有「和以天倪」之說，見《寓言》篇。果何謂也？倪者，分也。天唯一氣，倪乃一氣之初分。和其彼此之初分者而通之爲一，是與不是和，然與不然和。是在若，而謂其果是邪？是與不是，其初分不遠，恐是中亦有不是，則是之異乎不是也，當和以天倪而無辯。然在若，而謂其果然邪？然與不然，其初分不遠，恐然中亦有不然，則然之異於不然也，亦當和以天倪而無辯。如此則彼我相謂之聲，不參彼我之見，乃元氣所爲，真君所使，亦如吹萬之相和，此爲天籟，是化聲也。夫聲得化而成聲，若有相待，乃天以化使我而我不知，我以化爲聲而聲亦不知。夫化、聲相待，若不相待，此天倪之和焉者也。和之以天倪，從容曼衍，保沖氣而神不馳，以窮年而已。豈若向之其行如馳而其殺如秋冬者哉？又不但窮年，且壽夭一視而忘年，是非亦一視而忘義。自有是非以來，爭辯日繁，了無終竟之期。今忘是非，振拔而出於無竟之中，是非到前，姑因人爲是非，寓諸無竟而已，此和以天倪之明效也。

罔兩問景影。**曰：「曩子行，今子止；曩子坐，今子起。何其無特操與？」景曰：「吾有待而然者邪？吾所待又有待而然者邪？吾待蛇蚹**敷。、**蜩**條。**翼邪？惡識所以然，惡識所以不然？」**

化、聲之相待，若其不相待。如罔兩、形景之相待，以成其行止坐起，而罔兩、行景豈有心於相待者哉？罔兩者，景外稀微之景也。問景以行止坐起之不同，景曰「吾有待而然」，是景待形也。吾所待又有待而然，是形待化也。景無心，形則有心。使其有心，而知景之待我爲然，吾又待化而後得付景之所待以爲然不然，則然不然之間意念將不勝紛錯。今景所待之形，其行止全不自主，蛇蚹也，蜩翼也。蛇蚹、蜩翼無心，而聽行止於蛇、蜩；形亦無心，而聽行止於造化。惡識所以然，惡識所以不然？若其不相待者也。使夫辯論者能無心而和以天倪，則彼我之分同於一氣，而彼我化即相辯而有聲，亦若化聲之不相待者也，而待彼邪？蛇蚹，是其腹下齟齬爲行者。

昔者莊周夢爲蝴蝶，栩栩許。**然蝴蝶也，自喻適志與？不知周也。俄然覺，則蘧蘧然周也。不知周之夢爲蝴蝶與？蝴蝶之夢爲周與？周與蝴蝶則必有分矣。此之謂物化。**

蓋分不特彼與我爲分，而我亦自有分，但我之自分常和焉而不知，故無不化。昔者莊周稟氣化以爲莊周，止是一莊周；此生所最不易忘者，亦止是一莊周。及夢爲蝴蝶，則栩栩然，自喻適志，不復知爲周；俄然覺，則又蘧蘧然爲周，不復能爲蝶。方托身一氣之中，忽然有周、有蝶，此是誰夢、誰不夢？夫既有周、有蝶，不可謂無分矣。方未夢時，周不待蝶；及既夢，而分周爲蝶，此時亦不自憶爲周，而周化。方未覺時，蝶不待周；及既覺，而分蝶爲周，是時亦不自戀爲蝶，而蝶化。不動聲色，彼我頓化，是一身中之天倪，無不和，無不化，而造化之化亦何以異是？但物化之化境近，而夢覺短；造化之化境遠，而夢覺長。然不過一夢覺之間已也，何必真有彼此之分，而辯其誰勝、誰不勝哉？

南華真經本義卷三

内篇　養生主第三

夫生於何主？精氣神也。精氣，吾所以生；神，所以調吾精氣，使往來任督而常生。生苟非澄心無事、忘情哀樂，亦何以調神氣而養其生哉？故作《養生主》。

吾生也有涯，而知也無涯。以有涯隨無涯，殆已；已而爲知者，殆而已矣。爲善無近名，爲惡無近刑。緣督以爲經，可以保身，可以全生，可以養親，可以盡年。

夫人百年有盡，願欲無涯。以有盡之年，逐無涯之欲，是死亡之道也。願欲出於知覺，故曰「知」也。願欲之知無涯，而又生出求足願欲之機知，是自速其死亡，不復可救者也。故曰：「已而爲知者，殆而已矣。」然則養生者當何如？唯無爲而後可。蓋爲善者常近名，爲惡者常近刑。唯不爲善，故雖有時爲善，而無近名之心。無近名者，未嘗有爲善之心者也。唯不爲惡，故或迹如爲惡，而無近刑之理。無近刑者，未嘗有爲惡之事者也。緣督爲經，所以爲馭氣之方也。人身背有督脉，自閭尾而通氣於頂上之尼丸；前有任脉，自尼丸而通氣於心竅之絳宮。然氣必自臍下丹田轉於閭尾，而升於頂上，故曰「緣督以爲經」，此養生錬氣之要訣也。人若於世上一無所爲，則此身何寄？親於誰養？若遂捐身於爲之之中，則因而傷生之主者有矣，不盡其天年者有矣。能爲而無爲，神凝内守，斯無之而不可者也。緣督爲經，細微節度在《外物》篇。養生家有「艮背」之説，亦是緣督之義。養生要訣盡於三句内，故莊子連説四「可以」以大其效。下數段，不過暢無爲之意而已。

庖丁爲文惠君解牛，手之所觸，肩之所倚，足之所履，膝之所踦，（紀。）砉（翕。）然嚮然，奏刀騞（畫。）然，莫不中音，合於《桑林》之舞，乃中《經首》之會。文惠君曰：「譆，善哉。技蓋至此乎？」庖丁釋刀對曰：「臣之所好者道也，進乎技矣。始臣之解牛之時，所見無非牛者；三年之後，未嘗見全牛也。方今之時，臣以神遇而不以目視，官知止而神欲行。依乎天理，批大郤，（隙。）導大窾，（款。）因其固然，技經肯綮之未嘗，而况大軱（孤。）乎？良庖歲更刀，割也；族庖月更刀，折也。今臣之刀十九年矣，所解數千牛矣，而刀刃若新發於硎。彼節者有間，而刀刃者無厚；以無厚入有間，恢恢乎其於游刃必有餘地矣。是以十九年而刀刃若新發於硎。雖然，每至於族，吾見其難爲，怵然爲戒，視爲止，行爲遲，動刀甚微，謋獲。然已解，如土委地。提刀而立，爲之四顧，爲之躊躇滿志，善刀而藏之。」文惠君曰：「善哉。吾聞庖丁之言，得養生焉。」

如庖丁解牛，因其固然，技經肯綮之未嘗，此爲而無爲者也。用刀十九年，所解數千牛，而刀刃若新，此繇無爲而不損精神，可以全生，可以盡年者也。然世途多變，機宜當慎，必有惕然難爲之戒，視止行遲，而後盡其無爲之理。不然，天下或困我以難爲之事，而我仍漫不經懷，至於觸機蹈禍而不可救，則又未必不以無爲致也。賈誼曰：「屠牛坦〔一〕一朝解十二牛，而鋩刃不頓者，所排擊剝割，皆衆理解也。至於髖髀之所，非斤則斧。」此特賈誼爲漢諸侯王計則然，非庖丁意也。庖丁解牛無衆髖髀，衆髖髀皆有理解，但是動刀甚微，皆於游刃有餘地。未見禹之行水，行所無事；至難治之處，又輒改無事爲有事，而與水爭性也。砉然、騞然，皮肉相離之聲。《經首》，樂章也。肯綮，經絡相結處。大軱，骨節也。

公文軒見右師而驚曰：「是何人也？惡烏。乎介也？天與，余。其人與？」曰：「天

〔一〕「坦」，原作「垣」，據中華書局一九六二年版《漢書》卷四十八《賈誼傳第十八》原文改。

也，非人也。天之生是使獨也，人之貌有與也。以是知其天也，非人也。」澤雉十步一啄，百步一飲，不蘄畜乎樊中。神雖王，去聲。不善也。

世間亦自有孤獨之人，介然自守，不肯一涉於人世有爲之迹。如右師，雖在人衆中，而無一人爲與，故公文軒望之而驚。此其介特之性乃天生使然，非人爲所習。若人之情貌，亦孰能無與？使右師徇人情貌而強與周旋，是縶澤雉於樊中，飲啄〔二〕雖豐，其心甚苦。夫爲無爲，是養生之道，此則介介無爲，而不能一涉迹於爲，雖於理未盡，亦能自全其天者也。

老聃死，秦佚弔之，三號而出。弟子曰：「非夫子之友邪？」曰：「然。」「然則弔焉若此，可乎？」曰：「然。始也吾以爲其人也，而今非也。向吾入而弔焉，有老者哭之，如哭其子；少者哭之，如哭其母。彼其所以會之，必有不蘄言而言，不蘄哭而哭者。是遁天倍情，忘其所受，古者謂之遁天之刑。適來，夫子時也；適去，夫子順也。安時而處順，哀樂不能入也，古者謂是帝之縣解。」指窮於爲薪，火傳也，不知其盡也。

〔二〕「啄」，原作「琢」，據前引《莊子》原文改。

養生家以老子爲宗，莊子作《養生主》而言老聃死，正以明養生者非養其生，而養其生之主也。老子生而具笑言貌象，故秦佚始以爲人；死而同蛇殼、蟬蜕，故秦佚以爲非人。人未有對蛇殼、蟬蜕而哭之哀者，故三號以出也。當入弔時，見有哭如子者、哭如母者，老聃之意豈蘄諸人有如是哀苦？諸人不會老聃之意，不蘄之言而故言，不蘄之哭而故哭，言者於哭中數其哀苦之意之辭也。是遁天無爲之理，倍老子無爲之情，平日所受教於老聃何如？而若此其哀苦痛傷，亦徒自爲刑楚，古者謂之「遁天之刑」。夫老子適來適去，唯安時處順而哀樂不能入，何煩人爲之哀苦？死生者，造化以此拘束人如懸然，老子適來適去，超出死生，謂是帝之懸解。試觀火無自體，麗薪而然，薪聚於指，指窮於薪，凡有形者俱有盡，而火常無盡，一得所麗即復然矣。三號之老子，特既焚之灰塵；不死之老子，是常傳之真火。然人不能預宿火性，而舉水以滅之，則亦有時不傳。

《史記》云：「老子百有六十餘歲，或言二百餘歲，以其修道而養壽也。」

攝生在精氣神，而人之精神至於耗匱者，爲嗜慾汩心也。故節欲保精所以立基，凝神調息所以永命。氣之一呼一吸爲一息，人、物恃息而生，息依心神爲生。氣有陰陽，子時至則陽生，午時至則陰生。平日無調攝之功，遇氣生而不覺也。調攝乖方，則氣生而多不應候也。子後午前，非有慾念而真陽起，以意攝之，歸於臍內一寸三分黄庭之中，神與氣兩相凝注，至一百一十四息，而想此氣至閭尾，循脅脊，從鵲橋升於頂上泥丸宫，復下喉中絳宫，遍歷四肢；又從閭尾、脅脊透頂上，下絳宫，復歸於黄庭。又凝息至一百二十四息，如前升降，或九度或七度而止。氣行之時，捲舌抵上顎，自然津液滿口，呼定而嚥，嚥畢而吸，如此則吸氣與津順下丹田也。行氣既畢，遍身以手摩擦而起。總之，真氣爲藥，以神馭氣，爲火練藥。察真陽生舉，是爲火候。真陽初生，攝歸黄庭，是練精還氣；攝氣由心，是鍊氣還神；心無其心，是鍊神還虚。此不在交感呼吸思慮之粗迹，故稱爲「元精」、「元氣」、「元神」。神氣凝聚不散，所謂聖胎。吕純陽則又曰：「萬緣頓空，謂之結胎；返本還虚，謂之脱胎。」切莫泥身着形，此又所謂「粉碎虚空」者也。「緣督爲經」之用盡於此，其餘丹經中凡假稱名目，可以不用。

内篇　人間世第四

養生者，不能離世而獨有其生，故莊子作《人間世》。其欲止人之暴，成人之事，受任而傳人之子，均非以爲身也。教之處世者，必虛心聽氣，而一寓於不得已。由是直前以任，順機而動，期於免刑患而已矣，亦非以邀福也。神聖處人間世之道，可以知矣，故曰：「人知有用之用，而莫知無用之用也。」

顏回見仲尼，請行。曰：「奚之？」曰：「將之衛。」曰：「奚爲焉？」曰：「回聞衛君，其年壯，其行獨，輕用其國，而不見其過；輕用民死，死者以國量乎澤，若蕉，民其無如矣。回嘗聞之夫子曰：『治國去之，亂國就之。醫門多疾。』願以所聞思其則，庶幾其國有瘳乎？」仲尼曰：「譆，若殆往而刑耳。夫道不欲雜，雜則多，多則擾，擾則憂，憂而不救。古之至人，先存諸己，而後存諸人。所存於己者未定，何暇至於暴人之所行？且若亦知夫德之所蕩，而知之所爲出乎哉？德蕩乎名，知出乎爭。名也者，相軋也；知也者，爭之器也。二者凶器，非所以盡行也。且德厚信矼，扛。未達人氣；名聞不爭，未達人心。而彊以仁義繩墨之言，術暴人之前者，是以人惡有其美也，命之曰菑人。菑人者，人必反菑之，若殆爲人菑夫？且苟爲悦賢而惡不肖，惡用而求有以異？若唯無詔，王公必將乘人而鬭其捷。而目將熒之，而色將平之，口將營之，容將形之，心且成之。是以火救火，以水救水，名之曰益多。順始無窮，若殆以不信厚言，必死於暴人之前矣。且昔者

桀殺關龍逢，紂殺王子比干，是皆修其身以下傴拊人之民，以下拂其上者也，故其君因其修以擠之。是好名者也。昔者堯攻叢枝、胥敖，禹攻有扈，國爲虚厲，身爲刑戮。其用兵不止，其求實無已，是皆求名實者也，而獨不聞之乎？名實者，聖人之所不能勝也，而況若乎？」

顏回在人間世，而欲禁暴人之行，以救人之死，是自求爲用者也。死者以國量乎澤，若蕉草矣，量不用升斗而用國，幾盡國人也。顏子生平之所聞亦多矣，正衛君無一定之方，而欲以所聞思其則，故夫子以爲雜多憂擾，胸中惶惑無主，危亡不救之機也。古之至人，先存諸己，有一定之方，而後存諸人，用其正之之術。所存於己者未定，何暇至於暴人之前，而欲以救人？且此一行也，子自以爲爲德，而德由此蕩矣；諒子自以爲不用機知，而知由此出矣。德蕩乎名，正暴人是爲名也；知出乎爭，子以暴人爲暴，暴人亦以子爲暴，此思所以立名，彼必思所以傾其名，相軋相勝，必爭之端也。而知也者，正其機巧相傾，所以爭之之器也。二者凶器，乃取憂召刑之端，有一於行且爲不可，而況可盡行之？今更莫論德蕩於名，即使子之德誠厚矣，信誠堅矣，矼，言其堅也。不蕩矣，然亦必達人之意氣與子合否，而後仁義繩墨之言可用也；亦更莫論知出乎爭，即使子無心於名聞，不爭矣，不出機知矣，然亦必達人之心志，其果以仁義繩墨之言爲美否，而後子之術可用也。不然，強陳其術，彼將不以爲美，而反以爲束縛困苦乎我，是以人惡有其美也。我用其所美，以束縛困苦人而菑人，人必反菑之，欲免於刑憂，可得乎？使其人果以仁義爲美，是悅賢而惡不肖者，其身先以自處仁義之内，子惡用求有以異？彼唯惡有夫仁義繩墨，而我菑之以其所惡，是唯無詔也，彼將挾王公之勢，乘人而鬬其捷，以與子爭。子以所存於己未定之衷遇鬬捷，而目爲熒内惑也，色爲平氣折也，口爲營自救也，容爲形畢露己衷也，心且成堅其爲暴也。是徒爲增長其惡，名之曰「益多」，將順其爲暴之始念，而遺患於無窮。繇初之不量其所悅、所惡，而輕詔以言，兩未相信，遽爲厚言者也。若必以刑憂死暴人之前，德厚信矼足恃乎？名聞不爭，能不爭乎？昔關龍逢、王子比干，修身以傴拊人之民，爲德也，其君因其有修己之名而擠之。叢枝、胥敖、有扈用兵不已，求利無厭，堯、禹無奈其貪爭何也而攻滅之。夫人苟有爭名實之心，聖人尚不能以德正，必至於用兵攻滅而後已。此爾之所聞者，爾奈何欲以未定之衷往正暴人乎？

「雖然，若必有以也，嘗以語我來。」顔回曰：「端而虛，勉而一，則可乎？」曰：

「惡，惡可，夫以陽爲充孔揚，采色不定，常人之所不違。因案人之所感，以求容與其心，名之曰日漸之德不成，而况大德乎？將執而不化，外合而内不訾，其庸詎可乎？」「然則我内直而外曲，成而上比。内直者，與天爲徒。與天爲徒者，知天子之與己，皆天之所子，而獨以己言蘄乎而人善之，蘄乎而人不善之邪？若然者，人謂之童子，是之謂與天爲徒。外曲者，與人之爲徒也。擎跽曲拳，人臣之禮也，人皆爲之，吾敢不爲邪？爲人之所爲者，人亦無疵焉，是之謂與人爲徒。成而上比者，與古爲徒。其言雖教，讁之實也，古之有也，非吾有也。若然者，雖直不爲病，是之謂與古爲徒。若是則可乎？」仲尼曰：「惡，惡可。太多政法而不諜，雖固，亦無罪。雖然，止是耳矣，夫胡可以及化？猶師心者也。」

乃顔子欲端其本，而常虚不滿，勉爲卑下，而專一不二，庶幾免蕩與爭也。然有是端虚勉一之念，即非斂之於無而爲陰也，乃充之於有而爲陽也。以陽爲充，而孔揚於外。因其虚下不爭，常人亦不與之相違；因其不違，遂謂此足感人也。因案其所感，求容與其心，而與之相入。然感在外者，不能深入於中心，雖容與，所入幾何？名之曰日漸膚淺之德不成，况欲正以仁義，而成其大德乎？將執前意而不化，外若有合，内亦不訾，所謂不違之感如此而已，詎有益於暴人而曰可？回乃欲内直而原天之道以容人，外曲而徇人之禮以下人，上比而用古人之道教讁乎？人用許多法度以與人周旋，故夫子以爲其所爲之事過於多端，雖亦各有法度，不以言詞觸犯乎人，然僅得免罪，不能化人，爲其猶師其成心，而不能無意者也。政，事也。諜，言詞也。

顔回曰：「吾無以進矣，敢問其方。」仲尼曰：「齋，吾將語若。有而爲之，其易邪？易之者，皞天不宜。」顔回曰：「回之家貧，唯不飲酒、不茹葷者數月矣。若此，則可以爲齋乎？」曰：「是祭祀之齋，非心齋也。」回曰：「敢問心齋。」仲尼曰：「若一志，無聽之以耳，而聽之以心；無聽之以心，而聽之以氣。聽止於耳，心止於符。氣也者，虛而待物者也。唯道集虛。虛者，心齋也。」顔回曰：「回之未始得使，實自回也；得使之也，未始有回也：可謂虛乎？」夫子曰：「盡矣。吾語若。若能入游其樊而無感其名，入則鳴，不入則止。無門無毒，一宅而寓於不得已，則幾矣。絶迹易，無行地難。爲人使易以僞，爲天使難以僞。聞以有翼飛者矣，未聞以無翼飛者也；聞以有知知者矣，未聞以無知知者也。瞻彼闋者，虛室生白，吉祥止止。夫且不止，是之謂坐馳。夫狥耳目内通而外於心知，鬼神將來舍，而况人乎？是萬物之化也，禹、舜之所紐也，伏戲、几蘧之所行終，而况散焉者乎？」

顏子窮於術，夫子欲授之以方。爲授道不宜易，命之齋，又命心齋。心齋已，即是道矣。夫道從聽入，無聽以耳，而以心聽；又無聽以心，而以氣聽。耳司聽於外，而聽不行於耳，是忘形於外。心主感物之符於內，而心不用於符，是忘心於內。氣無形，而物無不攝，「虛而待物者也」。忘形忘心，道集於虛矣。夫子未使回之心齋，則心形皆實，實使回也。既使之後，心形皆虛，「未始有回也」。顏子虛矣，盡斯道矣。夫子可語以正暴人之方，而實無方也。至虛者，可以游人世之樊籠而不感於名，又何虞於蕩德而爭乎？人入吾至虛之域，則鳴而教之，否則止而不強教也。其入而教之也，非曰入有門而特爲標榜以引之入。其不入而止也，非曰止有毒而中存惡怒以拒其入，但以一爲宅，無多無擾，不得已而應，無強繩以仁義而菑人之心。如此以正暴人而救民於死，「則幾矣」。

此皆至虛中自然之用，而非有心於用，乃行地上，而不着足迹者也；相使以天，而不參人僞者也；飛不以翼飛，知不以知知者也。氣虛待物，而物自爲化耳。瞻，視也。彼，指彼至虛之事也。闋，滿也，終也。視彼至虛，能滿其虛之量，而無一念罣漏。此時雖身在虛室至暗之中，天光自發，明白洞達，可見秋毫。非以此爲吉祥善事，而吉祥善事自止於靜虛之內。於此少起一念，即謂之「坐馳」，故遺形聽氣，不可復有一念之馳。耳目，外形也，徇而不用，通之於內；心知，內體也，置之不用，而遺於外。靜虛之極，鬼神來舍，而況人乎？是萬物之所以化也，舜、禹之所以樞紐萬物者也。伏羲、几蘧行此終身，而況其不及前聖散焉者乎？

昔有蜀人毛鳳苞，言遇道士教養生法。封閉一室，不留線光，中常恭黑，靜坐內視，數月後，暗室通明，秋毫洞見。意此是「瞻彼闋者，虛室生白」也。

僧智藏宿靈曜寺，夜暫用心，見有金光照耀，一室洞明。人問其故，答曰：「此中奇妙，未可得言。」夫宴寂之門，固有妙喜吉祥。

梁張如珍，南陽人也。居南岳，遇神仙降授明鏡之道，使其修之，曰：「夫照物理者，天也；照物形者，鏡也。天之道以清，鏡之體以明。人能常存天清、鏡明，澄心靜神而內外洞朗，則至道成矣。若以內役其智，外勞其形，心不澄神不清者，去道遠矣。吾昔受之於長桑公子，云此道秘要，於太微中天帝所得之，能洞達玄通，遐照八極。夫洞真法中有四規之道，依四時而行之，亦與此同體耳。古人所謂『虛其室則白自生，定其心則道自生』，信哉，言乎。」如珍修之九年而成，洞視千里，無一物可隱。

老聃之弟子亢倉子，能視聽不用耳目，曰：「我體合於心，心合於氣，氣合於神，神合於無。其有介然之色，有唯然之音，雖遠在八荒之外，近在眉睫之內，來干我者，我必知之。乃不知是我七孔四支之所覺，心體六藏之所知，其自知而已。」

佛爲阿難選入道易成就門，以觀世音耳根圓通爲第一。文殊師利説偈曰：「聲音性動靜，聞中爲有無。無聲號無聞，非實聞無性。聲無既無滅，聲有亦無生。聞非自然生，因聲有名字。旋聞與聲脱，能脱欲誰名？元依一精明，分成六和合。一處成休復，六用皆不行。塵垢應念銷，成圓明淨妙。於此門無惑，方便易成就。」一精明，性也。六和合，耳目口鼻六根之用也。此與「不聽之以耳，而聽之以氣」相近。

葉攝。公子高將使於齊，問仲尼曰：「王使諸梁也甚重，齊之待使者，蓋將甚敬而不急。匹夫猶未可動也，而況諸侯乎？吾甚慄之。子嘗語諸梁也曰：『凡事若小若大，寡不道以懽成。事若不成，則必有人道之患；事若成，則必有陰陽之患。若成若不成而後無患者，唯有德者能之。』吾食也執粗而不臧，爨無欲清之人。今吾朝受命而夕飲冰，我其內熱與？吾未至乎事之情，而既有陰陽之患矣；事若不成，必有人道之患。是兩也，爲人臣者不足以任之，子其有以語我來。」仲尼曰：「天下有大戒二：其一命也，其一義也。子之愛親，命也，不可解於心；臣之事君，義也，無適而非君也，無所逃於天地之間。是之謂大戒。是以夫事其親者，不擇地而安之，孝之至也；夫事其君者，不擇事而安之，忠之盛也；自事其心者，哀樂不易施乎前，知其不可奈何而安之若命，德之至也。爲人臣子者，固有所不得已。行事之情而忘其身，何暇至於悦生而惡死？夫子其行可矣。丘請復以所聞：凡交近則必相靡以信，遠則必忠之以言，言必或傳之。夫傳兩喜兩怒之言，天下之難者也。夫兩喜必多溢美之言，兩怒必多溢惡之言。凡溢之類也妄，妄則其信之也莫，莫則傳言者殃。故法言曰：『傳其常情，無傳其溢言，則幾乎全。』且以巧鬬力者，始乎陽，常卒乎陰，太至則多奇巧；以禮飲酒者，始乎治，常卒乎亂，太至則多奇樂。凡事亦然，始乎諒，常卒乎鄙；其作始也簡，其將畢也必巨。言者，風波也；行者，實喪也。夫風波易以動，實喪易以危。故忿設無由，巧言偏辭。獸死不擇音，氣息茀然，於是並生心厲。剋核太至，則必有不肖之心應之，而不知其然也。苟爲不知其然也，孰知其所終？故法言曰：『無遷令，無勸成，過度益也。』遷令勸成殆事，美成在久，惡成不及改，可不慎與？且夫乘物以遊心，托不得已以養中，至矣。何作爲報也？莫若爲致命，此其難者。」

「若成若不成而後無患者，唯有德者能之。」葉公子高幾於知不用之宗矣。「吾食也執粗而不臧」，必求精也。「爨無欲清之人」，是人人以治爨爲事，見飲食之豐也。今受命而飲冰，已覺陰陽之患，事不成，將有人道之患。是子高在人間世有畏用之心者也。故仲尼又斷以義命，欲盡去其瞻前顧後之見，而直截擔當曰「知不可奈何而安之若命」，此涉世之要旨也。但事之始終異變，始若微細，終乃至於不可救解，人不可有一毫增加於事之心，故「傳其常情，無傳其溢言，則幾乎全」。言風波，行其風波，則喪其事實，故曰：「行者，實喪也。」凡人忿厲之設也，豈有由哉？由於巧言偏辭，以風波動之而已。遷令者，擅改易人之言語；勸成者，強其人以事之必成。此皆過分之事，由始以喜事之心增加於內耳。遷令、勸成，於事甚危。使其成之而美也，必須曠日持久，不可以一朝取效；或其成之而惡也，禍機立發，即欲改圖於後，而勢已不及。是豈可不慎，而遷令、勸成爲也？唯乘物以游心，而不以物累其心；托不得已以養中，而不以事擾其中。如此則於事爲而無爲，其至矣。彼遷令、勸成，乃有意作爲於其間以報命，適足殆事，何可爲也？然則今日子高奉使，唯當行事之情而忘其身，去悅生惡死之念而以致命爲難。若夫欲免陰陽、人道之患，又何難也？致命則吾心已忘乎生死，而又何有陰陽、人道之患之有？

顔闔將傅衛靈公太子，而問於蘧伯玉曰：「有人於此，其德天殺。與之爲無方，則危吾國；與之爲有方，則危吾身。其知智。適足以知人之過，而不知其所以過。若然者，吾奈之何？」蘧伯玉曰：「善哉，問乎。戒之，慎之，正汝身哉。形莫若就，心莫若和。雖然，之二者有患。就不欲入，和不欲出。形就而入，且爲顛爲滅，爲崩爲蹶；心和而出，且爲聲爲名，爲妖爲孽。彼且爲嬰兒，亦與之爲嬰兒；彼且爲無町畦，亦與之爲無町畦；彼且爲無涯，亦與之爲無涯。達之，入於無疵。汝不知夫螳蜋乎？怒其臂以當車轍，不知其不勝任也，恃其才之美者也。戒之，慎之。積伐而美者以犯之，幾矣。汝不知夫養虎者乎？不敢以生物與之，爲其殺之之怒也；不敢以全物與之，爲其決之之怒也。時其饑飽，達其怒心。虎之與人異類而媚養己者，順也；故其殺者，逆也。夫愛馬者，以筐盛矢，以蜄盛溺。適有蚊虻僕緣，而拊之不時，則缺銜、毀首、碎胷。意有所至，而愛有所亡，可不慎邪？」

蒯聵無道而才，若天殺其生機。然既不可縱之於規矩外，又不可引之於規矩內，其知足以知人之過，而不知其所以爲是過者。或亦有故不得已而然，是存刻見而曾無恕體之意，故顔闔以傅之爲難。蘧伯玉欲先正身，則虛而寓於不得已者也。在「形莫若就」，外不與立異也；「心莫若和」，內不與爲同也。外不立異，則就者易入。以賢者之行，就而入於不賢者之局，則亦不賢者而已，能無爲顛滅崩蹶乎？内不爲同，則和者易出。以賢者腹腸，出與不賢者遻立，則不賢者見其異己也，能無爲名聲妖孽乎？故欲化導人者，不在屑屑爭異同之迹，而但當默行其轉移之意。可且聽行其稚識，爲嬰兒也；可且不別於是非，無町畦屈畔也；可且縱放其志意，無涯岸拘束也。吾就於中加誘掖焉，達之於無疵而已。若不且如彼，而必欲如此，是恃其才美而犯其所忌，取禍之道也。螳蜋怒臂以當車轍，不知其才不勝任，而自恃其一臂之才以爲美，適自齏粉耳。唯事事且隨其所爲，積伐我之爲美，我不見美，而達於無疵，是犯而不犯者，庶幾全矣。試觀養虎者不與以所可怒而發其怒之機，則虎不怒矣；養馬者雖至愛而拊之不時，則出其所不意而驚，遂至於缺銜、毁首、碎胷。故有至愛者，猶不忘其所當防也。顔子往衛，極意周旋，夫子教之以虚而聽於氣，至子高則直教以擔當而已。伯玉之教顔闔，則又極其周旋，而不示人以一隙。蓋虚心游世，自然有此兩用。然一聽於氣，則雖用而實無用之心，此神人之不用而成其大用者也，故下言大木以不用而神。蜄，蜄灰也。和同相反，心和則不與爲同也。

匠石之齊，至乎曲轅，見櫟歷。**社樹。其大蔽牛，絜之百圍，其高臨山，十仞而後有**

枝，其可以爲舟者旁十數。觀者如市，匠石不顧，遂行不輟。弟子厭觀之，走及匠石，曰：「自吾執斧斤以隨夫子，未嘗見材如此其美也。先生不肯視，行不輟，何邪？」曰：「已矣，勿言之矣。散木也，以爲舟則沈，以爲棺槨則速腐，以爲器則速毁，以爲門户則液樠，蔓。以爲柱則蠹。是不材之木也，無所可用，故能若是之壽。」匠石歸，櫟社見夢曰：「汝將惡乎比予哉？若將比予於文木邪？夫柤梨橘柚，果蓏乃果切。之屬，實熟則剥則辱；大枝折，小枝泄。此以其能苦其生者也。故不終其天年而中道夭，自掊擊於世俗者也。物莫不若是。且予求無所可用久矣，幾死，乃今得之，爲予大用。使予也而有用，且得有此大也邪？且也若與予也皆物也，奈何哉其相物也？而幾死之散人，又惡知散木？」匠石覺而診其夢。弟子曰：「趣取無用，則爲社何邪？」曰：「密，若無言。彼亦直寄焉，以爲不知己者詬厲也。不爲社者，且幾有翦乎？且也彼其所保與衆異，而以義譽之，不亦遠乎？」

「液樠」，謂津液暗出，樠樠然也。「診」，占夢也。「密，若無言」，畏櫟社神也。彼亦偶直遇爲社，而遂寄焉。不知己者遂詬厲爲無用，非其以是爲幸也。

南伯子綦遊乎商之丘，見大木焉，有異，結駟千乘，隱將芘庇。其所藾。賴。子綦曰：

「此何木也哉？此必有異材夫？」仰而視其細枝，則拳曲而不可以爲棟梁；俯而視其大根，則軸解而不可以爲棺槨；咶矢。其葉，則口爛而爲傷；嗅之，則使人狂酲三日而不已。子綦曰：「此果不材之木也，以至於此其大也。嗟乎，神人以此不材。」宋有荆氏者，宜楸柏桑。其拱把而上者，求狙猴之杙弋。者斬之；三圍四圍，求高名之麗者斬之；七圍八圍，貴人富商之家求樿善。傍者斬之。故未終其天年，而中道夭於斧斤，此材之患也。故解之以牛之白顙者，與豚之亢鼻者，與人有痔病者，不可以適河。此皆巫祝以知之矣，所以爲不祥也。此乃神人之所以爲大祥也。

「隱將芘其所藾」，其枝所蔭，可以隱芘千乘也。「軸解」，謂木紋旋散也。「杙」，所以栖戲狙猴者也。「麗」，屋棟梁。「高名」，高明大家也。「樿傍」，棺之全一邊者。「解」，祭祀解賽也。「適河」，謂沈人於河，祭也。上節既極狀櫟社之神，此節直曰「神人以此不材」。夫神人塵垢糠粃，猶將陶鑄堯舜，而胡以取此不材？蓋耀材於外者，神擾於中，唯不用而後能爲大用者也。

支離疏者，頤隱於齊，肩高於頂，會噲。撮子括反。指天，五管在上，兩髀陛。爲脅。挫鍼治繲，戒。足以糊口；鼓筴播精，足以食嗣。十人。上徵武士，則支離攘臂於其間；上有大役，則支離以有常疾不受功；上與病者粟，則受三鍾與十束薪。夫支離其形者，猶足以養其身，終其天年，又況支離其德者乎？鼓筴播精：以箕播米也。

支離疏，病傴僂者也，故其頤下隱臍間，其肩高出頂上。「會撮」，髻也。古人髻近於項，頭低，故髻指天也。五臟之管，脊背背僂而管在上。脊在髀〔一〕間，故以兩髀脅。治「繲」，繩也。支離疏僅無用於形者，人資其用，則挫鍼治繲，鼓筴播精；爲身之用，則免役受粟，養身終年。形以不用爲用，而況於神人之德？

孔子適楚，楚狂接輿遊其門曰：「鳳兮鳳兮，何如德之衰也？來世不可待，往世不可追也。天下有道，聖人成焉；天下無道，聖人生焉。方今之時，僅免刑焉。福輕乎羽，莫之知載；禍重乎地，莫之知避。已乎已乎，臨人以德。殆乎殆乎，畫地而趨。迷陽迷陽，無傷吾行。吾行郤曲，無傷吾足。」山木，自寇也；膏火，自煎也。桂可食，故伐之；漆可用，故割之。人皆知有用之用，而莫知無用之用也。

孔子身不用於春秋，而未嘗一日忘救世之心。然唯身不用，而後其所救乎世者

〔一〕「髀」及下「兩髀」之「髀」，原作「脾」，據前引《莊子》原文改。

大。故接輿謂鳳生亂世，德不用而衰矣。欲追前世之治，而前世不可追；欲待來世之清，而來世不可待。孔子雖聖，其奈今天下何？夫天下有道，聖人嘗成之，以共享其至治；天下無道，聖人但生之，使得免於死亡。方今天下，豈可望其成哉？使人僅免於刑，有以生之足爾。蓋緣福輕而莫知載，逢福者尠矣；禍重而莫知避，中禍者衆矣。已乎，已乎，莫強人之成，而相臨以德。相臨以德者，取忌於人，非所以載福也。殆乎，殆乎，厝趾皆危機，而必畫地爲趨。畫地爲趨，始免刑於世，所以避禍也。強陽者傷行，迷陽迷陽，晦陽明而不用，其無傷乎？直前者傷足，吾行卻曲，常退避而不前，庶全吾足乎？凡若此者，皆聖人不爲世用而退焉自葆，與世俱生之道，是聖人之大用也。使聖人爲衰世所用，則將爲木之寇、膏之煎、桂之伐、漆之割，方自救不暇，而且得有此大用乎？

内篇　德充符第五

德充符者，言德全於中，符現於外。故屢屢舉形體之不全者，見毁形不毁德，而人且忘其形，是爲德充之符。德何以全？豈日積月累，以冀於全，一去其是非好惡之情審乎？無假而守其宗，則德全矣，充矣，符矣。

魯有兀者王駘，從之遊者與仲尼相若。常季問於仲尼曰：「王駘，兀者也，從之遊者與夫子中分魯。立不教，坐不議，虚而往，實而歸。故有不言之教，無形而心成者邪？是何人也？」仲尼曰：「夫子，聖人也，丘也直後而未往耳。丘將以爲師，而況不若丘者乎？奚暇魯國，丘將引天下而與從之。」常季曰：「彼兀者也，而王旺。先生，其與庸亦遠矣。若然者，其用心也，獨若之何？」仲尼曰：「死生亦大矣，而不得與之變；雖天地覆墜，亦將不與之遺。審乎無假而不與物遷，命物之化而守其宗也。」常季曰：「何謂也？」仲尼曰：「自其異者視之，肝膽楚越也；自其同者視之，萬物皆一也。夫若然者，且不知耳目之所宜，而遊心乎德之和；物視其所一，而不見其所喪，視喪其足猶遺土也。」常季曰：「彼爲己。以其知得其心，以其心得其常心，物何爲最之哉？」仲尼曰：「人莫鑑於流水，而鑑於止水，唯止能止衆止。受命於地，唯松柏獨也在冬夏青青；受命於天，唯舜獨也正。幸能正生，以正衆生。夫[一]葆始之徵，不懼之實。勇士一人，雄入於

[一]「夫」，原作「大」，據明世德堂《六子全書》本《南華真經》改。

九軍。將求名而能自要者，而猶若是，而況官天地，府萬物，直寓六骸，象耳目，一知之所知，而心未嘗死者乎？彼且擇日而登假，人則從是也。彼且何肯以物爲事乎？」

王駘喪其足而全於德，故仲尼方引天下而推之，問其所以用心者。以真知契其原始，以靜止握其化樞，雖死生大變而不動其中，即天地覆墜而不遺其所守。只此是真，餘皆假相。《人間世》告顏子之言曰：「瞻彼闋者，虛室生白。」其下曰：「是萬物之化也，舜禹之所紐也。」是所謂「命物之化而守其宗」者也。問物何以爲我化，宗何以爲我守？若論物形，則物物爲異，雖一身之中，物不勝異；若論元氣，則同歸於一，雖世間萬物，皆原於一。守宗者，忘其形而物我歸一，且不知耳目之用之所宜，而游心乎德之和。物視其所一，而不知其所喪，視喪其足猶遺土也。常季以王駘之用心若此，凡以爲己，而非以爲物，始以一念覺知，得其原初之心。其所得之心，乃得其物我常然之心，而又非王駘獨異之心。若以物宗於一，則物皆有一，王駘何以不宗物之一而最物？物何爲獨宗王駘而最之也哉？不知物宗於一，能靜止而得其一，與不能靜止而失其一者，自是不同。人莫鑑流水，而鑑於止水，「唯止能止衆止」也。松柏與草木同受命於地，而其獨青也異；舜與衆生同受命於天，而其獨正也異。舜能以其正正衆生，彼衆生豈能以其不正正舜哉？審乎無假，而命化守宗，是保始者也。能保始者，自有其徵，生死不變，覆墜不遺，是不懼者也。能不懼者，必有其實。試觀勇士，以一人雄入九軍，何生死覆墜之足動？求名而自要者猶若是，況保一氣之元始而官天府物，一知之所知，物有遷而宗不變，六骸耳目有死而心未嘗死者乎？彼且以生死爲游戲，去來在乎我，擇日而升遐，人則從是而望之恐不及也，彼何肯以物爲事，而反最之乎哉？無假，生死不變之真也。升遐，神仙昇舉事也。

申徒嘉，兀者也，而與鄭子産同師於伯昏無人。子産謂申徒嘉曰：「我先出則子止，子先出則我止。」其明日，又與合堂同席而坐。子産謂申徒嘉曰：「我先出則子止，子先出則我止。今我將出，子可以止乎，其未邪？且子見執政而不違，子齊執政乎？」申徒嘉曰：「先生之門，固有執政焉如此哉？子而說悦。子之執政而後人見者也？聞之曰：『鑑明則塵垢不止，止則不明也。久與賢人處，則無過。』今子之所取大者，先生也，而猶出言若是，不亦過乎？」子産曰：「子既若是矣，猶與堯爭善。計子之德，不足以自反邪？」申徒嘉曰：「自狀其過，句。以不當亡者衆；不狀其過，句。以不當存者寡。知不可奈何而安之若命，唯有德者能之。遊於羿之彀中。中央者，中去聲。地也；然而不中者，命也。人以其全足笑吾不全足者衆矣，我佛然而怒；而適先生之所，則廢然而反。不知先生之洗我以善邪？吾與夫子游十九年矣，而未嘗知吾兀者也。今子與我游於形骸之内，而子索我於形骸之外，不亦過乎？」子産蹵子六切。然改容更貌，曰：「子無乃稱。」

「自狀其過，以不當亡者衆」，自言其過輕，而不應有亡足之患也。置過之有無於不言，是不狀其過以爲足。不當存，乃命之使然，如此者寡也；然而不中者，命也。儌倖於命之不當中，而不可自以爲能免於中。

魯有兀者叔山無趾，踵見仲尼。仲尼曰：「子不謹，前既犯患若是矣，雖今來，何及矣？」無趾曰：「吾唯不知務，而輕用吾身，吾是以亡足。今吾來也，猶有尊足者存，吾是以務全之也。夫天無不覆，地無不載，吾以夫子爲天地，安知夫子之猶若是也？」孔子曰：「丘則陋矣。夫子胡不入乎？請講以所聞。」無趾出。既受教而出也。孔子曰：「弟子勉之。夫無趾，兀者也，猶務學以復補前行之惡，而況全德之人乎？」無趾語老聃曰：「孔丘之於至人，其未邪？彼何賓賓以學子爲？彼且蘄以諔尺叔切。詭幻怪之名聞，不知至人之以是爲己桎梏邪？」老聃曰：「胡不直使彼以死生爲一條，以可不可爲一貫者，解其桎梏，其可乎？」無趾曰：「天刑之，安可解？」

叔[二]山無趾已方欲學於仲尼，以全其尊足者；而又怪仲尼曾問禮老聃，爲其賓賓禮義之學，但在名教上用心，而不在性命自然處用心，故曰：「以諔詭幻怪之名聞，不知至人之以是爲桎梏。」名教至常，無趾以爲諔詭幻怪，方外異端以不異者爲異也。孔子曰「朝聞夕死」，以死生爲一條矣；「無可，無不可」，以可不可爲一貫矣。自方外家視之，孔子固是箇中人，但尚有一名教爲桎梏在。人存名教而受其束縛，與外名教而不受束縛，亦只是一條、一貫事。今欲即孔子死生、可不可之已悟者，解其桎梏之未悟者，故曰使解之，其可乎？非以孔子爲死生爲未作一條、可否爲未能一貫，而以一條一貫者解也。曰「天刑之，安可解」，天方以名教責任孔子，若使孔子受此一端之桎梏刑罰，然是不可使解，使孔子而可解桎梏，則萬世名教將誰爲之主？夫叔山無趾充於德，不特形可無全，即名教亦可脱而無全矣。

魯哀公問於仲尼曰：「衛有惡人焉，曰哀駘它。丈夫與之處者，思而不能去也；婦

〔二〕「叔」，原作「淑」，據前引《莊子》原文改。

人見之，請於父母曰『與人爲妻，寧爲夫子妾』者，十數而未止也。未嘗有聞其唱者也，常和而已矣。無君人之位以濟乎人之死，無聚祿以望人之腹。又以惡駭天下，和而不唱，知不出乎四域，且而雌雄合乎前，是必有異乎人者也。寡人召而觀之，果以惡駭天下。與寡人處，不至以月數，而寡人有意乎其爲人也；不至乎期年，而寡人信之。國無宰，而寡人傳國焉。悶門。然而後應，氾泛。而若辭。寡人醜乎，卒授之國。無幾何也，去寡人而行，寡人卹焉若有亡也，若無與樂是國也。是何人者也？」仲尼曰：「丘也嘗使於楚矣，適見㹠子食嗣。於其死母者，少焉眴舜。若，皆棄之而走。不見己焉爾，不得類焉爾。所愛其母者，非愛其形也，愛使其形者也。戰而死者，其人之葬也，不以翣色洽切。資；刖者之屨，無爲愛之。皆無其本矣。爲天子之諸御，不爪翦，不穿耳；取妻者止於外，不得復使。形全猶足以爲爾，而況全德之人乎？今哀駘它未言而信，無功而親，使人授己國，唯恐其不受也，是必才全而德不形者也。」哀公曰：「何謂才全？」仲尼曰：「死生存亡，窮達貧富，賢與不肖毀譽，饑渴寒暑，是事之變，命之行也；日夜相代乎前，而知不能規乎其始者也。故不足以滑汩。和，不可入於靈府。使之和豫通而不失於兑；使日夜無郤隙。而與物爲春，是接而生時於心者也。是之謂才全。」「何謂德不形？」曰：「平者，水停之盛也。其可以爲法也，內保之而外不蕩也。德者，成和之修也。德不形者，物不能離也。」哀公異日以告閔子曰：「始也吾以南面而君天下，執民之紀而憂其死，吾自以爲至通矣。今吾聞至人之言，恐吾無其實，輕用吾身而亡吾國。吾與孔丘非君臣也，德友而已矣。」

孔子語哀駘它之見愛於人，譬㹠子食於死母，所愛於其母者，非愛其形，愛使其形者。則人之見愛於人以德全，不以形之全不全。「不見己」者，㹠子之食乳以爲己也。「不得類」者，衆㹠子同食於母，類皆爲乳，而俱不得爲，不得類也。「翣」者，送葬之飾。戰而死，形且不全，更何用飾？

人之所遇死生窮達等變，有快意者，有不快意者。快意則和樂而悦豫，不快意則憂愁而拂鬱。然際遇無端，孰窺其始？而吾以之滑和，常常使快意時之和豫，通於不快意之時，亦常常和豫而不失其兑。兑者，悦也。失其兑，則和豫有隙。常不失兑，則日夜無隙。「與物爲春」，是接物而四時之和生於心者也。以其憂愁拂鬱之事，不能窘束之，謂之「才全」。何謂「德不形」？試觀夫水停而平，平中乎准，則大匠取法焉，是水德之盛也。人之取法者，雖在乎外，其所以致人取法而爲德之盛者，繇水内保其平，外不搖蕩，其盛不形，而常在於内也。今所謂「德不形」者，亦非於才全之外別有其德，即遇死生存亡等變，而生時於心，和豫常通，乃此心成和之修者是也。死生存亡等變，雖在於外不失兑，而成和之修常在於内，外物曾不能蕩搖而使之離，故謂之「德不形」也。惟物不能使之離，故物亦遂不能離之，而俱與成和，雌雄合乎前，使人授己國，唯恐其不受也。雌雄合前，男女感其德也。夫論「德充符」之意，在遺形而内全其德。前叔山無趾之言曰：「吾唯不知務而輕用吾身，吾是以亡足。」今哀公亦曰：「吾聞至人之言，恐吾無其實，輕用吾身而亡吾國。」又競競以形體爲重者。莊子之立意固在養生，全吾身所以全吾德，但論德不在形貌上耳。

闉跂支離無脤説稅。衛靈公，靈公説之，而視全人，其脰豆。肩肩。甕㼜盎。大癭説齊桓公，桓公説之，而視全人，其脰肩肩。故德有所長，而形有所忘。人不忘其所忘，而忘其所不忘，此謂誠忘。故聖人有所遊，而知智。爲孽，約爲膠，德爲接，工爲商。聖人不謀，惡用知？不斵，惡用膠？無喪，惡用德？不貨，惡用商？四者，天鬻也。天鬻也者，天食嗣。也。既受食於天，又惡用人？有人之形，無人之情。有人之形，故群於人；無人之情，故是非不得於身。眇乎小哉，所以屬於人也。謷乎大哉，獨成其天。惠子謂莊子曰：「人故無情乎？」莊子曰：「然。」惠子曰：「人而無情，何以謂之人？」莊子曰：

「道與之貌，天與之形，惡得不謂之人？」惠子曰：「既謂之人，惡得無情？」莊子曰：「是非吾所謂情也。吾所謂無情者，言人之不以好惡內傷其身，常因自然而不益生也。」惠子曰：「不益生，何以有其身？」莊子曰：「道與之貌，天與之形，無以好惡內傷其身。今子外乎子之神，勞乎子之精，倚樹而吟，據槁梧而瞑。眠。天選子之形，子以堅白鳴。」

是闉跂支離無脤者，隱脰肩下，不全之人也。靈公說之，而視爲全人，其脰在兩肩之間，不覺爲隱也。甕㼜大癭，癭生於脰，若甕㼜然，已失脰之形，不全人也。桓公說之，而視爲全人，其脰在兩肩之間，不覺受病也。夫以人情偏悦，而遂忘其形之病，況於德乎？是故德長者忘形，形其所可忘者也，德其所不可忘者也。不忘其所忘，而忘其所不忘，則重在形骸，遺其天德，此謂誠忘者矣。聖人任天而動，無所不忘。其「有所遊」也，逍遥之遊也。在凡人必恃知以酬事，聖人視知非知也，乃生災起釁之孽也；凡人恃約而固交，聖人視約非約也，乃黏滯不解之膠也。人慕德而增修其德，聖人不視爲德，乃無中起有，贅續增加之接也；人炫工巧而成就其事，聖人視工不止爲工，乃貿遷有無、聚集百貨之商也。聖人逍遥之遊不謀，惡用知以爲孽乎？不雕斲，惡用約以爲膠乎？未嘗喪失也，惡用德爲接續？不假衒鬻，惡用商之聚集？四者聖人盡忘之不用，亦有時與世人同其用。是四者天之所以賣弄於人，而使之不得不用，乃天鬻也。天何以賣弄於人，而使不得不用？天實以此養活乎？人以是爲人間生生之計，乃天食也。既受食於天，則人人自足以養活，其遊也亦任天以動足矣，又烏用人而屑屑焉，以役於情識爲？唯有人之形，故亦有時乎用知、用約、用德、用工，而群乎人。唯無人之情，故用知而不爲孽也，用約而不爲膠也，用德而不爲接也，用工而不爲商也。據何者爲是、何者爲非，而得是非於其身哉？夫一受於人形，則肢體之間僅同於萬物中之一物。「眇乎小哉」，不能自全而有兀者，有惡駭天下者，支離而大癭者，種種異形所以屬於人也。有形無情，則肢體雖同於人，但以爲寄寓。「謷乎大哉」，且官天府物可以解天刑，可與堯爭善，可使人授之國而唯恐不受，可以形殘者而視全人，所以「獨成其天」也。若彼惠子之形非不全也，耳聰目明，若天選而授之，不知原有寄寓於形骸之内者，以神爲之母，精爲之子。今外神勞精，則子母病，官天府物、命化守宗之元氣亦病。其吟、其瞑，無非欲以堅白之鳴勝天下，曰：「此亦自用吾好惡之情也。」其如於情日近、於道日遠何哉？

《堅白論》曰：「於石，一也；堅白，二也，而在於石。故有知焉，有不知焉；有見焉，有不見焉。知與不知相與離，見與不見相與藏。藏故，孰謂之不離？堅白域於石，惡乎離？石其無有，惡取堅白乎？故離也。離也者，因是。

力與知，果不若因是。」

以手拊石，知堅不知白，故知與不知相與離也。以目視石，見石不見堅，故見與不見相與藏也。堅藏於目，而目不見堅，誰謂堅不藏乎？白不離手，手不知白，誰謂白不離乎？離亦即藏也。離非物使之離，乃天然而自離，故曰因是。役知力以離物者，果不若因是也。

南華真經本義卷四

内篇　大宗師第六

大宗師者，道也。道始於知，故先言知。知貴於忘其知，故言真人之知。真人之所忘者，忘死生也。死生何以能忘？得道者無不忘也。方病不惡病，方化不擇化。見化不哀，不知化者之已化，而我之爲不化。得道，故忘情焉爾也。如斯人，徒舍坐忘，而與言仁義是非，真如黥如劓矣。雖然，命有所制，雖欲不忘，惡得而不忘？是又爲不能忘情者解惑也。

知天之所爲，知人之所爲者，至矣。知天之所爲者，天而生也；知人之所爲者，以其知之所知，以養其知之所不知，終其天年而不中道夭者，是知之盛也。雖然，有患。夫知有所待而後當，其所待者特未定也。庸詎知吾所謂天之非人乎？所謂人之非天乎？

人生之道，生於天，受於人。或亡於人，或復於人。故能知天之所爲，知人之所爲者，至矣。知天之所爲者，天生人而各與天年，使之有終，有不知其所以然者。知人之所爲者，以其知養其知之所不知，不以人鑿天，得終天年而不中道夭。斯兩者，天人之間，均出於知，均入於不知，是知之盛也。雖然，知有其盛，而患知之不真。知必待其真，而後爲知之當。何者？吾知天之所爲，而天之生人也，生於靈明而冥於不知。吾以知知之，庸知吾所謂天之非人？蓋因人起知者，知或出於妄念。故知天之盛者，必待其冥於不知，而後定其爲知天之當。吾知人之所爲，而人之得終天年也，欲以知養其所不知，而此養其所不知者，亦藉於人之知，庸知人之非天？而或有意於防人，或反增一知覺，故知人之盛者，必待其知養不知，而後定其爲知人之當。是非兩者之真不可定也，特貴真知者之知，而忘其知焉耳。

且有真人，而後有真知。何謂真人？古之真人，不逆寡，不雄成，不謩士。若然者，過而弗悔，當而不自得也；若然者，登高不慄，入水不濡，入火不熱。是知之能登假格。於道者也若此。古之真人，其寢不夢，其覺教。無憂，其食不甘，其息深深。真人之息以踵，衆人之息以喉。屈服者，其嗌厄。言若哇。其嗜欲深者，其天機淺。古之真人，不知悦生，不知惡死；其出不訢，其入不距。翛蕭。然而往，翛然而來而已矣。不忘其所始，不求其所終；受而喜之，忘而復之。是之謂不以心捐道，不以人助天，是之謂真人。若然者，其心心，其容寂，其顙頯；去軌反。淒然似秋，暖喧。然似春，喜怒通四時，與物有宜而莫知其極。故聖人之用兵也，亡國而不失人心。利澤施乎萬世，不爲愛人。故樂洛。通物，非聖人也；有親，非仁也；天時，非賢也；利害不通，非君子也；行名失己，非士也；亡身不真，非役人也。若狐不偕、務光、伯夷、叔齊、箕子、胥餘、紀他、沱。申徒狄，是役人之役，適人之適，而不自適其適者也。

天生人而人之知與天不相合，不可以爲真人。有真人，而後有真知。何謂真人？吾見真人之妙用矣，衆寡一視，不逆寡也；成敗一視，不雄成也；推心任士，不謀士也。若然者，真知内炯，事無疎密，過順其自然，當亦順其自然，何悔？何不自得？若然者，真知内炯，外忘夷險，視登高如平地，視入水火如平地，何慄？何濡熱之有？此知之妙用也，能登假於道者也，而非其真知之本體也。吾見真人之本體矣，寢不夢，神常清也；覺無憂，意常寂也；食不甘，欲常淡也。其息深深，凝神於氣穴也。故真人之息以踵，所謂從頭流至足，究竟復上升者，足底湧泉穴，乃氣之所起也。豈若衆人之息以喉者乎？衆人屈服於嗜欲，其於言，若嗌若哇，不繇心出。其嗜欲深者，其天機淺，知所以昏也。真人無欲，故天機洞照，此真人之本體，知之所以能登假於道者此也，而猶非其所以爲真知也。有真人，有真知矣。夫有生者常悦生，真人生忘其生，不知生之爲可悦，生者適來，而原無可悦。不知生之可悦，斯真知也；悦生者常惡死，真人死忘其死，不知死之可惡，死者適去，而原無可惡。不知死之可惡，斯真知也。真知死生非死生，不過天與人一出入、一往來耳，何足訢？何足拒？何所不翛然乎？不悦生，故不忘其始所自來；不惡死，故不求其何以終竟。但知始吾有所受於天，受而喜之，終不當忘其所以受，忘而復之，是之謂知天之所爲又知人之所爲。不以心捐乎道，不以人助其天，是之謂真人。真人之有真知，而知之當者也。若然者，真知內炯，其心有所志，而惺惺者不忘；其容常稿寂，而擾擾者常忘。其顙，則頯而近朴。其不以情徇物，則淒然似秋；常以心容物，則又暖然似春。喜怒一四時也，物何不宜乎？豈有終極乎？故聖人有時而亡人國也，所以救人於死，何失人心？其澤施萬世也，因物之自然，何爲愛人？故聖人在上，萬物咸通，而聖人無心，樂通物非聖人也。仁無不親，而至仁無親，有親非仁也。賢者順天而所遇皆天，必待天時非賢也。君子不言利害而明於利害，利害不通非君子也。志士修名行，名行不修而至失己，非士也。有真知者，不以人助天，以天爲主，而人爲之役。其生也唯天，而我無悦；其死也唯天，而我無惡。若忘身不真，而尚不免悦生惡死，是反欲以人爲天之主，不以人爲天之役，非役人也。若狐不偕、務光、夷、齊以至申徒狄諸人，其捐生甚易，視死至輕，可謂不悦生而不惡死矣，忘身之真矣。然其心在矯世而立名，是豈知天之所爲，而不以人助其天者乎？乃役人之役，適人之適，而不自適其適者也。真人之知，豈出此也？羅勉道云：「狐不偕，古賢人。務光，黄帝時人，耳長七寸。胥餘，《尸子》云『箕子名』，或云比干。申徒，殷人，《荀子》載其負石沉河。」

古之真人，其狀義而不朋，若不足而不承；與乎其觚而不堅也，張乎其虚而不華也；邴邴乎其似喜乎，崔乎其不得已乎；滀乎進我色也，與乎止我德也；厲乎其似世乎，謷敖。乎其未可制也；連乎其似好閉也，悗冕。乎忘其言也。以刑爲體，以禮爲翼，以知爲時，以德爲循。以刑爲體者，綽乎其殺也；以禮爲翼者，所以行於世也；以知爲時者，不得已於事也；以德爲循者，言其與有足者至於丘也。而人真以爲勤行者也。故其好之也一，其弗好之也一。其一也一，其不一也一。其一與天爲徒，其不一與人爲徒。天與人不相勝也，是之謂真人。

古真人，其身雖與人俱，而其心常與天一。與物冥者，與物爲朋，乃其狀義而不朋。中不足者，常有所承受於外。今沖若不足，而於外何所禀承？與乎其觚而方整，非堅執也；張乎其虛而廣大，非耀彩也。邴邴乎其似喜矣，實有不得已者，無徇人之意也。滀乎進我色矣，即有止我以德者，無易狎之容也。謂其行若勤厲，而與世情不遠，然而謷乎軒舉，誰得而制也？謂其情與人相連合，而又好爲閉拒；謂其悗悗善誘人，而又相忘於言説。爲治者賤刑，乃以刑爲體；爲道者後禮，乃以禮爲翼；大智無知，而以知爲時；大德不德，而以德爲循。刑爲體者，不去殺也；禮爲翼者，善爲行也；知爲時者，事自濟也；德爲循者，言足之所循者唯德，生而與之有德，乃生而與之有足也。至夫子足蹢蹢如有循，人真以爲勤行於德，在夫子豈自知爲勤行哉？視死生爲一致，生之足好，與死之弗足好，一也；死之弗足好，與生之足好，亦一也。其無好無弗好，一也；一固一也，其有生有死者，不一也。不一而忘好忘惡，亦一也。其一之所一，無死生，無好惡，翛然往來，而聽其所自然，與天爲徒。其不一之所一，有死生，忘好惡，忘身爲役，而盡吾所當然，與人爲徒。夫與人爲徒也者，正忘身之真，以其知之所知養其知之所不知，乃人與天相成，非殉人而忘天以相勝也，是之謂真人，真人之有真知也。

死生，命也；其有夜旦之常，天也。人之有所不得與，皆物之情也。彼特以天爲父，

而身猶愛之，而况其卓乎？人特以有君爲愈乎己，而身猶死之，而况其真乎？泉涸，魚相與處乎陸，相呴呼。以濕，相濡以沫，不如相忘於江湖。與其譽余。堯而非桀也，不如兩忘而化其道。夫大塊載我以形，勞我以生，佚我以老，息我以死。故善吾生者，乃所以善吾死也。夫藏舟於壑，藏山於澤，謂之固矣。然而夜半有力者負之而走，昧者不知也。藏小大有宜，猶有所遯。若夫藏天下於天下而不得所遯，是恒物之大情也。特犯人之形而猶喜之。若人之形者，萬化而未始有極也，其爲樂可勝計邪？故聖人將游於物之所不得遯而皆存。善夭善老，善始善終，人猶效之，又况萬物之所係，而一化之所待乎？

夫人所最不能忘情者，死生。真人獨忘之，豈生有可戀，死有可避，真人顧獨與人異趣哉？本無生而忽然有生，生未嘗死而忽然以死，誰爲之者？命也，非人所能與者也。死生循環，其猶旦暮之常，天也。方旦不能推之使暮，方暮不能留之爲旦，皆物之情也。然各有卓然之真，於死生旦暮之中，死生可忘，而卓與真者不可不自保。彼特以天爲父〔一〕，身猶愛之，况其卓然者於身爲天之天，當愛何如？人持以有君爲愈於己身，猶死之，况其爲真焉者？乃己之所以爲己，而豈以死生動念？魚陸

〔一〕「以天爲父」，原作「以父爲天」，據前引《莊子》原文改。

處而濡沫，不如相忘於江湖；分堯桀而是非，不如兩忘而化道。猶之分死生而有好、有弗好，不如一其所不一者，而常保吾之卓與真。夫大塊載我形，勞我生，佚我老，息我死，是死者造化所欲以安樂人者也。方生之時，汲汲皇皇，爲日幾何？生而不役情於生，其善吾生者，正欲爲善吾死之地，生何足戀也？夫大舟在江湖則易行，藏於壑則無水而不行；小山在盆沼則易取，藏於澤則阻隔而不易取。謂藏之固矣，夜半有力者負而趨，寐者不知。藏大小有宜，猶有所遯，況形神速槁，目前有易失之舟山，老死相催，何處得藏身之壑澤？乾坤肆力，不寐難防，瞬息變遷，何須夜半？吾欲舉吾生而藏之，不若置吾生死而忘之也。藏天下於天下而不得所遯，是恒物之大情，藏於天下，遯於天下，猶之在我所藏天下之內也。吾忘吾生，而聽其所之，猶之在吾忘而聽之之中也。特犯人形而猶喜，若人之形者，萬化而無極，吾將儵來儵往，受喜忘復，其樂可勝計邪？凡人所以不樂者，一經生死而迷也。真知不迷，故聖人將遊於物之所不得遯而皆存。彼善夭善老、善始善終，特鄉黨自好者耳，人猶效之，又況卓且真爲萬物之所係？不一而一，爲一化之所待，又吾之所不得忘，而不煩於藏者也。夫卓與真者何？道也。道不落生死流中，故稱卓；無生死好惡、妄情妄相，故稱真。萬物之死生不一，而造化常一。道者，造化之主宰，故稱爲一化之所待。

夫道，有情有信，無爲無形；可傳而不可受，可得而不可見；自本自根，未有天地，自古以固存；神鬼神帝，生天生地；在太極之先而不爲高，在六極之下而不爲深，先天地生而不爲久，長於上古而不爲老。稀喜。韋氏得之，以挈天地；伏戲得之，以襲氣母；維斗得之，終古不忒；日月得之，終古不息；勘坏丕。得之，以襲崑崙；馮憑。夷得之，以遊大川；肩吾得之，以處大山；黄帝得之，以登雲天；顓頊得之，以處玄宫；禺強得之，立乎北極；西王母得之，坐乎少廣，莫知其始，莫知其終；彭祖得之，上及有虞，下及五伯；傅説得之，以相武丁，奄有天下，乘東維，騎箕尾，而比於列星。

夫言道者，以爲無而有情有信，以爲有而無爲無形。唯有情信，故可傳可得；唯無爲無形，故不可受、不可見。自天地至萬物，無不藉道爲基。道無生死老少，故得道者亦無生死老少。歷觀自古得道者，爲仙爲神，爲日月星宿，出於生死，皆得道之效也。莊子修不死之術，上言忘情生死，忘情生死而後可以不死。然太説向冷淡去，幾與溺没於生死者相似，故緊説神仙歷來得道公案。

《筆乘》云：「太易者，未見氣；太初者，氣之始。未見氣爲父，則氣者母也。」

北斗，天之綱維，故曰「維斗」。「堪坏」，神名，人面獸形。「馮夷」，《清泠傳》曰：「華陰潼鄉隄首人，服八石，得水仙，是爲河伯。」一云以八月庚子浴於河而溺死。「肩吾」，山神，不死，至孔子時。黄帝得道登天，即鼎湖上升之事。「玄宫」，北方之宫，《月令》曰「其弟顓頊，其神玄冥」是也。「禺強」，海神，《山海經》曰：「北海之渚有神，人面鳥身，珥兩青蛇，踐兩赤蛇，名禺強。」「西王母」，《山海經》曰：「狀如人，狗尾蓬頭，戴勝，善嘯，居洵水之涯。」《漢武帝内傳》：「西王母與上元夫人降帝宫，美容貌，神仙人也。」「少廣」，山名，一云西方空界之名。「傳説」，一星在尾上，言其乘東維、騎箕尾之間也。箕斗爲天漢津之東維。

南伯子葵問乎女偊禹。曰：「子之年長矣，而色若孺子，何也？」曰：「吾聞道矣。」南伯子葵曰：「道可得學邪？」曰：「惡，惡可。子非其人也。夫卜梁倚有聖人之才而無聖人之道，我有聖人之道而無聖人之才，吾欲以教之，庶幾其果爲聖人乎？不然，以聖人之道告聖人之才，亦易矣。吾猶守而告之，三日而後能外天下；已外天下矣，吾又守之，七日而後能外物；已外物矣，吾又守之，九日而後能外生；已外生矣，而後能朝徹；朝徹，而後能見獨；見獨，而後能無古今；無古今，而後能入於不死不生。殺生者不死，

生生者不生。其爲物，無不將也，無不迎也；無不毁也，無不成也。其名爲攖寧。攖寧也者，攖而後成者也。」南伯子葵曰：「子獨惡乎聞之？」曰：「聞諸副墨之子，副墨之子聞諸洛誦之孫，洛誦之孫聞之瞻明，瞻明聞之聶許，聶許聞之需役，需役聞之於烏。謳，於謳聞之玄冥，玄冥聞之參寥，參寥聞之疑始。」

女偊唯聞道，故年長而色孺子。然道未易與人言也，以女偊聖人之道，告卜梁倚聖人之才，必守之三日而後能外天下。外天下者，外世緣也。又七日而外物，物又近於天下也。又九日而後外生，生又切於物也。既外生，而後一朝徹悟；既徹悟，而後曉然見獨。見獨者，見吾之卓與真，而古今倫物之所不得偶者也。由此能無古今矣，無古今，而後入於不死不生矣。何以入於不死？死因吾之有生，殺生而無貪生之念，故不死。此真人之所以不知惡死也。何以入於不生？生不能生吾之生，而常不生者，常能生生。此真人之所以不知説生也。悦生，是愛念，是生死根因。殺生者不溺愛河，故超出生死，此即佛之無生忍法也。得道之後，生亦可，死亦可，不生不死亦可。其爲物之一去來，一出入，無不將也，無不迎也，無不毁也，無不成也，其名爲攖寧。蓋常不生、常不死者，寧也。將迎而成毁之者，攖之也。無不將、無不迎、無不毁、無不成者，攖而後成之者也。此道不遇聖人則不得其傳，存在方册，故曰「得諸副墨之子」。其「聞之洛誦」者，誦讀也。「瞻明」者，視也。「聶許」者，聽也。「需役」者，行也。「於謳」者，歌咏也。「玄冥」者，默會也。「參寥」者，造化也。「疑始」者，未始有造化之始，道所自來也。

子祀、子輿、子犁、子來四人相與語曰：「孰能以無爲首，以生爲脊，以死爲尻，苦羔反。孰知死生存亡之一體者，吾與之友矣。」四人相視而笑，莫逆於心，遂相與爲友。俄而子輿有病，子祀往問之。曰：「偉哉夫造物者，將以予爲此拘拘也。曲僂縷。發背，上有五管，頤隱於齊，肩高於頂，句勾。贅指天。」陰陽之氣有沴麗。其心閒閑。而無事，跰步田反。蹮愁田反。而鑑於井，曰：「嗟乎，夫造物者又將以予爲此拘拘也。」子祀曰：「女惡之乎？」曰：「亡，予何惡？浸假而化予之左臂以爲雞，予因以求時夜；浸假而化予之右臂以爲彈，予因以求鴞炙；浸假而化予之尻以爲輪，以神爲馬，予因而乘之，豈更駕哉？且夫得者，時也；失者，順也。安時而處順，哀樂不能入也。此古之所謂縣解也，而不能自解者，物有結之。且夫物不勝天久矣，吾又何惡焉？」

不知說生、不知惡死之人，覺有生之形爲拘拘然。故子輿方病將死，歸於無形間而無事，則又不死矣。故鑑井而歎「造物者又將以予爲此拘拘也」。問汝惡之乎？惡有此形也。有形亦何必惡？形無爲而不可予之真宰，遇形而皆可用形之所爲，是物有結之，隨遇而可以用其形者，解其縣者也。

俄而子來有病，喘喘焉一作惴。然將死，其妻子環而泣之。犁往問之，曰："叱，避，無怛化。"倚其户與之語曰："偉哉造化，又將奚以汝爲，將奚以汝適？以汝爲鼠肝乎？以汝爲蟲臂乎？"子來曰："父母於子，東西南北，唯命之從。陰陽於人，不翅於父母。彼近吾死而我不聽，我則悍一作捍。矣，彼何罪焉？夫大塊載我以形，勞我以生，佚我以老，息我以死。故善吾生者，乃所以善吾死也。今大冶鑄金，金踊躍曰『我且必爲鏌鋣』，大冶必以爲不祥之金。今一犯人之形，而曰『人耳，人耳』，夫造化者必以爲不祥之人。今一以天地爲大爐，以造化爲大冶，惡乎往而不可哉？"成然寐，蘧然覺。

及子來病，而子犁叱環泣者之怛化。然化者固自不怛也，鼠肝蟲臂，無爲不可；東西南北，何往不得？當死而不惡死，亦不必揀擇其所之，而一聽陶冶於大化，視死生一覺寐間而已。

子桑户、孟子反、子琴張三人相與友曰："孰能相與於無相與，相爲於無相爲？孰能登天遊霧，撓梟。挑徒堯反。無極；相忘以生，無所終窮？」三人相視而笑，莫逆於心，遂相與友。莫然有間而子桑户死，未葬。孔子聞之，使子貢往待事焉。或編曲，或鼓琴，相和而歌曰：「嗟來，桑户乎。嗟來，桑户乎。而已反其真，而我猶爲人猗。」子貢趨而進曰：「敢問臨尸而歌，禮乎？」二人相視而笑曰：「是惡知禮意？」子貢反，以告孔子，曰：「彼何人者邪？修行無有，而外其形骸，臨尸而歌，顔色不變，無以命之。彼何人者邪？」孔子曰：「彼，遊方之外者也；而丘，遊方之内者也。外内不相及，而丘使女往弔之，丘則陋矣。彼方且與造物者爲人，而遊乎天地之一氣。彼以生爲附贅縣疣，以死爲決𤴯換。潰癰，夫若然者，又惡知死生先後之所在？假於異物，託於同體；忘其肝膽，遺其耳目；反覆終始，不知端倪；芒然彷徨乎塵垢之外，逍遥乎無爲之業。彼又惡能憒憒然爲世俗之禮，以觀衆人之耳目哉？」子貢曰：「然則夫子何方之依？」曰：「丘，天之戮民也。雖然，吾與汝共之。」子貢曰：「敢問其方。」孔子曰：「魚相造乎水，人相造乎道。相造乎水者，穿池而養給；相造乎道者，無事而生定。故曰：魚相忘乎江湖，人相忘乎道術。」子貢曰：「敢問畸人。」曰：「畸人者，畸於人而侔於天。故曰：天之小人，人之君子；人之君子，天之小人也。」

子桑户三人，於死生存亡視爲一體。及一子死而二子歌，弔者愕而歌者笑，孔子信其爲方外逸民。彼豈以人爲人，而且與造物者爲人？彼豈以生死爲生死，且不知死生先後之所在？肝膽耳目，異物也，暫假異物，託爲同體，彼且遺之忘之，不知耳目之爲耳目，肝膽之爲肝膽。反覆其終，而不知終之將焉往；反覆於始，而不知始之所自來。芒乎淩塵垢，而彷徨於其外，心無事而逍遙。

自適於内，如此曠懷，豈肯爲世俗之禮，以觀衆人之耳目？然人皆方外，則誰爲方内？此孔子不得不引子貢與共也。子貢既處其内，又不得不求其方。方者，常居内而常不失道於内之方也。魚失水而相造於水，穿池而養亦給；人遠道而相造於道，常無事而亦生定。蓋道以定靜爲本，故方内雖多事，不忘無事以求定。使魚在江湖，可以相忘，何必穿池哉？人在道術，可以相忘，何必無事哉？相忘乎道術，畸人是也。畸人者，異世俗之人，世俗弔死問生之禮俱所不爲，侔之於天，常頹然而順化。拘拘於死生哀樂者，於軀殼内起妄情，乃「天之小人」；人則以其知禮，而稱爲「君子」。人以爲君子，天之小人也，正是相反。

顔回問仲尼曰：「孟孫才，其母死，哭泣無涕，中心不慼，居喪不哀。無是三者，以善喪蓋魯國。固有無其實而得其名者乎？回一怪之。」仲尼曰：「夫孟孫氏盡之矣，進於

知矣。唯簡之而不得，夫已有所簡矣。孟孫氏不知所以生，不知所以死；不知就先，不知就後；若化爲物，以待其所不知之化已乎。且方將化，惡知不化哉？方將不化，惡知已化哉？吾特與汝，其夢未始覺者邪？且彼有駭形而無損心，有旦宅而無情死。孟孫氏特覺，人哭亦哭，是自其所以乃。且也相與吾之耳矣，庸詎知吾所謂吾之乎？且汝夢爲鳥而厲乎天，夢爲魚而没於淵。不識今之言者，其覺者乎，其夢者乎？造適不及笑，獻笑不及排，安排而去化，乃入於寥天一。」

孟孫氏居喪不哀，不特忘死，而實有得於一化之所待者，其於天人死生之理盡之矣。人間哭泣死喪之理，世俗所爲，唯簡之而不得。而心常在道，不涉悲哀，夫已有所簡矣。若子反、琴張嗟桑户之反真，是知死者之爲死也，而歎我之猶爲人，猶知生者之爲生也。孟孫氏但覺己之身、親之身、天下之身通爲一氣，適然而化，化不是先；適然而不化，不化非是後。生死先後一無所知，又豈知有先化之親别爲一物，以待其所不知，先後隨化之已而使之哀乎？且方將化，則無物不化，惡知不化者與永隔而使之哀？方將不化，則化而非化，惡知已化者永無景響而使生其哀？今問孟孫者，汝回也；答者，吾仲尼也。一氣之中，輒分吾汝，特偶夢爲吾汝而未始覺者邪？彼形换而心不换，有駭形無損心。死生旦暮之常，有旦宅無情死。孟孫氏特覺，人哭亦哭，所謂簡之而不得。是乃其所以泣無涕、心不哀者。「是其所以乃」，猶言是乃其所以如此，特將「乃」字用之於句下。孟郊與韓退之聯《鬬雞》詩：「一噴一醒然，再接再礪乃。」正祖此句而用之。彼豈以哭者哭已化之物哉？且不知有吾，安知有物？因人之指吾爲吾，姑相與「吾」之，詎知吾之所謂「吾」者何在？今以夢中之吾汝，而自認爲真吾、真汝。汝且夢爲鳥而戾天，夢爲魚而在淵，又將謂爲真鳥真魚哉？不識今之有言者，其覺乎，夢乎？汝夢中魚鳥，非真魚鳥，則今日夢中之吾汝，豈真吾汝？人生一夢一覺，化與不化適然轉眄，事俱非實境。造於適意之境者，倏然而適意，不及笑也；逢其欲笑之會者，倏然而獻笑，不及排也。人之倏死倏生，天實排之，而人就化之。孟孫總置於不知，則天自爲排，而化不能化，可謂「安排而去化，乃入於寥天一」矣。「寥天一」者，寂寥未始有物之天，爲一化之所待者也。旦宅，「旦」字或從丞真切，讀「神」字，然從前説爲長。

意而子見許由，許由曰：「堯何以資汝？」意而子曰：「堯謂我：『汝必躬服仁義，而明言是非。』」許由曰：「而奚來爲軹？咫，語助也。夫堯既已黥汝以仁義，而劓汝以是非矣，汝將何以遊夫遙蕩恣睢轉徙之塗乎？」意而子曰：「雖然，吾願遊於其藩。」許由曰：「不然。夫盲者無以與乎眉目顏色之好，瞽者無以與乎青黃黼黻之觀。」意而子曰：「夫無莊之失其美，據梁之失其力，黄帝之亡其智，皆在鑪錘之間耳。庸詎知夫造物者之不息我黥而補我劓，使我乘成以隨先生邪？」許由曰：「噫，未可知也。我謂汝言其大畧：吾師乎，吾師乎。䪡齏。萬物而不爲義，澤及萬世而不爲仁，長於上古而不爲老，覆載天地刻雕衆形而不爲巧。此所遊已。」

夫聖人治天下，唯欲人生得所生，死得所死，於是立仁義、是非以爲之防。如前數子者，無死無生，並無仁義是非之名，可謂遊於遙蕩、恣睢、轉徙之塗。而一聞仁義是非之名輒以爲黥爲劓，如無莊之負美，據梁之負力，黄帝之負智，有之俱足爲累，假鑪錘而後夙累化。故許由舉䪡物之義，澤物之仁，長上古之老，覆載雕刻之巧，一不以爲。不以爲者，空之也，忘之也。忘而不知，可進於無心之遊矣。乘成者，乘其黥息、劓補，完成無缺之道也。再稱「吾師」者，道也，大宗師也。意而子得師，至周穆王之世而猶存。

顏回曰：「回益矣。」仲尼曰：「何謂也？」曰：「吾忘仁義矣。」曰：「可矣，猶未也。」它日復見，曰：「回益矣。」曰：「何謂也？」曰：「回忘禮樂矣。」曰：「可矣，猶未也。」它日復見，曰：「回益矣。」曰：「何謂也？」曰：「回坐忘矣。」仲尼蹵然曰：

「何謂坐忘？」顔回曰：「墮隳。**肢體，黜聰明，離形去知，同於大通，此謂坐忘。」仲尼曰：「同則無好也，化則無常也。而果其賢乎。丘也請從而後也。」**

仲尼正遊方之内，爲主張仁義之人，亦未嘗以顔子之忘仁義禮樂爲不可，唯恐顔子忘之猶未盡。及顔子坐忘而墮肢體，黜聰明，離形去知，同於大通，無顔子矣，同矣，化矣。同也者，生與死同，化與不化同，安知生而不化者之爲可好也？化也者，死化而生，生化而死，安知常不化者之不常化也？此仲尼所以謂其賢，而欲身從其後者也。是仲尼迹在方内，神未嘗不遊方外。

子輿與子桑友，而霖雨十日。子輿曰：「子桑殆病矣。」裹飯而往食之。至子桑之門，則若歌若哭，鼓琴曰：「父邪？母邪？天乎？人乎？」有不任其聲而趨促。**舉其詩焉。子輿入，曰：「子之歌詩，何故若是？」曰：「吾思夫使我至此極者而弗得也。父母豈欲吾貧哉？天無私覆，地無私載，天地豈私貧我哉？求其爲之者而不得也。然而至此極者，命也夫。」**

死生，命也，其有旦暮之常，天也。人之有所不得與，皆物之情也。凡悦生惡死者，皆於其所不得與而欲與之，豈能轉移於定命乎？故當其附縣，不得聽其附縣；

遇欲決潰，亦不得順其決潰。安取加好惡於問？

内篇　應帝王第七

莊子之言，主於無所可用，乃以《應帝王》爲内篇之終，以無所可用爲大用，聖在内王在外者也。保渾沌之竅，游心於淡，合氣於漠，順物自然而無容私，以此爲應帝王用，而仍歸之不用。竊其迹，則晉人成清談；極其精，則不見而章，不動而變，無爲而成。

齧缺問於王倪，四問而四不知。齧缺因躍而大喜，行以告蒲衣子。蒲衣子曰：「而乃今知之乎？有虞氏不及泰氏。有虞氏其猶藏仁以要平聲。**人，亦得人矣，而未始出於非人。泰氏，其臥徐徐，其覺**教。**于于；一以己爲馬，一以己爲牛；其知情信，其德甚真，而未始入於非人。」**

王倪「四不知」，即《齊物》中之「三不知」，其後齧缺又有「至人固不知利害」之一問，故云「四不知」。「躍而大喜」，悟契大道者，不用知也。有虞氏「未始出於非人」，尚猶涉於人而未合於天也。有泰氏又「未始入於非人」，則天且忘之矣。「一以己爲馬，一以己爲牛」，非人謂之「牛馬」，乃蠢然自視若「牛馬」，未嘗以我爲天爲人也。「其知情信」者，知不以知而以情相默契，《易》所謂「默而成之，不言而信」者也。

肩吾見狂接輿，狂接輿曰：「日中始何以語汝？」肩吾曰：「告我君人者以己出經式義度，人孰敢不聽而化諸？」狂接輿曰：「是欺德也。其於治天下也，猶涉海鑿河而使蚊負山也。夫聖人之治也，治外乎？正而後行，確乎能其事者而已矣。且鳥高飛以避矰〔二〕弋之害，鼷鼠深穴乎神丘之下以避熏鑿之患，而曾二蟲之無知？」

日中始之語治天下，欲出經而示民式，出義而示民度，無非以法度治外，使民知就利避害而已。彼聖人之治天下，豈徒治其外而已乎？但順民天性，正而後行，耕食鑿飲確乎能其事而已矣，何必立法而教民趨利避害？教之趨利避害，豈以生民之知，反不若鳥鼠之能自爲趨避也哉？

〔二〕「矰」，原作「繒」，據明世德堂《六子全書》本《南華真經》改。

天根遊於殷陽，至蓼（了）。水之上，適遭無名人而問焉，曰：「請問爲天下。」無名人曰：「去，汝鄙人也，何問之不豫也？予方將與造物者爲人，厭則又乘夫莽眇之鳥，以出六極之外，而遊無何有之鄉，以處壙埌（朗）。之野。汝又何帠（詣）。以治天下感予之心爲？」又復問。無名人曰：「汝遊心於淡，合氣於漠，順物自然而無容私焉，而天下治矣。」

無名人無心於治天下，天根乃問治天下，是攖之以世慮，故以爲「不豫」。不豫，即不逍遥。其下所言皆《逍遥遊》之事，舍一官一國，忘榮辱内外，方將與造化爲人，如列子之御風，與天爲徒也。「莽眇之鳥」，即大鵬。「出六極之外」，即南北天際。「遊心淡」、「合氣漠」，仍是「乘天地之正，以御六氣之辨」，「彷徨乎無爲其側，逍遥乎寢卧其下」，無所可用，安所困苦而天下治矣。

陽子居見老聃，曰：「有人於此，嚮疾彊梁，物徹疏明，學道不倦。如是者，可比明王乎？」老聃曰：「是於聖人也，胥易技係，勞形怵心者也。且也虎豹之文來田，猨狙之便執斄之狗來藉。如是者，可比明王乎？」陽子居蹵然曰：「敢問明王之治。」老聃曰：「明王之治：功蓋天下而似不自己，化貸萬物而民弗恃；有莫舉名，使物自喜；立乎不測，而遊於無有者也。」

「嚮疾彊梁」，是迅速力行也。「物徹疏明」，是既通物理，猶求明解也。

「胥易」，胥徒以力易食。「技係」，百工以技見羈。「執狸之狗來藉」，藉者，借也，使人借用其力也。「有莫舉名」，忘帝力於何有也。「使物自喜」，人人皆以爲我，自然也。

鄭有神巫曰季咸，知人之死生存亡、禍福壽夭，期以歲月旬日，若神。鄭人見之，皆棄而走。列子見之而心醉，歸，以告壺子，曰：「始吾以夫子之道爲至矣，則又有至焉者矣。」壺子曰：「吾與汝既其文，未既其實，而固得道與？衆雌而無雄，而又奚卵焉？而以道與世亢，必信，夫故使人得而相汝。嘗試與來，以予示之。」明日，列子與之見壺子。出而謂列子曰：「嘻，子之先生死矣，弗活矣，不以旬數矣。吾見怪焉，見濕灰焉。」列子入，泣涕沾襟以告壺子。壺子曰：「鄉吾示之以地文，萌乎不震不正，是殆見吾杜德機也。嘗又與來。」明日，又與之見壺子。出而謂列子曰：「幸矣，子之先生遇我也。有瘳矣，全然有生矣。吾見其杜權矣。」列子入，以告壺子。壺子曰：「鄉吾示之以天壤，名實不入，而機發於踵。是殆見吾善者機也。嘗又與來。」明日，又與之見壺子。出而謂列子曰：「子之先生不齊，吾無得而相焉。試齊，且復相之。」列子入，以告壺子。壺子曰：「吾鄉示之以太沖莫勝。是殆見吾衡氣機也。鯢桓之審爲淵，止水之審爲淵，流水之審爲淵。淵有九名，此處三焉。嘗又與來。」明日，又與之見壺子。立未定，自失而走。壺子曰：「追之。」列子追之不及。反，以報壺子曰：「已滅矣，已失矣，吾弗及已。」壺子曰：「鄉吾示之以未始出吾宗。吾與之虛而委蛇，不知其誰何，因以爲弟頹。靡，因以爲波流，故逃也。」然後列子自以爲未始學而歸，三年不出。爲其妻爨，食豕如食人。於事無與親，雕琢復樸，塊然獨以其形立。紛而封哉，一以是終。

自齧缺至陽子居，俱言應帝王者，以無用爲用，無爲而天下治耳。至壺子，意象俱泯，使人不得而相何居。《中庸》曰「上天之載，無聲無臭」、「篤恭而天下平」者也。鄭人見季咸而走，惡聞死日也。「吾與汝」，壺子所與列子之道也。列子於壺子之道未得其實，如雌之無雄，安能懷道？壺子以道之見有者爲「文」，澄虛者爲「實」。列子以道之有者與世相高，故不能掩其所有，而必信於世人，遂得而相之。壺子示以地文，地文者，陰凝於內，萌起之機不發，動亦不見，有所整齊，但藏德於無，故名「杜德機」。季咸見若濕灰，而以爲不旬數死也。示以天壤者，由地文而萌震矣。名實不入，則忘情於有無之間。至人之息以踵，今機發於踵，故見善者機。季咸誤以今所見乃其杜權，而以爲生也。壺子內，季咸外，壺子已見其善者機，而季咸猶以爲杜德機也，第覺與昨之濕灰不同耳。壺子又示以太冲莫勝，太冲者，陰陽冲和之氣無偏勝也。地文陰勝，天壤陽勝，今陰陽俱平，故名「衡氣機」。淵有九，如禪觀之各有名目。《列子》書盡數九淵，此止數其三，人以爲勝，喜其簡也。淵者，靜定；鯢所盤桓，動也。其深處爲淵，是動不離靜，「善者機」也；止水原靜，是「杜德機」也。流水於水面爲流、爲動，而其下深處爲止、爲靜，動靜各半，是「衡氣機」也。季咸三見，壺子示之三淵，後乃「示之以未始出吾宗」，「虚而委蛇」，所謂「命物之化而守其宗」者也。不出吾宗，既不得其本體，命化委蛇又不得其作用，壺子豈弟靡無主者邪，波流無定者邪？是大不可測，故走也。列子學壺子，而曰「紛而封哉」，雖應接紛紜，列子但自封閉，用心向内也。「一以是終」，更不作期望功效想。審，音深，盤回流所聚也。

無爲名尸，無爲謀府；無爲事任，無爲知主。體盡無窮，而遊無朕；盡其所受乎天，而無見得，亦虚而已。至人之用心若鏡，不將不迎，應而不藏，故能勝物而不傷。

大道無窮無朕，有爲者室之，爲「名尸」也，「謀府」也，「事任」也，「知主」也。四「無爲」已，體盡無窮之道，而遊乎無朕，此逍遥遊也。盡其所受於天，而一無所爲，則何處見得？一言該之，亦虚而已。鏡之至虚，過去、未來、現在，一無所着。至人虚心無物，物來即應，而不困於物，是「勝物而不傷」也。

南海之帝爲儵，叔。**北海之帝爲忽，中央之帝爲渾沌。儵與忽時相與遇於渾沌之地，渾沌待之甚善。儵與忽謀報渾沌之德，曰：「人皆有七竅以視聽食息，此獨無有，嘗試鑿之。」日鑿一竅，七日而渾沌死。**

南海之帝，心也，心主知覺，其萌也儵然。北海之帝，腎也，腎主淫邪，其動也忽然。中央之帝，是爲黄庭，意也。當先天未鑿時，渾沌無爲而已，七竅總出五臟。儵忽鑿之，則逞其知覺、淫邪之用，故渾沌死。順七竅之用，而不加以鑿，則渾沌未必死，天下可藉以治。

南華真經本義卷五

外篇　駢拇第八

仁義，人性也，乃等於駢枝。聖賢，盡性者也，乃等於盜跖之徇利。豈真以仁義、聖賢爲不足法，但謂爲之而出於有意，擾擾外徇，必至淆其真性，如小人之徇利，與肢體之有駢枝、贅縣等？故莊子自言：「上不敢爲仁義之操，下不敢爲淫僻之行。」莫是騎牆，只是無爲無念，不徇形跡，據事若同。子莫味意，則極高玄。

此篇文勢快利明爽，起伏變換如飄風飛雨，忽然過去，忽然復來，絡繹連旋，略無斷截。每於上下轉換之間，必埋伏一字一句相爲聯挽，或用之上句以起下句，或用於後語而挽前語，但見氣勢絡繹，其開闔變換無迹可尋。想下筆時，淋漓飄灑，亦自喜於爲文之佳，而非偶然者也。

駢拇枝指，出乎性哉，而侈乎德。附贅縣疣，出乎形哉，而侈於性。多方乎仁義而用

之者，列於五藏哉，而非道德之正也。是故駢於足者，連無用之肉也；枝於手者，樹無用之指也；多方駢枝於五藏之情者，淫僻於仁義之行，而多方於聰明之用也。

駢拇、枝指，出於性生，而於德則侈；附贅、縣疣，亦是形生，而於性則侈。仁義列諸五藏，如人肢體，此有何侈？唯多方而爲之，始侈矣，非道德之正矣。莊子說人病痛處，正在「多方」二字。多方，故爲「駢指」，而至聰明亦用之以「多方」。註家乃以爲衍，而欲去之，何也？是但以「仁義」爲「駢枝」，而不知「多方」之爲「駢枝」故也。

是故駢於明者，亂五色，淫文章，青黃黼黻之煌煌非乎？而離朱是已。多於聰者，亂五聲，淫六律，金石絲竹黃鐘大呂之聲非乎？而師曠是已。枝於仁者，擢德塞性以收名聲，使天下簧鼓以奉不及之法非乎？而曾、史是已。駢於辯者，纍瓦結繩竄句，遊心於堅白同異之間，而敝跬譽無用之言非乎？而楊、墨是已。故此皆多駢旁枝之道，非天下之至正也。彼正正者，不失其性命之情。故合者不爲駢，而枝者不爲跂（音歧。）；長者不爲有餘，短者不爲不足。是故鳧脛雖短，續之則憂；鶴脛雖長，斷（音短。）之則悲。故性長非所斷，性短非所續，無所去憂也。

上説「仁義」而埋「聰明」二字，下遂承「聰明」二字説到「仁」上，又省去「義」字，又並及言語文字之家，各以「駢枝」字貫之，若説一事，而不必更端。聰明言語亦不可無，今舉皆非之，非其多方以爲也。得性命之正者，以諸事多方而爲之者爲非，而淫僻於其事之人，若離朱、師曠輩則以爲是。以爲是者，亦其性命賦受如此，不必強絶；但無師曠諸人之賦受而慕效其事，則益失其性命之正。強絶者斷鶴脛之長，而慕效者續鳧脛之短，所以憂也。積無用之語，如累瓦而無用，如結繩而難解。竄，點竄；句，句讀。「敝跬」者，奔走至於履敝，以譽無用之言也。

意仁義其非人情乎？彼仁人何其多憂也？且夫駢於拇者，決之則泣；枝於手者，齕之則啼。二者或有餘於數，或不足於數，其於憂一也。今世之仁人，蒿目而憂世之患；不仁之人，決性命之情而饕叨。富貴。故意仁義其非人情乎？自三代以下者，天下何其囂囂也？且夫待鉤繩規矩而正者，是削其性也；待繩約膠漆而固者，是侵其德也；屈折禮樂，呴吁。俞仁義，以慰天下之心者，此失其常然也。天下有常然。常然者，曲者不以鉤，直者不以繩，圓者不以規，方者不以矩，附離麗。不以膠漆，約束不以纆墨。索。故天下誘然皆生，而不知其所以生；同然皆得，而不知其所以得。故古今不二，不可虧也。

則仁義又奚連連如膠漆纆索，而遊乎道德之間爲哉？使天下惑也。夫小惑易方，大惑易性。何以知其然邪？自虞氏招喬。仁義以撓天下也，天下莫不奔命於仁義，是非以仁義易其性與？故嘗試論之，自三代以下者，天下莫不以物易其性矣。小人則以身殉利，士則以身殉名，大夫則以身殉家，聖人則以身殉天下。故此數子者，事業不同，名聲異號，其於傷性以身爲殉，一也。

問一句曰「意仁義其非人情乎」，即曰「彼仁義何其多憂也」，挽上「憂」字，遂從「憂」字説去，而謂仁人與不仁同憂。復曰「故意仁義其非人情乎。自三代以下，天下何其囂囂也？」，仍用前挽上句法，而易「憂」字爲「囂囂」字，以起下「削性侵德」之端。侵德削性，是待鉤繩規矩而正之事，遂歷言不待鉤繩規矩之事。此古今定理，人物之所以生，所以得一而不二。一之精，通極於天倫，不可以人爲二之，使受其虧損。此是中真消息，莊子忽於反覆鋪敘中發之，若非要緊語，似呂仙賣藥，雜靈丹一粒於中，以待衆人有緣者自遇。又緊緊挽爲仁義者，假膠漆、纆索而遊道德之間，所以囂囂而使天下惑。遂承言「惑有大小」，而以仁義相撓，至大惑而易性。又緊推一句，曰「三代以下，莫不以物易其性」，自小人、士大夫以至聖人，同於傷性而以身爲殉。小人世之所輕，士大夫世之所重，聖人則世所敬畏而以爲不可及，莊子總稱之曰「此數子者」，將賢愚、聖凡、輕重，平等一視也。

臧與穀二人相與牧羊，而俱亡其羊。問臧奚事，則挾筴讀書；問穀奚事，則博塞以遊。二人者，事業不同，其於亡羊均也。伯夷死名於首陽之下，盜跖死利於東陵之上。二人者，所死不同，其於殘生傷性均也。奚必伯夷之是而盜跖之非乎？天下盡殉也，彼其所殉仁義也，則俗謂之君子；其所殉貨財也，則俗謂之小人。其殉一也，則有君子焉，有小人焉。若其殘生損性，則盜跖亦伯夷已，又惡取君子小人於其間哉？且夫屬燭。其性乎仁義者，雖通如曾、史，非吾所謂臧也；屬其性於五味，雖通如俞兒，非吾所謂臧也；屬其性於五聲，雖通如師曠，非吾所謂聰也；屬其性於五色，雖通如離朱，非吾所謂明也。吾所謂臧，非仁義之謂也，臧於其德而已矣；吾所謂臧者，非所謂仁義之謂也，任其性命之情而已矣；吾所謂聰者，非謂其聞彼也，自聞而已矣；吾所謂明者，非謂其見彼也，自見而已矣。夫不自見而見彼，不自得而得彼者，是得人之得而不自得其得者也，適人之適而不自適其適者也。夫適人之適而不自適其適，雖盜跖與伯夷，是同爲淫僻也。余愧乎道德，是以上不敢爲仁義之操，而下不敢爲淫僻之行也。

舉讀書、博塞均爲亡羊，伯夷、盜跖等爲身殉，其殘生傷性既同，「又惡取君子小人於其間哉?」」用句如結,意實未完。以「且夫」字起,將上邊「仁義聰明」四事,以「非吾所謂臧」反説一遍,又以「吾所謂臧」正説一遍:「吾所謂臧,非仁義之謂也,臧於其德而已矣」。德則不待繩索而正之「仁義」也。又恐人認「仁義」之爲「德」,故復説一句「吾所謂臧者」,加一「者」字;「非所謂仁義之謂也」,加「所謂」字;又不説「德」字出,而曰「任其性命之情而已矣」,正以不用繩索,「多方之仁義」乃爲性命之情、自然之德耳。「吾所謂聰明者」,在自聞、自見,而即借「自見」兩字作過度語。「夫不自見而見彼」,插入「不自得而得彼者」,落下「是得人之得而不自得其得」,「適人之適而不自適其適者也」。又即將「適人之適而不自適其適」作挽住語,曰「雖盜跖與伯夷同爲淫僻」,緊結之曰:「余愧乎道德,故上不敢爲仁義之操,而下不敢爲淫僻之行也。」大道無爲,至德不德。莊子自言忝置身於道德中,故仁義、淫僻都不措趾,只是無爲而不離於宗,常完此古今不二者,無所虧之而已。

外篇　馬蹄第九

馬，蹄可以踐霜雪，毛可以禦風寒，齕草飲水，翹足而陸，此馬之真性也。雖有義臺路寢，無所用之。及至伯樂，洛。曰：「我善治馬。」燒之，剔之，刻之，雒之，連之以羈馽，的。編之以皁棧，馬之死者十二三矣；饑之，渴之，馳之，驟之，整之，齊之，前有橛飾之患，而後有鞭筴之威，而馬之死者已過半矣。陶者曰：「我善治埴。圓者中規，方者中矩。」匠人曰：「我善治木，曲者中鉤，直者應繩。」夫埴〔二〕木之性，豈欲中規矩鉤繩哉？然且世世稱之曰：「伯樂善治馬，而陶匠善治埴木。」此亦治天下者之過也。吾意善治天下者不然。彼民有常性，織而衣，耕而食，是謂同德；一而不黨，命曰天放。故至德之世，其行填填，田。其視顛顛。當是時也，山無蹊分。隧，澤無舟梁；萬物群生，連屬其鄉；禽獸成群，草木遂長。是故禽獸可係羈而遊，烏鵲之巢可攀援而闚。夫至德之世，同與禽獸居，族與萬物並，惡乎知君子小人哉？同乎無知，其德不離；同乎無欲，是謂素樸。素樸而民性得矣。及至聖人，蹩別。躠薛。爲仁，踶題。跂支。爲義，而天下始疑矣；

〔二〕「埴」，原作「植」，據明世德堂《六子全書》本《南華真經》改。

澶但。漫爲樂，摘僻爲禮，而天下始分矣。故純樸不殘，孰爲犧樽？白玉不毀，孰爲珪璋？道德不廢，安取仁義？性情不離，安用禮樂？五色不亂，孰爲文采？五聲不亂，孰應六律？夫殘樸以爲器，工匠之罪也；毀道德以爲仁義，聖人之過也。夫馬，陸居則食草飲水，喜則交頸相靡，怒則分背相踶。馬知已此矣。加之以衡扼，齊之以月題，而馬知介戛。倪、詣。闉因。扼、鷙至。曼、詭銜、竊轡。故馬之知而能至盜者，伯樂之罪也。夫赫胥氏之時，民居不知所爲，行不知所之，含哺而熙，鼓腹而遊，民能已此矣。及至聖人，屈折禮樂以匡天下之形，縣跂仁義以慰天下之心，而民乃始踶跂好知，爭於利，不可止也。此亦聖人之過也。

此篇與前篇《駢拇》俱用喻，起體各不同。前篇三項並起，如詩之比而興。此篇説治馬極詳，而陶冶綴入數句，即推於求治者之身上，曰：「此亦治天下者之過也。」伯樂、陶匠不即加罪，而先罪治天下之人，如酷吏斷獄，不罪下手之人，而先推求主使者。起原是譬喻，傍意即轉作正意，此比而賦也。故下文直接曰：「吾意治天下者不然。」

首節曰「及至伯樂」，中曰「及至聖人」，末又曰「及至聖人」，用此句作領入語；「故至德之世」、「夫至德之世」，用此句作翻起更端語；「馬知已此矣」、

「民能已此矣」，用此句作翻入過度語。首節曰「此亦治天下者之過也」，作收上語，亦作入題；中曰「工匠之罪也」、「聖人之過也」，作小收；末曰「伯樂之罪也」、「此亦聖人之過也」，若論尋常章法，當更有數句作結，而於此竟止作大收。種種呼吸照應，若出有意，若出無意，文章妙境。莊子以聖人治天下爲過者，爲後世彷聖人治天下之迹。仁義禮樂不本於自然，而多方以爲之人鶩矯飾，則仁義禮樂不足以治天下，而適足以亂天下，非真以仁義禮樂爲亂天下之具也。莊子後於《繕性》篇明言之矣，曰：「古之治道，知與恬交相養，而和理出其性。夫德，和也；道，理也。德無不容，仁也；道無不理，義也；義明而物親，忠也；中純實而反乎情，樂也；信行容體而順乎文，禮也。」莊子謂是數者在人性中，與道德一滚而出，不在外邊矯飾，即吾夫子禮云、樂云之意。若只從外面矯飾，已與性體全離，故曰：「禮樂偏行，則天下亂矣。」若所指蹩〔一〕躠之仁、踶跂之義，俱從多方矯飾者言耳。仁慈愛，故曰「蹩躠」；義斷割，故曰「踶跂」。「澶漫」，淫漫也。「摘僻」，摘取其瑣屑不顯切之事也。伯樂治馬，前以此起篇，末復説一遍者，前言治馬祗足以害馬；末

〔一〕「蹩」及下「蹩躠」之「蹩」，原作「躄」，據前引《莊子》原文改。

言治馬之害，害不止在馬，而使馬能爲盜，害及於人，以甚治之者之罪也。重增味嘆，但覺機趣，而不知者以爲重複也。

「月題」，馬額上如月形者。「介倪」，猶睥睨也。「闉」，曲也。「鷙」，抵也。「曼」，突也。「詭銜」，自出銜。「竊轡」，偷出轡也。

南華真經本義卷六

外篇　胠篋第十

胠，腋下。旁開其篋，如從腋取之也。

前《駢拇》篇，明多方之仁義爲道德之害；《馬蹄》篇，言天下之所以競爲多方之仁義，由聖人尚仁義而治天下之故。是篇則言聖人以仁義治天下，悉其知慮用以防奸，而奸人得用仁義之説竊人土地、人民，偃然南面。如田成子之屬，是大盗而借聖人法制以肆其奸，以屬役衣冠禮義之士，且禁人之爲盗。當時衣冠禮義者，又竭其智慮，爭爲之謀主。莊子感慨不平，無所發其憤，曰：「吾欲掊擊聖人。」是猶忿宵人之據高位以肆志，而歸咎於天之化生人類，以擁衛夫憸壬也者。夫天之生不善人，非有意於厚之氣數，偶遭其不淑，雖天亦無如之何；亦猶人之肢體癰疽爲患，非有意於生之血氣，偶然爲壅滞，人亦無如之何。天無如不善人何，至積久則報應不爽，宵人未有不殄滅者；人無如癰疽何，而加鍼砭則病患自除，血氣未有不平復者。聖人無如奸盜何而法在，則覺之早、救於晚，奸盜藉以終熄；即不然，以道法維縶其手足，猶不至肆毒於天下。道法未有不爲天下利。道法爲天下利，而莊子爲掊擊聖人之言，如其所言，聖人又似真可以掊擊者，則太史公所稱莊子「善屬書離辭，剽剝儒墨，雖當世宿儒，不能自解免」者，此也。夫天地之大也，決不能不有佛，以爲此大海之一漚，吾身之切也；決不能不有老子，以爲此吾之大患，聖人之利天下萬世也；決不可不有莊子，以爲「聖人不死，大盜不止」。夫決不可不有，尚欲無之，則諸凡可以不有者，又何足以留於胸次？人必有此高曠之識，使其胸中不着一物，而後大道可幾也。

將爲去聲。**胠**祛。**篋探**平聲。**囊發匱之盜而爲守備，則必攝緘縢固扃鐍，**決。**此世俗之所謂知也。然而巨盜至，則負匱揭篋擔囊而趨，唯恐緘縢扃鐍之不固也。然則鄉之所謂知者，不乃爲大盜積者也？故嘗試論之，世俗之所謂知者，有不**〔二〕**爲大盜積者乎？所謂聖者，有不爲大盜守者乎？何以知其然邪？昔者齊國鄰邑相望，雞狗之音相聞，罔罟之**

〔二〕「有不」原作「不有」，據明世德堂《六子全書》本《南華真經》及後文乙正。

所布，耒耨之所刺，方二千餘里。闔四境之內，所以立宗廟社稷，治邑屋州閭鄉曲者，曷嘗不法聖人哉？然而田成子〔一〕一旦殺齊君而盜其國，所盜者豈獨其國邪？並與其聖知之法而盜之。故田成子有乎盜賊之名，而身處堯舜之安，小國不敢非，大國不敢誅，十二世有齊國，則是不乃竊齊國，並與其聖知之法以守其盜賊之身乎？嘗試論之，世俗之所謂至知者，有不爲大盜積者乎？所謂至聖者，有不爲大盜守者乎？何以知其然邪？昔者龍逢斬，比干剖，萇弘胣，恥。子胥靡，縻。故四子之賢而身不免乎戮。故跖之徒問於跖曰：「盜亦有道乎？」跖曰：「何適而無有道邪？夫妄意室中之藏，聖也；入先，勇也；出後，義也；知可否，知也；分均，仁也。五者不備而能成大盜者，天下未之有也。」由是觀之，善人不得聖人之道不立，跖不得聖人之道不行。天下之善人少而不善人多，則聖人之利天下也少而害天下也多。故曰脣竭則齒寒，魯酒薄而邯鄲圍，聖人生而大盜起。掊剖。擊聖人，縱舍盜賊，而天下始治矣。夫川竭而谷虛，丘夷而淵實。聖人已死，則大盜不起，天下平而無故矣。聖人不死，大盜不止。雖重聖人而治天下，則是重利盜跖也。爲之斗斛以量之，則並與斗斛而竊之；爲之權衡以稱之，則並與權衡而竊之；爲

〔一〕「田成子」，原作「田子成」，據明世德堂《六子全書》本《南華真經》及後文乙正。

之符璽以信之，則並與符璽而竊之；爲之仁義以矯之，則並與仁義而竊之。何以知其然邪？彼竊鉤者誅，竊國者爲諸侯，諸侯之門而仁義存焉，則是非竊仁義聖知邪？故逐於大盜，揭諸侯，竊仁義並斗斛權衡符璽之利者，雖有軒冕之賞弗能勸，斧鉞之威弗能禁。此重利盜跖而使不可禁者，是乃聖人之過也。故曰：「魚不可脱於淵，國之利器不可以示人。」彼聖人者，天下之利器也，非所以明天下也。

人用知以防小盜，而大盜適藉之以爲資。此以喻起，遂結之曰：「然則向之所謂知者，今不乃爲大盜積者邪？」又即推開曰：「故嘗試論之，世俗所謂知者，有不爲大盜積者乎？所謂聖者，有不爲大盜守者乎？」言知而及聖，推其所自出也。既揭起此二句，隨問曰：「何以知其然邪？」則以田成子之大盜明之，舉一田成子以概天下之爲田成子者，皆蒙聖人之遺法，而得遂其大盜之謀。自田敬仲至齊威王十二世有國，復結之曰：「則是不乃竊齊國，並與其聖知之法以守其盜賊之身乎？」又推開曰：「嘗試論之，世俗之所謂至知者，有不爲大盜積者乎？所謂至聖者，有不爲大盜守者乎？」再揭起此二句，各增一「至」字者，明聖知愈周，大盜之藉以爲資者愈便也。又復問：「何以知其然也？」四賢之死於暴君，其君不曰「吾以暴殺之」，曰「吾以罪殺之」，是暴君之殺賢臣，未嘗不借聖知之法。大盜如跖，亦竊聖知仁義勇之名，以役屬其徒旅。夫指田成子爲大盜，人之宥於耳目者，或猶未信。若盜跖之爲大盜，夫豈不知？而彼何以亦得用聖知仁、義、勇之道也？盜跖之所竊有限，而田成子列在諸侯，爲利愈大，所竊愈多，爲害愈深。自斗衡符璽，以至仁義聖知，聖人無一不欲爲民利，而田成子之屬無一不竊爲僭篡資。盜跖竊鉤，田成子竊國。竊鉤者，田成子之屬將誅之；竊國者，賞罰所不能加。彼方守聖人之遺法，自多其聖知，不知其身爲盜跖。聖人之道欲以利人，乃重利盜跖而不可禁。

魯、趙會楚，魯酒薄，楚之主酒吏索趙賄而不得，則以薄酒爲趙酒，故楚怒圍邯鄲。薄酒無與於趙，而圍及邯鄲，猶聖人無與於大盜，而道反爲大盜資。

故絶聖棄知，大盜乃止；擿[二]玉毁珠，小盜不起；焚符破璽，而民朴鄙；掊斗折衡，而民不爭；殫殘天下之聖法，而民始可與論議。擢亂六律，鑠絶竽瑟，塞瞽曠之耳，而天下始人含其聰矣；滅文章，散五采，膠離朱之目，而天下始人含其明矣；毁絶鉤繩而棄規矩，攦厲。工倕之指，而天下始人有其巧矣。故曰大巧若拙。削曾、史之行，鉗楊、墨之

〔二〕「擿」，原作「摘」，據明世德堂《六子全書》本《南華真經》改。

口，攘棄仁義，而天下之德始玄同矣。彼人含其明，則天下不鑠矣；人含其聰，則天下不累矣；人含其知，則天下不惑矣；人含其德，則天下不僻矣。彼曾、史、楊、墨、師曠、工倕、離朱者，皆外立其德而以爚藥。亂天下者也，法之所無用也。子獨不知至德之世乎？昔者容成氏、大庭氏、伯皇氏、中央氏、栗陸氏、驪畜氏、軒轅氏、赫胥氏、尊盧氏、祝融氏、伏戲氏、神農氏，當是時也，民結繩而用之，甘其食，美其服，樂其俗，安其居，鄰國相望，雞狗之音相聞，民至老死而不相往來。若此之時，則至治已。今遂至使民延頸舉踵，曰「某所有賢者」，贏〔二〕盈。糧而趣之，則內棄其親而外去其主之事，足跡接乎諸侯之境，車軌結乎千里之外，則是上好知之過也。上誠好知而無道，則天下大亂矣。何以知其然邪？夫弓弩畢弋機變之知多，則鳥亂於上矣；鉤餌網罟罾曾。笱苟。之知多，則魚亂於水矣；削峭。格羅落罝嗟。罘浮。之知多，則獸亂於澤矣；知詐漸尖。毒、頡潔。滑堅白、解垢同異之變多，則俗惑於辯矣。故天下每每大亂，罪在於好知。故天下皆知求其所不知，而莫知求其所已知者；皆知非其所不善，而莫知非其所已善者，是以大亂。故上悖日月之明，下爍山川之精，中墮四時之施；惴耎軟。之蟲，肖翹之物，莫不失其性。甚矣，夫好

〔二〕「贏」，原作「嬴」，據明世德堂《六子全書》本《南華真經》改。

知之亂天下也。自三代以下者是已，舍夫種種之民，而悦夫役役之佞；釋夫恬淡無爲，而悦夫啍諄。**啍之意。啍啍已亂天下矣。**

前言聖人爲天下之利器，有之適足以借盗資，非所以明示天下。正意已完，以世無聖人始爲至治快説一遍，歷數十二至德之君以爲證。及聖人既生，今在上者復好知而希慕聖道，則下皆奔走研求，進其諂佞之説於所私之主。其私門黨與爲之悉心計畫，事事欲比先王，此所以僭竊成而國家亂也。故曰：「今遂至使民延頸舉踵，曰『某所有賢者』，贏糧而趣之。」其所至之處，將學其仁義聖知之言，以干諸侯之用。乃結一句曰：「上誠好知而無道，則天下大亂矣。」好知而有道，則所得者爲忠賢仁義之士；好知而無道，則所致皆私知諂佞之人，故大亂。又問一句曰：「何以知其然邪？」夫人取物之知巧多用，則魚鳥禽獸亂；夫人遊説之知巧多用，則風俗亂。故天下大亂，罪在好知。今人皆求其所不知，如何爲聖知，如何爲仁義，以守國家，至竊國家而並竊仁義聖知，以爲守之之法。此前日之成迹爲已知者，何莫知求而改邪？人皆非其所不善，從盗跖之徒而相爲竊盗者有誅。至假仁義聖知之道守其所竊之國，而人不得問，此爲已善者，實當爲誅首，何莫知非而求去之邪？「啍啍之意」者，數稱仁義聖知，以慫恿田成子之屬者也。「畢」，兔網。「削格」，所以施羅網者。「罝罘」，翻車。「知詐漸毒」，以知相詐，漸滋成毒也。「頡滑」者，於堅白之説常頡頏滑澤而難於執。「解垢」者，於同異之辯若解其垢而使之離。「惴耎」，無足蟲。「肖翹」，翾飛之屬也。

外篇　在宥第十一

此《應帝王》註義也。《應帝王》篇有言及治即爲禁斷，蓋「聞在宥天下，不聞治天下也」。有如黄帝，非治天下之人乎？觀廣成子所以教黄帝者何言哉？壺子相同濕灰，列子學之，至於食豕如食人，俱列《應帝王》篇。蓋解心釋神，漠然無魂，所謂「覩無者，天地之友」也。然不可以言無爲而遂廢事，自民物事，法仁義德禮，又無一而不爲。故曰：其心如鏡，嘗應物而不藏。

聞在宥天下，不聞治天下也。在之也者，恐天下之淫其性也；宥之也者，恐天下之遷其德也。天下不淫其性，不遷其德，有治天下者哉？昔堯之治天下也，使天下欣欣焉人樂其性，是不恬也；桀之治天下也，使天下瘁瘁焉人苦其性，是不愉也。夫不恬不愉，

非德也。非德也而可長久者，天下無之。人大喜邪？毗於陽；大怒邪？毗於陰。陰陽並毗，四時不至，寒暑之和不成，其反傷人之形乎？使人喜怒失位，居處無常，思慮不自得，中道不成章。於是乎天下始喬矯。詰卓鷙，至。而後有盜跖、曾、史之行。故舉天下以賞其善者不足，舉天下以罰其惡者不給，故天下之大，不足以賞罰。自三代以下者，匈匈焉終以賞罰爲事，彼何暇安其性命之情哉？

治天下而有法以治之，天下所以不治。「在」者，現在不動之義，使人性常靜，定而不淫；「宥」者，寬宥不苛之義，使人德各自得而不遷。自堯以有道治而天下樂，則性不恬，務趨其所喜也；桀以無道治而天下苦，則性不愉，慘於其所怒也。蓋天地間有陰陽沖和之氣，人樂而大喜則偏毗於陽，苦而大怒則偏毗於陰。陰陽並於一，而偏毗則與沖和之氣相違，四時不至，寒暑不成，非但遷淫德性，其反傷人之形體。人情動皆偏毗，故中道廢壞而不復成章，於是德性之傑出者，喬然而詰辯，卓然而鷙擊。惡有盜跖，善有曾、史，有盜跖、曾、史，則有趨善趨惡者以爲徒侶，舉天下不足以賞罰，匈匈焉性命而不安矣。

而且説悦。明邪？是淫於色也；説聰邪？是淫於聲也；説仁邪？是亂於德也；説義邪？是悖於理也；説禮邪？是相於技也；説樂邪？是相於淫也；説聖邪？是相於藝也；説知邪？是相於疵也。天下將安其性命之情，之八者，存可也，亡可也；天下將不安其性命之情，之八者，乃始臠欒。卷上聲。愴囊而亂天下也。而天下乃始尊之惜之，甚矣，天下之惑也。豈直過也而去之邪？乃齊戒以言之，跪坐以進之，鼓歌以儛之，吾若是何哉？故君子不得已而臨涖天下，莫若無爲。無爲也，而後安其性命之情。故貴以身於爲天下，則可以託天下；愛以身於爲天下，則可以寄天下。故君子苟能無解其五藏，無擢其聰明；尸居而龍見，淵默而雷聲，神動而天隨，從容無爲而萬物炊去聲。累焉。吾又何暇治天下哉？

斯時也，宜鑒並昆之失，求返愉恬之不暇。而且説聰明仁義，是相勸於淫亂；説禮而講制度，是相助於技；説樂而講聲音，是相助爲淫；説聖者務其多通，相於藝也；説知者知詐漸多，相於疵也。「天下將安其性命之情，之〔一〕八者」，可存可亡，猶不必留心講解；「天下將不安其性命之情，之八者」，乃始臠卷而踊促愴囊，而手足不得舒申。「亂天下也」，乃天下以此爲重務，尊之惜之，豈直不以爲過而不能去

〔一〕「之」字原闕，據前引《莊子》原文補。

其受授之間？乃齋戒以言，跪坐以進，得之者不覺鼓歌以儛，豈其欲益天下亂也？故「臨涖天下，莫若無爲」。無爲而後不遷、不淫，安其性命之情，故貴、愛在身，不以爲天下，天下默受其無爲之益，而後可以寄託天下。故君子苟無解散五臟，抽擢聰明，「尸居」而文彩彰，未常不「龍見」；「淵默」而德音遠，未常不「雷聲」。精神甫動，不見其爲，而先天弗違，天常隨其所欲向，萬物炊累，性命之情遂矣。「炊累」者，沖和之氣熏蒸萬物，若炊氣之上騰，而萬物積累於前也。

崔瞿問於老聃曰：「不治天下，安臧人心？」老聃曰：「女慎無攖人心。人心排下而進上，上下囚殺，淖綽。約柔乎剛強。廉劌雕琢，其熱焦火，其寒凝冰。其疾俛仰之間而再撫四海之外，其居也淵而靜，其動也縣而天。僨驕而不可係者，其唯人心乎？昔者黄帝始以仁義攖人之心，堯、舜於是乎股無胈，拔。脛無毛，以養天下之形，愁其五藏以爲仁義，矜其血氣以規法度。然猶有不勝也，堯於是放驩兜於崇山，投三苗于三峗，流共工於幽都，此不勝天下也。夫施異。及三王，而天下大駭矣。下有桀、跖，上有曾、史，而儒墨畢起。於是乎喜怒相疑，愚知相欺，善否相非，誕信相譏，而天下衰矣；大德不同，而性命爛漫矣；天下好知，而百姓求竭矣。於是乎釿斤。鋸制焉，繩墨殺焉，椎鑿決焉。天下脊脊大亂，罪在攖人心。故賢者伏處大山嵁巖之下，而萬乘之君憂慄乎廟堂之上。今世殊死者相枕去聲。也，桁杭。楊者相推吐雷反。也，刑戮者相望也，而儒墨乃始離跂攘臂乎桎梏之間。意，噫。甚矣哉，其無愧而不知恥也甚矣。吾未知聖知之不爲桁楊椄接。槢習。也，仁義之不爲桎梏鑿曹。枘芮。也，焉知曾、史之不爲桀、跖嚆蒿。矢也？故曰：絶聖棄知，而天下大治。」

夫人心不可攖也，欲排之使下，則進而愈上。一上一下，如囚見殺，閃爍躲藏，不相聽順。見綽約而剛強，遂靡飾廉劌，而本真雕琢，熱則焦火，寒乃凝冰。此心來去之疾，一俛仰間已再撫四海之外。其居也，淵而靜，無所攖也，一動之，則高張而天縣。僨驕不可係者，人心也。昔黄帝未遇廣成，不聞至道，始以仁義攖人之心，克舜爲仁義，而無如天下何。夫施及三王，而攖之不已，天下大駭。下等人有桀、跖，上等人有曾、史。儒墨畢起，門户各立，而天下衰。於是以釿鋸、繩墨、椎鑿加其民，天下脊脊相淩藉而大亂，豈不以攖人心之故？賢者不得不隱，人主不得不憂。至今世而禍愈烈也，殊死而身首異處者相枕，桁楊而長械在頸者相推，被刑而戮辱其身者相望。此皆由用儒墨之道攖其心以至此，而儒墨乃始離跂攘臂乎桎梏之間。噫，陷人刑戮猶驕語，聖知何無愧而不知恥也？甚矣，仁義聖知欲以治民，適足以刑戮斯民。「椄槢」者，横木，爲桁楊之楔，使罪人不得出；「鑿枘」者，方圓，爲桎梏之竇，而使罪人入。「嚆矢」，響箭，盜用爲先聲，曾、史又爲大盜者之先聲矣。「胈」，足腹也。

黄帝立爲天子十九年，令行天下，聞廣成子在於空同之上，故往見之，曰：「我聞吾子達於至道，敢問至道之精。吾欲取天地之精，以佐五穀，以養民人；吾又欲官陰陽，以遂羣生。爲之奈何？」廣成子曰：「而所欲問者，物之質也；而所欲官者，物之殘也。自而治天下，雲氣不待族而雨，草木不待黄而落，日月之光益以荒矣。而佞人之心翦翦者，又奚足以語至道？」黄帝退，捐天下，築特室，席白茅，間閒。居三月，復往邀之。廣成子南首而臥，黄帝順下風膝行而進，再拜稽首而問曰：「聞吾子達於至道，敢問治身奈何而可以長久？」廣成子蹷厥。然而起，曰：「善哉，問乎。來，吾語女至道。至道之精，窈窈冥冥；至道之極，昏昏默默。無視無聽，抱神以靜，形將自正。必靜必清，無勞女形，無搖女精，乃可以長生。目無所見，耳無所聞，心無所知，女神將守形，形乃長生。慎女内，閉女外，多知爲敗。我爲女遂於大明之上矣，至彼至陽之原也；爲女入於窈冥之門矣，至彼至陰之原也。天地有官，陰陽有藏，慎守女身，物將自壯。我守其一以處其和，故我修身千二百歲矣，吾形未嘗衰。」黄帝再拜稽首曰：「廣成子之謂天矣。」廣成子曰：「來，余語女。彼其物無窮，而人皆以爲終；彼其物無測，而人皆以爲極。得吾道者，上爲皇而下爲王；失吾道者，上見光而下爲土。今夫百昌皆生於土而反於土，故余將去女，入無窮之門，以游無極之野。吾與日月參光，吾與天地爲常。當我，緡泯。乎？遠我，昬乎？人其盡死，而我獨存乎？」

空同授道，開萬世玄學之宗，先《五千文》而指要，括《參同契》以示功。但不知《莊子》未作時，此言安寄耳？昔黄帝問至道，欲取精天地以佐五穀，養人民，官陰陽以遂羣生，此治天下者之事。至道，物所本有。故廣成子以爲物之質，治天下而養民遂生，將不安其性命之情，故以爲物之殘。由此治天下，徒以薄氣化荒三光，此佞人翦翦淺薄者所爲，又奚足以語至道？及黄帝捐世務，齋心下志問長生之事，而廣成子始蹶然起稱善也。至道之體，盡於窈冥昏默。而求至道於窈冥昏默者，在無視無聽、抱神以靜之二言。人得精氣神以生，而神爲氣之母，精爲氣之子，形則爲精氣神之宅。人所以不能久住世間者，由耳目通外，誘而勞形損精，神氣不守其宅，形軀遂速敗。能無視聽，外欲不交，抱神以靜，氣隨神住，則形不期正而自正矣。蓋調神氣以清淨爲本，必靜必清則形不勞、精不搖，長生之基也。所謂清靜者，止是無視而目無所見，無聽而耳無所聞，抱神而心無所知，則神不離舍，常守形而形乃長生矣。猶恐不儆策也，再訂寧之曰：女内不可不慎，恐神氣之不相抱也；外不可不閉，恐耳目之誘惑於欲也。多知不可不戒，恐勞精神、役耳目，不能清靜而以爲敗也。然又有要訣焉。人首爲陽明之宫，臍下爲坤土之鄉，任督二脉實通往來之路。我爲女遂升崑崙大明之上矣，至彼至陽之原，水之升也；爲女入坤土窈冥之門矣，至彼至陰之原，火之降也。大明者乾天，有性根爲之官。性根何？即神也，陽也，火也。窈冥者坤地，有命蔕爲之官。命蔕何？即氣也，陰也，水也。性根爲乾天之官，而其藏則又歸於坤鄉；命蔕爲坤地之官，而其藏則又升於乾位。女能慎守其身，不妄搖動，則水火交而互藏其宅，物將自壯矣。物者何？真陽之祖氣，水中之金也。身中五行，水數居一，以意爲土，用意採水中之金，和合五行而共成一家。故曰「我守其一以處其和」，修真之事畢矣。修身千二百歲，形未嘗衰，此莊子所謂「其來不蜕」者。廣成子既授道黄帝，復爲世之不知道者發慨曰：「彼其物常超生死而無窮，人見生必有死，自以爲終。彼其物能妙形神而不測，人見生年有限，自以爲有極。得吾道者，上爲皇而下不失爲王，凝神氣之餘也。失吾道者，上見光而下爲土，去住室之兆也。今夫百昌皆生於土反於土，此唯不得道，致無窮者有終，無測者有極。故余將去女入無窮之門，以遊無極之野，豈與百昌同返乎哉？吾與日月參光，與天地爲常。當我者被此道，而緡緡常生乎？遠我者失此道，而昏昏速死乎？世人當我者少，不聞道者衆，其盡死而我獨存乎？亦何不亟亟求道，以冀不死邪？」廣成子語修道之事而爲皇爲王，天下已不治而治。

雲將東遊，過扶搖之枝，而適遭鴻蒙。方將拊脾雀躍而遊。雲將見之，倘然止，贄然立，曰：「叟何人邪？叟何爲此？」鴻蒙拊脾雀躍不輟，對雲將曰：「遊。」雲將曰：「朕願有問也。」鴻蒙仰而視雲將曰：「吁。」雲將曰：「天氣不和，地氣鬱結，六氣不調，四時不節。今我願合六氣之精以育羣生，爲之奈何？」鴻蒙拊脾雀躍，掉頭曰：「吾弗知，吾弗知。」雲將不得問。又三年，東遊，過有宋之野，而適遭鴻蒙。雲將大喜，行趨而進曰：「天忘朕邪？天忘朕邪？」再拜稽首，願聞於鴻蒙。鴻蒙曰：「浮遊，不知所求；猖狂，不知所往；遊者鞅掌，以觀無妄。朕又何知？」雲將曰：「朕也自以爲猖狂，而民隨予所往；朕也不得已於民，今則民之放也。願聞一言。」鴻蒙曰：「亂天之經，逆物之情，玄天弗成；解獸之群，而鳥皆夜鳴；災及草木，禍及止昆。蟲。意，治人之過也。」雲將曰：「然則吾奈何？」鴻蒙曰：「意，毒哉，僊僊乎歸矣。」雲將曰：「吾遇天難，願聞一言。」鴻蒙曰：「意，心養。汝徒處無爲，而物自化。墮隳。爾形體，吐爾聰明，倫與物忘；大同乎涬幸。溟，泯。解心釋神，莫然無魂。萬物云云，各復其根，各復其根而不知；渾上聲。渾沌徒本反。沌，終身不離；若彼知之，乃是離之。無問其名，無闚其情，物固自生。」雲將曰：「天降朕以德，示朕以默；躬身求之，乃今也得。」再拜稽首，起辭而行。

意，俱音噫。

雲將問鴻蒙「何爲」，而鴻蒙〔二〕對曰「遊」；願有聞，而仰視曰「吁」。此雲將後所謂「示朕以默」者也。遊者，無心而爲逍遥之遊也；仰吁者，真氣與天真通也。宗旨盡此，可以無問。雲將不得解而再問，其所願合六氣之精以育羣生，即黄帝之緒言，故鴻蒙以弗知拒。及三年，又問，鴻蒙曰：「浮遊，不知所求；猖狂，不知所往。」仍是無心逍遥之遊也。遊者身若鞅掌，而以觀無妄，仍是真氣通於天真之謂也。雲將亦自以猖狂而爲民所隨，則雖欲爲鴻蒙之浮遊而不得。今則民已放之而常閒，故願聞一言而欲隨鴻蒙之後。鴻蒙以爲先有治人之願者，不可以與於無爲之大道，其亂天之經、逆物之情，玄天弗成。

宋呂吉甫曰：「歲有玄天，冬至是也。月有玄天，晦日是也。日有玄天，夜半是也。而人亦有玄天，古

〔二〕「鴻蒙」，原作「雲將」，據前引《莊子》原文改。

之求正氣之所在，而以存其精神、美其根本者，未有不知此，非所以彰彰言之也。」

尹真人《圭旨》以爲一歲在九、十兩月，每月在二十六日至三十日，每日在戌、亥二時。蓋玄者，北方之色，天道置北方於不用，而實萬用根源，於此時更宜培養，故曰「玄天」。似當以《圭旨》爲准。如呂吉甫所言，當在《外物》篇春雨日時，草木怒生之候也。

鳥獸、昆蟲、草木皆不得所，此亦廣成子薄元氣、荒三光之謂。「毒哉」，甚厭苦之辭。「僊僊乎歸」，且逍遙自得以去，置此等事於不聞。至其必求一言，乃告之以心養。心養，豈有工夫以養之？汝但處心無爲，而物亦自化。如何是無爲？墮爾形體，吐爾聰明，人倫物理相忘，而大同於一氣涬溟之中，至解心釋神，莫然無魂，則忘之之極也，無爲之至也。由此萬物芸芸，各復其根。各復其根，安於性命之情。而彼常不知，渾渾沌沌，終身與我同在涬溟之中，而未嘗相離，所謂「處無爲而物自化」者然矣。若彼知之，是開其情識，便有二念，乃是離之。不特彼不容知，即在我亦不容自知。問其名曰「此是無爲否」，窺其情曰「已得無爲否」，則便已不是無爲。無問、無窺，物固自生矣。「雲將」，雲也；「過扶搖之枝」，風也；「鴻蒙」，氣也。造物風雲之化，皆禀一氣所爲，而實無所爲。

世俗之人，皆喜人之同乎己，而惡人之異於己也。同於己而欲之，異於己而不欲者，

以出乎衆爲心也。夫以出乎衆爲心者，曷常出乎衆哉？因衆以寧所聞，不如衆技衆矣。而欲爲人之國者，此攬乎三王之利，而不見其患者也。此以人之國僥倖也。幾何僥倖而不喪人之國乎？其存人之國也，無萬分之一；而喪人之國也，一不成而萬有餘喪矣。悲夫，有土者之不知也。夫有土者，有大物也。有大物者，不可以物；物而不物，故能物物。明乎物物者之非物也，豈獨治天下百姓而已哉？出入六合，遊乎九州，獨往獨來，是謂獨有。獨有之人，是之謂至貴。大人之教，若形之於影，聲之於響。響。有問而應之，盡其所懷，爲天下配。處乎無嚮，行乎無方。挈〔一〕汝適復之撓擾。撓，以遊無端；出入無旁，與日無始；頌論形軀，合乎大同，大同而無己。無己，惡乎得有有？覩有者，昔之君子；覩無者，天地之友。

人皆喜同惡異，自好自是，而以出衆爲心。此何能出衆？欲因衆情之推順，而信我所聞之不謬，藉以自安。人自推順，我之外衆技更多，我安能一一勝之？而欲用此爲人國，是攬三王治天下之利，不見其駭天下之患者也。悲夫，有土者之不知，而欲用此爲治也。有土者，有土地人民之大物，是亦物也。有大物者，方在物中，何

〔一〕「挈」，原作「絜」，據明世德堂《六子全書》本《南華真經》改。

以物物而思欲治之？唯不物而無爲，無爲則物各自得，能物物矣。解心釋神，逍遥乎物外，出入六合，遊乎九州，獨往獨來，此有耳有目者之所不得窺也，有心有知者之所不得操也，是謂獨有。獨有之人，與天爲徒，是之謂至貴大人。有其至貴者，未嘗持此以教天下，而教之出於其身，若影之隨形與嚮之隨聲，雖欲不出之爲教而不可得。有問而應，盡其所懷，問者爲主，教者爲配也。故雖有教，常若無教。處乎無嚮，行乎無方，提挈天下人以適於道，各復根於撓撓並作之時，以遊無端，使天下之人亦俱出入六合而無方所，又何有於旁乎？與日俱新而無斷續，又何有於始乎？人之有言爲頌論與大人之爲頌論，人之有己爲形軀與大人之爲形軀，合而在大同涬溟之中，大同更何得有己乎？無己更何得有有乎？覩有者，則有彼我、有仁義聖知以爲治，此昔時三代君子所爲也。覩無者，無己無人、不知有物，而亦不思吾之有以物物，非三王以下所得而儔，是爲天地之友。

賤而不可不任者，物也；卑而不可不因者，民也；匿而不可不爲者，事也；麤而不可不陳者，法也；遠而不可不居者，義也；親而不可不廣者，仁也；節而不可不積者，禮也；中而不可不高者，德也；一而不可不易者，道也；神而不可不爲者，天也。故聖人

觀於天而不助，成於德而不累，出於道而不謀，會於仁而不恃，薄宿泊也。於義而不積，應於禮而不諱，接於事而不辭，齊於法而不亂，恃於民而不輕，因於物而不去。物者莫足爲也，而不可不爲。不明於天者，不純於德；不通於道者，無自而可。不明於道者，悲夫。何謂道？有天道，有人道。無爲而尊者，天道也；有爲而累者，人道也。主者，天道也；臣者，人道也。天道之與人道也，相去遠矣，不可不察也。

在宥無爲，特不欲其有爲之心。而天下實有不可不爲者，不得一概置之不爲也。道貴而物賤，然萬物有備於我者，何可不任？道尊而民卑，乃民性有出於當然者，何可不因？事情伏匿而苟遺其一，即有缺務矣。刑法至麤而不加陳飭，將潰隄防矣。義之經世遠，身當居於義內。仁之根親，切而行，必廣其仁恩。禮主節，節若在於減省，乃不可以不積德貴中。中則近於庸常，乃不可以不高道原一。一則宜有定體，乃不可不知變易。天道至神，神則無爲而爲，無爲是亦爲也。天道胡可不爲乎？故在宥之聖人，觀於天道之神，而以無爲爲之，不以人之有爲者助其天也。成德於高，不受卑近之累；出道於易，不膠豫定之謀。用廣愛以體會此仁，不以仁爲可恃；因經遠而宿薄即「泊」字。於義，不以義爲可積。事有節文，應之以禮，不曰「此忠信之薄」，而以禮爲諱也。世務當前，起爲應接，不曰「此伏匿之端」，而以事爲辭也。法所當陳，則齊其法，而使所陳者不亂。民有當因，則恃民爲因，不以卑而輕民因民。故亦因物爲任，不以賤而去物。夫物唯賤，故莫足爲也。自民事而法仁義禮，皆物也。物唯不可不任，故又不可不爲也。自爲民事，而爲法仁義禮之物，皆天也，皆道也。不明於天者，必於物有所缺，爲不純於德，不通於道者。或但知有爲，而不知無爲；或但知無爲，而不知不爲之不可。將無自而可，不明於道者，其於有爲、無爲俱不得也，悲夫。何謂道？有天道，有人道。無爲而尊以統物者，天道也；有爲而有任物之累者，人道也。主者，天道無爲而常逸；臣者，人道有爲而常勞。天道之與人道，其勞逸有無之體相去遠矣。倒行則亂，不可不察也。然無爲者知有因任，亦未嘗一於無爲；有爲者出於因任，亦未嘗擾擾有爲。天道、人道相合爲一，而臣主同歸在宥，斯天下治矣。

南華真經本義卷七

外篇　天地第十二

老子以玄爲衆妙之門，得於玄則有無一致，萬用咸宜。然有心不可以得玄也，以罔象無心而得之。至「泰初有無」一段，乃原本玄之所自來。玄德而同於大順，有無忘而衆妙臻。唐堯辭華封〔一〕之祝，有心於避有，非玄也，善玄應者，處三多而各順其宜；丈人甘抱甕之勞，有意於忘機，非玄也，真渾沌者，順機宜而抱神遊世。如世之失性於物，困以爲得，則見有不見無，去玄遠矣。

天地雖大，其化均也；萬物雖多，其治一也；人卒雖衆，其主君也。君原於德而成於天。故曰：玄古之君天下，無爲也，天德而已矣。以道觀言，而天下之君正；以道觀

〔一〕「華封」原作「封華」，據後引《莊子》原文乙正。

分，而君臣之義明；以道觀能，而天下之官治；以道泛觀，而萬物之應備。故通於天地者，德也；行於萬物者，道也；上治人者，事也；能有所藝者，技其綺反。也。技兼於事，事兼於義，義兼於德，德兼於道，道兼於天。故曰：古之畜天下者，無欲而天下足，無爲而萬物化，淵靜而百姓定。記曰：「通於一而萬事畢，無心得而鬼神服。」

天地雖大，其化無心，唯均而已矣。萬物雖多，治原於德，唯一而已矣。人卒雖衆，聽於一人，唯君而已矣。是君者，原於德，而以一治多；成於天，而以均運化。初不涉作爲形跡之粗，故曰「玄體」。玄在上，則道無不通。以道觀言，而言合於道，則天下之君正。以道觀分，而分合於道，則君臣之義明。以道觀能，而能合於道，則天下之官治。以道泛觀，而萬物皆道，則萬物之應備。君不得道，何以合天？故德通於天，道行於萬物。方其居上而以此治人，則謂之事。於事中藝有所專，則謂之技。蓋粗者常統於精，而本者常包夫末，故技藝德總兼於道，道兼於天。人君得道而合天，則無不兼舉。古之畜天下者，無欲無爲，淵靜無心，玄之又玄，衆妙之門也。

夫子曰：「夫道，覆載萬物者也，洋洋乎大哉。君子不可以不刳心焉。無爲爲之之

謂天，無爲言之之謂德，愛人利物之謂仁，不同同之之謂大，行不崖異之謂寬，有萬不同之謂富。故執德之謂紀，德成之謂立，循於道之謂備，不以物挫志之謂完。君子明於此十者，則韜乎其事心之大也，沛乎其爲萬物逝也。若然者，藏金於山，藏珠於淵，不利貨財，不近貴富；不樂壽，不哀夭；不榮通，不醜窮；不拘一世之利以爲己私分，不以王去聲。**天下爲己處顯。顯則明，萬物一府，死生同狀。」**

夫子稱道大，而欲君子刳其心。刳心無爲，斯能盡道之量，無爲爲之，正所以刳心而合天也。下此九者，皆無爲合天，自然所有之分量。君子明此十者，則韜乎其事心之大。而刳心之後，一物不入其胸中，沛乎其爲萬物逝也。而無爲爲之，一心常妙於萬應。若然者，貨利榮華、窮通壽夭，一不屑意，雖王天下而不以己爲處顯。其所謂顯者何在？刳一心而明大道。萬物，吾一府也；生死，吾同狀也。此玄聖素王之道，不顯而顯者。夫子，孔子也。

夫子曰：「夫道，淵乎其居也，漻溜。**乎其清也。金石不得，無以鳴。故金石有聲，不考不鳴。萬物孰能定之？夫王德之人，素逝而恥通於事，立之本原而知**智。**通於神。故其德廣，其心之出，有物採之。故形非道不生，生非德不明。存形窮生，立德明道，非王**

德者邪？蕩蕩乎忽然出，勃然動，而萬物從之乎？此謂王德之人。視乎冥冥，聽乎無聲。冥冥之中，獨見曉焉；無聲之中，獨聞和焉。故深之又深而能物焉，神之又神而能精焉；故其與萬物接也，至無而供其求，時騁而要其宿，大小、長短、修遠。」

夫子又稱道淵乎居靜也，漻乎其清慧也。以道爲無，則金石不得無以鳴；以道爲有，則金石有聲，然不考不鳴。有無之間，萬物孰能定之？夫王德之人，率素履以往，而恥逐事爲緣，唯以淵居漻清者立之本原，而知通於神，其德有不廣乎？我無心，而有物採取乎？外則感而遂應，形生於道，明生於德，是存我之形以窮盡生生之用，即所以立德而明道也。然立德明道又不專於虛渺，王德之人，存形窮生，則萬物一府，蕩蕩乎忽然出，勃然動，萬物自然從之，如金石考而鳴者也。此謂王德之人，乃語其用心，則唯知立之本原，恥通於事，而不與物爲偶。視不逐物，視於冥冥，而冥冥非昏也，惺然獨見曉焉。聽不逐物，聽於無聲，而無聲非寂也，沖然獨聞和焉。獨見獨聞，是寂中之惺惺。故深之又深，無一物，而我能物物；神之又神能物物，而且不涉於物。爲能精焉，故其與萬物接，內不起一念，至無也。而物採之，則又無不有矣。動而萬物從時騁也，而所立在本原，則又要其宿矣。接物之時，大者、小者、長者、短者、修且遠者，無一不供，而要其歸宿，唯深唯神而已。實無大小、長短、修遠於其中，是皆有無一致所謂玄也。

黄帝遊乎赤水之北，登乎崑崙之丘而南望。還旋。歸，遺其玄珠。使知智。索之而不得，使離朱索之而不得，使喫口懈反。詬口豆反。索之而不得也。乃使象罔，象罔得之。黄帝曰：「異哉，象罔乃可以得之乎？」

語玄而又謂之玄珠，蓋以神御氣而成者也。是珠産於赤水華池，北轉三關，上升崑崙，而下重樓，以南就離宫，復還本穴。黄帝受教廣成而得之，故敘其事。赤水、崑崙、南望、還歸，皆敘玄珠所經歷。知慮、聰明、言説，皆非玄珠之所藉，而適足以失玄珠。象罔者，無心而神凝，神凝而氣住，所以得也。

堯之師曰許由，許由之師曰齧缺，齧缺之師曰王倪，王倪之師曰被衣。堯問於許由曰：「齧缺可以配天乎？吾藉王倪以要之。」許由曰：「殆哉，圾岌。乎天下。齧缺之爲人也，聰明睿智，給數朔。以敏，其性過人，而又乃以人受天。彼審乎禁過，而不知過之所由生。與之配天乎？彼且乘人而無天，方且本身而異形，方且尊知而火馳，方且爲緒使，方且爲物絯，公才反。方且四顧而物應，方且應衆宜，方且與物化而未始有恒。夫何足以配天乎？雖然，有族，有祖，可以爲衆父，而不可以爲衆父父。治，亂之率也，北面之禍也，南面之賊也。」

齧缺聰敏過人，是任聰明睿知以自用。以天受天，則象罔無爲可以合天；而以人受天，則天者傷矣。以之配天，方且乘於人而忘其天，本一身而分異見，不能淵乎其居也。尊知而火馳，不能立之本原也。方且爲緒使，不能深之又深而物物也。方且爲物所結絯，唯爲物結絯而營心於物，故四顧而物亦應，應亦合乎衆宜，方且與物化，而我不能要其宿也。故未始有恒，何足配天？雖然如此，聰明之人亦經有傳授，有族有祖，原有來歷，但可以役使群動爲衆父，不能神之又神，深之又深，能物能精而爲衆父之父。用其道者，治由此起，亂亦由此起，故曰「治，亂之率」。君臣皆事有爲而失其玄，北面之禍，南面之賊也。

堯觀乎華。華封人曰：「嘻，聖人。請祝聖人，使聖人壽。」堯曰：「辭。」「使聖人富。」堯曰：「辭。」「使聖人多男子。」堯曰：「辭。」封人曰：「壽、富、多男子，人之所欲也，女獨不欲，何邪？」堯曰：「多男子則多懼，富則多事，壽則多辱。是三者，非所以養德也，故辭。」封人曰：「始也我以汝爲聖人邪，今然君子也。天生萬民，必授之職，多男子而授之職，則何懼之有？富而使人分之，則何事之有？夫聖人，鶉居而鷇食，鳥行而無彰，天下有道則與物皆昌，天下無道則修德就閒，千歲厭世，去而上仙，乘彼白雲，至於帝鄉。三患莫至，身常無殃，則何辱之有？」封人去之。堯隨之，曰：「請問。」封人曰：「退已。」

富、壽、多男子，人之所欲，唯聖人故無欲。封人抑之曰「今然君子也」，爲不能處有如無，理乖玄應耳。授職分富，此無須問。至乘雲帝鄉，是鼎湖之事，須經口授。封人想如關尹之流，自是仙人，知堯所受，俱已如祝，但多一蛻，不在祝限，故曰「退已」。至今扶鸞降仙者，臨去猶用此語。三患，釋典所謂「三災」，水、火、風也。

堯治天下，伯成子高立爲諸侯。堯授舜，舜授禹，伯成子高辭爲諸侯而耕。禹往見之，則耕在野。禹趨就下風，立而問焉，曰：「昔堯治天下，吾子立爲諸侯。堯授舜，舜授予，而吾子辭爲諸侯而耕。敢問其故何也。」子高曰：「昔堯治天下，不賞而民勸，不罰而民畏。今子賞罰而民且不仁，德自此衰，刑自此立，後世之亂自此始矣。夫子闔行邪？無落吾事。」俋邑。俋乎耕而不顧。

如華封人語，則伯成子高之去位，猶爲多事。《莊子》録此者，明治事賞罰，雖紹行於堯舜之後，而以爲大累玄修，此伯成子高必辭位而耕也。

泰初有無，無有無名；一之所起，有一而未形。物得以生，謂之德；未形者有分，且然無間，謂之命；留動而生物，物成生理，謂之形；形體保神，各有儀則，謂之性。性修反德，德至同於初。同乃虛，虛乃大。合喙鳴；喙鳴合，與天地爲合。其合緡緡，咸巾反。**若愚若昏，是謂玄德，同乎大順。**

此莊子言玄，與《太極圖說》極相似。人物未生以前，謂之泰初，至玄也。泰初何有？所有者是無而已。唯無所有，固無可名，在周子則所謂「無極」者也。無有之中，一氣微茫，此一氣未着於物，有一而未形，在周子則「無極而太極」者是也。物得此真玄一氣以爲兆生之端，謂之德，周子所稱「真精妙合」時也。雖兆生端，未成形器；雖未成形，陰陽已分；雖分陰陽，純是真源，未有間雜，乃天之所命於人生者，謂之命。又在《易》書，所謂「繼之者善」時也。人物未生爲靜，向生爲動。留動而生物，於是耳目完而百體具。物成生理，謂之形。形體之中，載有神理，聰明思慮各有儀則。此則人之禀受泰初，謂之性，周子稱「形既生矣，神發知矣」，又《易》書所謂「成之者性」時也。性賦於形，未免間雜。性修反德，德至同於初，仍是泰初無有，有一未形之會，周子所爲「主静立人極」者也。同乃虚，虚乃大，凡天地間之有喙者、能鳴者，諸子百家肖翹飛走，合爲一體。喙鳴猶合，而天地豈有不合？其合不假勉強思維，緡緡然若愚而若昏，一氣默存，萬靈俱攝，是謂玄德。有玄德者，可以南面，可以北面，可以無所不爲而實無所爲，同於大順。

夫子問於老聃曰：「有人治道若相放，倣。**可不可，然不然。辯者有言曰：『離堅白若縣寓。』若是則可謂聖人乎？」老聃曰：「是胥易技係，勞形怵心者也。執留之狗成思，猨狙之便自山林來。丘，予告若，而所不能聞與而所不能言，凡有首有趾、無心無耳者衆，有形者與無形無狀而皆存者盡無。其動止也，其死生也，其廢起也，此又非其所以也。有治在人，忘乎物，忘乎天，其名爲忘己。忘己之人，是之謂入於天。」**

問有人於此，其治人之道，不任己意，但依舊典，若相放而行，至一遇可否、然不然之間，此最易淆亂者，又未嘗不立爲剖斷辯者。嘗有言曰：斯人之離析堅白難破之説，若縣寓然，而其象昭昭。有以示人縣寓者，天也。若是者，雖無心自用，而聰明超絶，則可謂聖人乎？老子謂此爲過於自用矣，是胥徒以力易食，百工以技見係，勞形怵心者也。執狗成思，檻猿離木，皆以能苦其生，此人於聲聞言語上用心。今告爾以所不能聞與爾所不能言者，人知形骸耳目之不可有，任聰明而喜自用之意不可有而不知，並其黜聰明、戒自用，惺然而獨存其玄虛之一念亦不可有。凡有首有趾而爲形者，無心無耳而爲黜聰明、戒自用者，衆有形而獨存其無形無狀一念之玄虛者，盡無之，則形骸與理念俱盡矣。謂其動止、死生、廢起一無所用，則又非其所以。彼其與人爲人，而動止、死生、廢起固未嘗與人異，但一遇可不可、然不然之間，則人自呈形，豈煩分析而有治在人乎？忘形者爲忘乎物，忘其無形無狀而皆存者爲忘乎天。天與物皆屬於己，其名爲忘己。忘己之人，安所相放，安所不相放？言思俱斷，爲入於天，庶幾其聖人乎？執留，謂狗以捕獸之能而見執拘留也。

蔣閭葂免。見季徹曰：「魯君謂葂也曰：『請受教。』辭不獲命，既已告矣，未知中去聲。否，請嘗薦之。吾謂魯君曰：『必服恭儉，拔出公忠之屬而無阿私，民孰敢不輯？』」季徹局局然笑曰：「若夫子之言，於帝王之德，猶螳螂之怒臂以當車轍，則必不勝任矣。且若是，則其自爲處危，其觀去聲。臺多物，將往投迹者衆。」蔣閭葂覤覤然驚曰：「葂也汒若於夫子之所言矣。雖然，願先生之言其風也。」季徹曰：「大聖之治天下也，搖蕩民心，使之成教易俗，舉滅其賊心而皆進其獨志，若性之自爲，而民不知其所由然。若然者，豈兄堯舜之教民，溟涬然弟之哉？欲同乎德而心居矣。」

蔣閭葂語治，欲服恭儉，拔公忠，而去其阿私。後世語治道者，不過如此。然未免標有爲之迹，使人效慕，如自處高臺，使望見者爭爲趨赴，是可以鼓動一時，久之即去，不能使人心安止於中。大聖人之治天下，不在有爲，玄風默播，搖蕩民心，而俗易教成，舉滅其恴害之賊心而進其内完之獨志，若出於性之所自爲，而民不知其所由然。此其至治，在唐虞政教之先，同太古涬溟之世，豈兄堯舜之教民而尊上之，反以涬溟無爲不及二代也而弟視之哉？葂之論治，服恭儉、拔公忠，欲其爲德也；禁阿私，恐民徇欲也，民心未必安子之政教。如大聖人之治，不禁民以阿私，不責民以恭儉公忠，視阿私如視恭儉公忠，欲同乎德，民心已安居不變矣。涬溟，溟漠無爲之稱。

子貢南遊於楚，反於晉，過漢陰，見一丈人方將爲圃畦，鑿隧而入井，抱甕而出灌，搰若骨反。搰然用力甚多而見功寡。子貢曰：「有械於此，一日浸百畦，用力甚寡而見功多，夫子不欲乎？」爲圃者卬而視之曰：「奈何？」曰：「鑿木爲機，後重前輕，挈水若抽，數如泆溢。湯，其名爲槔。皋。」爲圃者忿然作色而笑曰：「吾聞之吾師，有機械者必有機事，有機事者必有機心。機心存乎胸中，則純白不備；純白不備，則神生不定；神生不定者，道之所不載也。吾非不知，羞而不爲也。」子貢瞞然慙，俯而不對。有間，爲圃者曰：「子奚爲者邪？」曰：「孔丘之徒也。」爲圃者曰：「子非夫博學以擬聖，於于以蓋衆，獨弦哀歌以賣名聲於天下者乎？汝方將忘汝神氣，墮汝形骸，而庶幾乎？而身之不能治，而何暇治天下乎？子往矣，無乏吾事。」子貢卑陬失色，頊頊一作「旭旭」。然不自得，行三十里而後愈。其弟子曰：「向之人爲何者邪？夫子何故見之變容失色，終日不自反邪？」曰：「始吾以爲天下一人耳，不知復有夫人也。吾聞之夫子，事求可，功求成。用力少而見功多者，聖人之道。今徒不然。執道者德全，德全者形全，形全者神全。神全者，聖人之道也。託生與民並行而不知其所之，汒乎淳備哉。功利機巧必忘夫人之心。若夫人者，非其志不之，非其心不爲。雖以天下譽之，得其所謂，謷然不顧；以天下非之，失其所謂，儻然不受。天下之非譽，無益損焉，是謂全德之人哉？我之謂風波之民。」反於魯，以告孔子。孔子曰：「彼假修渾沌氏之術者也。識其一，不知其二；治其內，而不治其外。夫明白入素，無爲復朴，體性抱神，以遊世俗之間者，汝將固驚邪？且渾沌氏之術，予與汝何足以識之哉？」泆湯，湯沸溢也。於于，俗言於濟他人。古樂府曰：「何以致相於于？」與於義同。蓋衆，覆被也。

漢陰丈人寧爲入隧出灌之勞，不爲桔槔泆湯之易，惡其爲機事而有傷純白；且爲子貢從夫子之所爲，將忘散汝神氣，墮壞汝形骸，已幾於身之不保，何暇治天下？是丈人之完純白而保神氣者，意誠專矣。如乖玄應之道，何使世無桔槔？我獨造爲，亦爲便民，非專利己，何厭於機？況已成之迹？我但循行，於事有濟，神氣得適。乃於本無機之事，而妄疑之爲機；於可以自適之神，而過勞之使不得適。其較於世之見利而動者誠賢，視古之隨感順應者覺遠。子貢未免見而心折，徒以功利毁譽有所不動於中，足稱全德之人；不知體神抱性，不與世俗爲異，乃爲玄修之至也。故夫子告之曰：彼其假渾沌之術以自修，而猶未得其真者也。渾沌之術，有所不爲而又有無所不爲，既凝神以治内，亦順事以治外。今丈人知其一不知其二，治其内不治其外，於渾沌之道已忘其半。灌畦自守可謂入素矣，未明白也；畏聞機事可謂復朴矣，未能無爲也。夫修渾沌者，明白入素，無爲復朴，體性抱神，以遊世俗之間。汝見之，且將與世俗人一視而不見其異，固將驚邪？今致汝驚，彼其於渾沌猶未也。且修渾沌者，身不自覺爲渾沌，而吾與汝又何足以識之？識之且不得，而何至於驚？此則真渾沌者也。夫不同同之之謂大，行不崖異之謂寬，則韜乎其事心之大也，沛乎其爲萬物遊也，丈人概未有聞矣。

諄芒將東之大壑，適遇苑風於東海之濱。苑風曰：「子將奚之？」曰：「將之大壑。」曰：「奚爲焉？」曰：「夫大壑之爲物也，注焉而不滿，酌焉而不竭，吾將遊焉。」苑風曰：「夫子無意於橫目之民乎？願聞聖治。」諄芒曰：「聖治乎？官施而不失其宜，拔舉而不失其能，畢見其情事而行其所爲，行言自爲而天下化，手撓顧指，四方之民莫不俱至，此之謂聖治。」「願聞德人。」曰：「德人者，居無思，行無慮，不藏是非美惡。四海之內共利之之謂悅，共給之之爲安。怊超。乎若嬰兒之失其母也，不知瞻戀。儻乎若行而失其道也。不思向往。財用有餘而不知其所自來，飲食取足而不知其所從，此謂德人之容。」「願聞神人。」曰：「上神乘光，與形滅亡，此謂照曠。致命盡情，天地樂而萬事銷亡，萬物復情，此之謂混溟。」

諄芒將之大壑，此常虛而爲天下谿谷之意。爲谿谷則至無而供其求，實未常遺橫目之民。聖治特其應世之迹也，德容其立身之常也，稱爲神人則是其還玄復命之極致也。聖治不能不事於有爲，官施拔舉，見情而行，自爲而人化，顧指而民至，有如前豁缺之所爲者。德人忘思慮，遺毀譽，與四海一體，而無瞻戀向往之心；隨有無爲用，而無經營措辦之意，此已超有爲之迹矣。神人無心，虛室生白，上神乘光，與形滅亡，所謂形神俱妙、出有入無者，神光洞徹乎三極，此謂照曠。命由此致，情由此盡，天地樂得其所，以爲天地萬物之懸解，而事事且銷亡矣。萬物芸芸，各復歸根。於是時，孰爲神人，孰爲天地，孰爲萬物？此之謂混冥。是非注不滿、酌不竭之大壑，亦孰爲之基哉？

門無鬼與赤張滿稽觀於武王之師。赤張滿稽曰：「不及有虞氏乎？故離罹。**此患也。」門無鬼曰：「天下均治而有虞氏治之邪？其亂而後治之與？」赤張滿稽曰：「天下均治之爲願，而何計以有虞氏爲？有虞氏之藥瘍**羊。**也，禿而施髢，**剃。**病而求醫。孝子操藥以修慈父，其色燋然，聖人羞之。至德之世，不尚賢，不使能，上如標枝，民如野鹿，端正而不知以爲義，相愛而不知以爲仁，實而不知以爲忠，當而不知以爲信，蠢動而相使不以爲賜。是故行而無迹，事而無傳。」**

武王遇亂而拯之以干戈，遠不及有虞之揖讓。然有虞致治之時，遭風氣既開，而紀綱法度不得不備。此病而求醫，孝子操藥以修慈父，豈聖人所樂爲？乃聖人之所羞也。上古至德之世，何修何爲，何賢何能，上如標枝，在上而無心；民如野鹿，隨群而自得，安知有所爲仁義忠信，施賜往來，而屑屑然相從於有爲也？自唐虞以後，天下亂而後治，故聖人各有治之之迹，至今或傳其揖讓，或傳其干戈。至德之世，行而無迹，故事而無傳，若存若亡而已。

孝子不諛其親，忠臣不諂其君，臣子之盛也。親之所言而然，所行而善，則世俗謂之不肖子；君之所言而然，所行而善，則世俗謂之不肖臣。而未知此其必然邪？世俗之所謂然而然之，所謂善而善之，則不謂之道諛之人也。然則俗故嚴於親而尊於君邪？謂己道人，則勃然作色；謂己諛人，則怫然作色。而終身道人也，終身諛人也，合譬飾辭聚衆也，是終始本末不相坐。垂衣裳，設采色，動容貌，以媚一世，而不自謂道諛；與夫人之爲徒，通是非，而不自謂衆人，愚之至也。知其愚者，非大愚也；知其惑者，非大惑也。大惑者，終身不解；大愚者，終身不靈。三人行而一人惑，所適者猶可致也，惑者少也；二人惑則勞而不至，惑者勝也。而今也以天下惑，予雖有祈嚮，不可得也，不亦悲乎？大聲不入於里耳，《折楊》、《皇荂》，則嗑呷。然而笑。是故高言不止於衆人之心，至言不出，俗言勝也。以二缶鍾惑，而所適不得矣。而今也以天下惑，予雖有祈嚮，其庸可得邪？知其不可得也而強之，又一惑也，故莫若釋之而不推。不推，誰其比憂？

夫有虞雖至治，不若上古之無迹無傳。虞舜自有玄德，不得已而有爲以治天下。此聖人所羞，乃後世更稱其垂衣裳而天下文明，以爲極盛，此不察是非而乃隨世俗相然許，不亦愚且惑乎哉？夫忠孝者，不諂諛君親，至世俗所謂，即不覈其果然與否，而隨聲附和。今人名爲道諛，則拂然不受，乃終身爲道諛人之事，合譬飾詞以聚衆，而相隨爲道諛。此一人之身，所惡如彼，所習行如此。是始終本末，不必以先所惡律其後所行，而相隨坐以身彷效唐虞之衣裳、文物、舉動、容貌以媚一世，而不自謂道諛。隨衆人之是非爲是非，而不自謂衆人，愚之至也。知愚則不愚，知惑則不惑，不解不靈，將終身愚惑。同行惑而欲以一人之真見，解二人之惑見，則勞而不至。今奈何以天下惑襲有爲陳迹？離跂偏詞皆信爲當然。予雖有祈嚮，而示以所當往，其能入乎？夫大聲不入於里耳，聽《折楊》、《皇荂》委巷之俚辭，則嗑然歡笑。是故高言不止於衆人之心，衆人方共傳其俗言，而至言何自能出乎？至言者，如今日之所謂玄也。方欲妙有無於一致，而鶩功利者執爲有，假渾沌者執爲無。二家說出，是以二缶鍾惑也。二缶鍾惑，而所適不可得矣。今人惑二家之説，而執有者偏多。此又不但一人兩人惑，而以天下惑，予雖有祈嚮而冀解其惑，其可得乎？知其不可得而必強解之，又一惑也，莫若釋之，而不復推求。不推則彼自惑，而我不知其誰取惑之憂，向我而近我，偷得自適也。比，近也。

厲〔二〕之人，夜半生其子，遽取火而視之，汲汲然唯恐其似己也。百年之木，破爲犧樽，青黄而文之，其斷在溝中。比犧樽於溝中之斷，則美惡有間矣，其於失性一也。跖與曾、史，行義有間矣，然其失性均也。且夫失性有五：一曰五色亂目，使目不明；二曰五聲亂耳，使耳不聰；三曰五臭熏鼻，困惾子公反。中顙；四曰五味濁口，使口厲爽；五曰趣舍滑心，使性飛揚。此五者，皆生之害也。而楊、墨乃始離跂自以爲得，非吾所謂得也。夫得者困，可以爲得乎？則鳩鴞之在於籠也，亦可以爲得矣。且夫趣舍聲色以柴其内，皮弁鷸冠搢笏紳修以約其外。内支盈於柴柵，策。外重纆繳，灼。晥玩。晥然在纆繳之中，而自以爲得，則是罪人交臂歷指，而虎豹在於檻囊，亦可以爲得矣。

雖然不能不推也，吾寧強解人惑而身爲惑，不忍使人之終於大惑。厲人夜半生子，遽取火以視，恐其似己。夫似己與否，不係夜半一視，而不能不視者，情之所關切也。今予爲天下情切，姑用人所易曉者，爲一言以解其惑。夫取百年之木，半爲犧樽，半棄溝中。人共以犧樽制美，而論失性，與溝中之斷未曾有間。盜跖、曾、史均忘太初之無有，而一爲殉利，一爲殉名。人爲曾、史行高，而論失性，與東陵之死

〔二〕「厲」，原作「爲」，據明世德堂《六子全書》本《南華真經》及後文「厲人夜半生子」句改。

寧有所殊？故夫聲色臭味，與夫趣舍於仁義之間，而滑亂其心，使性飛揚，皆失性之事，而生之害也。楊、墨者，乃始離跂於仁義，自以爲得，是困可以爲得也。夫趣舍聲色爲内心之梗礙，而柴柵支盈於内；皮弁鷸冠、搢笏紳修爲外身之約結，而纆繳重於外。如此而爲得，是罪人交臂歷指、虎豹處於囊檻，將其憂死亡之不暇，而亦可以爲得矣。處死亡之憂而以爲得，非至愚大惑者不至於此。

南華真經本義卷八

外篇　天道第十三

此是《内篇・大宗師》註義也。《大宗師》者，欲人知道以善其生死，而又恐人據仁義是非以言道，則涉有爲之迹而失其宗。故許由曰：「吾師乎，吾師乎。䪢萬物而不爲，澤及萬世而不爲仁，長於萬古而不爲老。」然則道果何若？此篇特爲之註曰：天道運而無迹，虚静無爲者是也。帝王以天地爲宗，明白於天地之德者，此謂大本大宗。故莊子至是遂自言曰：「吾師乎，吾師乎。䪢萬物而不爲戾，澤及萬世而不爲仁，長於上古而不爲壽。」如是而後，生天行，死物化，魂不疲，足以善生善死矣。如堯、舜、老聃、孔子，人師也。聖人既往，道在書册，故《大宗師》曰「聞諸副墨之子」，是篇則曰「貴言傳書」，「語之所貴者，意也」，讀書者當得意而遺其糟粕。此經師也。

天道運而無所積，故萬物成；帝道運而無所積，故天下歸；聖道運而無所積，故海内服。明於天，通於聖，六通四辟於帝王之德者，其自爲也，昧然無不靜者矣。聖人之靜也，非曰靜也善，故靜也；萬物無足以鐃心者，故靜也。水靜則明燭鬚眉，平中准，大匠取法焉。水靜猶明，而況精神？聖人之心靜乎，天地之鑒也，萬物之鏡也。夫虛靜恬淡、寂漠無爲者，天地之平而道德之至，故帝王聖人休焉。休則虛，虛則實，實則倫矣。虛則靜，靜則動，動則得矣。靜則無爲，無爲也則任事者責矣。無爲則俞俞，俞俞者憂患不能處，年壽長矣。夫虛靜恬淡、寂漠無爲者，萬物之本也。明此以南嚮，堯之爲君也；明此以北面，舜之爲臣也。以此處上，帝王天子之德也；以此處下，玄聖素王之道也。以此退居而閒遊，江海山林之士服；以此進爲而撫世，則功大名顯而天下一也。靜而聖，動而王，無爲也而尊，樸素而天下莫能與之爭矣。夫明白於天地之德者，此之謂大本大宗，與天和者也；所以均調天下，與人和者也。與人和者，謂之人樂；與天和者，謂之天樂。莊子曰：「吾師乎，吾師乎。整齏。萬物而不爲戾，澤及萬世而不爲仁，長於上古而不爲壽，覆載天地、刻凋衆形而不爲巧，此之謂天樂。故曰：『知天樂者，其生也天行，其死也物化。靜而與陰同德，動而與陽同波。』故知天樂者，無天怨，無人非，無物累，無鬼責。故曰：『其動也天，其靜也地，一心定而王天下；其鬼不祟，其魂不疲，一心定而萬物服。』言以虛靜推於天地，通於萬物，此之謂天樂。天樂者，聖人之心，以畜天下也。」

凡所謂積者，必爲之而後能成，必留之而使不去，嘗憶之而後不忘。無論爲之之勞而長使其中，常有不去不忘之物，則後來者又將何地以置？故天道、帝王、聖人，俱無事於積也。天道、聖德在六合四方之中，而能六通四辟，不自爲隔礙，則此心湛然。其自爲也，無將無迎，昧然無不靜者矣。使聖人以靜爲善，則雖靜亦動，萬物無足以鐃心，自然而靜者也。水靜而平中准，況精神聖人之心靜，又何物不照？向使水中有積，則濁而不明；鑑上有積，則垢而失照。夫靜虛恬淡、寂寞無爲者無積，而如水之不濁，鑑之不垢，爲天地之平而道德之至。故帝王、聖人虛靜寂寞，常一無所爲而休焉。休則無積而虛，虛則能容。而實，自然之實各得條理而倫矣。虛則不求積而靜，靜則生照而能動，自然之動，不失機宜而得矣。靜則不事於積而無爲，無爲則我不侵天下之事，而任事者各效其責矣。無爲則神氣適而愉愉，俞俞者患憂不能處，形全精復，壽命長矣。夫一虛靜寂寞而實倫，動得事舉年長，是萬物之本也。明此道者，古今上下胡所不宜？靜內聖，動外王，無爲而衆爲之。爲則尊，樸素而道爲之美則美。虛靜不積，天地之德，大宗大本也。明白於此者，心與天合而與天和，用此以均調天下而與人和。人和人樂也，天和天樂也。何以謂天樂？夫天地之德，虛靜不積，大本大宗，吾之師也。師天者，不積而無爲，仁戾壽巧，彼亦何事不有？而實淡然一無所爲，此之謂天樂。故曰：知天樂者，人而天者也。生天行，死物化。物化者，物自爲化，而我之物物者未嘗化也。靜爲陰，動爲陽。天怨人非，物累鬼責，一不能及。無鬼責，故鬼不靈，而不能祟；無人非，故魂閒適，而不至於疲。天地萬物皆均調和，適於靜虛無爲之内，此謂天樂。天樂者，聖人之心，畜養天下，而不以天下積於心之謂也。

夫帝王之德，以天地爲宗，以道德爲主，以無爲爲常。無爲也，則用天下而有餘；有爲也，則爲天下用而不足。故古之人貴夫無爲也。上無爲也，下亦無爲也，是下與上同德，下與上同德則不臣；下有爲也，上亦有爲也，是上與下同道，上與下同道則不主。上必無爲而用天下，下必有爲爲天下用，此不易之道也。故古之王天下者，知雖落天地，不自慮也；辯雖彫萬物，不自説也；能雖窮海内，不自爲也。天不産而萬物化，地不長而萬物育，帝王無爲而天下功。故曰：莫神於天，莫富於地，莫大於帝王。故曰：帝王之德配天地。此乘天地，馳萬物，而用人群之道也。

夫帝王之德，宗天地，主道德，常虛靜而無爲。無爲則任事者責用天下而有餘，有爲則與衆俱馳、爲天下用而不足。上常無爲，而不以主行臣事；下常有爲，而不以臣擬君權。故古之王天下者，知辯功能，俱不自爲，而道在用人。

本在於上，末在於下；要在於主，詳在於臣。三軍五兵之運，德之末也；賞罰利害，五刑之辟，教之末也；禮法度數，刑名比詳，治之末也；鐘鼓之音，羽旄之容，樂之末也；哭泣衰絰，隆〔二〕殺之服，哀之末也。此五末者，須精神之運，心術之動，然後從之者也。末學者，古人有之，而非所以先也。君先而臣從，父先而子從，兄先而弟從，長先而少從，男先而女從，夫先而婦從。夫尊卑先後，天地之行也，故聖人取象焉。天尊地卑，神明之位也；春夏先，秋冬後，四時之序也。萬物化作，萌區有狀，盛衰之殺，變化之流也。夫天地至神，而有尊卑先後之序，而况人道乎？宗廟尚親，朝廷尚尊，鄉黨尚齒，行事尚賢，大道之序也。語道而非其序者，非其道也；語道而非其道者，安取道？

夫虛靜無爲者，萬物之本。天下何事無本？何事無末？兵刑、禮樂、度數、喪服，其事雖詳而皆末也，須精神心術以爲之本。是精神心術者，豈謂其能屑屑從事數者間

〔二〕「隆」，原作「降」，據明世德堂《六子全書》本《南華真經》改。

而遂謂之本？要得有虛靜無爲、運而不積者在。彼五末者，古人所不去，而非所以爲先。試觀君臣父子、兄弟男女，有尊卑先後之序；天地四時，盛衰變化，有尊卑先後之序。治天下者，又豈可舍其尊而勤卑之事，舍其本而先末之圖？如尚親、尚尊、尚齒、尚賢，用各有序，不得紊亂。語大道而安可舍本務末而紊厥序也？

是故古之明大道者，先明天，而道德次之；道德已明，而仁義次之；仁義已明，而分守次之；分守已明，而形名次之；形名已明，而因任次之；因任已明，而原省次之；原省已明，而是非次之；是非已明，而賞罰次之；賞罰已明，而愚知處宜，貴賤履位，仁賢不肖襲情，必分其能，必由其名。以此事上，以此畜下，以此治物，以此修身，知謀不用，必歸其天，此之謂太平，治之至也。故書曰：「有形有名。」形名者，古人有之，而非所以先也。古之語大道者，五變而形名可舉，九變而賞罰可言也。驟而語形名，不知其本也；驟而語賞罰，不知其治也。倒道而言，迕道而説者，人之所治也，安能治人？驟而語形名賞罰，此有知治之具，非知治之道；可用於天下，不足以用天下，此之謂辯士，一曲之人也。禮法數度，形名比詳，古人有之，此下之所以事上，非上之所以畜下也。

明大道者，必先明於天道。不産物化，運而無積，此天道也，亦君天下之道也。

由是履爲道德，分爲仁義。仁義不使之得逾越而爲分守，分守必按之於名實而爲形名。形名已明，斯因能授任；因任已明，斯屢省考成，原省之而是非定，是非明而賞罰行。賞罰明焉，而愚知、貴賤、仁賢不肖，各得其情。必分其能，必由其名，無相冒也。以之事上畜下，治物修身，知謀不用而必歸其天，仍然不産而萬物育之，大化運而無所於積之虚體也，此之謂大平，治之至也。書曰：「有形有名。」綜核名實，奸乃不生。形名者，古人有之，而非所以先也。自天道而道德，以至於分守而形名，凡五變，而刑名可舉；自天道、道德，而至於是非、賞罰，凡九變，而賞罰可言。大道先後之序則然，得其先者而末可舉也。驟而語，倒道言，迕道説，尊卑先後之間曾不得其序，而曰「我能治人」，此人之所治，安能治人？彼其所驟而語，倒道迕道而言且説者，不過禮法度數、形名比詳之事，而本之則無。此雖古人所有，不得其所當先，而務其末，局於詳，可用於天下，不足以用天下。

昔者舜問於堯曰：「天王之用心何如？」堯曰：「吾不敖無告，不廢窮民，苦死者，嘉孺子而哀婦人。此吾所以用心已。」舜曰：「美則美矣，而未大也。」堯曰：「然則何如？」舜曰：「天德而出寧，日月照而四時行，若晝夜之有經，雲行而雨施矣。」堯曰：

「然則膠膠擾擾乎？子，天之合也；我，人之合也。」夫天地者，古之所大也，而黄帝、堯、舜之所共美也。故古之王天下者，奚爲哉？天地而已矣。

堯之用心，真仁人之事，然未免有心，不能虚靜無爲，故後自以爲膠膠擾擾。天德出而萬品自寧，何事於爲？日月四時，自照自行，若晝夜之有定序，然而雲行雨施，物已蒙化育矣。「夫天地者」以下，莊子之言。

孔子西藏書於周室。子路謀曰：「由聞周之徵藏史有老聃者，免而歸居，夫子欲藏書，則試往因焉。」孔子曰：「善。」往見老聃，而老聃不許，於是繙十二經以説。老聃中其説，曰：「大謾，願聞其要。」孔子曰：「要在仁義。」老聃曰：「請問，仁義，人之性邪？」孔子曰：「然，君子不仁則不成，不義則不生。仁義，真人之性也，又將奚爲矣？」老聃曰：「請問，何謂仁義？」孔子曰：「中心物愷，兼愛無私，此仁義之情也。」老聃曰：「意，噫。幾乎後言。夫兼愛，不亦迂乎？無私焉，乃私也。夫子若欲使天下無失其牧乎？則天地固有常矣，日月固有明矣，星辰固有列矣，禽獸固有群矣，樹木固有立矣。夫子亦放德而行，遁道而趨，已至矣；又何偈偈居謁反。乎揭仁義，若擊鼓而求亡子焉？意，夫子亂人之性也。」

孔子藏書於周，欲以教天下後世之爲仁義。莊子以爲藏書猶是以書爲積也，故寄言老子，以爲書之不必藏。「十二經」，六經而加六緯書，十二也。「中其説」，語半而止之，更爲問端。「幾乎後言」，幾乎失之於不早問也。老子言天地間日月星辰、禽獸樹木，道理盡是現成，不必創爲仁義之名以駭天下，如擊鼓而求逃亡之子，徒足以速其亡。然此特爲上聖、上仁言之，在中人不可無仁義之教，則十二經不可無藏也。但孔子所積之書，貴人之善讀；而莊子爲不必積之説，亦欲人之善體，故篇末復曰：「書不過語，語有所貴也。」徵藏，司馬氏曰：「藏名也。」

士成綺見老子而問曰：「吾聞夫子聖人也，吾固不辭遠道而來願見，百舍重趼右顯反而不敢息。今吾觀子，非聖人也。鼠壤有餘蔬而棄妹，不仁也；生熟不盡於前，而積斂無崖。」老子漠然不應。士成綺明日復見，曰：「昔者，吾有刺於子，今吾心正郤矣，何故也？」老子曰：「夫巧知智。神聖之人，吾自以爲脱焉。昔者子呼我牛也而謂之牛，呼我馬也而謂之馬。苟有其實，人與之名而弗受，再受其殃。吾服也恒服，吾非以服有服。」士成綺鴈行避影，履行遂進而問：「修身若何？」老子曰：「而容崖然，而目衝然，而顙頯去軌反。然，而口闞討覽反。然，而狀義然，似繫馬而止也。動而持，發也機，察而審，知巧

而覩於泰，凡以爲不信。邊竟境。**有人焉，其名爲竊。」**

天道運而無積，老子任天之運，而士成綺謂其積斂無崖，與其棄妹爲不仁。此以人測天，疑於其迹也。老子仍契之以天，而漠然不應。士成綺前之疑情正郤，請問其故。老子告之，以爲凡子之所疑於我者，皆人之爲也。人之所尊貴者，知巧神聖之人，吾自以爲脱焉，而與天爲徒。吾且不爲知巧神聖之人，又何知有不知不巧、不神不聖之事？人但呼我則應，呼我以牛，呼我以馬，我無不應。我誠不自知，而人之呼我，或有見於其實。夫不知其事而有其實，是殃也；與之名而弗受，再受其殃。然我之呼而即受者，又非藉是以求免於殃也。凡吾之服而行者，恒如是以服行，吾非有所以爲而爲服行，曰：「如是則爲知巧之人，而免爲不知不巧之人；如是則爲神聖之人，而免爲不神不聖之人。」皆非吾之所以也。故子以我爲棄妹，以我爲積斂，我皆不知，我無不應也。此老子冲然谿谷之行，與天並運。而成綺逐逐人事之中，方其鴈行避影，履行進問修身之道，外若退損，其中乃不勝馳。故老子曰「而容崖然」云云、「而狀義然」。子方於人中自雄，乃欲以修身自約，似繫馬而止也，動而馳，其於機已發矣，於察事特審矣。子於人中已得其知巧，夫知巧不如神聖，神聖不如天。今子意廣志侈，覩於泰而輒欲希天慕聖，此其行與願不相符。凡以爲不信，子之未脱於人，乃所稱「邊竟之人」也，名子當以「邊境取非其有」之人曰「竊」，子亦不得不受也。子欲脱於是，姑一以爲牛，一以爲馬，而任天之便，則幾矣。百舍，百里止宿。重趼，足生趼也。

夫子曰：「夫道，於大不終，於小不遺，故萬物備。廣廣乎其無不容也，淵乎其不可測也。形德仁義，神之末也，非至人孰能定之？夫至人有世，不亦大乎？而不足以爲之累。天下奮棅丙。而不與之偕，審乎無假而不與利遷，極物之真，能守其本，故外天地，遺萬物，而神未嘗有所困也。通乎道，合乎德，退仁義，賓禮樂，至人之心有所定矣。」

篇中語道有本末要詳，而原其所爲本者，在虛靜無爲而不積。故夫子言，道無不在，大小萬物，能容能深，處處皆道，而人即於處處求之，將不勝其疲。夫形名、德禮、仁義，皆神之末，而須精神心術之運動爲之本，本末之間，非至人孰能定？夫至人者，世大而不能爲累。天下方奮棅偕作，而我不與之偕，利不能爲遷，極物之真而能守其本，所法者天地而且外天地，所蓄者萬物而且遺萬物，故其神一無所役而嘗不困。道通之而已，不積而有也；德合之而已，不積而有也。至於仁義禮樂，直退之賓之矣。故至人之心，不疲於末務而有所定，定於虛靜無爲之謂也。棅，秉也，操持而作事也。管子曰：「謹用其六秉。」桓公曰：「六秉者，何也？」管子曰：「殺生、貴賤、貧富，此六秉也。」

世之所貴道者書也，書不過語，語有貴也。語之所貴者意也，意有所隨。意之所隨者，不可以言傳也，而世因貴言傳書。世雖貴之哉，猶不足貴也，爲其貴非其貴也。故視而可見者，形與色也；聽而可聞者，名與聲也。悲夫，世人以形色名聲爲足以得彼之情。夫形色名聲，果不足以得彼之情，則知者不言，言者不知，而世豈識之哉？

莊子作書，貴人心之虛靜而不欲有積，夫子則欲積書以教後世。老聃不許夫子之積書，而身乃被積斂無崖之名。老子所自言則曰：「治天事人莫若嗇。夫唯嗇，是謂早服，早服謂之重積德，重積德則無不克。」此皆聖賢立教一時，意有所指，而人不得拘泥於言語文字之間，故曰：「世因貴言傳書。」夫形色聲名果不足以得彼之情，故下復有「斲輪」之説。

桓公讀書於堂上，輪扁斲輪於堂下，釋椎鑿而上，問桓公曰：「敢問，公之所讀爲何言邪？」公曰：「聖人之言也。」曰：「聖人在乎？」公曰：「已死矣。」曰：「然則君之所讀者，古人之糟魄矣夫。」桓公曰：「寡人讀書，輪人安得議乎？有説則可，無説則死。」輪扁曰：「臣也以臣之事觀之。斲輪，徐則甘而不固，疾則苦而不入，不徐不疾，得之於手而應於心，口不能言，有數存焉於其間。臣不能以喻〔一〕臣之子，臣之子亦不能受之於臣，是以行年七十而老斲輪。古之人與其不可傳也死矣，然則君之所讀者，古人之糟魄已夫。」

疾、徐、甘、苦四字。非運斧乃准鑿也，於鑿眼分毫恰好也。疾字替緊字，徐字替寬字，甘字替寬者之爽快字，其病則在不固；苦字替緊者之澀卻字，其病則在不入。蓋車輪之要在孔穴，觀扁之所云，其於孔穴又似不煩墨規鏟候，而坐得之於心手之間者。「老斲輪」者，子既不能代之，人又不忍舍之也。「《南華》妙於用替字法」，此徐文長云然。

〔一〕「喻」，原作「踰」，據明世德堂《六子全書》本《南華真經》改。

南華真經本義卷九

外篇　天運第十四

「天其運乎？地其處乎？日月其爭於所乎？孰主張是？孰綱維是？孰居無事推而行是？意者其有機緘而不得已邪？意者其運轉而不能自止邪？雲者爲雨乎？雨者爲雲乎？孰隆施是？孰居無事淫樂而勸是？風起北方，一西一東，有上彷徨，孰噓吸是？孰居無事而披拂是？敢問何故？」巫咸祒超。曰：「來，吾語女。天有六極五常，帝王順之則治，逆之則凶。九洛之事，治成德備，監照下土〔二〕，天下載之，此謂上皇。」彷徨，司馬作「旁皇」，當是在上曠大放蕩之謂。此二字已再三見。

大《易》云：「一陰一陽之謂道。」陰陽是氣，氣自有靈爽。爲道滿天地內外，皆是氣，皆有靈爽，能運動變化，一不待於人爲造作。天自運，地自處，日月風雲雨自爲往來，自爲隆施，自爲噓吸，此正所爲有機緘運轉，而不得已不能止自者，又何

〔二〕「土」，原作「上」，據明世德堂《六子全書》本《南華真經》改。

待於孰爲主張，孰爲綱維，孰爲隆施？而噓吸又孰居無事，得閒情暇力而推行是，爲淫樂而勸是而披拂是乎？使果有居無事而爲之者，必將以有事而不暇，此其機緘不得已不自能止之所在，正可以深省而發大悟者。巫咸祒，職師巫而通天地鬼神者也。天一氣而分爲三才，三才各兼陰陽，故有六極陰陽；分佈爲金木水火土，故有五常。自然有運動變化，帝王常無心無爲而順之，則天地清寧，日月風雲雨露各順其軌而治。吾氣順，天地氣亦順也。若有心有爲以逆之，則災殄將作，民物夭札而凶矣。試觀河洛之事，九疇時敘，治成德備，照鑒下土，而天下戴之，此謂上皇得順之之效也。約此節以一言，曰：無爲爲之謂道。

商太宰蕩問仁於莊子。莊子曰：「虎狼，仁也。」曰：「何謂也？」莊子曰：「父子相親，何爲不仁？」曰：「請問至仁。」莊子曰：「至仁無親。」太宰曰：「蕩聞之，無親則不愛，不愛則不孝。謂至仁不孝，可乎？」莊子曰：「不然。夫至仁尚矣，孝固不足以言之。此非過孝之言也，不及孝之言也。夫南行者至於郢，北面而不見冥山，是何也？則去之遠也。故曰：以敬孝易，以愛孝難；以愛孝易，而忘親難；忘親易，使親忘我難；使親忘我易，兼忘天下難；兼忘天下易，使天下兼忘我難。夫德遺堯舜而不爲也，

利澤施於萬世，天下莫知也，豈直太息而言仁孝乎哉？夫孝弟仁義，忠信貞廉，此皆自勉以役其德者也，不足多也。故曰：至貴，國爵並焉；至富，國財並焉；至願，名譽並焉。是以道不渝。」

人常無心而順道，則事事皆道，後世孝弟、仁義、忠信、貞廉之名俱可不立。道之渝也，以務名而事其爲之迹。商太宰問仁，則虎狼亦可充仁之名，爲其有父子相親之意。若問至仁之實，則至仁無親；又不得以無親不愛、不愛不孝，而疑至仁有似於不孝之嫌。至仁尚矣，天地萬物盡是一體，何止言孝？今以親愛之至不至而論事親之孝不孝，此非過孝之言，乃常人不及孝之言。至仁與天地爲一，若知有親而愛之孝之者，於親猶二。若欲以此擬至仁，如南行至郢，北望冥山，相去抑何遼絶也？故語孝者，敬不及愛，愛不及忘，忘不及兩相忘，又不及天下彼我之兼忘。彼我兼忘者，將德遺堯舜而身不屑於爲，澤施萬世而天下莫知其澤，俱相忘至仁之内，豈直太息而言仁孝乎哉？夫孝弟、仁義、忠信、廉貞，此皆由不及於德而自勉以役於德，不足多也。故曰「至貴忘爵，至富忘財，至願忘名」，忘於其所有餘也。唯能相忘者，無心無爲而與道順，是以道不渝。

北門成問於黃帝曰：「帝張《咸池》之樂於洞庭之野，吾始聞之懼，復聞之怠，卒聞之而惑；蕩蕩默默，乃不自得。」帝曰：「女殆其然哉。吾奏之以人，徵之以天，行之以禮義，建之以太清。夫至樂者，先應之以人事，順之以天理，行之以五德，應之以自然；然後調理四時，太和萬物。四時迭起，萬物循生；一盛一衰，文武倫經；一清一濁，陰陽調和，流光其聲；蟄蟲始作，吾驚之以雷霆；其卒無尾，其始無首；一死一生，一僨一起；所常無窮，而一不可待。女故懼也。

夫道渾淪一氣，作樂者本其聲氣之元，原是大道借樂言道，其洋洋流動之機，特爲最親。故言《咸池》之樂者，非真言樂，借以言大道機也。北門成問黃帝，張《咸池》於洞庭，吾始聞懼，茫無人也；復聞怠，形神釋也；卒聞惑，懼、怠並時，何爲實也？蕩蕩默默，乃不自得。黃帝謂爲是語者，皆經歷此道之真境，殆其然哉？人聞《咸池》之樂者，必能通極人天，渾忘禮義，澄神太清，而後能不懼、不怠、不惑。吾蓋奏之以人矣，徵之以天矣，行之以禮義，而建之以太清矣。蓋至樂者，大道自然流暢之真機，於人道相關切，故先須應之以人事，而使人無戾志，以造化爲原本，故須順之以天理，而與天不相違。五德經緯乎天，人行之以五德，而禮義備焉，立天人之軌制也。大道原出於自然，應之以自然，而太清建焉，遠後天之渣穢也。

夫如此，然後起而調理四時而四時調，太和萬物而萬物和。四時調，故爲之迭起；萬物和，故爲之循生。迭起循生，故有盛衰清濁。盛者，造化之張；衰者，造化之弛。文弛武張，所以倫經之也。清而爲陽之生，濁而爲陰之殺，陽清陰濁，所以調和之也。兩間抑鬱之氣自此發舒，而流光其聲矣乎？蟄蟲潛藏之後自此昭蘇，而雷霆震驚矣乎？要其所爲終，而不見有爲之尾者；原其所自始，而不見有爲之首者。但是一死焉，又一生焉；一僨焉，又一起焉。生死僨起之所常無窮，而如欲待其生，則又爲一死；待其起，則又爲一僨。茫若無端，故懼也。此所謂奏之以人者也。爲調時和物，樂所造端。而爲之調和者，非夫人，其誰邪？

「吾又奏之以陰陽之和，燭之以日月之明。其聲能短能長，能柔能剛，變化齊一，不主故常；在谷滿谷，在阬滿阬；塗郤隙。守神，以物爲量。其聲揮綽，其名高明。是故鬼神守其幽，日月星辰行其紀。吾止之於有窮，流之於無止。子欲慮之而不能知也，望之而不能見也，逐之而不能及也；儻然立於四虛之道，倚於槁梧而吟：『目知窮乎所欲見，力屈乎所欲逐，吾既不及已夫。』形充空虛，乃至委蛇。女委蛇，故怠。

然陰陽日月，實天道之大樞機，吾又奏之以陰陽之和，燭之以日月之明。是二者神而主變，故其聲能短能長，能柔能剛；雖變化而又不參差，常齊一；雖齊一，而又極變化，不主於故常。真氣布濩，在谷滿谷，在阬滿阬。無郤不入，塗其郤而以物之郤爲量；無處不神，守其神而以物之量爲神。其聲揮綽而發散，所以流光其聲者，此也；其名高明而特起，所以蟄蟲震驚者，此也，是故鬼神守幽矣，日月星辰行其紀矣。向之卒無尾者，吾止之於有窮，非吾能止鬼神，日星運行有節，不得不止者也；向之始無首者，吾流之於無止，非吾能流鬼神，日星運行相禪，不得不流也，是皆所謂徵之以天者。夫豈慮之能知，望之能見，逐之能及者乎？使汝必欲慮之、望之、逐之，則汝於太虛中自爲蔽塞，去道益遠。今乃儻然立於四虛之道，倚槁梧而吟，曰：「吾目知窮乎所欲見矣，力屈乎所欲逐矣，吾既不及矣夫。」三句是倚槁詞而吟之歌也。夫自謂不及，而遂已及矣。汝形體原在元氣中，元氣充滿空虛，即是汝形體充滿空虛，前此滿谷滿阬者，皆與汝爲一體者也。委委蛇蛇，道未嘗離，故形解神釋而怠也。

「吾又奏之以無怠之聲，調之以自然之命。故若混逐叢生，林樂而無形，布揮而不曳，幽昏而無聲。動於無方，居於窈冥；或謂之死，或謂之生；或謂之實，或謂之榮；行

流散徙，不主常聲。世疑之，稽於聖人。聖也者，達於情而遂於命也。天機不張而五官皆備，此之謂天樂，無言而心説。故有焱標。氏爲之頌曰：『聽之不聞其聲，視之不見其形，充滿天地，苞裹六極。』女欲聽之而無接焉，而故惑也。樂也者，始於懼，懼故祟；歲。吾又次之以怠，怠故遁；卒之於惑，惑故愚；愚故道，道可載而與之俱也。」

怠則身在道内，雖不若始之悚懼而尋求，然猶未與俱化也。吾又奏之以無怠之聲，調之以自然之命。自然之命者，其在五德未行之先，太清不動之初乎？命自然，故化無不自然。陰陽鬼神、日月星辰，相混逐而叢生，萬物不分，爲誰之功？萬物得生，林林自樂而無樂之形，不知爲誰之力？其聲揮綽者，自然揮綽，不以力曳也。其名高明者，體實幽昏，默然無聲也。塗郤而動於無方，化無不被；守神而居於窈冥，體莫能尋。死生榮實，大化之常，而自然之化，莫測端倪。或謂之死，又或謂之生；或謂之實，又或謂之榮。行流散徙，環轉不定，豈主定於常聲哉？世人求端於造化而不得，則欲決其疑於聖人。聖人者，既達人情，又遂天命，與其自然者契也。天機不張，心常寂而無所動；五官皆備，形體存而無所爲。澄然太清，此謂「天樂」，而非人間鐘鼓笙簧之樂也。無言而心悦，言且忘之，又何鐘鼓笙簧之有？故有焱氏爲之頌曰：「聽之不聞其聲，視之不見其形。雖無形聲而充滿天地，苞裹六極，元氣之充周自爾也。」今汝欲聽之而無所接於耳目，芒芴之中，不知懼是歟、怠是歟，故惑也。樂也者，始於懼，懼故祟，加尋求則幾害道矣；又次之以怠，怠故遁，形神解則故轍離矣；卒之於惑，惑者懼、怠兩無着，故愚；愚者知力不爲參，故道。此時道與之親，若可載而與俱，實無有可載而與俱者也。此黄帝借樂言道，故有「奏之以聲」，又有「聽而無接」之説，若真言樂然者。又恐人認所言者真樂也，故證於有猋氏之頌曰「聽之不聞其聲，視之不見其形」。夫有聲有容之謂樂，不聞不見，聲容安在？人奈何以其形容氣化之言，猶一一欲作樂解哉？一一作樂解故難通，會之以元化則易曉。蘇子瞻用此篇意作《九成臺銘》。

孔子西游於衛。顔淵問師金曰：「以夫子之行爲奚如？」師金曰：「惜乎，而夫子其窮哉。」顔淵曰：「何也？」師金曰：「夫芻狗之未陳也，盛成。以篋衍，笥也。巾以文繡，尸祝齋戒以將之。及其已陳也，行者踐其首脊，蘇者取而爨之而已。將復取而盛以篋衍，巾以文繡，遊居寢臥其下，彼不得夢，必且數朔。眯焉。今而夫子亦取先王已陳芻狗，取弟子遊居寢臥其下。故伐樹於宋，削迹於衛，窮於商周，是非其夢邪？圍於陳蔡之間，七日不火食，死生相與鄰，是非其眯邪？夫水行莫如用舟，而陸行莫如用車。以舟之可行於水也，而求推之於陸，則没世不行尋常。古今非水陸與？周魯非舟車與？今蘄行周於魯，是猶推舟於陸也，勞而無功，身必有殃。彼未知夫無方之傳，應物而不窮者也。且子獨不見夫桔槔者乎？引之則俯，舍之則仰。彼，人之所引，非引人也，故俯仰而不得罪於人。故夫三皇五帝之禮義法度，不矜於同而矜於治。故譬三皇五帝之禮義法度，其猶柤查。梨橘柚邪，其味相反而皆可於口。故禮義法度者，應時而變者也。今取猨狙而衣以周公之服，彼必齕核。齧挽裂，盡去而後慊。觀古今之異，猶猨狙之異乎周公也。故西施病心而矉顰。其里，其里之醜人見而美之，歸亦捧心而矉其里。其里之富人見之，堅閉門而不出；貧人見之，挈妻子而去之走。彼知美矉，而不知矉之所以美。惜乎，而夫子其窮哉。」

孔子行古之道，正是順天之軌；莊子作出世之想，故有違時之誚。太師金以夫子西遊爲窮者，窮於執古而御今也。古道猶芻狗，已用不宜再用，若係戀不舍，彼將爲妖入夢。振揚塵垢，必且眯目病人。今夫子伐木削迹，夢且兆矣；陳蔡絶糧，眯病深矣。第一喻，謂古道已爲陳迹。夫舟車，水陸各有宜用；治周治魯，道亦異施。今蘄行周於魯，是猶推舟於陸，此所以無功而有殃。第二喻，謂處勢有異，此古道所以不宜行今。彼未知無方之傳，應物而不窮者也。用正意二句作傳遞。且子獨不見桔槔俯仰隨人之用舍，故不得罪於人。第三喻，謂處世者宜隨世，而不得執於一。故夫三皇五帝之禮義法度，矜於治已耳，不矜其同，如相梨橘柚，殊味而皆可於口。禮義法度亦應時而變者也，是無方之傳也。第四喻，原古法非有不美，但美在因時。此以正意起，以正意收，設喻在中間。夫猨狙不得衣周公之服者，爲有齕齧、挽裂之患也。欲用古道望今民，何異於衣服猨狙者乎？第五喻，謂古道雖美，無如今民之僫何。西施矉里而美，美不在矉，有所以美者。醜人效之，祇足以閉富户而走貧人。若不度時宜用古道，將無效西子之矉邪？第六喻，又深原執古行今之病根，由於不自度量之故。惜乎，而夫子其窮哉。用起句作收。「矉里」，矉而處里中也。

一篇用六層譬喻，正語無幾。人讀之，但覺議論層疊，不見譬喻堆積。其中血脈相承，開闔起伏，俱有變化。正意斡旋止一兩句，皆有千鈞之力。

孔子行年五十有一而不聞道，乃南之沛見老聃。老聃曰：「子來乎？吾聞子，北方之賢者也，子亦得道乎？」孔子曰：「未得也。」老子曰：「子惡乎求之哉？」曰：「吾求之於度數，五年而未得也。」老子曰：「子又惡乎求之哉？」曰：「吾求之於陰陽，十有二年而未得。」老子曰：「然。使道而可獻，則人莫不獻之於其君；使道而可進，則人莫不進之於其親；使道而可以告人，則人莫不告其兄弟；使道而可以與人，則人莫不與其子孫。然而不可者，無他也，中無主而不止，外無正而不行。由中出者，不受於外，聖人不出；由外入者，無主於中，聖人不隱。名，公器也，不可多取。仁義，先王之蘧廬也，止可以一宿而不可以久處，覯而多責。古之至人，假道於仁，託宿於義，以遊逍遙之虛，墟。食於苟簡之田，立於不貸之圃。逍遙，無爲也；苟簡，易養也；不貸，無出也。古者謂是采真之遊。以富爲是者，不能讓祿；以顯爲是者，不能讓名；親權者，不能與人柄。操之則慄，舍之則悲，而一無所鑒，以闚其所不休者，是天之戮民也。怨恩取與諫教生殺，八者，正之器也，唯循大變無所湮者爲能用之。故曰：正者，正也。其心以爲不然者，天門弗開矣。」

孔子欲聞道，而與老子語求道之方。始求於度數，數足於五，故云五年未得；繼求於陰陽，陰陽歷十二辰而周，故云十二年而未得。度數，道之末；陰陽爲道之質，而亦云未得，何也？唯求之，故不得也。使道可求，即可以獻人，可以進人，可以告人、與人；唯不可求，故不可獻進，不可告與。所以然者，道虛無而圓轉者也。中有止，即可以求之於其止之之處；中虛無而無主，未嘗有止宿之處也。外有正，即可以求於行之之正；外圓轉而無正，猶《齊物論》「孰知正處」、「孰知正味正色」之類。未嘗有循行之迹也。由中出者，即是有主私心，與道不合，外將不受乎我。聖人唯順其外之所自有，而我無所出於外。由外入者，亦是外來，俗感與道殊體，豈容入主於内？聖人唯覺其隨感而俱徂，不以留之於隱。凡求道者，多爲乎名。名乃天下公器，不可多取。爲名，必爲乎仁義。仁義，先王之蘧廬，可暫宿而不可久處。若久處而以仁義自見，則天下之責望其仁義者多，而不能滿其責者亦多。古之至人，特假道於仁，而不久處於仁也；特託宿於義，而不久處於義也。以之遊逍遥之墟，食苟簡之田，立不貸之圃，所以免吾之多責也。逍遥者，常自無爲；苟簡者，取其易養；不貸者，由中無出，無以我之正責乎人而期其受。如此，是相忘於道真者也，古者謂是是「采真之遊」。采真之遊者，取足於完吾之真而逍遥於世，其視世間之事，無一足以係心者也。彼役役於富貴、顯名、權柄者，知利而一不鑒其害，終身没溺於中以闚其所不休，是天之戮民而已。若有意求道，思以正人，其係心何以異於是？是亦一無所鑒，以闚其所不休者而已。怨恩、取與、諫教、生殺八者，設爲正人之器，有時以用爲正，有時以不用爲正，有時如彼用又如此用而後正，變化無方。唯循大變而無所湮汩於心者，爲能用之。故曰：「正者，正也。」當時爲正，過時不正也。變其正而後正，無變即不正也。其心以爲不然，是中有所主，外有所入，昏湮閉塞，天門弗開矣。天門即是道之門，求開者弗開，忘之或開。

孔子見老聃而語仁義。老聃曰：「夫播糠眯目，則天地四方易位矣；蚊虻噆（匝）膚，則通昔（夕）不寐矣。夫仁義憯然乃憤吾心，亂莫大焉。吾子使天下無失其朴，吾子亦放風而動，總德而立矣，又奚傑然，若負建鼓而求亡子者邪？夫鵠不日浴而白，烏不日黔而黑。黑白之朴，不足以爲辯；名譽之觀，不足以爲廣。泉涸，魚相與處於陸，相呴（吁）以濕，相濡以沫，不若相忘於江湖。」孔子見老聃歸，三日不談。弟子問曰：「夫子見老聃，亦將何規哉？」孔子曰：「吾乃今於是乎見龍。龍，合而成體，散而成章，乘乎雲氣而養乎陰陽。予口張而不能嗋，予又何規老聃哉？」

老子以爲心本虛無，不當梗之以仁義。民性有自然之朴，但使無失其朴，放民風而與之自動，總玄德而立於天下，天下之性情遂，又奚必以仁義號於人？夫鵠白烏黔，不煩人造；仁名義譽，爲益不多。舍大道以談仁義，是魚舍江湖而以濕沫相呴於陸地者也。弟子見夫子於人未嘗不忠告，故問將何規。

子貢曰：「然則人固有尸居而龍見，雷聲而淵默，發動如天地者乎？賜亦可得而觀乎？」遂以孔子聲見老聃。老聃方將倨堂而應，微曰：「予年運而往矣，子將何以戒我乎？」子貢曰：「夫三皇五帝之治天下不同，其係聲名一也。而先生獨以爲非聖人，如何哉？」老聃曰：「小子少進，子何以爲不同？」對曰：「堯授舜，舜授禹，禹用力而湯用兵，文王順紂而不敢逆，武王逆紂而不肯順，故曰不同。」老聃曰：「小子少進，予語女三皇五帝之治天下。黄帝之治天下，使民心一，民有其親死不哭而民不非也。堯之治天下，使民心親，民有爲其親殺所戒反。其殺而民不非也。舜之治天下，使民心競，民孕婦十月生子，子生五月而能言，不至乎孩而始誰，則人始有夭矣。禹之治天下，使民心變，人有心而兵有順，殺盜非殺人，自爲種踵。而天下耳，是以天下大駭，儒墨皆起。其作始有倫，而今乎婦女何言哉？余語女，三皇五帝之治天下，名曰治之，而亂莫甚焉。三皇之知，上悖日月之明，下睽山川之精，中墮四時之施，其知智。憯慘。於蠣厲。蠆敕邁反。之尾，鮮規之獸，莫得安其性命之情者，而猶自以爲聖人，不可恥乎？其無恥也。」子貢蹵蹵然立不安。

尸居龍見，在寂能通也；雷聲淵默，在喧能寂也；發動如天地，普應出自然也。子貢遂藉孔子聲信見老子，老子方將倨堂而應，聲息甚微，見養氣也。老子猶求戒言，神聖之虛心也。五帝三王治天下，老子謂之非聖，爲其取天下而治之，所以謂非聖。

黃帝治民，民心一，句。親死不哭，未爲失。句。堯治天下，民心親，句。恩有旁殺隆二人。舜治天下，民心競，生識太早，夭人命。禹治天下，民心變，心兵俱有順而戰，遇盜殺之，與民便。種傳天下，離去禪，唯其治天下而人心代降也。是以天下大駭，儒墨並起，出爲横議，其作始猶有倫敘，而今乎婦不婦、女不女矣。豈特五帝三王？雖上古三皇之世，出其知以治天下，其知憯於蠣蠆之尾，毒加於人，雖潛伏而鮮規飲食者如此之獸，猶莫得自安其性命之情，而奈何猶自以爲聖人？夫老子非及三皇，則無人而不非，此子貢所以蹵蹵然立不安也。

孔子謂老聃曰：「丘治《詩》、《書》、《禮》、《樂》、《易》、《春秋》六經，自以爲久矣，孰熟。知其故矣，以奸干。者七十二君，論先王之道而明周、召之迹，一君無所鉤用。甚矣夫，人之難説稅。也，道之難明邪？」老子曰：「幸也，子之不遇治世之君也。夫六經，先王之陳迹也，豈其所以迹哉？今子之所言，猶迹也。夫迹，履之所出，而迹豈履哉？夫白鶂之相視，眸子不運而風化；蟲，雄鳴於上風，雌應於下風而化；類自爲雌雄，故風化。性不可易，命不可變，時不可止，道不可壅。苟得於道，無自而不可；失焉者，無自而可。」孔子不出三月，復見曰：「丘得之矣。烏鵲孺，魚傅沫，細要者化，有弟

而兄啼。久矣夫，丘不與化爲人。不與化爲人，安能化人？」老子曰：「可。丘得之矣。」

執六經以干世用，有不順人性命之情，而強以古法繩之者。時方順流以趨今，吾欲止之使不爲今；道方變通以去古，吾壅之使復爲古。此爲失其化人之方，宜干七十二君而無所取用也。六經，陳迹；執六經而期化人，見迹而忘履者也。夫白鶂相視，注睛不運；蟲鳴風中，上下相應；類無雌雄，自爲牝牡。此各隨其氣類，皆能胤育。若執定構精之常，責鶂以體交，禁風蟲之相鳴，使類外求乎牝牡，在我論交感之迹合矣，在彼化生之性命，豈遂也哉？孔子不出三月既悟，而復見老聃，曰：「凡物果有自然之性命，不可強焉者也。烏鵲孚孺而子生，魚傳沫而子生，細要者化蠃蟲而爲子，母孕弟而兄啼其無乳。此皆自然之化，而丘但據六經之成説，不會性命於自然，安能化人？」孔子「烏鵲」三言，亦即老子「白鶂相視」之數言，蓋悟後廣推之，而加以「有弟兄啼」一句者，尤爲時不可止、道不可壅之明證。

「鶂」，鶺鶂也；「風化」，風氣相傳而化生也。「類」，獸名，其狀如狸，《山海經》云「出亶爰山」、「自爲牝牡」者也。「細腰」，蜂屬。

南華真經本義卷十

外篇　刻意第十五

刻意尚行，離世異俗，高論怨誹，爲亢而已矣；此山谷之士，非世之人，枯槁赴淵者之所好也。語仁義忠信，恭儉推讓，爲修而已矣；此平世之士，教誨之人，遊居學者之所好也。語大功，立大名，禮君臣，正上下，爲治而已矣；此朝廷之士，尊主強國之人，致功並兼者之所好也。就藪澤，處閒曠，釣魚閒處，無爲而已矣；此江海之士，避世之人，閒暇者之所好也。吹呴呼吸，吐故納新，熊經鳥申，爲壽而已矣；此道引之士，養形之人，彭祖壽考者之所好也。若夫不刻意而高，無仁義而修，無功名而治，無江海而閒，不道引而壽，無不忘也，無不有也，澹然無極而衆美從之。此天地之道，聖人之德也。

「高論怨誹」，如屈原《離騷》之作，夷齊《採薇》之歌是也，此修詞家亦在內。「遊居學者」，遠遊列國而學，居處鄉里而學，如孟子、荀卿之屬。「尊主彊國」者，如管與商也。「閒曠」、「避世」，伯夷、太公，東海、北海之濱是也。「熊經」，似熊之攀樹；「鳥伸」，似鳥之伸頸與翼。俱以引氣養生，乃莊子本學，故獨列於五家之後，以其未及養神，故等於彭祖養形家一偏之事。下即云不如此而自然如彼，「無不忘也，無不有也」，則全是養神之功。

故曰：夫恬惔淡。寂漠虛無無爲，此天地之平而道德之質也。故曰聖人休休焉則平易矣，平易則恬淡矣。平易恬淡，則憂患不能入，邪氣不能襲，故其德全而神不虧。故曰：聖人之生也天行，其死也物化；靜而與陰同德，動而與陽同波；不爲福先，不爲禍始；感而後應，迫而後動，不得已而後起。去知與故，循天之理。故無天災，無物累，無人非，無鬼責。其生若浮，其死若休。不思慮[二]，不豫謀。光矣而不耀，信矣而不期。其寢不夢，其覺無憂。其神純粹，其魂不罷。虛無恬淡，乃合天德。故曰：悲樂者，德之邪；喜怒者，道之過；好惡者，德之先。故心不憂樂，德之至也；一而不變，靜之至也；無所於忤，虛之至也；不與物交，淡之至也；無所於逆，粹之至也。

恬淡寂寞虛無無爲，此養神真訣。休休平易，又是求恬淡無爲之真訣。凡人有

[二]「慮」，原作「虞」，據明世德堂《六子全書》本《南華真經》改。

一濃艷作事之心，便不能恬淡，故聖人休休。休休者，《易》之「艮背，止於其所」也。無復好事之心，何不平易，何不恬淡？平易恬淡所以養神，養神所以養氣。憂患不能入，不驚其神也；邪氣不能襲，不傷正氣也，故曰「其德全而神不虧」。聖人之生死、動静、感應、禍福、人鬼、夢覺、神魂，總是一平易，總是一恬淡，所謂「淡然無極而衆美從之」。遂下一結語曰：「虚無恬淡乃合天德。」生天行而無心，故後又曰「若浮」而已，無係着也。死物化而任運，故後又曰「若休」而已，暫休息也，非真死也。唯覺無憂，斯能寢不夢，不夢難哉。神者心之主，魂者分五臟而司視聽食息之用，神則統攝之耳。悲樂喜怒好惡，皆心之用，而常足爲神之累。故養神者欲併之，而唯以靜虚淡粹爲之體。至虚無忤，我虚中不先立意見，而物以非意至，不與物忤也；至粹無逆，我粹中原無異用，而物情自爲順，不與我逆也。

故曰：形勞而不休則弊，精用而不已則勞，勞則竭。水之性，不雜則清，莫動則平；鬱閉而不流，亦不能清；天德之象也。故曰：純粹而不雜，靜一而不變，淡而無爲，動而以天行，此養神之道也。夫有干越之劍者，柙而藏之，不敢用也，寶之至也。精神四達並流，無所不極，上際於天，下蟠於地，化育萬物，不可爲象，其名爲同帝。純素之道，唯神是守；守而勿失，與神爲一；一之精通，合於天倫。野語有之曰：「衆人重利，廉士重名，賢士尚志，聖人貴精。」故素也者，謂其無所與雜也；純也者，謂其不虧其神也。能體純素，謂之真人。

恬淡以養神，即所以養氣。形者，爲神氣之宅；精者，神氣之子。又形體之榮衛，未有弊形竭精而可言恬淡，可言養神者也。故曰：「形勞而不休[一]則弊，精用而不已則勞，勞則竭。」此養生家座右箴銘。然不用亦非强閉，動而以天行，此静中自然之運用。精神四達，化育萬物，其名同帝，是豈僅同干越之劍，而可不守之？以純素守，而與神爲一；一之精通，合於天倫。天倫者，相維而不解。守一之極，則一與我相維係。《西昇經》曰：「人能守一，一亦守人。」「思一至渴，一與之漿；思一至飢，一與之糧。」許旌陽《石函記》曰：「鉛汞相親，無異人倫。」用此語也。鉛，氣也，精也；汞，神也，氣也。一之精併，精氣神在内。聖人貴精，亦併精氣神而貴之也。能體純素，謂之真人，《石函記》曰「陰陽交合，純粹之精」，用此意也。謂之真人，豈獨道引養形爲壽而已哉？稱聖人若專在道德上易之，爲真人則道德養形度世

[一]「休」，原作「已」，據前引《莊子》原文改。

兼舉之矣。

外篇　繕性第十六

繕性於俗學，以求復其初；滑骨。欲於俗思，以求致其明：謂之蔽蒙之民。古之治道者，以恬養知；生而無以知爲也，謂之以知養恬。知與恬交相養，而和理出其性。夫德，和也；道，理也。德無不容，仁也；道無不理，義也；義明而物親，忠也；中純實而反乎情，樂也；信行容體而順乎文，禮也。禮樂偏行，則天下亂矣。彼正而蒙己德，德則不冒，冒則物必失其性也。

尋莊子之意，謂當時去太古淳一之世既遠，衆人所爲學問，不過欲取富貴功名。與今舉業家相似，亦藉口説我欲與人俱復其性之初，我欲與人求致其性之明，其實於本心上更加蒙昧，故稱爲俗學俗思，謂「蔽蒙之民」。太古爲治，常清靜而不汩没其真知，不去增知見而淆亂其真靜之性體。知與恬交相養，而和理出其性。聖人治天下，更無别事，只是相親愛而和也，各區分而理也。性中生出此兩件，而道之大經大法俱存，不必向外逐，一務爲仁義忠信禮樂之名，而仁義忠信禮樂之實，無不總概於内。分别言之，則德以情相愛爲和，道以理區分爲理。德之無不容是仁，道之無不理是義。義明而物親是忠，所謂「君臣以義合」者是也。中純實而反乎情是樂，在《樂記》曰「君子反情以和志」是也。以信實行於容體之間而自然順乎節文是禮，在《論語》「禮行」、「遜出」、「信成」是也。夫世之言禮樂者，以爲華美而已，不知和理出性之時，禮樂與仁義忠誠一時俱出，而非偏行者也。若禮樂偏行，則遺和理之原，而但務華美，天下能無亂乎？此繕性於俗學、求明於俗思者，其蔽則然。若正學正思，則我正而物自蒙德。德者爲物性所自有，非取我德冒而加彼，冒則強物所本無，必失其性而亂矣。觀此可見，莊子所貴，性中真仁義、真禮樂，乃其一生薄世之爲仁義禮樂者之主意。世謂其遺棄禮樂與仁義，豈然哉？「偏行」者，遺内而偏於外也。

古之人，在混芒之中，與一世而得澹漠焉。當是時也，陰陽和静，鬼神不擾，四時得節，萬物不傷，群生不夭，人雖有知，無所用之，此之謂至一。當是時也，莫之爲而常自然。逮德下衰，及燧人、伏戲始爲天下，是故順而不一。德又下衰，及神農、黄帝始爲天下，是故安而不順。德又下衰，及唐、虞始爲天下，興治化之流，澆(澆)醇散朴，離道以善，險德以行，然後去性而從於心。心與心識知，而不足以定天下，然後附之以文，益之以博。文滅質，博溺心，然後民始惑亂，無以反其性情而復其初。由是觀之，世喪道矣，道喪世矣。世與道交相喪也，道之人何由興乎世，世亦何由興乎道哉？道無以興乎世，世無以興乎道，雖聖人不在山林之中，其德隱矣。隱，故不自隱。古之所謂隱士者，非伏其身而弗見也，非閉其言而不出也，非藏其知而不發也，時命大謬也。當時命而大行乎天下，則反一無迹；不當時命而大窮乎天下，則深根寧極而待：此存身之道也。

古之人，在混芒無爲之中，不曰「我欲與世求復其初」，亦不曰「我欲與世求致其明」，與一世而無思無爲，得澹漠焉。當是時也，陰陽、鬼神、四時、萬物、群生，無不相安於自性，雖有知無所用之，所謂「知與恬交相養」者也。此謂真性自然之至一。當是時也，莫之爲而常自然，所謂爲無爲也。逮伏羲、燧人之時，雖俗學俗思之端未開，然未免爲天下矣。爲則能使人順道，而不能同於自性淳一之初。神農、黄帝再爲而使人安，不能使人心順也；唐虞再爲，愈多事矣。興治亂之流，澆其淳，散其朴，離無爲之道而務爲爲善之名，艱險其德以立殊絶之行。道德出於天性，而務善名、喜殊行皆生於軀殼内之人心，然後去性從心，又不但已也。從其心者，心上有如許識見，心欲立善名、爲殊行，而心識又識善名之所以立、殊行之所以行。心與識知兩相依附，既遠人性，又何足以定天下？然後附之以文，益之以博，講求學問，設立典章，此正俗學俗思欲以求復其初、致其明，凡以求定天下也。乃文徒爲滅質，博反爲溺心，民之視聽惑亂，何以反性情而復初乎？由是觀之，自燧人、伏羲以後，世間風氣日開，使人不得不爭事於有爲，世喪道矣。自始爲天下順而不一之後，日務爲道，使人去性益遠，無復反古之期，道亦喪世矣。世道交喪，任道之人，何由得復性而興乎世？有爲之世，何由得無爲而興乎道？當此時，雖有聖人繼黄帝、唐、虞而起，不在山林之中，其德隱矣。豈自好隱？從古隱士，皆非其自爲隱也。我生不辰，時命大謬也。當時命而世道交興，則反淳一之性，而不見有爲之迹。時命大窮，則其息深深而固其根，淡然無欲，與神爲一而寧其極。若此者，欲長存吾身以待時也，愛人無已之心也，如廣成子修身至千二百歲，有黄帝出而問道。

古之存身者，不以辯飾知，去聲。不以知窮天下，不以知窮德，危然處其所而反其性已，又何爲哉？道固不小行，德固不小識。小識傷德，小行傷道。故曰：正己而已矣。樂全之謂得志。古之所謂得志者，非軒冕之謂也，謂其無以益其樂而已矣。今之所謂得志者，軒冕之謂也。軒冕在身，非性命也，物之儻來，寄也。寄之，其來不可圉，其去不可止。故不爲軒冕肆志，不爲窮約趨俗，其樂彼與此同，故無憂而已矣。今寄去則不樂，由是觀之，雖樂，未嘗不荒也。故曰：喪己於物、失性於俗者，謂之倒置之民。

古人存身，固非閉其言而不出，然亦不以辯飾知，而冀天下之我用。其大窮於天下也，以時命非以知窮；大窮於天下，而併窮吾德也，亦以時命非以知窮。知辯者，俗學俗思之所尚。古人無窮無通，俱併而不務，危然以正處其所而反其性已。知辯尚知辯者，不過以時值其窮，欲天下之小行吾道，小識吾德，適足以傷吾道德，故曰古人唯正身而已，不與俗學俗思同辯知也。人見其正己而窮，便謂古人之失志；古人則以樂全爲得志，其樂更不在於軒冕。軒冕，外物寄也，去來無常，得之不爲肆志，不得不趨於辯知而同俗學俗思之所爲，以冀軒冕。有軒冕與無軒冕均有自樂，彼與此同，但不以去來爲念，無憂而已矣。蓋寄來而樂，必以寄去而憂，未嘗不荒也。故曰喪己之正於物、失己之行於俗學俗思者，乃蒙蔽而倒置之民也。

外篇　秋水第十七

《秋水》篇與《逍遙遊》局相似也，《逍遙遊》遺世累而托身天際，《秋水》

篇擅達觀而巨細俱空。其中微有不同者：托身天際，雖未出世，然已非世間所有，必吸風御氣，爲藐姑射之仙，而後能當也；巨細俱空，吐納百川，足見滄海之無涯，未必飛兩溟於一息。取證東海之鱉，以與埳井較量，雖莊子自謙，實本乎其所已能也。故《逍遥遊》自「知效一官」而上，人各相笑，欲勉於其所未至。《秋水》篇自夔、蚿至心，彼此相憐，正羨乎其所已能。謂莊子大言無用，則惠子猶存井鼃之見。莊子與惠子語「濠梁之魚樂」，是亦爲濠上之逍遥也，分量自異，歸趣自同。

秋水時至，百川灌河，涇流之大，兩涘渚涯之間，不辯牛馬。於是焉河伯欣然自喜，以天下之美爲盡在己。順流而東行，至於北海，東面而視，不見水端。於是焉河伯始旋其面目，望洋向若而歎曰：「野語有之曰『聞道百以爲莫己若』者，我之謂也。且夫我嘗聞少仲尼之聞而輕伯夷之義者，始吾弗信；今我睹子之難窮也，吾非至於子之門則殆矣，吾長見笑於大方之家。」北海若曰：「井蛙不可以語於海者，拘於虚也；夏蟲不可以語於冰者，篤於時也；曲士不可以語於道者，束於教也。今爾出於崖涘，觀於大海，乃知爾醜，爾將可與語大理矣。天下之水，莫大於海：萬川歸之，不知何時止而不盈；尾閭泄之，不知何時已而不虚；春秋不變，水旱不知。此其過江河之流，不可爲量數。而吾未嘗以此自多者，自以比形於天地而受氣於陰陽，吾在天地之間，猶小石小木之在大山也。方存乎見少，又奚以自多？計四海之在天地之間也，不似礨空之在大澤乎？計中國之在海内，不似稊米之在太倉乎？號物之數謂之萬，人處一焉；人卒九州，穀食之所生，舟車之所通，人處一焉；此其比萬物也，不似毫末之在於馬體乎？五帝之所連，三王之所爭，仁人之所憂，任士之所勞，盡此矣。伯夷辭之以爲名，仲尼語之以爲博，此其自多也，不似爾向之自多於水乎？」

河伯自喜於秋水，而生慚於海若；海若遠量於江河，而見小於天地。以天地之大，夫人渺焉在萬物中，如毫末之在馬體，雖功名、學問、人情視爲難得，而曾何足以自多？洋，海中。若，海神。閭尾，沃焦也，見《山海經》。礨空，小穴。

此段先爲開廣識見，必見不自隘，而後可以與語大道。

河伯曰：「然則吾大天地而小毫末，可乎？」北海若曰：「否。夫物，量無窮，時無止，分無常，終始無故。是故大知觀於遠近，故小而不寡，大而不多，知量無窮；證曏今故，故遙而不悶，掇而不跂，知時無止；察乎盈虚，故得而不喜，失而不憂，知分之無常也；明乎坦塗，故生而不說，死而不禍，知終始之不可故也。計人之所知，不若其所不

知；其生之時，不若未生之時；以其至小求窮其至大之域，是故迷亂而不能自得也。由此觀之，又何以知毫末之足以定至細之倪？又何以知天地之足以窮至大之域？」

海若於此，遂欲大天地而小毫末，則又不可。何者？論大小者，當隨物大小之爲量，而物量無窮；當究大小之時之所止，而物時無止。量無窮，故分無常，孰大孰小，未可定也；時無止，故終始無故，倏大倏小，日新未已也。大知觀於遠近之物，小不以爲寡，物有更小於此者；大不以爲多，物有更大於此者，知量之無窮也。證之曏日，而見曏日之既往；證之今日，而見今日之不留。唯明於曏今之故，故遙而致望，覺時長，長無幾時，何足爲悶乎；掇而忽過，覺時短，短亦無幾時，何跂於長乎？知時之無止也。察大小之區分，皆盈虛之偶值，雖得失而何關憂喜？知分之無常也。隨終始之循環，皆坦塗而自得，遇生死而又奚分禍福？知終始之不可爲故也。計人所知之有限，不若其所不知者之無限；其生時之有窮，不若其未生之時爲無窮。以有窮有限之知，而求窮其無窮無限之域，是故迷亂而不自得也。由此觀之，人但能知毫末爲小，而安知秋毫不有時爲大？何足以定至細之倪？人但知天地爲大，而安知天地不有時而小？何足以窮至大之域？秋毫雖小，待之成體，有入秋毫之中而成其體，則入者小而秋毫大。夏革曰：「朕亦焉知天地之外有大天地？」則在天地外者大，而內天地小。

此段謂既廣識見，又不可泥於所見。天地間之物，其分量非見之所能泥。

河伯曰：「世之議者皆曰：『至精無形，至大不可圍。』是信情乎？」北海若曰：「夫自細視大者不盡，自大視細者不明。夫精，小之微也；垺，孚。大之殷也。故異便，此勢之有也。夫精粗者，期於有形者也；無形者，數之所不能分也；不可圍者，數之所不能窮也。可以言論者，物之粗也；可以意致者，物之精也；言之所不能論、意之所不能察致者，不期精粗焉。是故大人之行，不出乎害人，不多仁恩；動不爲利，不賤門隸；貨財弗爭，不多辭讓；事焉不借人，不多食乎力，不賤貪污；行殊乎俗，不多辟異；爲在從衆，不賤佞諂；世之爵祿不足以爲勸，戮恥不足以爲辱；知是非之不可爲分，細大之不可爲倪。聞曰：『道人不聞，至德不得，大人無己。』紀。約分之至也。」

夫小大之分域不可定，而小有小之致，大有大之極，似可盡其分量，不知一屬於有，便落形迹。道有約之於至無者，形迹之所不能計也。夫自細視大者，常苦於不能盡大之體；自大視細者，常苦於不能明小之形。夫精，則不特小而小之微者也；垺，粗也，粗而不可圍者也。則不特大而大之殷者也，故兩相視，則有能盡不能盡、能明不能明而異便，此大小之勢之所有也。夫言精粗者，期以盡大小之形，而於有形之處欲得其分，窮其域。不知既謂之精而無形，則已爲數之所不能分；謂之粗而不可圍，則亦爲數之所不能窮。然猶可以言論者也：有言可以論者，猶爲物之粗；必意可以致者，始爲物之精。若夫言之所不能論、意之所不能致者，則何形、何數，何可盡、何不可盡，何可分、何不可分？神妙無迹，是尚得以精粗期也哉？是故大人之行，正神妙而無迹，言不能論、意不能致者也。其不害人也，似爲仁恩而不多仁恩；動不爲利也，遠於污辱而不賤門隸之污辱；貨財不爭，爲辭讓而不多乎辭讓；事不借人，必期自盡食與事稱，不多食乎力。其廉介如此，而不賤貪污者之苟取。行殊乎俗，若有以自異矣，不多辟異；爲在從衆不取佞諂矣，乃不賤乎佞諂。世之爵祿所以爲勸也，不足爲彼勸也，戮恥所以爲辱也，不足爲彼辱也。大人蓋知是非之不可爲分，細大之不可爲倪，故離形離數，忘言忘意，渾乎不爲分、不爲倪而已。故曰：道人聞道若不聞，至德得道常不得，大人以天下爲己常無己，此約分之至也。蓋天下大小是非之辯起於分，分原於有，今無聞無得而無己，則不特約大小是非之辯於無，而且約其分起之端於俱無，約之至也。

　　此段言論物者極大小之致，猶不足以盡大小，而唯大人通神達化，則是非大小俱泯於無。

河伯曰：「若物之外，若物之内，惡至而倪貴賤？惡至而倪大小？」北海若曰：「以道觀之，物無貴賤；以物觀之，自貴而相賤；以俗觀之，貴賤不在己。以差觀之，因其所大而大之，則萬物莫不大；因其所小而小之，則萬物莫不小；知天地之爲稊米也，知毫末之爲丘山也，則差數覩矣。以功觀之，因其所有而有之，則萬物莫不有；因其所無而無之，則萬物莫不無；知東西之相反而不可以相無，則功分定矣。以趣觀之，因其所然而然之，則萬物莫不然；因其所非而非之，則萬物莫不非；知堯桀之自然而相非，則趣操覩矣。昔者堯舜讓而帝，之噲讓而絶；湯武爭而王，白公爭而滅。由此觀之，爭讓之禮，堯桀之行，貴賤有時，未可以爲常也。梁麗可以衝城，而不可以窒穴，言殊器也；騏驥驊騮一日而馳千里，捕鼠不如狸狌，言殊技也；鴟鵂夜撮蚤，察毫末，晝出瞋〔一〕目而不見丘山，言殊性也。故曰：蓋師是而無非，師治而無亂乎？是未明天地之理，萬物之情者也。是猶師天而無地，師陰而無陽，其不可行明矣。然且語而不舍，非愚則誣也。帝王殊禪，三代殊繼。差其時、逆其俗者，謂之篡夫；當其時、順其俗者，謂之義之徒。默默乎，河伯。女惡知貴賤之門、小大之家？」

〔一〕「瞋」，原作「瞑」，據明世德堂《六子全書》本《南華真經》改。

夫世方共貴其所謂是，賤其所謂非；今海若以是非爲不可分，細大爲不可倪。然人有在物之内而身受貴賤大小之名者，有身在物之外而我以貴賤大小加之彼者，又惡至而有貴賤大小之分也？夫忘貴賤大小之迹者，道則然耳。故以道觀物，則物無貴賤；以物自觀，則自貴而相賤；以俗汎觀，則是非無定。而因其時之所偶遭，貴賤不在己，故定物之大小者有差次，以差觀之，乃實無定准也。因其所大，則至小之物亦可以爲大；因其所小，則至大之物亦可以爲小。彼天地之大，而何至視爲稊米也？毫末之微，而何至等爲太山也？則大小隨人之所視，天下之稱差次者，大略如此矣。按有無之迹，於功分最不可掩，然以功觀之，實亦無定據也。因其所有而有之，則萬物莫不有功；因其所無而無〔二〕之，則萬物莫不無功。東在東，而西與東相反，何功於東？西在西。而東與西相反，何功於西？均謂之無功，可也。然使東無西，則亦不成其爲東；西無東，則亦不成其爲西。又均謂之有功，可也。今天下之定功分者大略如此，何常有一定之分乎？辯然否、是非之分者有趣向，以趣觀之，實亦無定操也。然其所然，則萬物莫不自以爲然；非其所非，則萬物莫不可以相

〔二〕「而無」二字原疊，據前引《莊子》原文删。

非。堯然矣，以桀觀之，則以堯爲非；桀誠非矣，以桀之黨自觀，則又自以爲然。在古今之相是非者大略如此，何嘗有定操乎？故讓能帝堯舜，而不能不絶之噲；爭可王湯武，而不能不滅白公。由此觀之，爭讓之禮，堯桀之行，偶貴偶賤，各因其時，未可以爲常也。故殊器者，但當因器爲用；殊技者，但當隨技而施；殊性者，唯宜順性之便。蓋天地之理，自然有此參差；萬物之情，自然如此揉雜。今止欲師是而必使其無非，止知師治而必求其無亂，是未明天地之理、萬物之情者也。夫帝王同禪也，有堯舜之禪，有之噲之禪，其爲禪殊；三代同繼也，湯武以爭而繼，白公亦欲以爭而繼，其爲繼殊。差其時、逆其俗，謂之篡夫，之、噲、白公是也；當其時、順其俗，謂之義之徒，堯舜湯武是也。貴賤大小何常哉？貴賤無門，從時俗之向背爲門；大小無家，因時俗之當否爲家。默默乎河伯，惡能知之而求貴賤大小之倪也？

此段言貴賤大小，道之所無而俗之所有，時俗趣向初無一定，故貴賤大小亦無一定。但當冥心於道，不容紛競，於世俗之中，以爭其所貴而規其爲大。

河伯曰：「然則我何爲乎，何不爲乎？吾辭受趣舍，吾終奈何？」北海若曰：「以道觀之，何貴何賤，是謂反衍；無拘而志，與道大蹇。何少何多，是謂謝施；無一而行，與

道參差。嚴乎若國之有君，其無私德；繇繇乎若祭之有社，其無私福；泛泛乎其若四方之無窮，其無所畛域。兼懷萬物，其孰承翼？是謂無方。萬物一齊，孰短孰長？道無終始，物有死生，不恃其成；一虛一滿，不位乎其形。年不可舉，時不可止；消息盈虛，終則有始。是所以語大義之方，論萬物之理也。物之生也，若驟若馳，無動而不變，無時而不移。何爲乎，何不爲乎？夫固將自化。」

夫人辭受趣舍，視貴賤大小爲定趣，貴而大則爲之，小而賤則不爲。今曰「無門無家」，將何爲何不爲，此亦河伯之要問也。夫道無貴賤，俗之互相貴賤，乃一往一反，漫爲游衍者耳。以爲不爲而拘志，則行之蹋躇，與道大蹇矣。道亦無多少，隨多少而行與相安。如謝施者然，遇多施而謝之，曰「多謝，多謝」而已；遇少施而謝之，亦曰「多謝，多謝」而已。若一於爲多，不爲其少，或爲少不爲多，則行常拘攣，與道參差矣。嚴乎此心不着一物，若國之有君，其無私德；繇繇乎萬物一體，若祭之有社，其無私福；汎汎乎通達無礙，若四方之無窮，其無所畛域。以一心兼懷萬物，萬物亦相忘於兼懷之內，其孰親承而輔翼之？以與吾爲私者是，則無爲、無不爲，是無方之行也。若拘志一行，於辭受趣舍有所揀擇，將人於死生終始之運，亦可用其揀擇乎？固其所不能也。人於萬物之中，處其一而總號之曰「萬物」，即齊一矣。孰是速化者，曰此短萬物而不可以爲；孰是久生者，曰此長萬物而不可以不爲。道常無終始，物自有死生，故成毁循環，非有一定，成不可恃也；盈虚遞轉，非有定形，形不可位也。位，久居也。年方長，不可舉之使去；時方遷，不可止之使留。自消而息，由虚得盈，有終必有始，是所以語大義之方、萬物之理也。人則聽之，而不能以我之爲與焉者也。物之生也，非其自爲，而造化迫之，使不得不爲。若驟若馳，無動不變，而後焰非前焰，無時不移。而今日非昨日，人又何爲乎？夫固將自化，而隨造物之轉移而已。

此段言貴賤大小既無可分，則人之自爲趨向安在。道無不在，正不欲人之自爲趨向。隨造化爲循環，是人之真趨向也。

河伯曰：「然則何貴於道邪？」北海若曰：「知道者必達於理，達理者必明於權，明於權者不以物害己。至德者，火弗能熱，水弗能溺，寒暑弗能害，禽獸弗能賊。非謂其薄之也，言察乎安危，寧於禍福，謹於去就，莫之能害也。故曰：『天在内，人在外，得在乎天。』知天人之行，本乎天，位乎得，蹢躅而屈伸，反要而語極。」曰：「何謂天？何謂人？」北海若曰：「牛馬四足，是謂天；落馬首，穿牛鼻，是謂人。故曰：無以人滅天，無以故滅命，無以得殉名。謹守而勿失，是謂反其真。」

世人辭受趣舍，必准之於道。今曰「何爲何不爲」，則人但當放情而動，道固爲無用之空名邪？「然則何貴於道？」，河伯此問尤爲儆策。夫天下，唯無爲者常無害，有爲即有害。大人無己，而使物得害己，猶非無己之至也。彼知道者，意念定而悟門啓，紛擾息而慧性靈，必能達於安危禍福之理。達理者，必明於取舍去就之權。明權者，必不以身攖天下之患，而使物得以害己。夫物之害己者多矣，不特人巧、知故、利慾、功名，害之出於有心者；即水火、寒暑、禽獸，無心無知之物，皆能害人。而至德者一不能害，非其薄之，謂是數者不能爲吾害也。安危有機焉，禍福有門焉，去就有權焉。知道者雖無爲於安危，亦豈肯故去其安而就於危乎？知道者雖無爲於禍福，亦豈肯故去其福而就於禍乎？於此中有斟酌權衡，正達理明權之善用也。方其無爲於安危禍福，而不汲汲於去就，此天道之自然在內者也；及其察之、寧之、謹之，而不輕爲去就，此人事之當然在外者也。故曰：「天在內，人在外。」人事當然者，爲之而得，即得其無爲之自然者也，人即爲天，故曰：「得在乎天。」明於道者知天人之行，爲而嘗無爲之之意。本乎天也，盡其所當然而適得自然之道；位乎得者也，常躑躅而屈伸焉，無拘而志一而行而謹，審於禍福安危之間；反要而語極焉，必達理，必明權，而不失其天道所從出之本。此物之所以不能害己而道之所以足貴。然天人惡乎辯？牛馬四足而善走，是其天；絡馬首、穿牛鼻而成其善走之用，是其人。天非人不成，亦達理明權者之事也。雖有爲，實同於無爲；雖爲人，實不離乎天。但人爲而至於過分，則滅天矣；人爲之過，而至於知故萌生，則滅命矣。方其爲之，而位乎得也，則名生焉；及爲之過而滅命也，是以得殉名也。故所貴於知道者，無以人滅天，無以故滅命，無以得殉名，謹守而勿失，使物不能害己，是爲反其真，此悟後之力也。

此一段言人一不爲，而聽造化之自爲，則道疑於無權。夫造化之自爲謂之天，聽造化之所爲而善成其所以爲者，人也。人與天合處正是道，其要在達理明權而不以物害己，斯爲善成其天。達理明權乃悟後所得，河伯、海若六翻問答，終之以悟。

夔憐蚿，玄。**蚿憐蛇，蛇憐風，風憐目，目憐心。夔謂蚿曰：「吾以一足趻踔**上初稟反，下勑角反。**而行，予無如矣。今子之使萬足，獨奈何？」蚿曰：「不然。子不見夫唾者乎？噴則大者如珠，小者如霧，雜而下者不可勝數也。今予動吾天機，而不知其所以然。」蚿謂蛇曰：「吾以衆足行，而不及子之無足，何也？」蛇曰：「夫天機之所動，何可易邪？**

吾安用足哉？」蛇謂風曰：「予動吾脊脅而行，則有似也。今子蓬蓬然起於北海，蓬蓬然入於南海，而似無有，何也？」風曰：「然。予蓬蓬然起於北海而入於南海也，然而指我則勝我，蹭我亦勝我。雖然，夫折大木、蜚大屋者，唯我能也，故以衆小不勝爲大勝也。爲大勝者，唯聖人能之。」

夔一足，蚿多足，蛇無足，然猶有形也。風無形而自行，目不行而自至，然猶以形用也。心之用神，而來往古今、周遍四海，豈用形者所可及？天機之所動，何可易？雖蛇所以自解於蚿，其實各各俱然。風之衆小不勝，以其無質也，爲大勝者，雖無而實有者也。唯無而能有，此正心之所以神。故曰：「爲大勝者，唯聖人能之。」必聖人，而後能盡心之量。大塊噫氣，其名爲風，心雖神，亦以一氣而神。省却心目不言，獨借風寓意，是文章變幻。「蹭」〔一〕，足踐也。

孔子游於匡，宋人圍之數帀，而弦歌不輟。子路入見，曰：「何夫子之娱也？」孔子曰：「來，吾語女。我諱窮久矣，而不免，命也；求通久矣，而不得，時也。當堯舜而天下

〔一〕「蹭」，原作「鰌」，據前引《莊子》原文改。

無窮人，非知得也；當桀紂而天下無通人，非知失也；時勢適然。夫水行不避蛟龍者，漁父之勇也；陸行不避兕虎者，獵夫之勇也；白刃交於前，視死若生者，烈士之勇也；知窮之有命，知通之有時，臨大難而不懼者，聖人之勇也。由，處矣。吾命有所制矣。」無幾何，將甲者進，辭曰：「以爲陽虎也，故圍之；今非也，請辭而退。」

至德者，火弗能熱，水弗能溺，寒暑弗能害，禽獸弗能賊，匡人其如夫子何？達理明權，不以物害己，此其徵也。

郭子玄曰：「時勢適然，言無爲勞心於窮通之間也。夫安於命者，無往而非逍遥，故匡、陳、羑里，無異於紫極閒堂也。」

公孫龍問於魏牟曰：「龍少學先生之道，長而明仁義之行；合同異，離堅白；然不然，可不可；困百家之知，窮衆口之辯；吾自以爲至達已。今吾聞莊子之言，汒芒。焉異之。不知論之不及與，知之弗若與？今吾無所開吾喙，敢問其方。」公子牟隱機太息，仰天而笑曰：「子獨不聞夫埳井之鼃乎？謂東海之鱉曰：『吾樂與。吾跳梁乎井幹之上，入休乎缺甃之崖；赴水則接掖持頤，蹶泥則没足滅跗；扶。還旋。虷蟹與科斗，莫吾能若也。且夫擅一壑之水，而跨跱埳井之樂，此亦至矣，夫子奚不時來入觀乎？』東海之鱉左足未入，而右膝已縶矣。於是逡巡而却，告之海曰：『夫千里之遠，不足以舉其大；千仞〔二〕之高，不足以極其深。禹之時十年九潦，而水弗爲加益；湯之時八年七旱，而崖不爲加損。夫不爲頃久推移，不以多少進退者，此亦東海之大樂也。』於是埳井之鼃聞之，適適然驚，規規然自失也。且夫知不知是非之竟，而猶欲觀於莊子之言，是猶使蚊負山，商蚷渠。馳河也，必不勝任矣。且夫知不知論極妙之言而自適一時之利者，是非埳井之鼃與？且彼方跐此。黄泉而登大皇，無南無北，奭然四解，淪於不測；無西無東，始於玄冥，反於大通。子乃規規然而求之以察，索之以辯，是直用管闚天，用錐指地也，不亦小乎？子往矣。且子獨不聞夫壽陵余子之學行於邯鄲與？未得國能，又失其故行矣，直匍匐而歸耳。今子不去，將忘子之故，失子之業。」公孫龍口呿而不合，舌舉而不下，乃逸而走。蚿，赤蟲。商蚷，蟲名。大皇，天也。

莊子釣於濮水。楚王使大夫二人往先焉，曰：「願以竟内累矣。」莊子持竿不顧，曰：「吾聞楚有神龜，死已三千歲矣，王巾笥而藏之廟堂之上。此龜者，寧其死爲留骨而貴乎，寧其生而曳尾於塗中乎？」二大夫曰：「寧生而曳尾於塗中。」莊子曰：「往矣，

〔二〕「仞」，原作「初」，據明世德堂《六子全書》本《南華真經》改。

吾將曳尾於塗中。」

《逍遥遊》許由讓天下，止因天下之已治；《秋水》篇莊子辭楚相，乃言留骨之無榮。

惠子相梁，莊子往見之。或謂惠子曰：「莊子來，欲代子相。」於是惠子恐，搜於國中三日三夜。莊子往見之，曰：「南方有鳥，其名鵷鶵，子知之乎？夫鵷鶵，發於南海而飛於北海，非梧桐不止，非練實不食，非醴泉不飲。於是鴟得腐鼠，鵷鶵過之，仰而視之曰：『嚇。』今子欲以子之梁國而嚇我邪？」

惠子不時見莊子，莊子直謂其自廋國中，恐見而失魏相，笑其以腐鼠而相嚇。此匠石之運斤郢人，固知其善謔，豈專於世外之身引分自高？亦欲其於在事之會名心頓淡。「搜」，廋也，匿也。《莊子》字多通用。

莊子與惠子遊於豪梁之上。莊子曰：「儵條。**魚出游從容，是魚樂也。」惠子曰：「子非魚，安知魚之樂？」莊子曰：「子非我，安知我不知魚之樂？」惠子曰「我非子，固不知子矣；子固非魚也，子之不知魚之樂，全矣。」莊子曰：「請循其本。子曰『女安**

知魚樂』云者，既已知吾知之而問我。我知之濠上也。」

「請循其本」，還尋其辯論之始也。「子曰『安知魚樂』云者」，既已知吾知魚之樂，而特問我所以知之之故。我之知魚，亦如子之知我，而於濠上觀魚時得之也。夫濠水中出没從容，便同九萬扶搖之快，天機偶會，不必鯤鵬是而斥鷃非，性地澄時，豈有魚鳥歡而人襟鬱？以上三條，乃「無以得殉名，無以故滅命，無以人滅天」者之事也。

南華真經本義卷十一

外篇　至樂第十八

此亦《大宗師》註義也。以《天運》解《大宗師》，大宗之義明而生死未徹，則真人之有真知者未悉言。至樂者，謂唯無爲足以活身，有如南面王樂曾不如死者之無爲。無爲而死生一視，則萬物芒芴皆從此殖，是爲大宗大本不可不知者，真人之有真知者也。

天下有至樂無有哉？有可以活身者無有哉？今奚爲奚據？奚避奚處？奚就奚去？奚樂奚惡？夫天下之所尊者，富貴壽善也；所樂者，身安厚味美服好色音聲也；所下者，貧賤夭惡也；所苦者，身不得安逸，口不得厚味，形不得美服，目不得好色，耳不得音聲。若不得者，則大憂以懼，其爲形也亦愚哉。夫富者，苦身疾作，多積財而不得盡用，其爲形也亦外矣。夫貴者，夜以繼日，思慮善否，其爲形也亦疏矣。人之生也，與憂俱生，壽者惛惛，久憂不死，何之苦也，其爲形也亦遠矣。烈士爲天下見善矣，未足以活身。吾未知善之誠善邪，誠不善邪？若以爲善矣，不足活身；以爲不善矣，足以活人。故曰：「忠諫不聽，蹲存。循勿爭。」故夫子胥爭之，以殘其形；不爭，名亦不成。誠有善無有哉？今俗之所爲與其所樂，吾又未知樂之果樂邪，果不樂邪？吾觀夫俗之所樂，舉羣趣者，誙誙坑。然如將不得已，而皆曰樂者，吾未之樂也，亦未之不樂也。果有樂無有哉？吾以無爲誠樂矣，又俗之所大苦也。故曰：「至樂無樂，至譽無譽。」天下是非果未可定也。雖然，無爲可以定是非。至樂活身，唯無爲幾存。請嘗試言之：天無爲以之清，地無爲以之寧，故兩無爲相合，萬物皆化。芒乎芴乎，而無從出乎。芴乎芒乎，而無有象乎。萬物職職，皆從無爲殖。故曰「天地無爲也，而無不爲也」，人也孰能得無爲哉？

人生莫不欲去憂而就樂，又莫不樂生而惡死。顧世人所樂者，每每不足以活身；有真可以活身之道，世人視之又以爲不樂。然則天下果有至樂無至樂邪？有可以活身，無可以活身邪？道心與俗趣不同，今去就好惡，將何途之從而可？就俗情論，尊富貴、壽善，而樂身安、厚味、美服、好色、音聲；下貧賤、夭惡，而苦前所尊所樂者之不得，惡爲不忠、失孝，與前善者殊科。夫不得而大憂以懼，欲得之以奉養身體，永享名譽，凡以爲形體百年計，而其爲形也，不亦愚哉？此何故？夫富者苦身積財而不用，貴者日夜計慮以保名，壽者惛惛久憂而自苦，如此以爲形，皆疏外迂遠之計，豈不是愚？獨中間樂爲善而下爲惡者，最是清高有韻。其如善亦難言，即如烈士捐身以爲天下，謂是善，乃有捐生之咎；謂非善，則有活人之功。稱活人之功，亦只理當活人，未必真能活人也。凡忠諫者多犯逆鱗，悟主者機在遜順，故曰：「蹲循勿爭。」蹲循者，卑服而逡循也。子胥爭以殘軀，垂名身後，豈是子胥樂事？今世俗所羣趨者，縱可樂亦不是至樂，惟無爲爲至樂，而又俗所大苦。故至樂無艷慕，猶之至譽無名稱，蓋樂莫過於活身，惟無爲者能活身而長存。天地無爲，萬物從化，芒芴者如草生之衆也。萬物職職，各有專主，不可相侵，而皆從無爲殖。奈何營生者不能無爲，則活身無術矣。

莊子以至樂在活身，又以壽者久憂不死爲甚苦。所謂活身，活其不貪名利有出入而無生死之真身，非活其群趣逕逕如將不得已之妄身。故下舉方死者之樂而不必貪生，正以明無爲者未嘗死，而不必屑屑有爲以求生也。

莊子妻死，惠子弔之，莊子則方箕踞鼓盆而歌。惠子曰：「與人居，長子、老、身死，

不哭亦足矣，又鼓盆而歌，不亦甚乎？」莊子曰：「不然。是其始死也，我獨何能無概？然察其始，而本無生；非徒無生也，而本無形；非徒無形也，而本無氣。雜乎芒芴之間，變而有氣，氣變而有形，形變而有生，今又變而之死，是相與爲春秋冬夏四時行也。人且偃然寢於巨室，而我噭噭（叫）。然隨而哭之，自以爲不通乎命，故止也。」

莊子之妻偃然寢乾坤巨室之内，是方秋冬而入息，行春夏又將變而有生。未嘗死也，何哭爲？

支離叔與滑（骨）。介叔觀於冥伯之丘，崑崙之虛，黄帝之所休。俄而柳生其左肘，其意蹷蹷然惡之。支離叔曰：「子惡之乎？」滑介叔曰：「亡，予何惡？生者，假借也。假之而生生者，塵垢也。死生爲晝夜。且吾與子觀化而化及我，我又何惡焉？」

「冥伯之丘」，死者之墓，如謝惠連祭古塚，稱「溟漠君」者是也。「崑崙」，在中國外，人跡罕到。「黄帝所休」，曾經神僊棲止。支離、滑介於此時方起域外之觀、僊凡死生之感，支離叔忽然柳生左肘，此是怪事，應是死徵，故惡之，而問滑介叔曰：「子惡之乎？」滑介叔欲消化其凡情，曰：「亡，予何惡？生者，形相假，合晝夜循環。冥伯在時觀化，亦常如爾我。今爾與我觀冥伯，遂化冥伯，此是輪轉事，又何惡焉？」

柳生之説，如夢如幻，止是怪徵。説者謂生瘤爲柳，必欲其如真有之事，過矣。

莊子之楚，見空髑（獨。）髏，（樓。）髐（嘐。）然有形。撽（苦弔反。）以馬捶，因而問之，曰：「夫子貪生失理，而爲此乎？將子有亡國之事、斧鉞之誅，而爲此乎？將子有不善之行，愧遺父母妻子之醜，而爲此乎？將子有凍餒之患，而爲此乎？將子之春秋故及此乎？」於是語卒，援髑髏，枕而卧。夜半，髑髏見夢曰：「子之談者似辯士。諸子所言，皆生人之累也，死則無此矣。子欲聞死之説乎？」莊子曰：「然。」髑髏曰：「死，無君於上，無臣於下，亦無四時之事，從（縱。）然以天地爲春秋，雖南面王樂，不能過也。」莊子不信，曰：「吾使司命復生子形，爲子骨肉肌膚，反子父母、妻子、閭里知識，子欲之乎？」髑髏深矉蹙頞曰：「吾安能棄南面王樂，而復爲人間之勞乎？」

凡人生之苦，只因有爲，一味無爲，髑髏何苦？反子父母、妻子、閭里知識，最是人情。曾子固曰：「人生原非久長之物。」假令丁令威千歲化鶴歸來，顧視城郭人民已非，則亦有何可樂？正以知識無存耳。

顔淵東之齊，孔子有憂色。子貢下席而問曰：「小子敢問：回東之齊，夫子有憂色，何邪？」孔子曰：「善哉，女問。昔者管子有言，丘甚善之，曰：『褚小者不可以懷大，綆梗。短者不可以汲深。』夫若是者，以爲命有所成而形有所適也，夫不可損益。吾恐回與齊侯言堯、舜、黄帝之道，而重以燧人、神農之言。彼將内求於己而不得，不得則惑，人惑則死。且女獨不聞邪？昔者海鳥止於魯郊，魯侯御迓。而觴之於廟，奏《九韶》以爲樂，具太牢以爲膳。鳥乃眩視憂悲，不敢食一臠，盧轉反。不敢飲一杯，三日而死。此以己養養鳥也，非以鳥養養鳥也。夫以鳥養養鳥者，宜棲之深林，遊之壇陸，浮之江湖，食之鰌秋。鯈，由。隨行列而止，委蛇而處。彼唯人言之惡聞，奚以夫譊譊爲乎？《咸池》、《九韶》之樂，張之洞庭之野，鳥聞之而飛，獸聞之而走，魚聞之而下入，人卒猝。聞之，相與還而觀之。魚處水而生，人處水而死。彼必相與異，其好惡故異也。故先聖不一其能，不同其事。名止於實，義設於適，是之謂條達而福持。」

顔回東見齊侯，近於烈士之爭名。夫齊侯非賢聖之資，爲褚小而綆短，乃與強談邃古，是欲其懷大而汲深也，彼將内求不得，惑以罪人。何者？情各有好惡，而強以情之所不好，徒爲務名而不適於時宜，是養海鳥以鐘鼓太牢者也。名止於實，違實何取於空名？義設於適，不適何必於立義？唯依於實而從其所適者，行之無不條達，而福且永持矣。此亦活身之至樂也。

列子行食於道從，見百歲髑髏，攓蓬而指之曰：「唯予與汝知而未嘗死，未嘗生也。若果養乎？予果歡乎？」種有幾，得水則爲㡭，繼。**得水土之際則爲鼃蠙之衣，生於陵屯則爲陵舄，**昔。**陵舄得鬱棲則爲烏足。烏足之根爲蠐螬，其葉爲蝴蝶。蝴蝶胥也化而爲蟲，生於竈下，其狀若脱，其名爲鴝掇。**都括反。**鴝掇千日爲鳥，其名爲乾**干。**餘骨。乾餘骨之沫爲斯彌，斯彌爲食醯。頤輅生乎食醯，黄軦生乎九猷，瞀**茂。**芮**汭。**生乎腐蠸。**歡。**羊奚比乎不箰，**笋。**久竹生青寧，青寧生程，程生馬，馬生人，人又反入於機。萬物皆出於機，皆入於機。**

髑髏南面王樂，莊子既有見夢之言，乃復全引列子指髑髏之語，爲知其生未嘗生，死未嘗死。髑髏已死，而曰「若果養」，死者乃更是活身也；列子方養，而曰「予果歡」，有至樂者又何憂於死爲髑髏也。後言種種變化，或無情漸變有情，或有情復入無情，此化機自然，孰測其所爲？故活身者唯在無爲，而不必群趣誙誙，如不得已也。

「攓蓬」，髑髏在蓬灌之下，列子攓蓬而與語也。舉其化生，凡有幾種：自濕化而言，天地塵埃爲息所吹，浮游水上，塵塵相牽如縷，其名爲𢇍，蓋水苔欲生，先有此朕。其在水土相交之際，水得土氣，凝爲體質，名蛙蠙之衣，即青苔也；其在山阜之上，變而爲草，名曰陵舄，即車前草也。陵舄而得鬱棲，化爲烏足。「鬱棲」，糞壤。「烏足」，草生水邊，俗呼墨草，烏髮方用之，其根化蠐螬，而葉化蝴蝶。「胥」，相也。蝶類又相化而爲蟲也，其蟲出於竈下，無皮無殼，狀軟若脱，名曰鴝掇，伏土千日化而爲鳥，名乾餘骨。乾餘骨口中流沫，化爲斯彌，斯彌化爲食醯，即蠛蠓也。外此而黄軦生乎九猷，瞀芮生乎腐蠸，皆蟲也。羊奚之草，其根比連於久不生笋之竹，則爲青寧。「羊奚」，羊蹄草也。自黄軦至青寧，皆因彼生此，而不必自食醯相生相傳以至此也。《循本》言萬載有老人，曾見一蟲，長五寸，後尚有寸許是竹，疑是青寧。《筆談》言延州人呼虎豹爲程。史言長沙武陵蠻生於畜狗，元始祖胎於狼鹿。《搜神記》言秦孝公時有馬生人。諸家引以爲程生馬、生人之證。

外篇　達生第十九

讀《逍遥遊》，何寥廓曠埌哉。今繹《達生》之要，在凝神爲純氣之守，若關尹告列子，是其所以能逍遥者也。痀僂承蜩，紀渻養雞，没人操舟，丈夫蹈水，梓慶削鐻，工垂旋規，無不可以凝神，無不可以養氣，故人無不可以逍遥遊。孫休役役鄉黨州部之間，功名係念，則逍遥義詘。

達生之情者，不務生之所無以爲；達命之情者，不務知之所無奈何。養形必先之物，物有餘而形不養者有之矣；有生必先無離形，形不離而生亡者有之矣。生之來不能却，其去不能止。悲夫。世之人以爲養形足以存生；而養形果不足以存生，則世奚足爲哉？雖不足爲而不可不爲者，其爲不免矣。夫欲免爲形者，莫如棄世。棄世則無累，無累則正平，正平則與彼更生，更生則幾矣。事奚足棄而生奚足遺？棄事則形不勞，遺生則精不虧。夫形全精復，與天爲一。天地者，萬物之父母也，合則成體，散則成始。形精不虧，是謂能移；精而又精，反以相天。

爲逍遥遊者，在凝神御氣。人以營生念切，故於世間事竭知力以趨之，凡以求養吾形也。不知徒自虧其形精，而養形實不足以存生。夫人生之所需者雖多，而實有生之所無用者；知力雖巧，而實有知力之所無可奈何者在。達生達命者，俱不務也，何也？養生必資之飲食貨賄，飲食貨賄非不豐而其人已死，積之何用？有生必先無離形，有人耳目視聽、手足奔趨非不如人，先自喪生生之主，形不離而生已亡矣。生之來也，固非人力所能却，而其去亦非知力所能止。此有命焉，乃知之所無奈何而不可用力者也。是養形果不足以存生，則生之所無以爲、知之所無奈何者，何必務之而與世競？爲雖不足爲，而生有所必資，不可不爲者，其爲不免矣。欲免爲形，莫如棄世。棄世者，非斷絶人世之謂，乃世出世間，身與相接，而不以世故一撓其心，如堯治天下而窅然喪其天下者是也。如此，則身雖與世同爲，而不以生之無以爲者是務，不以知之無可奈何者動心。於是心常無累，無累則正平矣。正平而心爲造化，造化生我，我生造化，與彼更生矣。彼不能棄事者，形常勞而形不全；不能遺世者，精常竭而精不復。是自虧其天也，觸物有碍者也。棄事遺世，形全精復，與天爲一。蓋天地者，萬物之父母也，合成體而能覆載萬物，散成始而爲萬物未形有生之母，神氣變動，莫能隔碍焉者。形精不虧，則形不碍神，可以逍遥六合，行萬物之上而不慄，而物莫能止之，是謂能移。「移」，變動無碍也。精而又精，骨肉都融，五官俱化，亦且聚成形，散成氣。向之始我者，天也；今我握元化之始，反爲天之天也。此遺世棄事之效也，故鯤鵬飛必天際，而神人居海外藐姑射之山。

子列子問關尹曰：「至人潛行不窒，蹈火不熱，行乎萬物之上而不慄。請問何以至於此？」關尹曰：「是純氣之守也，非知巧果敢之列。居，予語女。凡有貌象聲色者，皆物也，物何以相遠？夫奚足以至乎先？是色而已。則物之造乎不形，而止乎無所化，夫得是而窮之者，物焉得而止焉？彼將處乎不淫之度，而藏乎無端之紀，遊乎萬物之所終始，一其性，養其氣，合其德，以通乎物之所造。夫若是者，其天守全，其神無郤，隙。物奚自入焉？夫醉者之墜車，雖疾不死。骨節與人同而犯害與人異，其神全也。乘亦不知也，墜亦不知也，死生驚懼不入乎其胸中，是故遻悟。物而不慴。折。彼得全於酒而猶若是，而況得全於天乎？聖人藏於天，故莫之能傷也。復讎者不折鏌干，雖有忮心者不怨飄瓦，是以天下平均。故無攻戰之亂，無殺戮之刑者，由此道也。不開人之天，而開天之天，開天者德生，開人者賊生。不厭其天，不忽於人，民幾乎以其真。」

列御寇，能御風而行者也，此一問似未能御風之前。而關尹所答，則凝神御氣，逍遙遊之要旨也。純氣之守，道家相傳訣法。古仙人有使水逆流，坐炊茅屋炊熟而茅不焦，皆氣禁之。然凡身之形色象貌皆同一物，何足以造物之先，而能使物隨吾用？謂之一物，即色而已，宥在物中，而不能化在物先。物之所造，使諸色同吾一體而不能爲礙者，其在純氣之不形乎？物之所止，使吾體同於一物，而不能通行者，其以形色之末化乎？夫得是理而窮之者，則吾雖有體而所造嘗在物先，物不能宥之以質。物雖欲止之，而吾色非色，純氣變遷，物豈能碍吾之行？將内自正平而處乎不淫之度，與彼更生而遊乎無端之紀。不特至物之先，而又遊乎萬物之所終始。一性養氣，合德於物，而自先自後，成終成始，通乎物之所造矣。夫若是者，天全神定，物不能傷，孰能使其潛行窒、入火焦，行萬物之上而慄乎？觀得全於酒者，猶物不能傷，况至人之全其天者哉？全於天者，藏其身於天内，雖有凶頑，孰敢傷天？忮心不怨飄瓦，復讎不折鏌干，彼不能與無心者祟讎。藏於天者，彼我無心，是以天下均平，無攻戰殺戮之慘。計較報復，人亦自爲；天所當然，乃人之情耳。造物之先而天下均平，天之天也，不開人而開天。開天者，合德而物俱不傷，德之生也。開人者，計較而爭戰不已，賊之生也。不厭其天而藏之固，不忽於人而防賊之生，則民幾乎真矣。

仲尼適楚，出於林中，見痀居。僂屢。者承蜩，猶掇之也。仲尼曰：「子巧乎？有道邪？」曰：「我有道也。五六月累上聲。丸二而不墜，則失者錙銖；累三而不墜，則失者十一；累五而不墜，猶掇之也。吾處身也，若厥一作「橛」。株拘；渠。吾執臂也，若槁木之枝；雖天地之大，萬物之多，而唯蜩翼之知。吾不反不側，不以萬物易蜩之翼，何爲而不得？」孔子顧謂弟子曰：「用志不分，乃凝於神，其痀僂丈人之謂乎？」丸至圓轉不定，累而不墜，神凝氣定也，故能承蜩。株拘，枯樹也。

顏淵問仲尼曰：「吾嘗濟乎觴深之淵，津人操舟若神。吾問焉，曰：『操舟可學邪？』曰：『可。善游者數朔。能。若乃夫没人，則未嘗見舟而便操之也。』吾問焉而不吾告，敢問何謂也？」仲尼曰：「善游者數能，忘水也。若乃夫没人之未嘗見舟而便操之也，彼視淵若陵，視舟之覆猶其車却也。覆却萬方陳乎前而不得入其舍，惡往而不暇？以瓦注者巧，以鉤注者憚，以黄金注者殙。其巧一也，而有所矜，則重外也。凡外重者内拙。」

用志不分，乃凝於神，爲守氣者之要旨。有所矜則重外，外重者内拙，爲棄世遺事者之明鑑。

田開之見周威公。威公曰：「吾聞祝腎學生，吾子與祝腎遊，亦何聞焉？」田開之曰：「開之操拔篲以待門庭，亦何聞於夫子？」威公曰：「田子無讓，寡人願聞之。」開之曰：「聞之夫子曰：『善養生者，若牧羊然，視其後者而鞭之。』」威公曰：「何謂也？」田開之曰：「魯有單豹者，巖居而水飲，不與民共利，行年七十而猶有嬰兒之色；

不幸遇餓虎，餓虎殺而食之。有張毅者，高門縣薄，無不走也，行年四十而有内熱之病以死。豹養其内而虎食其外，毅養其外而病攻其内，此二子者，皆不鞭其後者也。」高門，大家也。縣薄，懸葦薄爲門，貧户也。

仲尼曰：「無入而藏，無出而陽，柴立其中央。三者若得，其名必極。夫畏塗者，十殺一人，則父子兄弟相戒也，必盛卒徒而後敢出焉，不亦知乎？人之所取畏者，衽席之上，飲食之間；而不知爲之戒者，過也。」

夫「入而藏」與「出而陽」者不同，此猶見内之重。即如單豹死於餓虎，亦是偶然事；張毅之病内熱，其病易犯。莊子乃兩戒之者，所貴不用之用，與彼更生，而造乎物之先；入而藏之，則一無可用，是亦物而已。故欲付内外於無心，而柴立中央，心雖棄世，實未嘗逃世以往也。畢竟外間利害，伏於隱微者，使人不覺；飲食男女，其特甚者也，故又有畏塗之戒。

祝宗人玄端以臨牢筴説稅。彘，曰：「汝奚惡死？吾將三月豢汝，十日戒，三日齋，藉白茅，加汝肩尻乎彫俎之上，則汝爲之乎？」爲彘謀，曰：「不如食以糠糟，而錯之牢筴之中。」自爲謀，則苟生有軒冕之尊，死得於腞直轉反。楯之上、聚僂之中則爲之。爲彘謀則去之，自爲謀則取之，所異彘者何也？

此即是畏塗當戒，故當棄世而遺事。「腞楯」，畫楯。「聚僂」，曲薄，所以捲物者也。

桓公田於澤，管仲御，見鬼焉。公撫管仲之手曰：「仲父何見？」對曰：「臣無所見。」公反，誒熙。詒怡。爲病，數日不出。齊士有皇子告敖者，曰：「公則自傷，鬼惡能傷公？夫忿滀畜。之氣，散而不反，則爲不足；上而不下，則使人善怒；下而不上，則使人善忘；不上不下，中身當心，則爲病。」桓公曰：「然則有鬼乎？」曰：「有。沈有履，竈有髻。詰。户内之煩壤，雷霆處之；東北方之下者，倍裴。阿鮭蛙。蠪龍。躍之；西北方之下者，則泆逸。陽處之。水有罔象，丘有峷，山有夔，野有方皇，彷徨。澤有委蛇。」公曰：「請問，委蛇之狀何如？」皇子曰：「委蛇，其大如轂，其長如轅，紫衣而朱冠。其爲物也，惡聞雷車之聲，則捧其首而立。見之者殆乎霸。」桓公辴丑忍反。然而笑曰：「此寡人之所見者也。」於是正衣冠與之坐，不終日而不知病之去也。峷，音臻。

桓公疑鬼則病生，聞霸而病去。病之來去，全不在病。可見得全於天者，物不能傷也。解者謂皇子告敖以妄止妄，則説理之過；謂知委蛇者妄，則知商羊、萍實者亦妄邪？古註，諸鬼各有形狀：髻，狀如美女而衣赤衣；倍阿，狀如小兒，長尺四，黑衣赤幘，大冠，帶劍持戟；泆陽，豹頭豹尾；罔象，狀如小兒，黑色，赤爪，大耳，長臂；宰，狀如狗而有角，文身，五彩；夔，狀如鼓而一足，彷徨如蛇，兩頭而文五彩；委蛇，則皇子所言者。桓公見鬼於澤，故一聞澤有委蛇，即不問餘鬼，而止問委蛇之狀。

莊子纔説病緣，便是雷公、岐伯。

紀渻省。子爲王養鬭雞。十日而問：「雞已乎？」曰：「未也，方虛驕而恃氣。」十日又問，曰：「未也，猶應嚮景。」十日又問，曰：「未也，猶疾視而盛氣。」十日又問，曰：「幾矣。雞雖有鳴者，已無變矣，望之似木雞矣，其德全矣。異雞無敢應者，反走矣。」虛憍恃氣，雞無故而尋鬭。十日之後，應響而鬭，應影而鬭。疾視盛氣，尚有怒意也。

孔子觀於呂梁，縣水三十仞，流沫四十里，黿鼉魚鱉之所不能游也。見一丈夫游之，以爲有苦而欲死也，使弟子並流而拯之。數百步而出，被髮行歌而游於塘下。孔子從而問焉，曰：「吾以子爲鬼，察子則人也。請問，蹈水有道乎？」曰：「亡，吾無道。吾始乎故，長乎性，成乎命。與齊臍。俱入，與滑骨。偕出，從水之道而不爲私焉。此吾所以蹈之也。」孔子曰：「何謂始乎故，長乎性，成乎命？」曰：「吾生於陵而安於陵，故也；長於水而安於水，性也；不知吾所以然而然，命也。」

梓慶削木爲鐻，鐻成，見者驚猶鬼神。魯侯見而問焉，曰：「子何術以爲焉？」對曰：「臣工人，何術之有？雖然，有一焉。臣將爲鐻，未嘗敢以耗氣也，必齊以靜心。齊三日，而不敢懷慶賞爵祿；齊五日，不敢懷非譽巧拙；齊七日，輒然忘吾有四肢形體也。當是時也，無公朝，其巧專而外滑消；然後入山林，觀天性；形軀至矣，然後成見鐻，然後加手焉；不然則已。則以天合天，器之所以疑神者，其是與？」齊，音齋。

東野稷以御見莊公，進退中繩，左右旋中規。莊公以爲文弗過也，使之鉤百而反。顔闔遇之，入見曰：「稷之馬將敗。」公密而不應。少焉，果敗而反。公曰：「子何以知之？」曰：「其馬力竭矣，而猶求焉，故曰敗。」

工倕旋而蓋規矩，指與物化而不以心稽，故其靈臺一而不桎。忘足，屨之適也；忘要，平聲。帶之適也；知忘是非，心之適也；不內變，不外從，事會之適也。始乎適而未嘗不適者，忘適之適也。

夫雞德全而異雞懾，從水道而險患忘，外滑消而鐻形見，靈臺一而規矩冥。是皆非知巧果敢之列，形精不虧，造物之先而物不能傷焉者。馬力竭則善御者敗，形精虧也。故曰：不內變，不外從，事忘適而後適，忘適之適已。在廣漠之野，無何有之鄉，何物能傷其生而不逍遙也？「猶〔二〕應響景」，景即影，見影聞響而欲應也。齊水之磨，滃而旋入者也；汨水之回，伏而湧出者也。鐻以懸鐘，下刻鳥獸之形。文者，組織之文。《詩》稱鄭叔段之善御，「執轡如組」是也。「使之鉤百而反」，陳碧虛曰：「使馬回還如鉤，百往百返，皆復故迹也。」「旋而蓋規矩」，言任指之旋而自合規矩。「蓋」，即合也，指物相得，不待心之稽考而後合方圓也。

有孫休者，踵門而詫子扁慶子曰：「休居鄉不見謂不修，臨難不見謂不勇；然而田原不遇歲，事君不遇世，賓擯。於鄉里，逐於州部，則胡罪乎天哉？休惡烏。遇此命也？」扁子曰：「子獨不聞夫至人之自行邪？忘其肝膽，遺其耳目，芒然彷徨乎塵垢之外，逍遙乎無事之業，是謂爲而不恃，長而不宰。今汝飾知以驚愚，修身以明汙，昭昭乎若揭日月而行也。汝得全而形軀，具而九竅，無中道夭於聾盲跛蹇而比於人數，亦幸矣，又何暇乎天之怨哉？子往矣。」孫子出。扁子入，坐有間，仰天而歎。弟子問曰：「先生何謂歎

〔二〕「猶」，原作「有」，據前引《莊子》原文改。

乎？」扁子曰：「向者休來，吾告之以至人之德，吾恐其驚而遂至於惑也。」弟子曰：「不然。孫子之所言是邪？先生之所言非邪？非固不能惑是。孫子所言非邪？先生所言是邪？彼固惑而來矣，又奚罪焉？」扁子曰：「不然。昔者有鳥止於魯郊，魯君說之，爲具太牢以饗之，奏《九韶》以樂之，鳥乃始憂悲眩視，不敢飲食。此之謂以己養養鳥也。若夫以鳥養養鳥者，宜棲之深林，浮之江湖，食之以委蛇，則平陸而已矣。今休，款啓寡聞之民也，吾告以至人之德，譬之若載鼷以車馬，樂鴳以鐘鼓也。彼又惡能無驚乎哉？」彷徨，《正韻》解爲「徘徊」，引相如賦「彷徨乎海外」爲證。相如賦當祖莊子，莊子之意在徜徉曠蕩之謂也。

孫休居鄉未嘗不以修見，臨難未嘗不以勇見，是以知巧果敢自負，思以遇歲逢時。此爲務其生之無以爲，不遇而委罪天命，爲務其知之無可奈何。故扁子告以至人之行，遺形體而彷徨乎塵垢，逍遥乎無事之業，爲天下事而不恃其爲之之力，是謂遺事，德長一世而不以宰世自任，乃所以棄世而遺事之實。此真至人之無己、無功、無名而逍遥事外者，故能精全形復，與天爲一。若休之戚戚於功名而物得止之、得入傷之，免於夭折、疲癃是幸，何暇天命之怨？以孫休見小而聞至人逍遥之事，是載鼷以車馬、樂鴳以鐘鼓也。斥鷃見鯤鵬而發笑，固宜聞鐘鼓則生驚耳。「款啓」，小孔竅也。

外篇　山木第二十

《人間世》稱無用之用，今猶未也，鴈且以不材無用死。莊子固曰：「合則離，成則毀，廉則挫，尊則議，有爲則虧，賢則謀，不肖則欺。」悲夫，人間世之險刻也。《人間世》篇，孔子與顏子、葉公數言處世之方，今孔子身在世中而頻見困殆，莊子亦身在世中而親遭誶逐，雖賢聖如人世何？不得已而爲定其法，曰：「行賢，去自賢之行，安往而不愛？」此吾夫子所謂「人道好謙」者也。

莊子行於山中，見大木，枝葉盛茂，伐木者止其旁而不取也。問其故，曰：「無所可用。」莊子曰：「此木以不材得終其天年。」夫子出於山，舍於故人之家。故人喜，命豎子殺鴈而烹之。豎子請曰：「其一能鳴，其一不能鳴，請奚殺？」主人曰：「殺不能鳴者。」明日，弟子問於莊子曰：「昨日山中之木，以不材得終其天年；今主人之鴈，以不材死。先生將何處？」莊子笑曰：「周將處乎材與不材之間。材與不材之間，似之而非也，故未免乎累。若夫乘道德而浮遊〔二〕則不然。無譽無訾，一龍一蛇，與時俱化，而無肯專爲；一上一下，以和爲量，浮遊乎萬物之祖；物物而不物於物，則胡可得而累邪？此神農、黄帝之法則也。若夫萬物之情，人倫之傳，則不然。合則離，成則毀；廉則挫，尊則議；有爲則虧，賢則謀，不肖則欺，胡可得而必乎哉？悲夫。弟子志之，其唯道德之鄉乎？」

處材與不材之間，亦特因事戲論。乘道德而浮游者，龍蛇上下，亦若在材不材之間，但其形全精復，忘伎倆而游乎萬物之先，藏身於天而物惡能累之。莊子闡發萬物之私情、人倫所傳習，而不勝悲歎，何者？人情險刻，有材與不材均不能免，胡可必哉？在道德之鄉者，亦不能使之不離、不毀、不謀、不欺。彼雖謀、雖欺、雖離、雖毀，而吾之龍蛇上下，屈伸自若，但不示以可離、可毀、可謀、可欺之端而已。蓋物物而不物於物者，固非物之所能離毀而謀欺之者也。

市南宜僚見魯侯，魯侯有憂色。市南子曰：「君有憂色，何也？」魯侯曰：「吾學先

〔二〕「遊」，原作「道」，據明世德堂《六子全書》本《南華真經》及後文改。

王之道，修先君之業；吾敬鬼尊賢，親而行之，無須臾離居；然不免於患。吾是以憂。」市南子曰：「君之除患之術淺矣。夫豐狐文豹，棲於山林，伏於巖穴，靜也；夜行晝居，戒也；雖饑渴隱約，猶且胥疏於江湖之上而求食焉，定也。然且不免於網羅機辟之患，是何罪之有哉？其皮爲之災也。今魯國獨非君之皮邪？吾願君刳形[一]去皮，灑心去欲，而游於無人之野。南越有邑焉，名爲建德之國。其民愚而朴，少私而寡欲；知作而不知藏，與而不求其報；不知義之所適，不知禮之所將；猖狂妄行，乃蹈乎大方；其生可樂，其死可葬。吾願君去國捐俗，與道相輔而行。」君曰：「彼其道遠而險，又有江山，我無舟車，奈何？」市南子曰：「君無形倨，無留居，以爲君車。」君曰：「彼其道幽遠而無人，吾誰與爲鄰？吾無糧，我無食，安得而至焉？」市南子曰：「少君之費，寡君之欲，雖無糧而乃足。君其涉於江而浮於海，望之而不見其崖，愈往而不知其所窮。送君者皆自崖而反，君自此遠矣。故有人者累，見有於人者憂。故堯非有人，非見有於人也。吾願去君之累，除君之憂，而獨與道游於大莫之國。方舟而濟於河，有虛船來觸舟，雖有惼編。心之人不怒；有一人在其上，則呼張歙之；一呼而不聞，再呼而不聞，於是三呼邪，則必

[一]「形」，原作「刑」，據明世德堂《六子全書》本《南華真經》改。

以惡聲隨之。向也不怒而今也怒，向也虛而今也實。人能虛己以遊世，其孰〔二〕能害之？」

市南子稱建德之國，是後世《醉鄉》、《毛穎傳》之所昉。語建德之所爲，大約無私欲而忘爾我，去有爲而契大道，故可以生死於是中。願君去國捐俗，與道相輔而行。未至於建德之國，尚依藉道理爲輔助；既至其處，則冥心合化，併道理亦忘之矣。魯君畏道遠無舟車，是以其事爲難行，未免習富貴之形態，而不能舍其所現在。故曰：君無形倨而改富貴之形態，無留居而戀目前之所有，則建鄉不遠，有車可到也。魯君又畏無人無糧，是以其事爲寂寞，未免爲衆欲之所汩没，而謂清淡爲不可堪。故曰：君但少費寡欲，則一身之外皆爲長物，何藉資糧涉江浮海？不溺嗜欲之中，望無涯而往無窮，清曠之境界彌超也。送君者自崖而返，平日之娛樂我者、奔走趨承者皆揮手作别，永不相親，君自此與世俗遠矣。夫君方以無人爲憂，不知人不易有無之而後適。「有人者」，求所以處之，則累；「見有於人者」，其責望彌重，則憂。「故堯非有人，非見有於人」，有天下不與而已。吾願君不有人而去其

〔二〕「孰」，原作「熟」，據明世德堂《六子全書》本《南華真經》改。

累，不見有於人而除其憂，獨身與道遊於大漠之國。大漠之國，漠然大虛，並建德不足爲名。然欲除憂去累，虛無人者，必先自虛己。己未虛，人未能與我相忘也。故有方舟濟河之説。「方舟」，舟相並也。「呼張歙之」者，呼之使開、使合也。

北宮奢爲衛靈公賦斂以爲鐘，爲壇乎郭門之外，三月而成上下之縣。王子慶忌見而問焉，曰：「子何術之設？」奢曰：「一之間，無敢設也。奢聞之：『既雕既琢，復歸於朴。』侗乎其無識，儻乎其怠疑；萃乎芒乎，其送往而迎來；來者勿禁，往者勿止；從其彊梁，隨其曲傳，因其自窮。故朝夕賦斂而毫毛不挫，而況有大塗者乎？」

北宮奢爲鐘，成上下之縣，設架縣鐘，上下各六，所謂編鐘，是不出三月，凡成十二鐘矣。王子慶忌見其成之速，故疑有術。北宮子，知道者，故因賦鐘闡大道，言我心只是抱一，何所設於一之間？既雕既琢，復歸於朴。人各有本性，我賦鐘時，侗乎無識，不參意見；儻乎若怠若疑，不萌欲速；萃乎芒乎，若萬物之叢生，而送往迎來，不致揀擇；來而應我之賦者固弗禁，往而不從我之賦者亦不止；其來者彊梁有力肯多賦，則從其多賦，若委曲傳合出於不得已，以無力而少賦，則隨其少賦，皆因其力量之所自窮而止。故朝夕賦斂，我未嘗有成心設一術，而何毫毛之挫也？賦鐘猶然，況用大道而治天下者乎？

孔子圍於陳蔡之間，七日不火食。太公任往弔之，曰：「子幾死乎？」曰：「然。」「子惡死乎？」曰：「然。」任曰：「予嘗言不死之道。東海有鳥焉，其名曰意怠。其爲鳥也，翂翂翐翐，而似無能；引援而飛，迫脅而棲；進不敢爲前，退不敢爲後；食不敢先嘗，必取其緒。故其行列不斥，而外人卒不得害，是以免於患。直木先伐，甘井先竭。子其意者飾知以驚愚，修身以明汙，昭昭乎如揭日月而行，故不免也。昔吾聞之大成之人曰：『自伐者無功，功成者隳，名成者虧。』孰能去功與名而還與衆人？道流而不明居，得行而不名處；純純常常，乃比於狂；削迹捐勢，不爲功名。是故無責於人，人亦無責焉。至人不聞，子何喜哉？」孔子曰：「善哉。」辭其交遊，去其弟子，逃於大澤；衣裘褐，食杼栗；入獸不亂羣，入鳥不亂行。鳥獸不惡，而況人乎？

太公任兩問，孔子兩應，情景如真。「意怠」，即「意而」也，燕也。「翂翂翐翐」，飛之近小，不高遠也。「引援」，群飛。「迫脅」，迫人也。「行列不斥」，行不防備人，如軍行之有斥候也。「去功與名而還與衆人」，還與無功無名者伍也。道從身流，而不明其身居道之源；德從行得，而不明其行處於德之内。「至人不聞，子何喜哉」，勸夫子不宜喜名聞也。

孔子問子桑虖曰：「吾再逐於魯，伐樹於宋，削迹於衛，窮於商周，圍於陳蔡之間。吾犯此數患，親交益疎，徒友益散，何與？」子桑虖曰：「子獨不聞假人之亡與？林回棄千金之璧，負赤子而趨。或曰：『爲其布與？赤子之布寡矣；爲其累與？赤子之累多矣。棄千金之璧，負赤子而趨，何也？』林回曰：『彼以利合，此以天屬也。』夫以利合者，迫窮禍患害相棄也；以天屬者，迫窮禍患害相收也。夫相收之與相棄亦遠矣。且君子之交淡若水，小人之交甘如醴；君子淡以親，小人甘以絶。彼無故以合者，則無故以離。」孔子曰：「敬聞命矣。」徐行翔佯而歸，絶學捐書，弟子無挹於前，其愛益加進。異日，桑虖又曰：「舜之將死，真泠禹曰：『汝戒之哉。形莫若緣，情莫若率。緣則不離，率則不勞；不離不勞，則不求文以待形；不求文以待形，固不待物。』」

絶學捐書，故弟子無所挹取於夫子，然其合以天，故愛益進。舜狩蒼梧，將死而形神欲離，真體就泠。禹恐其猶以民物在念也，曰：「戒之哉，今者形神離矣。夫身非己有，四大和合，無非假緣，形莫若以緣會視之而已。神無所不之，不必預擬今歸何處，莫若率情所向而已。緣合既假，則離豈真離？來往率情，又何勞躍冶？不離不勞，渾然還合無爲之一氣，無質也，而何有於文？不求於爲文，而又何待？有此視聽言動之形，不求文以待形，固不待此林總之物以役吾形也，豈不翛然於往來也哉？」桑虖述此，亦欲夫子忘情於物也。「假」，國邑名。

莊子衣大布而補之，正緳絜。**係履而過魏王。魏王曰：「何先生之憊邪？」莊子曰：「貧也，非憊也。士有道德不能行，憊也；衣弊履穿，貧也，非憊也；此所謂非遭時也。王獨不見夫騰猿乎？其得楠梓豫章也，攬蔓其枝而王長其間，雖羿、逢蒙不能眄睨也。及其得柘棘枳枸之間也，危行側視，振動悼慄；此筋骨非有加急而不柔也，處勢不便，未足以逞其能也。今處昏上亂相之間，而欲無憊，奚可得邪？此比干之見剖心徵也夫？」**

「緳」，帶也。「正緳係履」，履穿而正帶以係也。莊子對惠王言昏上亂相之間，似非人間世保身之道，緣魏相惠子也。其君相知莊子之輕物傲世，雖放言而無害；且惠子必數稱莊子之賢，今詆爲亂相，魏王亦復何嫌？亦所謂放言自廢，不欲托身濁世故也。

孔子窮於陳蔡之間，七日不火食，左據槁木，右擊槁枝，而歌猋氏之風，有其具而無其數，有其聲而無宮角，木聲與人聲，犁然有當於人之心。顔回端拱還目而窺之。仲尼恐其廣己而造大也，愛己而造哀也，曰：「回，無受天損易，無受人益難。無始而非卒也，人與天一也。夫今之歌者其誰乎？」回曰：「敢問無受天損易。」仲尼曰：「饑渴寒暑，窮桎不行，天地之行也，運物之泄也，言與之偕逝之謂也。爲人臣者，不敢去之。執臣之道猶若是，而況乎所以待天乎？」「何謂無受人益難？」仲尼曰：「始用四達，爵祿並至而不窮，物之所利，乃非己也，吾命有在外者也。君子不爲盜，賢人不爲竊。吾若取之，何哉？故曰：鳥莫知於鷾鴯，目之所不宜處，不給視，雖落其實，棄之而走。其畏人也，而襲諸人間，社稷存焉爾。」「何謂無始而非卒？」仲尼曰：「化其萬物而不知其禪之者，焉知其所終？焉知其所始？正而待之而已耳。」「何爲人與天一邪？」仲尼曰：「有人，天也；有天，亦天也。人之不能有天，性也；聖人晏然體逝而終矣。」

孔子據「槁木」，几也。「槁支」，策枝也。「無其數」，無節奏也。廣己造大，見夫子窮而能樂，爲廣遠不可及而張大之也。愛己造悲，見夫子有道而窮，不免愛恤而悲感之也。故夫子告以「天損」、「人益」四語，總之以人即爲天，歌者乃天籟之自然而豈夫子乎？何爲「無受天損易」？饑渴寒暑，與夫窮桎其身而不得行時，是天不益我而損我也，乃天地自然有此否塞之候，造物之運行偶遇我而宣泄。無受天損者，雖損而若無所損，言與之偕逝，而不見爲乖迕。臣不能違君，人安敢違天？故曰「易」。何謂「無受人益難」？方見用於人，即行無不利，爵禄方來而不窮，此極順利快情之事，於此不免有所欣幸。然是乃物之所利，親戚利我之用以沾恩，百姓利吾之用以被澤，於吾身實無與，富貴去來，有命在外，非吾之所能常有。非吾所有而欲必有之，爲盜爲竊而已，豈賢人君子之所爲？鷾鴯至廉，畏人而襲處人間，非戀之也，以人間堂奥常奉五祀，社稷存焉，暫托處之，而人不傷也。君子之處富貴，亦如鷾鴯之處人間，而豈以爲適意也哉？此於世味爲易染而能不染，故曰「無受人益難」。夫無受人益難，則今日夫子之窮，幸不受人益，回何必哀而造悲？無受天損易，則今日夫子在窮能樂，亦止是不受天損，回何必廣而造大？何爲「無始而非卒」？天地以窮通之運，化萬物而相禪，或始窮而終通，或始通而終窮，或以一通一窮相爲終始，此俱不可知，但當正而待之已耳。有始必卒，特日暮事，何必在始憂卒而以窮通計念？何謂「人與天一」？夫損益雖有天人之分，然均之爲天而已。有人益，是天命之得，人益天也。有天損，是天命之得，損亦天也。凡人遇天損，便以爲饑寒困乏爲不可有，而不能有天，此人生習性則然。聖人以爲有命焉，而不爲性，晏然體天命而與之偕逝，終身焉而已矣。無始非卒，則今日之窮，特聽其頃刻之相禪。人與天一，則今日之窮者窮以天，樂者亦樂以天，夫豈以夫子？回真不必造大而造悲矣。「鷾鴯」，玄鳥也。《玄虛子仙志》云：「周穆王迎意而子居靈卑之宮，訪以至道，後欲以爲司徒，意而子愀然不悦，奮身化作玄鳥，飛入雲中，故後人呼玄鳥爲『意而』。」

莊周遊乎雕陵之樊，覩一異鵲自南方來者，翼廣七尺，目大運寸，感周之顙而集於栗林。莊周曰：「此何鳥哉，翼殷不逝，目大不覩？」蹇裳躩步，執彈而留之。覩一蟬，方得美蔭而忘其身；螳螂執翳而搏之，見得而忘其形；異鵲從而利之，見利而忘其真。莊周怵然曰：「噫，物固相累，二類相召也。」捐彈而反走，虞人逐而誶之。莊周反入，三月不庭。藺且從而問之：「夫子何爲頃間甚不庭乎？」莊周曰：「吾守形而忘身，觀於濁水而迷於清淵。且吾聞諸夫子曰：『入其俗，從其俗。』今吾游於雕陵而忘吾身，異鵲感吾顙，遊於栗林而忘真，栗林虞人以吾爲戮，吾所以不庭也。」

「雕陵之樊」，雕陵之樊園也。「感周之顙」，從莊子顙邊過也。鵲起，周驚怪，故謂之「感」。莊子謂鵲見人在，當從遠逝，今徒有七尺之大翼而不能避人，徒有周寸之大目而不能見人來。感己顙方致疑於異鵲，及見三物遞遞相圖，因慨然興歎：物以形相累，我欲圖彼即啓彼之圖我，爲二類相召，此利與害伏，而不知己之執彈而留鵲者，又一異鵲也，雖捐弓反走，已不免致誶。莊子平日所講者，形全精復，欲守形也，倏遊雕陵之樊，已爲亡身，見逐利相圖之濁水，而忘寧寂自守之清淵。始忘身者見鵲，起相圖之念，又爲忘其真矣，宜致虞人之誶辱，故自愧悔而三月不庭也。此見人世間動足皆危機也。

陽子之宋，宿於逆旅。逆旅人有妾二人，其一人美，其一人惡，惡者貴而美者賤。陽子問其故，逆旅小子對曰：「其美者自美，吾不知其美也；其惡者自惡，吾不知其惡也。」陽子曰：「弟子記之，行賢而去自賢之行，安往而不愛哉？」

行賢似材，去自賢之行又似不材。人間世終以神人之不材，此乘道德而浮游，似不材而爲天下之全材，足處人間世矣。

南華真經本義卷十二

外篇　田子方第二十一

大《易》曰：「形而上者謂之道，形而下者謂之器。」但據現在之形，則凡有耳目俱可見聞，如欲離形蹟上，則雖殫竭心思，尤難冥契。故世人但知摸擬形迹，求其畢肖而止，不知着意摸擬，於真體全乖。此篇自田子方至凡君，十一事，皆脱略形迹，而用心在物之先，全德於内，遺形於外，《德充符》之事也。

田子方侍坐於魏文侯，數朔。稱谿工。文侯曰：「谿工，子之師邪？」子方曰：「非也，無擇之里人也；稱道數當，故無擇稱之。」文侯曰：「然則子無師邪？」子方曰：「有。」曰：「子之師誰邪？」子方曰：「東郭順子。」文侯曰：「然則夫子何故未嘗稱之？」子方曰：「其爲人也真，人貌而天虚，緣而葆真，清而容物。物無道，正容以悟之，使人之意也消。無擇何足以稱之？」子方出，文侯儻然，終日不言，召前立臣而語之曰：「遠矣，全德之君子。始吾以聖知之言、仁義之行爲至矣，吾聞子方之師，吾形解而不欲動，口鉗而不欲言。吾所學者，直土梗耳。夫魏真爲我累耳。」

谿工稱道數當，即後文侯所指「聖知之言」、「仁義之行」，猶在形迹上用功。若東郭順子爲人，唯一真而已。「人貌而天」，純氣之守也，天者，氣而已。虚天下之萬緣，而所葆在真氣。清者多不能容，清而容物，尤是任天之宏量。悟物不以言而消其意，此孟子所謂「格其非心」者。東郭順子絶不在言語、行迹留意，又安得據言語、行迹之可稱者而稱之？文侯亦悟向所學者皆粗迹，言行猶粗，況身外之魏乎？

温伯雪子適齊，舍於魯。魯人有請見之者，温伯雪子曰：「不可。吾聞中國之君子，明乎禮義而陋於知人心，吾不欲見也。」至於齊，反舍於魯，是人也又請見。温伯雪子曰：「往也蘄見我，今也又蘄見我，是必有以振我也。」出而見客，入而歎。明日見客，又入而歎。其僕曰：「每見之客也，必入而歎，何邪？」曰：「吾固告子矣：『中國之民，明乎禮義而陋乎知人心。』昔之見我者，進退一成規、一成矩，從容一若龍、一若虎。其諫我也似子，其道我也似父，是以歎也。」仲尼見之而不言。子路曰：「吾子欲見温伯雪子久矣，見之而不言，何邪？」仲尼曰：「若夫人者，目擊而道存矣，亦不可以容聲矣。」

敘相見不露姓名，婉若當初兩人原驀不相識者。概中國君子以一言曰「明於禮義而陋於知人心」，極簡而刻。進退成規矩，從容若龍虎，諫似子而道似父，皆所謂「明於義理」者。特其所諫所道者，未必能知伯子之心。及孔子謂「不可以容聲」，則已深知伯子之心矣。見時亦不着一字，而感發在言議之外，乃孔子好學虛懷、爲人不倦之意，使温伯雪子亦不能不爲感動。

顏淵問於仲尼曰：「夫子步亦步，夫子趨亦趨，夫子馳亦馳，夫子奔逸絕塵，而回瞠撐若乎後矣。」夫子曰：「回，何謂邪？」曰：「夫子步，亦步也；夫子言，亦言也；夫子趨，亦趨也；夫子辯，亦辯也；夫子馳，亦馳也；夫子言道，回亦言道也；及奔逸絕塵而回瞠若乎後者，夫子不言而信，不比而周，無器而民蹈乎前，而不知所以然而已矣。」仲尼曰：「惡，可不察與？夫哀莫大於心死，而人死亦次之。日出東方而入於西極，萬物莫不比方，有目有趾者，待是而後成功，是出則存，是入則亡。萬物亦然，有待也而死，有待也而生。吾一受其成形，而不化以待盡，效物而動，日夜無隙，而不知其所終；薰然其成形，知命不能規乎其前，丘以是日徂。吾終身與女交一臂而失之，可不哀與？女殆著乎

吾所以著也。彼已盡矣，而女求之以爲有，是求馬於唐肆也。吾服女也甚忘，女服吾也亦甚忘。雖然，女奚患焉？雖忘乎故吾，吾有不忘者存。」

顔淵於步趨言辯求夫子，而以其不言人信，不比人親，無名器而人歸往，以此爲化不可爲，故稱之爲「奔逸絶塵而瞠若乎後」。「瞠」者，睜目而視，如俗語「只看得」之謂也。乃道不在步趨言辨，亦不在人信人親、民蹈於前，而爲奔逸絶塵。顔子於此求道，只看得外邊。外邊有爲之迹倏忽變遷，如何執着得道？固有待之爲著見，而不隨倏忽爲變遷者在，此不可以不察。夫人有生有死，人見身死，即謂之死；乃有大可哀者，神明先喪在心之死，此人之所不得見者也。人身死而可見，亦特其次焉者耳。蓋人身之死生，有所待以死生，如彼萬物之動息，有所待爲動息。方日光東出，則萬物莫不比類向方，各趨其事，有目者待以成視，有趾者待以成行，是出則存，正如人之生也。及日光西入，則群動闃然，同歸於寂，是入則亡，正如人之死也。萬物因日之出入，故有動息，而其所待以爲動息之日，則未嘗亡。生死亦然，其死也，有待而死，神氣去而後形骸謝；其生也，有待而生，神氣聚而百骸成。吾得其所待而受其成形，自孩孺至白首，終守此形，不化以待盡。隨物之至效，步趨言辯，日夜無停時，而孰知其所終？向之成形，方爲孩孺者，不覺熏然而頽，雖有知命者，不能規其前。當物未交，安能預定一應酬之迹？唯隨不知所終者而終之，以是日與俱往，與俱忘而已。乃吾所待而存者，則固常存而不忘，終身與子俱；子之所待而存者，亦無一不與吾俱，與吾交一臂並立。今自以爲瞠若而失之，寧子之所待而存者，獨不存邪？可不哀也？凡吾之效物以動，特形迹之顯著者耳，同特於此處着眼，殆著乎？吾所以著也，著者不常存。今日效物，即今日盡矣，轉眼又成別狀。汝乃求之以爲有，欲於此處事事摸擬，是求馬於唐肆也。肆中已失之馬，豈可復求之肆中？「唐」，荒唐也，失亡也。夫吾以奔逸絶塵服汝，吾不知何爲奔逸絶塵，此意甚忘。汝以奔逸絶塵服吾，而吾今亦不知何以使子之服，此意亦甚忘。然則汝終以瞠若乎後者爲患乎？汝何患焉？步趨言辯，此已盡之。塵迹雖忘乎故，吾曾不足再爲之經意。吾有所待以生而常不忘者存，後之爲奔逸絶塵，更不知當何如也。子亦忘吾之所忘，而求之於所存者，足矣。

孔子見老聃，老聃新沐，方將被髮而乾，干。**慹**音聶，不動貌。**然似非人。孔子便而待之，少焉見，曰：「丘也眩與，其信然與？向者先生形骸掘若槁木，似遺物離人而立於獨也。」老聃曰：「吾遊心於物之初。」孔子曰：「何謂邪？」曰：「心困焉而不能知，口辟**

焉而不能言，嘗爲汝議乎其將：至陰肅肅，至陽赫赫；肅肅出乎天，赫赫發乎地；兩者交通成和而物生焉，或爲之紀而莫見其形。消息滿虛，一晦一明，日改月化，日有所爲，而莫見其功。生有所乎萌，死有所乎歸，始終相反乎無端，而莫知乎其所窮。非是也，且孰爲之宗？」孔子曰：「請問遊是。」老聃曰：「夫得是，至美至樂也。得至美而遊乎至樂，謂之至人。」孔子曰：「願聞其方。」曰：「艸食之獸不疾易藪，水生之蟲不疾易水，行小變而不失其大常也，喜怒哀樂不入於胸次。夫天下也者，萬物之所一也。得其所一而同焉，則四肢百體將爲塵垢，而死生終始將爲晝夜而莫之能滑，而況得喪禍福之所介乎？棄隸者若棄泥塗，知身貴於隸也，貴在於我而不失於變。且萬化而未始有極也，夫孰足以患心？已爲道者解乎此。」孔子曰：「夫子德配天地，而猶假一作偃。至言以修心。古之君子，孰能説脱。焉？」老聃曰：「不然。夫水之於汋也，無爲而才自然矣。至人之於德也，不修而物不能離焉，若天之自高，地之自厚，日月之自明，夫何修焉？」孔子出，以告顔回曰：「丘之於道也，其醯雞與？微夫子之發吾覆也，吾不知天地之大全也。」

老聃與孔子語道，語極玄微，然大要謂道無生死，化有自然，在生忘生，超然化表，其本旨也。「似非人」，謂肢體形骸方墮黜也。孔子待久，故便而復待；既便，少焉後得見也。經籍中未有用「便」字者，《莊子》始有之。嵇康《絶交書》曰：「每常小便而不忍起，令胞中略轉，然後起耳。」祖《莊子》「便」字也。「似遺物離人而立於獨」，孔子覩貌得神，老子正遊心在物初者。物之初，太虛也，造化之宗也，不可以擬議、思維，故不能知、不能言，口辟卷而不開也。其初不可議，而議乎其將造化萌動，萬物將生會也。至陰在下，至陽在上，而肅肅出天，赫赫發地，陰陽互根也，故養生練氣者亦然。兩者通和，萬物以生，不論胎卵化生，毛骨體貌極細極周，疑有爲之紀綱者，而孰見其形？消息、盈虛、晦明、晝夜，刻不暫停，若趨事赴功，然而孰見其功？但覺萬物生死，是中循環無端，又孰知所窮乎？夫莫見形，莫見功，莫知其窮，而有爲之形，爲之功，爲之不窮者，爲至陰至陽，原本在物之初，故生生運動，其將未已。使非是也，又孰爲宗乎？能遊於初者，不役一形，而常在形外；不效一功，而常在功先；不與物俱，而聽物之自窮。至陽爲我發，至陰爲我出，交通爲我和，我不出於宗而造化爲我紀，至美至樂也。問其所以遊之之方安在。夫人心原自有超然元化，在一物未有之先，而爲物之初者爲因。以身之生死變遷，物之得喪禍福，介介胸中，則宥於物内，去初已遠，不知死生變遷迹也。在物之初者，至一而不變。試觀獸不戀故藪，魚不戀故水，藪與水少變，而可以飲食如故，更有何得失而以喜怒哀樂動其中？夫天下也者，陰陽一氣之成和，萬物之所一也。我得其所爲一，而我與物同環轉於氣内，我自有爲之宗者，非彼環轉之所能動移，則將塵垢百骸，晝夜生死，安能以新故變易之故而滑其和？生死猶然，而况得喪禍福之介乎？人身未嘗戀戀於爲隸，以隸賤身貴故也。吾之有身，爲吾大患，不啻如隸。遊於物初，至美至樂，貴在於我，豈以新故變易而有失？雖萬化萬轉可也，夫何足以爲患？爲道者當解悟於此，是遊之之方也。孔子聞老聃之言，以爲是修證所得，古之君子將無有能脱修證之功者。老子謂此道自然，如水之才，自然爲濕，動念全差，擬議即非。至人不假修德，物自不能離道，觀天地日月之自高自厚可見已。此章如許議論，其旨已概於前所揭四句，四句總概於一句，曰「遊心於物之初」。

莊子見魯哀公。哀公曰：「魯多儒士，少爲先生方者。」莊子曰：「魯少儒。」哀公曰：「舉魯國而儒服，何謂少乎？」莊子曰：「周聞之：儒者冠圜冠者，知天時；履句屨者，知地形；緩佩玦者，事至而斷。君子有其道者，未必爲其服也；爲其服者，未必知其道也。公固以爲不然，何不號於國中曰：『無此道而爲此服者，其罪死。』」於是哀公號之五日，而魯國無敢儒服者。獨有一丈夫，儒服而立乎公門，公即召而問以國事，千轉萬變而不窮。莊子曰：「以魯國而儒者一人耳，可謂多乎？」

莊子方欲遺去形迹以論道，何況身外之飾？以服履冠佩觀儒，則魯國皆儒。至論真儒，止得一人。通不説出孔子，見孔子亦在。人以意會悟，無容以迹言。時世先後，並置不論。

「緩佩玦」，因性緩而佩玦，故事至而能斷。

百里奚爵祿不入於心，故飯牛而牛肥，使秦穆公忘其賤，與之政也。有虞氏死生不入於心，故足以動人。

飯牛者，方不知有身外事，而反使其君授之以政；忘死生者，並不知有身内事，而外反有以動乎人。

宋元君將畫圖，衆史皆至，受揖而立；舐筆和墨，在外者半。有一史後至者，儃但。**儃然不趨，受揖不立，因之舍。公使人視之，則解衣般礴羸。君曰：「可矣，是真畫者也。」**

「般礴」，箕踞也。方解衣，故裸。宋君獨取神不役於畫者爲能畫。

文王觀於臧，見一丈人釣，而其釣莫釣：，非持其釣有釣者也，常釣也。文王欲舉而授之政，而恐大臣父兄之弗安也：，欲終而釋之，而不忍百姓之無天也。於是旦而屬之大夫曰：「昔者寡人夢見良人，黑色而䫇，髯。乘駁馬而偏朱蹄，號曰：『寓而政於臧丈人，庶几乎民有瘳〔二〕乎。』」諸大夫蹵然曰：「先君王也。」文王曰：「然則卜之。」諸大夫曰：「先君之命，王其無他，又何卜焉？」遂迎臧丈人而授之政。典法無更，偏令無出。三年，文王觀於國，則列士壞植散群，長官者不成德，斔庾。斛不敢入於四境。列士壞植散羣，則尚同也：，長官者不成德，則同務也：，斔斛不敢入於四境，則諸侯無二心也。文王於是焉以爲大師，北面而問曰：「政可以及天下乎？」臧丈人昧然而不應，泛然而辭，朝令而夜遁，終身無聞。顔淵問於仲尼曰：「文王其猶未耶？又何以夢爲乎？」仲尼曰：「默，女無言。夫文王盡之也，而又何論刺焉？彼直以循斯須也。」

其釣莫釣，意不在釣也。非持其釣，以爲真有所釣，但常如此，垂釣以自適而已。「偏朱蹄」，一蹄偏赤也。「典法無更」，不變舊章。「偏令無出」，期可通行。「植」者，封界所植之木，如樂毅「薊丘之植，植於汶篁」是也。「壞植散群」，撤去

〔二〕「瘳」，原作「廖」，據明世德堂《六子全書》本《南華真經》改。

守備也。「長官不成德」，政教大同，無德可見也。六斛四斗，爲「斔」。諸侯歸心，不敢以斔斛大小異量者攜入境内也。

文王説夢，説得靈怪動人，特以循斯須之耳目，以成用人之功，不妨假託爲真。丈人受政，其政井然見效，特以了一時委用之意，原無及天下之心，不妨名實俱隱。假顔子一問，以明文王之神理在心，真假通不得而論刺也。

列御寇爲伯昏無人射，引之盈貫，措杯水其肘上，發之，適的。矢復覆。沓，方矢復寓。當是時，猶象人也。伯昏無人曰：「是射之射，非不射之射也。嘗與汝登高山，履危石，臨百仞之淵，若能射乎？」於是無人遂登高山，履危石，臨百仞之淵，背逡巡，足二分垂在外，揖御寇而進之。御寇伏地，汗流至踵。伯昏無人曰：「夫至人者，上闚青天，下潛黄泉，揮斥八極，神氣不變。今女怵然有恂目之志，爾於中也殆矣夫？」

「引之盈貫」，引滿其弓也。左手執弓而可置杯水，手定不動也。「適矢復沓」者，前矢適去，而復沓一矢在弦也；「方矢復寓」者，所沓之矢方去，而弦上又寓一矢也，總見其敏捷。「是射之射，非不射之射」，言以巧用而非以神用。伯昏無人處至危極險而能射，歸於神氣之不變。此非虚言，以方廣過寸之木厝平地，孺子可以疾趨其上，用之江河而爲梁，雖壯夫不能舉步。木非加狹於前，孺子所趨而壯夫不能，爲江河之險非復平地，而神氣怯也。

「恂目之志」，謂伏地流汗，由其目畏懼恂慄，不能仰視也。

肩吾問於孫叔敖曰：「子三爲令尹而不榮華，三去之而無憂色。吾始也疑子，今視子之鼻間栩栩然，子之用心獨奈何？」孫叔敖曰：「吾何以過人哉？吾以其來不可却也，其去不可止也，吾以爲得失之非我也，而無憂色而已矣。我何以過人哉？且不知其在彼乎，其在我乎？其在彼邪，亡乎我；在我邪，亡乎彼。方將躊躇，方將四顧，何暇至乎人貴人賤哉？」仲尼聞之，曰：「古之真人，知者不得説，美人不得濫，盗人不得刦，伏戲、黄帝不得友。死生亦大矣，而無變乎己，况爵禄乎？若然者，其神經乎大山而無介，入乎淵泉而不濡，處卑細而不憊，充滿天地，既以與人，己愈有。」

叔孫子鼻間栩栩然，常養氣自得也。「彼」，指令尹。若所重在令尹，則與我無與，而忘乎我；若所重在我，則與令尹無與，而忘乎彼。方將曠然遐想，何知富貴？夫叔孫身涉富貴而常不經懷，已是高玄，至仲尼聞而稱古真人，世間好醜都不能動，死生大變亦不經心，况於富貴之迹？至語其神，又可以經山入淵，可卑可細，而未嘗不充滿天地以爲量，則精而又精，反以相天，又况於死生之迹？末句忙引《老子》一句曰：「既以與人，己愈有。」緣上極高極玄之事，若止了一身，而莊子常以不用爲大用，其學雖遺棄世間之形迹，常默有以與諸人，與人而己愈有，與亦不在迹也。

楚王與凡君坐，少焉，楚王左右曰「凡亡」者三。凡君曰：「凡之亡也，不足以喪吾存。夫凡之亡不足以喪吾存，則楚之存不足以存存。由是觀之，則凡未始亡，而楚未始存也。」

國之存亡是實地事，而葆真者猶不以存亡論存亡，宜乎《德充符》篇王駘、孟孫才諸人，全不以形骸生死一介意也。

外篇　知北遊第二十二

知北遊於玄水之上，登隱弅墳。之丘，而適遭無爲謂焉。知謂無爲謂曰：「予欲有問乎若：何思何慮則知道？何處何服則安道？何從何道則得道？」三問而無爲謂不答也，非不答，不知答也。知不得問，反於白水之南，登狐闋之上，而覩狂屈焉。知以之言也問乎狂屈。狂屈曰：「唉，予知之，將語若。」中欲言，而忘其所欲言。知不得問，反於帝宫，見黄帝而問焉。黄帝曰：「無思無慮始知道，無處無服始安道，無從無道始得道。」知問黄帝曰：「我與若知之，彼與彼不知也，其孰是邪？」黄帝曰：「彼無爲謂真是也，狂屈似之，我與汝終不近也。夫知者不言，言者不知，故聖人行不言之教。道不可致，德不可至。仁可爲也，義可虧也，禮相僞也。故曰：『失道而後德，失德而後仁，失仁而後義，失義而後禮。禮者，道之華而亂之首也。』故曰：『爲道者日損，損之又損之，以至於無爲，無爲而無不爲也。』今已爲物也，欲復歸根，不亦難乎？其易也，其唯大人乎？生也死之徒，死也生之始，孰知其紀？人之生，氣之聚也；聚則爲生，散則爲死。若死生爲徒，吾又何患？故萬物一也，是其所美者爲神奇，其所惡者爲臭腐；臭腐復化爲神奇，神奇復化爲臭腐。故曰：『通天下一氣耳。』聖人故貴一。」知謂黄帝曰：「吾問無爲謂，無爲謂不應我，非不我應，不知應我也。吾問狂屈，狂屈中欲告我而不我告，非不我告，中欲告而忘之也。今予問乎若，若知之，奚故不近？」黄帝曰：「彼其真是也，以其不知也；此其似之也，以其忘之也；予與若終不近也，以其知之也。」狂屈聞之，以黄帝爲知言。

此章言大道虚無，不着知慮，不假言辭，故以不知爲上知，而言之爲不近。

道體原無，以何者爲致？德所自得，非離而後至。致之且不可，而何得於本無之中忽有仁義而爲之虧之？至於禮，外務華觀，中漓朴念，是道之華而亂之首也，故曰：「禮相僞也。」道之失，由日增；道之復，在日損，損之至無爲。亦非盡無德仁義禮之用，但無爲之之心，而德仁義禮未嘗不在無爲而無不爲者也。道本無，而物滯於有。今物欲歸根，損有還無，唯有無一視之大人能之。今夫生有而死無，本自爲一，執有者每二視之，方生而唯死是患。乃生死循環，一氣爲紀，旋轉不已，死之徒固即生之徒，吾又何以死爲患？故萬物一也。生而能視聽思慮，人美其神奇；死而胔肉潰爛，人惡其臭腐。神奇與臭腐更化，而美與惡亦豈可以爲一定？故曰通天下唯一氣聚散耳。聖人但遊心於物之初，以葆一氣之真，何所用思慮服處與夫從得也哉？

天地有大美而不言，四時有明法而不議，萬物有成理而不説。聖人者，原天地之美而達萬物之理，是故至人無爲，大聖不作，觀於天地之謂也。今彼神明至精，與彼百化，物已死生方圓，莫知其根也，扁然而萬物自古以固存。六合爲巨，未離其内；秋豪爲小，待之成體。天下莫不沉浮，終身不故；陰陽四時運行，各得其序。惛然若亡而存，油然

不形而神，萬物畜而不知。此之謂本根，可以觀於天矣。

天地四時有大美明法，萬物群分各有成理，而常不言、不議、不説，此大道之所謂無爲也。聖人原天達物，無爲不作，此聖人觀天地之不言、不議、不説，而與大道同一無爲也。然道常無爲，而能有大美明法成理者何？彼其一氣神明中有至精，與彼百化相爲融結。萬物循環於死生之内，成就其方圓之形，莫不得於至精一氣中，而物不自知其根也。但見翩然萬物，死生方圓，自古如此，巨不能離，小待成體。天下百化，沉浮於内，而日新者不故也；陰陽四時，運行其中，而得序者不紊也。此何待言議與説哉？聖人觀於天地，所以無爲不作，惛然若亡而已。惟若亡，所以存也。萬物畜養於聖人，常不知而已。惟不知，所以無不畜也。聖人亦以其神明至精，與百化相融結。此大本大根，豈在言説作爲枝葉間事哉？

齧缺問道乎被衣，被衣曰：「若正汝形，一汝視，天和將至；攝汝知，一汝度，神將來舍。德將爲汝美，道將爲汝居，汝瞳焉如新生之犢而無求其故。」言未卒，齧缺睡寐。被衣大説，行歌而去之，曰：「形若槁骸，心若死灰，真其實知，不以故自持。媒媒晦晦，無心而不可與謀。彼何人哉？」

被衣告齧缺，齧缺之受教者，迎機俱化，睡昧不知，能發明其所以教者更深也。

舜問乎丞曰：「道可得而有乎？」曰：「汝身非汝有也，汝何得有夫道？」舜曰：「吾身非吾有也，孰有之哉？」曰：「是天地之委形也；生非汝有，是天地之委和也；性命非汝有，是天地之委順也；孫子非汝有，是天地之委蛻也。故行不知所往，處不知所持，食不知所味。天地之彊陽氣也，又胡可得而有邪？」

莊子以無爲爲道，其意於道中不欲着一「無」字，何況「有」字？故生〔二〕、性命、子孫，俱道中一時所有，而我不得擅之。以自有委者，有委任責成之意，天地以此委托在我，我只爲天地完了其事，於我何有？陰陽成和而萬物生，故曰「委和」。「蛻」者，蟬「蛻」，爲其遺「蛻」而傳身，故謂子孫似之。「彊陽」，陽動有爲之氣也。

孔子問於老聃曰：「今日晏閒，敢問至道。」老聃曰：「汝齊戒，疏瀹而心，澡雪而精

〔二〕「生」，原作「身」，據前引《莊子》原文改。

神，掊擊而知。夫道，窅然難言哉。將爲汝言其崖畧：夫昭昭生於冥冥，有倫生於無形，精神生於道，形本生於精，而萬物以形相生，故九竅者胎生，八竅者卵生。其來無迹，其往無崖，無門無房，四達之皇皇也。邀於此者，四枝彊，思慮恂達，耳目聰明，其用心不勞，其應物無方。天不得不高，地不得不廣，日月不得不行，萬物不得不昌，此其道與？且夫博之不必知，辯之不必慧，聖人以斷之矣。若夫益之而不加益，損之而不加損者，聖人之所保也。淵淵乎其若海，魏危。魏乎其終則復始也，運量萬物而不匱。則君子之道，彼其外與？萬物皆往資焉而不匱，此其道與？中國有人焉，非陰非陽，處於天地之間，直且爲人，將反於宗。自本觀之，生者，喑蔭。醷意。物也。雖有壽夭，相去幾何？須臾之説也。奚足以爲堯桀之是非？果蓏力果反有理，人倫雖難，所以相齒。聖人遭之而不違，過之而不守。調而應之，德也；偶而應之，道也；帝之所興，王之所起也。人生天地之間，若白駒之過郤，忽然而已。注然勃然，莫不出焉；油然憀然，莫不入焉。已化而生，又化而死，生物哀之，人類悲之。解其天弢，隳墮。其天袠，秩。紛乎宛乎，魂魄將往，乃身從之，乃大歸乎。不形之形，形之不形，是人之所同知也，非將至之所務也，此衆人之所同論也。彼至則不論，論則不至。明見無值，辯不若默。道不可聞，聞不若塞。此之謂大得。」

疏瀹澡雪，内清其神也；掊擊而知，返於無識也。昭昭生於冥冥，有倫生於無形，道原於無也。精神生於道，道立其極，而後陰陽交通成和也。形本生於精，男女構精，而後萬物化生也。物各以形相生，故九竅胎生，八竅卵生，種類有定。是此道在天地間，化有自然，來無迹，往無崖，無從出之門，無從入之房，但覺其皇皇四達。而人生邀此，彊支體，達思慮，聰明其耳目，不必勞心以役於物，而自能應物無方，此其爲至道之崖略也。且夫博之者，自以爲求知此道，而於道，在所不必知；辯之者，自以爲發慧於此道，而於道，不必有此慧。所謂於學日益，於道日損，聖人以斷絶之矣。若夫損益之所不能加者，乃大道無爲之本體，聖人之所保也。淵乎若海，而非有意爲之深也；巍乎終則復始，而非有意爲之續也。倘勞其心以運量萬物，而亦見其應物之不匱。斯則君子之道，從物上求之，彼其用心於外者歟？道在心，心不役一念，萬物自往資焉，自然應之而不匱，斯其至道之崖略歟？精神生於道，是陰陽成和，道之所乘爲動靜者也。形本生於精，人之耳目支體，陰陽之所藉爲寄寓者也。道爲陰陽，人物之宗，不係在耳目支體之内。人一着耳目支體之迹，役役外向，離其宗遠矣。今中國有一人焉，暫寓於陰陽而不着於陰陽，處天地之間，偶值九竅胎生以爲人，而未嘗着意於爲人，將遺其形生之迹，遡其精神所自始，而返大道之宗。子今亦既見此人乎？此老子自指以告孔子，見求道者當契合於無爲之初也。夫有生者各自戀生，而生不足戀，自本觀之，生者喑醷物耳。《禮記》註：醷，爲梅漿；喑者，久醖之也。漿雖久醖，終於必壞；人生壽夭相遠，亦特須臾，奚足於其間討論是非，謂此堯彼桀？果蓏雖微，物亦自然有理；人倫雖極煩難，不過以齒相序而成倫。聖人遭此事，處以此事，事過即已矣。事有待於調停，則調而應之，爲之而有以爲德也。事可偶然而泛應，則偶而應之，無心而爲之道也，聖人實不增加一毫知慮。而帝王之治理，人間以爲莫大功業，乃不過由此興由此起而已矣。人生倏忽，若白駒過郤，出入死生，相爲循環。在生者視死者，以爲哀，以爲悲，而此曾不足哀不足悲。離有形之累，而反於無形之初，是解天弢、墮天袠也。天以支體付人，如束縛以弓之弢、衣之袠，解弢墮袠，快適何如？人世間紛綸宛轉，魂魄將往，支體隨謝，去其弢袠，得返於宗，如遊子久羈他處，今得歸家。在旅中，或須訪問；歸家之人，自識室廬，更何言説訪問？若何爲形？若何不形？若何爲不形之形、形之不形？有此形體即有此魂魄，是衆人之所同知，豈將至者之所務？「將至」者，即非陰非陽而將返於宗者也。將返於宗，方欲遺棄形體，而又何論形與不形？衆人同有此論耳，彼至則不論，到家者不復問「如何以歸家」也。論則不至，問「如何以歸家」者，必未到於家者也。蓋道以無爲體，明見道體者，亦以何者爲有，而值吾之見乎？多辯多文，辯不若默，多聞多惑，聞不若塞。惟無言無聞，乃大得乎？「大得」，則直合至道之本體，不止崖略而已。上兩曰「此其道歟」，是崖略也。前「此其道」，是道生人之崖略；後「此其道」，是人體聖道之崖略。

東郭子問於莊子曰：「所謂道，惡乎在？」莊子曰：「無所不在。」東郭子曰：「期而後可。」莊子曰：「在螻蟻。」曰：「何其下邪？」曰：「在稊稗。」曰：「何其愈下邪？」曰：「在瓦甓。」曰：「何其愈甚邪？」曰：「在屎溺。」乃弟反。東郭子不應。莊子曰：「夫子之問也，固不及質。正獲之問於監平聲。市履豨也，每下愈況。汝唯莫必，無乎逃物。至道若是，大言亦然。周、徧、咸三者，異名同實，其指一也。嘗相與遊乎無何有之宮，同合而論，無所終窮乎？嘗相與無爲乎，澹而靜乎，漠而清乎，調而閒閑。乎？寥已吾志，無往焉而不知其所至，去而來不知其所止，吾已往來焉而不知其所終；彷徨乎馮頻。閎，大知入焉而不知其所窮。物物者與物無際，而物有際者，所謂物際者也；不際之際，際之不際者也。謂盈虛衰殺，晒。彼爲盈虛非盈虛，彼爲衰殺非衰殺，彼爲本末非本末，彼爲積散非積散也。」

道原無物，東郭欲問其所在，是舍其至無之質，而於影迹間問道。莊子舉蟻、稗、瓦、溺以言，道爲物愈下，愈見道無不在。如臧獲之問監市也，汝行履狶間，稔知其況味：夫狶之首不如身，身不如肘，肘不如蹄，每下而況味愈加。今汝於道，唯莫存以取必所在之心，有道在天地，物無有逃而出於其外者。至道若是，即如爲言語而欲大言之曰「周」、「徧」、「咸」，三者稱名雖異，其實則言其大而無不在之謂也，指固一也。今我但言其下，則汝疑不及於上，如但言爲「周」，人疑不及「徧」、「咸」，蓋一有取必，則有彼此、有無之分，而論道者於是有窮，道之質亦何所有乎？今吾與子，嘗相與於無何有之宮，不分此物彼物，有物無物，同合而論渾然大道之周徧，其何所終窮乎？子欲取必於道之所存者，欲得其所在以用力也，道何煩子之用力？嘗相與淡靜漠清，和適寂寥，一無所爲，而往即是道，孰測其所至？去來皆道，孰究其所止？與道往來，相爲循環，孰得其所終？彷徨乎馮閎虛曠之域，以無知爲知，斯爲大知；大知入焉，而無終無竟，孰知其所窮也？道以至無爲質，人以無爲合道，而取必於所在者，是以道爲有邊際者也。唯物有邊際，道者所以物物而與物無際；而世間凡有邊際，是物際，非道際也。道不際，而物爲之際；物際之，而道不爲際。向所稱蟻、稗、瓦、溺，若謂其是道，是物際而已。有不際者在，何能盡道？若謂其非道，是亦不際之際。不際者，未嘗不在際内，何可言非道？又不特是也，人言造化，則有盈虚衰殺；言進道，則有本末；言用道，則有積散。是可謂上而不下矣，可以必道之所在矣。然陰陽有變遷，道無變遷，其於盈虚衰殺言道者，不是道；行道有次序，道無次序，其於本末積散言道者，不是道。是所謂際之而不際，道又豈在是乎？汝唯莫必，冥契其至無之質而可矣。道方進爲積，行之爲散。「監市」，市魁也。「況」，況味，謂味之美者也。「際」，邊際也，謂邊傍境界也。

妸阿。**荷甘與神農同學於老龍吉。神農隱几，闔户晝瞑。妸荷甘日中奓户而入，曰：「老龍死矣。」神農隱几擁杖而起，嚗**剥。**然放杖而笑，曰：「天知予僻陋慢訑，**移。**故棄予而死。已矣，夫子無所發予之狂言而死矣夫。」弇堈弔聞之，曰：「夫體道者，天下之君子所繫焉。今於道，秋毫之端萬分未得處一焉，而猶知藏其狂言而死，又況夫體道者乎？視之無形，聽之無聲，於人之論者，謂之冥冥，所以論道，而非道也。」**

黄帝爲道家之宗，老龍吉又黄帝之師。弇堈弔乃謂，天下君子，其於道之得不得，盡係於體道之一人。如老龍吉者，於道未得秋毫，而今猶知藏其狂言矣乎。以道無言，老龍吉猶未能忘言於黄帝，故謂之未得秋毫。凡人之論道者，乃不知道，謂之冥冥也。黄帝謂狂言在己，弇堈弔謂狂言在老龍吉。

於是泰清問乎無窮，曰：「子知道乎？」無窮曰：「吾不知。」又問乎無爲。無爲曰：「吾知道。」曰：「子之知道，亦有數乎？」曰：「有。」曰：「其數若何？」無爲曰：「吾知道之可以貴，可以賤，可以約，可以散，此吾所以知道之數也。」泰清以之言也問乎無始，曰：「若是，則無窮之弗知與無爲之知，孰是而孰非乎？」無始曰：「不知深矣，知之淺矣；弗知内矣，知之外矣。」於是泰清中而歎曰：「弗知乃知乎，知乃不知乎？孰知不知之知？」

泰清問無窮，别是一條，乃上着「於是」二字，若相承然者，此筆端之鼓舞。無窮、無爲、無始之評道，亦即是無爲謂狂屈黄帝之評道。但此條闡出道中之數，彼章以黄帝之言作結語，此仍以問道者之言結。

無始曰：「道不可聞，聞而非也；道不可見，見而非也；道不可言，言而非也。知形形之不形乎？道不當名。」

無始曰：「有問道而應之者，不知道也。雖問道者，亦未聞道。道無問，問無應。無

問問之，是問窮也；無應應之，是無内也。以無内待問窮，若是者，外不觀乎宇宙，内不知乎大初。是以不過乎崑崙，不遊乎大虚。」

不當應而強應之，既爲不知道，問者聞其應，亦必不能有所悟入，亦未聞道也。道本無窮，由人開口一問而失道，是問窮。應出於内，今内不知道之不當應，而隨口答應，是無内。若是者，只謂之冥冥無識而已，乃曰：外不觀，内不知；不過崑崙，不遊太虚。若實有經歷之地然。

光曜問乎無有曰：「夫子有乎，其無有乎？」光曜不得問，而孰視其狀貌，窅然空然，終日視之而不見，聽之而不聞，搏之而不得也。光曜曰：「至矣，其孰能至此乎？予能有無矣，而未能無無也；及爲無有矣，何從至此哉？」

目前一虚空，莊子立之名曰「無有」。又生一光曜，爲之詰問，爲之贊嘆、愧悔，原是杜撰。昨見羅清五大部，世間又真有此事。羅清者，正統、景泰間密雲戍卒也。既有子女，出家修道，處處研求，都不得道。常涕泣悲哀，忽靜坐時聞虚空震響一聲，心頓開悟，叩頭流涕，謂「老虚空教我，感其深恩。」然則虚空又未嘗不與人傳道也。至今其徒奉五大部，謂之無爲教，而天下禪和弗是也。及爲無有矣，何從至此哉？言一爲無之所有，即不能復無也。

大馬之捶鉤者，年八十矣，而不失毫芒。大馬曰：「子巧與？有道與？」曰：「臣有守也。臣之年二十而好捶鉤，於物無視也，非鉤無察也。」是用之者，假不用者也以長得其用，而況乎無不用者乎？物孰不資焉？

「不失毫芒」，不失輕重、大小之毫芒也。察鉤，是其所用者；於物無視，是其所不用者。屏他物而後能察鉤，是用之者假不用者以長得其用。道無不用，遂將物物而用之，則神勞志瘁，安能得用？無不用者，必一無所用，然後萬物往資而不匱也。「大馬」者，大司馬也。

冉求問於仲尼曰：「未有天地可知邪？」仲尼曰：「可。古猶今也。」冉求失問而退。明日復見，曰：「昔者吾問：『未有天地可知乎？』夫子曰：『可。古猶今也。』昔日吾昭然，今日吾昧然，敢問何謂也？」仲尼曰：「昔之昭然也，神者先受之；今之昧然也，且又爲不神者求邪？無古無今，無始無終。未有子孫而有子孫，可乎？」冉求未對。仲尼曰：「已矣，未應矣。不以生生死，不以死死生。死生有待邪？皆有所一體。有先天地生者物邪？物物者非物。物出不得先物也，猶其有物也。猶其有物也，無已。聖人之愛人也終無已者，亦乃取於是者也。」

夫無思無慮始知道，道不待尋求。使冉求問道，猶未可與言道，何況問未有天地之先？於無中尋出茫昧之端，意外索取不必知之事。夫子不非其所問，而但曰：「可。古猶今也。」道理現成，不煩搜索。舉現在者之自然，知搜索之爲妄。冉求妄心，聞言自失，而理未圓悟，不免再問。昔昭今昧，夫豈無因？心神原是自然，現在者觸合其自然之神，故先受而昭然；妄心横起，夫思索神者因妄索而不神，故猶存夫昔妄，而仍復昧然矣。夫未有天地，是無而已。無則何用？於無中知有，豈惟天地？古今終始，俱原於無。必待有時，而後爲有。若未有時，欲知其有，是不循現在而凌越先求。未有子孫，亦可先求有子孫邪？此事豈可以横生凌越者邪？冉求未應，蓋神理觸而境猶隔，方欲擬議所以應，仲尼曰：「已矣，未應矣。」應對亦止取現在，不煩求索也。人生何事須妄爲思索？方其死也，不以死之前有生而生其死；方在生也，不以生之後有死而死其生。死生循其自然，而二者又原是一體，何必妄爲思索？子欲知未有天地之先，夫天地只此天地，子特不知天地中之物與今何如耳，物有先天地而生者邪？唯道先天地，是物物者而非物也，天地亦道中一物而已。但有物者不得先物而出，有無自爲一體，雖其無物之時猶其有物者，固自在也。自未有天地，以至既有天地，不論人之知不知，有無常自合一，猶其有物也終無已。亦猶聖人之愛人也，不論人之知不知，而愛人終無已。人已自然合一之理，亦常自在。夫亦取於是者也，冉求妄索何爲哉？蓋無中原自有有，若斷之爲無，即是妄心。如冉子方無索有，則又妄之妄者也。

顏淵問乎仲尼曰："回嘗聞諸夫子曰：『無有所將，無有所迎。』回敢問其遊。"仲尼曰："古之人，外化而内不化，今之人，内化而外不化。與物化者，一不化者也。安化安不化，安與之相靡，必與之莫多。狶韋氏之囿，黄帝之圃，有虞氏之宫，湯武之室。君子之人，若儒墨者師，故以是非相𩐎齏也，而况今之人乎？聖人處物不傷物。不傷物者，物亦莫能傷也。唯無所傷者，爲能與人相將迎。山林與，皋壤與，使我欣欣然而樂與？樂未畢也，哀又繼之。哀樂之來，吾不能禦，其去弗能止。悲夫，世人直謂物逆旅耳。夫知遇而不知所不遇，知能能而不能所不能。無知無能者，固人之所不免也。夫務免乎人之所不免者，豈不亦悲哉？至言去言，至爲去爲。齊知之所知，則淺矣。"

前十數則以無言道，既極玄遠；今顏子之問，從心上論有無。夫子教以忘外物，去憂樂，省知能，此「爲道日損」至切之功夫也。至人之心如鏡，無有所將，無有所迎。緣古之至人，隨物遷轉，不與停畜，而心體常虛，終始如一，外化而内不化者也。一物不留於空體，又何所將迎？今之人則内無所操，心隨物轉，而一物到前即生執着，内化而外不化者也。此心見役於萬物，又何能無將迎？然所稱外化者，亦但聽物之自化耳。至人則内外俱空，彼此常然，一不化者也。安見彼爲外而化？又安見此爲内而不化？倘於所謂化與不化者，安心與之相靡，以事於將迎，則此心必爲物所入，其爲虛空之地不多矣。自古迄今，世漸降而虛空之地亦漸以狹。狶韋氏之囿，無所不容；黄帝之圃，僅足取用；有虞氏之宫，止容一家，狹矣；湯武之室，又不過數人。君子之人，則僅在爾我比肩之際。若儒墨者師，又止認其相傳一脈，其於人也，豈惟不相容，但見以是非相鳌相傷而已。况今之人，其相傷有已乎？唯聖人安化安不化，萬物廓然俱在其虛空之内，處物而不傷物，物亦不能傷，不見人己之迹，而能與人相將迎。相將迎者迹，而其心實無所將無所迎者也。人之情態何窮？而心之空湛如一。假使心因情態爲遷轉，則不惟有情之人，雖無情之物，亦能使人遷轉。山林歟，皋壤歟，見爲適意，使我欣欣而樂樂，未畢也，感慨係之，又生哀矣。哀樂來，不能禦其來，去亦不能止其去，人曾不足以自主，而一聽哀樂無常之來去，人反爲物之逆旅耳，悲夫。方哀樂在前遇也，此吾之所可知。而其所不遇者，或哀或樂，或不足哀樂，其端何窮？而爲吾之所不知者，何限遇哀樂？而能哀能樂，能吾之所能也，吾知能能；而其所不能者，來不能禦，去不能止，此不得不聽其所自爲，而孰能能其所不能？由此推之，人之無知無能者，不特止於哀樂感遇之間，爲知之所不能知，能之所不能能，事事皆有，固人之所不能免也。彼勞心將迎者，欲知能之周，以無失事機之會，求免人之所不免。而容知此必不可免，徒以身爲逆旅，與物相鏊而見傷也，豈不悲哉？故人但宜無心順應，所謂「至言去言，至爲去爲」也。若因其所知，求之於所不知而齊其知，則用心實勞，所得淺矣。

南華真經本義卷十三

雜篇　庚桑楚第二十三

老聃之役，有庚桑楚者，偏得老聃之道，以北居畏壘之山，其臣之畫然知者去之，其妾之挈然仁者遠之；擁腫之與居，鞅掌之爲使。居三年，畏壘大壤。一作「穰」。畏壘之民相與言曰：「庚桑子之始來，吾灑然異之。今吾日計之而不足，歲計之而有餘。庶幾其聖人乎？子胡不相與尸而祝之，社而稷之乎？」庚桑子聞之，南面而不釋然。弟子異之。庚桑子曰：「弟子何異於予？夫春氣發而百草生，正得秋而萬寶成。夫春與秋，豈無得而然哉？大一作「天」道已行矣。吾聞至人，尸居環堵之室，而百姓猖狂不知所如往。今以畏壘之細民而竊竊焉欲俎豆予于賢人之間，我其杓「的」、「標」二音。之人邪？吾是以不釋然於老聃之言。」

庚楚桑偏得老聃之道，是具體聖人。其臣妾之近知近仁者去之遠之，緣庚桑楚不爲德以示人之可親，此後文所謂「人舍之」者也。「擁腫」，形貌醜陋者。「鞅掌」，用力勤渠者。兩等人特寡機知，故不去。三年大穰，由庚桑楚神凝而年穀熟，是後文所謂「天助之」者也。畏壘之民爲庚桑利益其鄉，故欲尸祝以報。夫大道無心而萬品自遂，至人無迹而百姓相忘。今俎豆於賢人之間，無乃平日身爲標杓，不能自晦而爲人所指目，違老聃之教，以至此邪？弟子名黶啜，見亢倉子後，南榮趎又弟子中別起問端者。

弟子曰：「不然。夫尋常之溝，巨魚無所還旋。其體，而鯢鰌爲之制；步仞之丘陵，巨獸無所隱其軀，而孽狐爲之祥。且夫尊賢授能，先善與利，自古堯舜以然，而況畏壘之民乎？夫子亦聽矣。」庚桑子曰：「小子來。夫函車之獸，介而離山，則不免於網罟之患；吞舟之魚，碭而失水，則蟻能苦之。故鳥獸不厭高，魚鱉不厭深。夫全其形生之人，藏其身也，不厭深眇而已矣。且夫二子者，又何足以稱揚哉？是其於辯也，將妄鑿垣牆而殖蓬蒿也。簡髮而櫛，數米而炊，竊竊乎又何足以濟世哉？舉賢則民相軋，任知則民相盜。之數物者，不足以厚民。民之於利甚勤，子有殺父，臣有殺君，正晝爲盜，日中穴阫。裴。吾語汝，大亂之本，必生於堯舜之間，其末存乎千世之後。千世之後，其必有人與人相食者也。」

有巨魚，所以制鯢鰌；得巨獸，所以禁蘖狐。尊賢授能，必先其善之可以及人者與利之足以被衆者，誠自堯舜然矣。若乃養身者，必藏深眇以全生。先善與利，稱堯舜爲辯說，是妄鑿垣墻而起群趨之徑竇，多殖蓬蒿而致大道之荒蕪。堯舜不能忘情於世，如簡髮而櫛，數米而炊，竊竊乎瑣屑是務，何足濟世？且今言先善與利，將欲厚民。民生於利之所在，臣子可以爲弑逆，正晝日中可以穴阫垣。大亂之本，必生於堯舜，以其先善與利。其末流之禍，有人與人相食者，好利而甚焉者也。

南榮趎（疇。）蹵然正坐曰：「若趎之年者已長矣，將惡乎託業以及此言邪？」庚桑子曰：「全汝形，抱汝生，無使汝思慮營營。若此三年，則可以及此言也。」南榮趎曰：「目之與形，吾不知其異也，而盲者不能自見；耳之與形，吾不知其異也，而聾者不能自聞；心之與形，吾不知其異也，而狂者不能自得。形之與形亦辟（闢。）矣，而物或間之邪，欲相求而不能相得？今謂趎曰：『全汝形，抱汝生，無使汝思慮營營。』趎勉聞道達耳矣。」庚桑子曰：「辭盡矣。曰奔蜂不能化藿蠋，（蜀。）越雞不能伏鵠卵，魯雞固能矣。雞之與雞，其德非不同也，有能與不能者，其才固有巨小也。今吾才小，不足以化子。子胡不南見老子？」

夫唐虞事業，爲世所震驚，而學老聃之學者，以二氏爲不足爲。南榮趎所以蹵然正坐，請託業焉，而望幾及之也。庚桑子告以「全汝形」，即無視、無聽、無勞汝形者也；「抱汝生」，即神將守形，形乃長生者也；「無使汝思慮營營」，即愼内閉外，多知爲敗，無搖汝精，乃可以長生者也。道家宗指略盡於此，故曰：「若此三年，則可以及此言也。」夫聾盲者不得耳目之用，狂愚者常少心領之神。目之接色，耳之接聲，亦易於通闢，而聾盲爲隔。現前相求而不得，况心以神用，神識方迷，豈易通悟？今曰「全汝形，抱汝生，勿使汝思慮營營」三言耳，趎亦勉聞焉。而此道已達於耳矣，欲狂心之頓悟，殊未也。教者以三言盡老子之旨，聽者望加詞於達耳之後。彼螟蛉之似我，奔蜂不以施於藿蠋；鵠卵之摩霄，鴻鵠未嘗付於越雞。越雞詘而魯雞效，小大殊而德不同也。庚桑子自謂才小不足化南榮，不得不以其事推之老子。藿蠋，荳中青蟲也。

庚桑師弟相爲問答，必以比偶駢麗之語爲發端，已爲東漢文章之濫觴，而六朝則其滔天者也。

南榮趎贏糧，七日七夜至老子之所。老子曰：「子自楚之所來乎？」南榮趎曰：

「唯。」老子曰：「子何與人偕來之衆也？」南榮趎懼遽。然顧其後。老子曰：「子不知吾所謂乎？」南榮趎俯而慙，仰而歎，曰：「今者吾忘吾答，因失吾問。」老子曰：「何謂也？」南榮趎曰：「不知乎？人謂我趎愚。知乎？反愁我軀。不仁則害人，仁則反愁我身；不義則傷彼，義則反愁我己。我安逃此而可？此三言者，趎之所患也，願因楚而問之。」老子曰：「向吾見若眉睫之間，吾因以得汝矣，今汝又言而信之。若規規然若喪父母，揭竿而求諸海也。汝亡人哉，惘惘乎。汝欲反汝情性而無由入，可憐哉。」

老子問南榮趎「何與人偕來之衆」，此於卒然相見之頃，突用機鋒撼動，使南榮趎忙迫中營措不及，故忘答失問。如此一忙，始覺平日種種營爲圖度之念，於逼切時一毫無用；所愁知、仁、義三者，無之不可，有之不可，一片虛明景界，生如許計較，消除不去，正是妄情。但其覺有無之爲患，亦是去妄歸真之機，故老子告之曰：「吾見若眉睫，吾覺得汝意緒甚多。今汝又言三患而實之，汝本無患，妄自起患，如人本有父母，妄自謂失去父母，且揭竿而求諸海，平空地作此紛擾。性情者，人之所以爲人，彼何曾無知、仁、義，而汝患其無；亦何曾有知、仁、義，而汝又患其有？人喪父母，汝失性情，乃自忘其爲人。惘惘乎，欲反汝性情爲有無，遮隔而無由得入，可憐哉。」

南榮趎請入就舍，召其所好，去其所惡，十日自愁，復見老子。老子曰：「汝自灑濯，孰哉鬱鬱乎？然而其中津津乎猶有惡也。夫外韄霍。**者不可繁而捉，將內揵；**蹇。**內韄者不可繆而捉，將外揵；外內韄者，道德不能持，而況放道而行者乎？」**

南榮趎聞老子之教，反而自理性情，召其所好，欲完性情所自有也；去其所惡，欲洗性情所本無也。然性自空湛，添一翻招召洗滌工夫，全於性地不合，所以自愁。老子言汝於空明無物之地，加十日灑濯之功，灑濯孰哉？何事哉？乃鬱鬱乎然而不自釋於心，而其津津乎冀有所得，不能自遂，猶有惡也，是則灑濯之爲功過也。夫性地流通，不分外內。妄心一參，欲行之外而外不通，則爲外韄。「韄」者，以革束物也。夫外韄者，謂外事繁而不可執捉也。不知放下即無繁，亦無韄。而爲灑濯者，乃將內揵於心，以絶繁擾之機，而繁擾豈內揵所能絶？揵，閉距也。欲理之於內而內不通，則爲內韄。「內韄」者，謂內心迷繆而不可執捉也。使此時息念，即繆亡韄亦亡。而爲灑濯者，又將外揵於事，以消迷繆之端，而迷繆豈外楗所能消？內外韄，則動靜俱爲窒礙。尋常道德不能自持，況放道而行，直以無心冥合者乎？

南榮趎曰：「里人有病，里人問之，病者能言其病，然其病病者，猶未病也。若趎之

聞大道，譬猶飲藥以加病也，趎願聞衛生之經而已矣。」老子曰：「衛生之經，能抱一乎？能勿失乎？能無卜筮而知吉凶乎？能止乎？能已乎？能舍諸人而求諸己乎？能翛然乎〔一〕？能侗然乎？能兒子乎？兒子終日嗥而嗌益。不嗄，於邁反。和之至也；終日握而手不掜，藝。共其德也；終日視而目不瞚，瞬。偏不在外也。行不知所之，居不知所爲，與物委蛇而同其波。是衛生之經已。」

里人能自言病，則主宰不迷，病病者未病。若趎聞大道，用功十日，而揵韄增加，是反加病也；且願聞衛生之經，以解揵韄之病而已。夫衛生何經？但不自益生，即是衛生之經。復性何術？但不灑濯自性，即是復性之術。「能抱一乎」，即前所聞「抱汝生」者是也；「能勿失乎」，即前所聞「全汝形」者是也；「能無卜筮而知吉凶乎」，即前所聞「無使汝思慮營營」者是也。有思慮，故慮有吉有凶而煩卜筮。何思何慮，吉凶素定，何煩卜筮？此三言，皆趎所已聞，能使止於此而不求增益乎？能便已於此而不別用工夫乎？是趎聞庚桑之言，則從庚桑而求；聞南見老子之言，則見老子而求。如以爲道在於人。不知道固己所自有，能舍諸人而求諸

〔一〕「能翛然乎」四字原闕，據明世德堂《六子全書》本《南華真經》補。

已乎？於此能倏然無沾滯也乎？能侗然忘情識也乎？能如兒子也乎？兒子不識不知，常無心者也。常無心，故以知識未通之孩孺，而反有合於大道。兒子終日嗥而咽不嗄，哀而無心，合於大道之至和；終日握而手不掜，握而無心，合於德性之至恭；終日視而目不瞬，視常無心，合於大道之無視，而偏不在外。使趎能如兒子，則行焉不知其所之，居焉不知其所爲，與物委蛇，不與之相迕而同其波。方是時，知識俱忘，何蘉何揵，是衛生之經也。掜，手筋急也。

南榮趎曰：「然則是至人之德已乎？」曰：「非也。是乃所謂冰解凍釋者。夫至人者，相與交食乎地而交樂乎天，不以人物利害相攖，不相與爲怪，不相與爲謀，不相與爲事，倏然而往，侗然而來。是謂衛生之經已。」曰：「然則是至乎？」曰：「未也。吾固告女曰：『能兒子乎？』兒子動不知所爲，行不知所之，身若槁木之枝而心若死灰。若是者，禍亦不至，福亦不來。禍福無有，惡有人災也？」

南榮趎聞衛生之經在心識渾忘，疑合至人之德。夫原自無心，心起而後遺其心；原自無識，識生而後去其識。是冰結而後解，凍成而方釋。至人則無解無釋，相與出作入息，交食乎地而已，達情遂命，交樂乎天而已，不相與爲怪以駭世，不相與爲謀以發機，不相與爲事以赴功。當往，而翛然是方死。無所沾滯於世也；當來，而侗然是方生。不識其所由自來也。是亦謂至人衛生之經已，但至人不知生之足衛而自衛。今所教趎者，則必期如是以衛生，固不同也。南榮趎問冰解凍釋，雖不合至人，而既能解釋矣，於自己身分上亦爲至末。夫識識易，去識難。兒子知識一開之後，欲返於無知無識之初，未易能也。老子固曰：「能兒子乎？」兒子無心無識，動不知所爲，行不知所之，身若槁木之枝，不自知有其身心，若死灰不自知其有心，此與至人無冰無凍者何異？冰解凍釋者，亦必至於若是，庶幾不以人物利害相攖。禍福無有，惡有人災，而以知、仁、義之有無三患人心也？始南榮趎以三言爲患，十日自愁，視道過難，故老子告之：能如兒子即是至道，不得視之爲難。及南榮趎比德至人，疑於己分上爲至，視道過易，故老子告以必如兒子，方合至道，不得視之爲易。一誘一沮，教中權術，此老聃所以化藿蠋而伏鵠卵者，宜庚桑楚讓其事而不居也。

宇泰定者，發乎天光。發乎天光者，人見其人。人有脩者，乃今有恒；有恒者，人舍之，天助之。人之所舍，謂之天民；天之所助，謂之天子。學者，學其所不能學也；行者，行其所不能行也；辯者，辯其所不能辯也。知止乎其所不能知，至矣。若有不即是者，天鈞敗之。備物以將形，藏不虞以生心，敬中以達彼，若是而萬惡至者，皆天也，而非人也，不足以滑骨。成，不可內於靈臺。靈臺者有持，而不知其所持，而不可持者也。不見其誠己而發，每發而不當，業入而不舍，每更爲失。爲不善乎顯明之中者，人得而誅之；爲不善乎幽間之中者，鬼得而誅之。明乎人、明乎鬼者，然後能獨行。券內者，行乎無名；券外者，志乎期費。行乎無名者，唯庸有光；志乎期費者，唯賈古。人也，人見其跂，猶之魁然。與物窮者，物入焉；與物且者，其身之不能容，焉能容人？不能容人者無親，無親者盡人。兵莫憯慘。於志，鏌鋣爲下；寇莫大於陰陽，無所逃於天地之間。非陰陽賊之，心則使之也。

夫人之心宇，與天宇同，不以知識妄情爲之翳障，則心宇泰定。定能生慧，自然發天光。發乎天光者，光而不露，乃慧而不用其慧者也。人見其爲尋常之人耳。使人見其天，則天光漏矣。然定慧難得，在人以戒定，而修去知去識、除欲除妄。人有修者，斯能常定常慧，而乃今有恒。有恒者，人見其人如庚桑子，畫然知者去之，絜然仁者遠之，常爲人之所舍。其神凝，使物不疵而年穀熟，如庚桑子畏壘之大穰，常得乎天之助。人之所舍，其身不見有於人，謂之天民。天之所助者，德應帝王，謂之天子。至論有修者之事，不出學行辯知，而一有學行辯知之心，則增起知識，盡是妄心。故學在學其所不能學，行在行其所不能行，辯在辯其所不能辯。蓋凡事屬無心者，皆爲其所不能者也。故知止於其所不能知，則知識去欲妄捐，可稱戒定慧，而發乎天光，至矣。若有不即是者，以人搖天，不能泰定，與天不合，天鈞敗之。「天鈞」者，鴻鈞也，造化鈞平之謂也。有不即是者，非其學行辯知之不足，爲過用其學行辯知，而失泰定者也。彼遺形去智者，常不物於物。今欲備物以將形，即南榮趎欲兼知仁義者是也。至人於利害得失，常處之以無心。今以不虞爲患而生心計慮，即南榮趎以我爲朱愚，反愁我軀者是也。體性抱神以遊世者，常忘彼我。今敬於中，欲以達之彼，特相爲感動之地。若是者，雖曰有修，而實失其所以修之之道，不足以爲善，適所以爲惡。由是而萬惡俱至，乃心宇不合於天，天不助之而天鈞敗之，皆天也，非人，故貽之以惡也。此豈有修而無效？乃修之未合於戒定，不足以滑成。當益加修，以求進於有恒，不可以善惡得失之見納於靈臺。夫靈臺有修，似有所持，而知止乎其所不能知。持戒定而不知爲戒定，不可有持者也，一有持焉，則失其所以爲定，而不能發乎天光。知其所持而修，修之者悉是名心，不見其誠己而發，每發而不當，發之將形而身僞，發之生心而心僞，發之敬中達彼而人己俱僞。然一時假餙，亦見其行之有緒，辯之有理，業入焉而不能舍，欲其舍卻舊時窠臼，別換新機，反茫無措手，而每更爲失。但其所持者，是萬惡之端也，而不可爲善者機也。爲不善於顯，人得誅之矣；爲不善於幽，鬼得誅之矣。夫方其備物生心，敬中達彼，本欲以彌縫人己，徼福鬼神，今明人幽鬼俱得誅之，何故？人鬼同出於天，天在吾心，故明乎人、明乎鬼者，知天人神鬼之理，不出一心之誠而已也。然後能獨行，而戒定在一心之內。獨行者，行在一心券內之事，無知無識，何有於名？若行乎券外，則分外之事將百爲而求百備，志乎期費而已。行乎無名者，修之有恒，宇泰定而發乎天光；志乎期費者，不即是而期使百物俱備，唯賈人也。賈人備外物而乏誠心，人見其跂而望之，猶覺魁然難及，如靈臺之有歉何？夫物不可備者也，備物而必備之盡，是物無窮而欲與物爲窮也。靈臺幾何？物皆入而據之矣。備物而不必其盡，是與物爲苟且聊略而已矣。苟且於物者，必苟且其身。身之不容，焉能容人？不容者無親，不但畫然知、絜然仁者舍之，雖擁腫鞅掌莫與之居，而盡人矣。蓋我之志不容人，故人皆仇我。兵莫憯於志，鏌鋣爲下，所謂人得誅之者也。人誅之猶可逃避，寇莫大於陰陽，無所逃於天地之間，所謂鬼得而誅之者也。陰陽爲寇，非陰陽賊之；心不即，是有修而不得其所以修，心則使之，故天鈞敗之也。

道通。其分也，其成也毀也。所惡乎分者，其分也以備；所以惡乎備者，其有以備。故出而不反，見其鬼；出而得，是謂得死。滅而有實，鬼之一也。以有形者象無形者而定矣。出無本，入無竅。有實而無乎處，有長而無乎本剽，有所出而無竅者有實。有實而無乎處者，宇也；有長而無本剽者，宙也。有乎生，有乎死，有乎出，有乎入，入出而無見其形，是謂天門。天門者，無有也，萬物出乎無有。有不能以有爲有，必出乎無有，而無有一無有。聖人藏乎是。

庚桑子曰：「夫全其形生之人，藏其身也，不厭深渺而已矣。」莊子恐人淺會庚桑子之意，以全其有形之生謂之全生，以藏身於深山大澤謂之深渺，故發此論。謂道自完全至分而似不全。據形而論，其於生而出也，見爲成，成分於毀，於死而入也，見爲毀，毀分於成；以道通之，則無成無毀。唯成而不自有其成，故毀而不見其毀。聖人欲全形生而不欲其分者，惡其分吾之生於死也。謂吾方有此生，而欲其生物之備。所以惡乎備者，爲其學行辯知日事增益備物，將形志乎期費，而有以備故也。其有備之時，役精神，勞知慮，一不知收斂向内，出而不反，趣於死亡爲鬼之道也。出而得備，人見魁然高出，我亦自以得，而不知適以得死，但形未滅耳。至滅而有死之實而未滅之鬼，與滅而有實之鬼，鬼之一也。然則欲全形生者當奈何？以有形而生者，象其無形而未嘗生者；知止其所不能知，而不求備以盡物，則思慮不擾，宇泰定矣。夫萬物方生而出，孰爲出之之本者？及死而入，孰爲入之之竅者？出則實有其出，而但不得其所以出之處；入則實有其入，而但不得其所以入之處。出長有出，但無乎本以爲出之首；入長有入，但無乎剽以爲入之尾。「剽」，末也。自有宇宙以來，其出入常然，乃宇宙所以名爲宇宙者，亦唯以此而已。蓋有實而無處者，即是宇。人知上下四方曰宇，苟非有實而無處者爲之充滿其中，何以成其上下四方而謂之宇？有長而無本剽者，即是宙。人知古往今來曰宙，苟非有長而無本剽爲之流行不斷，何以成其古往今來而謂之宙？萬物之有乎死，有乎生，是有形者也。其所以有死有生，由道之有乎出，有乎入，是無形者也。入出而無見其形，故能常出而不窮，是謂天門。天門者，無有也。若果有其門，入即是入有竅，出即是出有本，有則滯而不能爲有。萬物必出乎無有，而是無有又從何來？亦一無有而已。故聖人之藏身，不特不在深山大澤，亦不在有，亦不在無，在無有而又無有，是謂深渺之藏，形生之全而不分者也。

古之人，其知有所至矣。惡乎至？有以爲未始有物者，至矣，盡矣，弗可以加矣。其

次以爲有物矣，將以生爲喪也，以死爲反也，是以分已。其次曰始無有，既而有生，生俄而死；以無有爲首，以生爲體，以死爲尻；苦羔反。孰知有無死生之一守者，吾與之爲友。是三者雖異，公族也。昭、景也，著戴也；甲氏也，著封也，非一也。有生，黬闇。也，披然曰移是。嘗言移是，非所言也。雖然，不可知者也。臘者之有膍皮。胲，該。可散而不可散也；觀室者周於寢廟，又適其偃焉，爲是舉移是。請嘗言移是：是以生爲本，以知爲師，因以乘是非；果有名實，因以己爲質，使人以爲己節，因以死償節。若然者，以用爲知，以不用爲愚，以徹爲名，以窮爲辱。移是，今之人也，是蜩與鷽鳩〔二〕同於同也。

形生之道，以無有而全，以有分有備而毁。古之人，其知有所至矣。惡乎至？有以未始有物者，一氣渾淪，不着情識。吾遊心於物之初，而無有一無有，如其未始有物者，至矣，盡矣，弗可以加矣。其次以爲有物矣，此生不得已爲造化所有，離其無有之原，將以生爲喪也；至死而復還其無有之初，以死爲反也。生與死是以分，已道通其分，而未嘗有以備所不惡也。其次曰始無有，既而生，俄而死，無有首也；生爲體，死爲尻也，孰知有無死生之一守而不以有無生死爲異視者，吾與之爲友，是

〔二〕「鳩」字原闕，據明世德堂《六子全書》本《南華真經》補。

亦分而不分者也。三者雖異，皆能以無有爲宗。如楚之公族，稱昭稱景，望在一時，著民之所戴也。其稱甲氏，世其爵邑，著所封也，而同爲公族，非一而一者也。有生離於無有，即不空靜，如釜底之黬，煙氣所結，觸處即染。有生之黬，披然分散，染諸所有曰移是，今嘗言皆曰移是，夫移即無是非所言也。雖然，天下事有可移、有不可移者，亦有移而不是、移而亦是者，是不可知者也。臘祭之有膍牛百葉也。有胲牛足間毛肉也。，各是一體，則可散然同出牛之一體，又微賤不可散。生黬之可移，而不可移，何以異是？觀室者，必周於寢爲燕息也，周於廟爲祭祀也；又適其偃，則賤且褻矣。然室必有屏廁溲溺之處，而用始全，是亦移而是者也。生黬之有移，移而亦是者，何以異是？爲是舉移是，而請遂言移是也。是以生爲本無有，而忽成其爲有。由是生起知識，以知爲師，因以乘是非而起論辯，其所辯之是非又果有名有實，而不空空爲議論。使移是者至是而止，不添設成心，則生黬雖披散，尚無所染，謂即《齊物》之「因是」可也。奈何結成有我之私念，因以己爲質，己操券，責人合符；使人以爲己節自有識，至於没身，止求了此私念，因以死償節。若然者，執有爲真，認空爲實，視其身可以用，不可以不用，不用則無知而愚矣。於其遭遇，可以通，不可以窮，窮則無名而辱矣。一有此生，遂終身役役，投足之處，盡是妄緣，是知膍胲爲可散，何至頓忘全體之膏腴？雖其偃廁有當營，何得置寢廟於不顧？古之人知有所至，知生之出於無有，而今人移是，雖至死而黜猶披是。蜩、鳩在榆枋之間，各自以其飛槍爲得同於同，而古人視此當爲何如？

蹍女展反。市〔二〕人之足，則辭以放驁，兄則以嫗，大親則已矣。故曰：至禮有不人，至義不物，至知不謀，至仁無親，至信辟屏。金。徹志之勃，解心之謬，去德之累，達道之塞。貴富顯嚴名利六者，勃志也；容動色理氣意六者，謬心也；惡欲喜怒哀樂六者，累德也；去就取與知能六者，塞道也。此四六者不盪胸中則正，正則靜，靜則明，明則虛，虛則無爲而無不爲也。道者，德之欽也；生者，德之光也；性者，生之質也。性之動，謂之爲；爲之僞，謂之失。知者，接也；知者，謨也；知者之所不知，猶睨也。動以不得已之謂德，動無非我之謂治，名相反而實相順也。

爲道日損，無取於煩文。今假如無故而蹍踐市人之足，則辭以放驁，恐失歡市人也。兄蹍其弟，則但嫗拊之，不辭也。大親如父母，一蹍子足，何煩嫗拊？豈非於

〔二〕「市」，原作「可」，據明世德堂《六子全書》本《南華真經》及後文改。

情愈親，則於煩文愈省哉？故曰：禮以敬人，至禮有不人；義以衡物，至義不物；仁者親人，至仁無親；信期取與，至信辟金。然則有生之移是而紛紛擾擾，務爲名實也者，均非其至也。吾見其志勃矣，心謬矣，德且累，道且塞矣，必撤之解之去之達之而後可。彼志何以勃？慕富貴顯嚴名利六者未得，故勃然也。心何以謬？爲容動色理氣意六者矜持，故謬用也。理不當謬，而過求之，則爲理障；氣不當謬，而恃虛憍，則爲客氣，故均爲謬心。惡欲喜怒哀樂六者，德之所發，俱有自然之節，而一着意，反以累德；去就取與知能六者，道之所行，有坦然之途，而或膠固，反能塞道。此四六者，撤解而去之達之，則胸中不盪而常正。正則靜，靜則明，明則無一物之翳而虛，虛則無一念之擾而無爲，無爲則事來順應，斯無不爲也。夫道無多端，人每眩惑於名實，不知道原無有，德之所欽，乃尊而號之曰「此無爲之謂道也」。生則德所凝聚而光顯之時，性則生所秉畀而生生之質。性存於中，物感而動，是謂之爲。爲，無爲也，故能無不爲。爲之僞，則有意於爲，謂之失，而勃志、謬心、累德而塞道者，皆由於此。彼以生爲本、以知爲師者，知逐於物，而欲物爲之謀。是知者接也，知者謀也，僞所使也。唯知者之所不知，而知如嬰兒之睨，偏不在外，此性中之真知。如此而動，則動以不得已，爲而常無爲，斯爲之無僞無失，而謂之德。德者，至禮、至義、至知、至仁、至信也。如此而動，其動之所及，無非以我之至禮、至義，無非以我之至知、至信、至仁，而天下事無不治。動以不得已者，方貴其無我，而天下之治乃由動無非我，名若相反；然必先無我，而後動無非我，動以不得已之無爲，而後天下治而無不爲，實相順者也。

羿工乎中微，而拙乎使人無已譽；聖人工乎天，而拙乎人。夫工乎天而俍良。乎人者，唯全人能之。唯蟲能蟲，唯蟲能天。全人惡天？惡人之天？而況吾天乎人乎？一雀適羿，羿必得之，威也；以天下爲之籠，則雀無所逃。是故湯以胞庖。人籠伊尹，秦穆公以五羊之皮籠百里奚。是故非以其所好籠之而可得者，無有也。介者拸侈。畫，外非譽也；胥靡登高而不懼，遺死生也。夫復謵習。不餽一作「愧」。而忘人，忘人，因以爲天人矣。故敬之而不喜，侮之而不怒者，唯同乎天和者爲然。出怒不怒，則怒出於不怒矣；出爲無爲，則爲出於無爲矣。欲靜則平氣，欲神則順心，有爲也欲當，則緣於不得已，不得已之類，聖人之道。

動以不得已，於事有所不爲。若近於拙，唯拙於人之所爲，然後於道爲工。羿射中微，特人事之巧，若能使人無譽，乃於道爲宜。今唯工於中微，自拙於使人無已譽也。聖人則工乎天而拙乎人，無思無慮，體性無爲，合天之道何工也。欲其捷取於富貴名利之間，鬬巧於去就取與之内，有如四六爲人之所甚工者。聖人爲獨拙，若使工乎天又良乎人，必其人既爲賢聖人中之人，又能爲世味人中之人，是全人也，而後能之。世間亦安有全人？唯蟲蠢然蠕動，無他知識，以此爲蟲。即其蠢然蠕動，無他知識，如此者即是蟲之天，故能蟲能天。夫人也，安有全能哉？若世果有全人，則方且巧圖捷取在人事之間，惡天之妨人，雖他人語之以天，亦必惡其與己異趣，況吾之天乎人乎？求兼工而盡佷也，此必不能之事也。彼工於人者，所得亦幾何？一雀適羿，羿在必得，中微之威也。雀不時時適羿，羿亦不能時時得雀。假有拙於射者，以天下爲籠，則天下之雀安逃於籠内？拙射者之籠雀，同於天矣。伊尹、百里奚號稱賢聖，而一工俎鼎，一工飯牛，故湯、繆公得以庖人、得以五羊之皮籠之，非以其所好籠之而可得者，無有也，故聖賢當忘情於所好。人能忘情，又不特聖賢爲合天，即刑戮、辱賤之人，反有暗與道合者。介者移華彩之飾，彼其足兀而忘情於好醜，外非譽也。胥靡登高無畏懼之念，彼其被罪而忘情於恤身，遺死生也。此兩人者，復習刑辱而見人不愧，不復以非譽、死生置之懷中，忘乎人情者也。謂彼爲天人，固非其人，但天人無非譽、死生之念，而彼能暗與之合，吾因許以爲天人矣。況有如叔山無趾、申屠嘉之流，雖身刑戮，而真爲天人者乎？故去人漸遠者於天日近，有敬之而不喜，侮之而不怒者，唯同乎天和者爲然。出怒不怒，則怒出於不怒，同天無心之怒矣；出爲無爲，則爲出於無爲，同天無心之爲矣。此聖人工乎天者事也，始學者當何如？意念紛飛，欲靜而不得，則在平氣。數息調息，平氣之方，入靜之訣也。思慮憧憧，欲神而愈昏，則在順心。心體虛明，順養泰定，生慧之基也。有爲也，吉凶在念，妄爲卜度，以得當爲難。緣於不得已，則迫而後應，動不以人，動以其天，得當之法也。夫不得已之類，乃知止於其所不知，爲之於其無爲，出乎無有，而無有一無有。此聖人之道，聖人藏於是。拸，音侈，去也。

雜篇　徐無鬼第二十四

上《庚桑楚》篇曰：「出而不反，見其鬼；出而得，是謂得死。滅而有實，鬼之一也。」謂人得陰陽冲和之氣以生，神氣屬陽，體魄屬陰。至陰有一毫未盡，不可以爲仙；至陽有一毫未盡，不至於爲鬼。「出而不返」者，徇耳目口體之嗜慾，精神有出而無反，爲鬼之道也。此命篇曰《徐無鬼》，欲去其陰以反於陽，以證夫仙道。故篇中多言調性情、除外累之事。黄帝之神聖，狗七竅則大道爲迷，保童心則害馬自去。莊子於斯事欲有付託而未得也，故篇終再三望人之致問。

徐無鬼因女商見魏武侯，武侯勞之曰：「先生病矣。苦於山林之勞，故乃肯見於寡人。」徐無鬼曰：「我則勞於君，君有何勞於我？君將盈耆欲，長好惡，則性命之情病矣；君將黜耆欲，掔牽。好惡，則耳目病矣。我將勞君，君有何勞於我？」武侯超然不對。少焉，徐無鬼曰：「嘗語君，吾相狗也，下之質，執飽而止，是狸德也；中之質，若視日；上之質，若亡其一。吾相狗，又不若吾相馬也。吾相馬，直者中繩，曲者中鉤，方者中矩，圓者中規，是國馬也，而未若天下馬也。天下馬有成材，若卹若失，若喪其一，若是者，超軼絶塵，不知其所。」武侯大悦而笑。徐無鬼出，女商曰：「先生獨何以説稅。吾君乎？吾所以説吾君者，横説之則以《詩》、《書》、《禮》、《樂》，從説則以《金板》、《六弢》，奉事而大有功者不可爲數，而吾君未嘗啓齒。今先生何以説吾君，使吾君説若此乎？」徐無鬼曰：「吾直告之吾相狗馬耳。」女商曰：「若是乎？」曰：「子不聞夫越之流人乎？去國數日，見其所知而喜；去國旬月，見所嘗見於國中者喜；及期年也，見似人者而喜矣。不亦去人滋久，思人滋深乎？夫逃虚空者，藜藋柱乎鼪鼬之逕，踉良。位其空，聞人足音跫然而喜矣，又况乎昆弟親戚之謦欬其側者乎？久矣夫，莫以真人之言謦欬吾君之側乎。」

魏武侯固是英主，其於《詩》、《書》、《禮》、《樂》之言，縱横韜鈐之説，聞之已熟，游客談士又爭出於剿襲，益不足聽。徐無鬼與言狗馬，狗馬是英君玩好，既中其欲，所言相狗馬之法又在離嗜慾而養天機，小繩矩而大神宇，有超然出塵之趣。凡人真性，亦多欲超然自出於塵外，無奈爲聞見所汩没，嗜欲所昏迷，故至夫頽墮而不覺。今武侯忽聞超然高曠之言，如空谷聞親戚之謦欬，宜其大悦而笑也。

「若視日」，言其有光彩射人，其精神猶在外。「若亡其一」、「若喪其一」，言若有一件喪亡，了而凝然，注思不動，其精神全在内。「踉位其空」，踉行位住，言行住皆在空谷也。

徐無鬼見武侯，武侯曰：「先生居山林，食芧栗，厭葱韮，以賓擯。寡人，久矣夫。今老邪？其欲干酒肉之味邪？其寡人亦有社稷之福邪？」徐無鬼曰：「無鬼生於貧賤，未嘗敢飲食君之酒肉，將來勞君也。」君曰：「何哉，奚勞寡人？」曰：「勞君之神與形。」武侯曰：「何謂邪？」徐無鬼曰：「天地之養也一，登高不可以爲長，居下不可以爲短。

君獨爲萬乘之主，以苦一國之民，以養耳目鼻口，夫神者不自許也。夫神者，好和而惡姦；夫姦，病也，故勞之。唯君所病之，何也？」武侯曰：「欲見先生久矣。吾欲愛民而爲義偃兵，其可乎？」徐無鬼曰：「不可。愛民，害民之始也；爲義偃兵，造兵之本也；君自此爲之，則殆不成。凡成美，惡器也；君雖爲仁義，幾且僞哉。形固造形，成固有伐，變固外戰。君亦必無盛鶴列陣名。於麗譙之間，無徒步兵。驥騎兵。於錙壇之宮，無藏逆於得，無以巧勝人，無以謀勝人，無以戰勝人。夫殺人之士民，兼人之土地，以養吾私與吾神者，其戰不知孰善？勝之惡乎在？君若勿已矣，修胸中之誠，以應天地之情而勿攖。夫民死已脱矣，君將惡乎用夫偃兵哉？」

魏武侯欲愛民偃兵者，凡欲成仁義之美名耳。欲成其美者，適得不美，故曰：「凡成美，惡器也。」方有爲仁爲義之形，而即造成不仁不義之形；爲仁義之形未成，而不仁不義者已代其成矣。並向時愛民偃兵之念，亦變而爲好勝兼人之念，外之攻戰未有已也。恐自此麗譙鍾鼓之樓亦盛設鶴列之陣，錙壇祭祀之宮亦有徒兵騎士在其間，將隨在皆殺機。愛民以爲得，而殺人以成其私，是藏逆於得也。於是人之士民死矣，土地兼矣。曰「吾不得已而用兵以偃兵」，而實以濟吾貪，而養吾私與神。爲義偃兵之戰與不義而搆兵之戰，孰〔二〕善？今之勝者，果爲義偃兵而勝，抑亦爲不義連兵而勝？吾特借以成吾美名，其爲殃民而不義，實則無異也。魏武侯毋假愛民之名，以濟貪得之私，修誠以應天地生物之情而勿攖焉，則我無爲而民自正，死已脱矣，惡用偃兵哉？

黄帝將見大隗乎具茨之山，方明爲御，昌寓〔三〕驂乘，張若、謵朋前馬，昆閽、滑稽後車；至於襄城之野，七聖皆迷，無所問塗。適遇牧馬童子，問塗焉，曰：「若知具茨之山乎？」曰：「然。」「若知大隗之所存乎？」曰：「然。」黄帝曰：「異哉，小童。非徒知具茨之山，又知大隗之所存。請問爲天下。」小童曰：「夫爲天下者，亦若此而已矣，又奚事焉？予少而自遊於六合之内，予適有瞀（茂）。病，有長者教余曰：『若乘日之車而遊於襄城之野。』今予病少痊，予又且復遊於六合之外。夫爲天下亦若此而已。予又奚事焉？」黄帝曰：「夫爲天下者，則誠非吾子之事。雖然，請問爲天下。」小童辭。黄帝又問。小童曰：「夫爲天下者，亦奚以異乎牧馬者哉？亦去其害馬者而已矣。」黄帝再拜

〔二〕「孰」，原作「熟」，據前引《莊子》原文改。
〔三〕「寓」，原作「寓」，據明世德堂《六子全書》本《南華真經》改。

稽首，稱「天師」而退。

從七聖而不見大隗，是鑿七竅而求大道，所以愈迷。童子渾沌未鑿，故知大隗所存。始遊六合之内，則爲聞見所迷，故有瞀病。乘日之車而啓慧性，遊襄城之野而遠囂紛，瞀病所以除。復遊六合之外，則離人而合於天，治天下豈有加於此？因黄帝之再問，故舍遠而近言之。治民如牧馬，但去其害馬者而民已安；害馬在身，則己病民亦病。先之欲取道於具茨之山而不得者，皆能害馬者也。

知士無思慮之變則不樂，辯士無談説之序則不樂，察士無凌誶信。之事則不樂，皆囿於物者也。招世之士興朝，潮。中民之士榮官，筋力之士矜難，勇敢之士奮患，兵革之士樂戰，枯槁〔一〕之士宿名，法律之士廣治，禮樂之士敬容，仁義之士貴際。農夫無艸萊之事則不比，商賈無市井之事則不比。庶人有旦暮之業則勸，百工有器械之巧則壯。錢財不積則貪者憂，權勢不尤則夸〔二〕者悲。勢物之徒樂變，遭時有所用，不能無爲也。此皆順比於歲，不物於易者也。馳其形性，潛之萬物，終身不反，悲夫。

〔一〕「枯槁」，原作「槁枯」，據明世德堂《六子全書》本《南華真經》乙正。

〔二〕「夸」及後文「夸者悲」之「夸」，原作「誇」，據明世德堂《六子全書》本《南華真經》改。

知士無思慮之變，凡一十八輩，句法倏正倏反，凡五換首。說知士三輩，即結一句曰：「皆囿於物者也。」自「招世之士」至「夸者悲」一十五輩，此皆勢〔二〕物之徒樂與物變，遭時有所用，不能無爲也。復似結非結，贅一句曰：「此皆順比於歲，不物於易者也。」後出三句作斷案，蓋兹十八輩人各專一用，期望遭際，如農夫之望歲，遇其時即順比於歲，不遇時如失歲然，戚戚以憂，馳其形性於萬物中，終身不返，可悲矣。「不物於易」，言彼此不肯以相爲。中間「無爲」二字，是莊子救料一十八輩之靈藥。

莊子曰：「射者非前期而中，謂之善射，天下皆羿也，可乎？」惠子曰：「可。」莊子曰：「天下非有公是也，而各是其所是，天下皆堯也，可乎？」惠子曰：「可。」莊子曰：「然則儒墨楊秉四，與夫子爲五，果孰是邪？或者若魯遽渠。者邪？其弟子曰：『我得夫子之道矣。吾能冬爨鼎而夏造冰矣。』魯遽曰：『是直以陽召陽，以陰召陰，非吾所謂道也。吾示子乎吾道。』於是乎爲之調瑟，廢一於堂，廢一於室，鼓宮宮動，鼓角角動，音律

〔二〕「勢」，原作「世」，據前引《莊子》原文改。

同矣。夫或改調一弦，於五音無當也，鼓之，二十五弦皆動，未始異於聲，而音之君已。且若是者邪？」惠子曰：「今夫儒墨楊秉，且方與我以辯，相拂以辭，相鎮以聲，而未始吾非也，則奚若矣？」莊子曰：「齊人蹢直。子於宋者，其命閽也不以完，其求鈃刑。鍾也以束縛，其求唐子也而未始出域，有遺類矣。夫楚人寄而蹢閽者，夜半於無人之時而與舟人鬬，未始離於岑而足以造於怨也。」

惠子倡堅白異同之辯，其徒相爲附和，既失理之是；至魏王使之於楚，以測楚交，見《戰國策》。而楚中善辯如黃繚輩，聞其風，爭爲詰難，猶非羈旅所宜。莊子欲其自知辯之無一是也，謂言不必合公是，而天下妄言者皆可稱堯。今日儒、墨、楊朱、公孫秉四家方辯，俱不得其是，又益夫子而五。或者如魯遽，師弟徒爲誇誕，竟無一是者邪？魯遽弟子誇能冬爨鼎而夏造冰，此違背陰陽，決無之事，可以一言而折。乃其師妄推之於理，謂冬日雖陰，能使鼎不然而爨者，直以冬至一陽已生，陽召陽也；夏日雖陽，能造水爲冰者，直以夏至一陰已生，陰召陰也。又自誇曰「此不足爲吾道」，於是爲之調瑟，謂「吾能廢廢，置也。一瑟於堂，廢一瑟於室，鼓此瑟之宮而彼宮應，鼓此瑟之角而彼角應，是則音律同之故。夫或改調一弦於此，不拘是宮是角，於五音無當，而彼之二十五弦皆動。此何故？此一弦之聲，雖與他弦無異，而實是五音之君，彼二十五弦者臣，不得不從君，故皆動也」。此亦因聲律有黄鍾爲君之説，故遽得借爲談資。而以實稽之，則不特音君律同之言妄，並其鼓此彼動、造氷爨鼎之事盡妄，所謂聽其言洋洋滿耳，按其事如捕風景，皆無的之射，無公是之堯耳。惠子謂「魯遽師弟造氷調瑟，當有事實而徒虚謬誇張，誠覺不可。吾與四家但相拂而爭之以辭，相鎮而服之以聲，止是空言取勝以自愉快，而奚若夫四家之辯俱未盡理」。惠子爲辯，猶覺乖宜。辯者於理不得其全，猶之蹢子。兀者也。然四家之辯，齊人之蹢而寄者也；惠子之辯，寄於楚而蹢者也。夫齊人之蹢子，寄於宋者旅中，宜下人；其命閽也，以足不完而直曰「兀則兀者嫌」；其求鈃鍾也，將鳴之而以束縛，使不得鳴；其求亡子也，當遠覓而曾不出於域中。此蹢子，事事不盡理，有遺類者矣，正如彼四子之辯不中理者也。然亦止是耳，未有害也。若夫寄身於楚，蹢而爲閽者，夜半無人，孰爲救助？非可鬭之時。舟人在舟，勢不相及，無爭鬭之便，乃遽然往鬭。身未離岑，而不全之足蚤顛蹶，而造怨，豈直有遺類已哉？今惠子以羈旅在楚，正夜半無人之時，與楚人爭辯，幾作岸畔舟中之鬭，將無岑未離而怨先造，不免爲齊蹢子之所笑矣。

莊子送葬，過惠子之墓，顧謂從者曰：「郢人堊漫其鼻端，若蠅翼，使匠石斲之。匠石運斤成風，聽而斲之，盡堊而鼻不傷，郢人立不失容。宋元君聞之，召匠石曰：『嘗試爲寡人爲之。』匠石曰：『臣則嘗能斲之。雖然，臣之質死久矣。』自夫子之死也，吾無以爲質矣，吾無與言之矣。」

存没之感，不獨在惠與莊，即如匠石曰：「臣則嘗能斲之。雖然，臣之質死久矣。」大是凄凉難聽。夫方相辯難，遽爾悼亡，足見人生危脆，又安得以無益之辯耗蠹精神？莊子平時痛砭惠子，正爲有此段事在。

管仲有病，桓公問之曰：「仲父之病病矣，可不謂云。至于大病，則寡人惡乎屬國而可？」管仲曰：「公誰欲與？」公曰：「鮑叔牙。」曰：「不可。其爲人，絜廉善士也，其於不己若者不比之，又一聞人之過，終身不忘。使之治國，上且鉤乎君，下且逆乎民。其得罪於君也，將弗久矣。」公曰：「然則孰可？」對曰：「勿已，則隰朋可。其爲人也，上忘而下畔，愧不若黄帝而哀不己若者。以德分人謂之聖，以財分人謂之賢。以賢臨人，未有得人者也；以賢下人，未有不得人者也。其於國有不聞也，其於家有不見也。勿已，則隰朋可。」

管仲臨終薦執政，舍鮑叔，進隰朋，所以爲相，知聞過不忘，亦是通病。不聞不見，唐代宗所稱「不癡不聾，不作阿家翁」者。「下畔」，《列子》作「下不叛」，今依文解，謂隰朋虛懷下人，使之在上則忘分；若使在下，則仍守界畔而不忘分也。不聞不見，豈直爲國，竟是修仙要旨。

吳王浮於江，登乎狙之山。衆狙見之，恂然棄而走，逃於深蓁。有一狙焉，委蛇攫搔，搔。見巧乎王。王射之，敏給搏捷矢。王命相者趨射之，狙執死。王顧謂其友顏不疑曰：「之狙也，伐其巧、恃其便以敖予，以至此殛也。戒之哉。嗟乎，無以汝色驕人哉。」顏不疑歸而師董梧，以助鋤。其色，去樂辭顯，三年而國人稱之。

不特顏不疑賢也，吳王覩狙之死，而能惕然致戒於所親愛之人。凡伐巧恃便而傲人，爲速死之道，又豈特顏不疑當戒？

南郭子綦隱几而坐，仰天而噓。顏成子入見曰：「夫子，物之尤也。形固可使若槁骸，心固可使若死灰乎？」曰：「吾嘗居山穴之中矣。當是時也，田禾一覩我，而齊國之衆三賀之。我必先之，彼故知之；我必賣之，彼故鬻之。若我而不有之，彼惡得而知之？若我而不賣之，彼惡得而鬻之？嗟乎，我悲人之自喪者，吾又悲夫悲人者，吾又悲夫悲人之悲者，其後而日遠矣。」

人生百事皆妄，唯凝聚精神是爲實際。假使身負一世之盛名，而遂以精神與馳逐，則不但無益於身，且所喪甚多。然名不關人，由我意念。方意念未淨，雖子綦居山穴之中，而齊國之衆以得覩爲榮。及其以自喪爲悲，則身在几席之間，而人且視爲死灰槁木，始悲自喪，隨復悲人。既代人悲，還悲悲者，雖步步掃除，而俱爲塵念。唯息念靜觀，則所悲何事？其後而日遠，非塵情之日遠，由心不起而念槁灰也。後數句脱出《阿房宫賦》。

仲尼之楚，楚人觴之，孫叔敖執爵而立，市南宜僚受酒而祭，曰：「古之人乎。於此言已。」曰：「丘也聞不言之言矣，未之嘗言，於此乎言之。市南宜僚弄丸而兩家之難解，孫叔敖甘酣。寢秉羽而郢人投兵。丘願有喙三尺。」彼之謂不道之道，此之謂不言之辯。故德總乎道之所一，而言休乎知之所不知，至矣。道之所一者，德不能同也。知之所不能知者，辯不能舉也。名若儒墨而凶矣。故海不辭東流，大之至也。聖人並包天地，澤及天下，而不知其誰氏。是故生無爵，死無謚，實不聚，名不立，此之謂大人。狗不以善吠爲良，人不以善言爲賢，而况爲大乎？夫爲大不足以爲大，而况爲德乎？夫大備矣，莫若天地，然奚求焉而大備矣？知大備者，無求，無失，無棄，不以物易己也。反己而不窮，循古而不摩，大人之誠。

市南宜僚祭酒，而行古人乞言之禮，仲尼聞不言之言，老子所謂「不言之教」也。向未嘗以此與人言，而今言之：宋與楚戰，宜僚弄丸於軍前，宋人觀弄丸而不戰，是解難者不在於解難也；郢與楚戰，孫叔酣寢秉羽扇，如不以戰爲意者，郢人疑有備而不戰，是息戰者不在於戰也。可見天下事不在有爲，故言亦不在多言，言而無言，則雖有喙三尺，與無喙同，亦終不至於多言亂聽，庸何傷？莊子既借夫子以寄無言之意，復自爲說曰：如彼二子所爲，謂不道之道；如夫子所稱，此之謂不言之辯。故德雖多端，而道止一致，德爲道之所總，奚事泛求？言者好辯，而知有所限，言付於知之所不知，奚事該博？故道之至一者，德用之而殊，人但當聽其自殊，不必舍道外營，以求德之同。知不能知者，辯遇之而窮，人但當常守其默，不必强爲之知，以舉所不知之辯。彼欲同所不能同，舉所不能知，此儒墨家之爲名者。名如儒墨，而離道喪真，宜其凶矣。故名之爲物，不可務也。大海受東流以成其大，而非有意邀東流之歸以自大，但不辭之而已。大人之爲大人，豈有意以爲之哉？並包天地，澤及天下，此尚不知誰氏之所爲。生不以爵顯，死不以謚美，於實不務積聚，於名不務虛立，若東海之受百川而無辭，若天地之爲覆載而無意。夫良犬不善吠，良人不善言，況爲大人者，豈在有意而爲乎？大備莫如天地，天地之道，何事於求而後備？知夫人性之大備者，不事外求。唯不外求，則未嘗得，何有於失；未嘗取，何有於棄？吾不強同其所不同，強舉其所不能舉，而以物易己也。反之一己，則道嘗不窮，循之古人，而實無摩彷，此大人不道之道，不言之言，反身而誠者也。

子綦有八子，陳諸前，召九方歅曰：「爲我相吾子，孰爲祥？」九方歅曰：「梱也爲祥。」子綦瞿然喜曰：「奚若？」曰：「梱也，將與國君同食以終其身。」子綦索然出涕曰：「吾子何爲以至於是極也？」九方歅曰：「夫與國君同食，澤及三族，而況於父母乎？今夫子聞之而泣，是禦福也。子則祥矣，父則不祥。」子綦曰：「歅，女何足以識之，而梱祥邪？盡於酒肉入於鼻口矣，而何足以知其所自來？吾未嘗爲牧而牂生於奥，未嘗好田而鶉生於宎，若勿怪，何邪？吾所與吾子遊者，遊於天地。吾與之邀樂於天，吾與之邀食於地；吾不與之爲事，不與之爲謀，不與之爲怪；吾與之乘天地之誠而不以物與之相攖，吾與之一委蛇而不與之爲事所宜。今也然有世俗之償焉。凡有怪徵者，必有怪行，殆乎，非我與吾子之罪，幾天與之也。吾以是泣也。」無幾何而使梱之於燕，盜得之於道，全而鬻之則難，不若刖之則易，於是刖而鬻之於齊，適當渠公之街，然身食肉而終。

子綦以履平爲福，而非望所致深憂爲禍。如酒肉入口，雖爲美味，要得推其自來必當得者，然後可食。今九方歅相梱之食肉終身，便以爲福，不度食肉終身，非其所宜有之事。是夫求世俗之福者，或得世俗之償，無因自致，是怪事也。使未嘗爲牧而忽有羘生於室之西南隅，未嘗好田而更有鶉生於室之西北隅。人豈有不駭怪者？卒之梱使燕而遇盜刖。然梱不應有世俗之償，故不得以食肉爲祥，亦不應有刑戮之償，乃卒受刖足之慘，何也？則命之無可奈何者，賢聖亦無如之何。刖而得安性命，無他馳逐，亦梱之福也。

齧缺遇許由，曰：「子將奚之？」曰：「將逃堯。」曰：「奚謂邪？」曰：「夫堯畜畜然仁，吾恐其爲天下笑。後世其人與人相食與？夫民不難聚也，愛之則親，利之則至，譽之則勸，致其所惡則散。愛利出乎仁義，捐仁義者寡，利仁義者衆。夫仁義之行，唯且無誠，且假夫禽貪者器。是以一人之斷制利天下，譬之猶一覕蒲結切。也。夫堯知賢人之利天下也，而不知其賊天下也。夫唯外乎賢者知之矣。」

堯以許由爲賢，欲讓天下，此堯之仁也。堯有爲仁之名，後世且相襲以迹，其禍必至於以人相食。何者？愛利足以感人，民心最易動移。而欲愛之利之，其事必出於仁義。世之人無心於仁義之名，嘗捐之，而自然出爲愛利者寡；有心務仁義之名，嘗利之，而徼民之親且至者衆。仁義之行，且相率爲僞，是假貪禽者以弓矢之利器也。信一己之仁出於利人，斷天下之爲仁皆足以利人。譬之於一覕焉，瞥見之頃，謂足盡物情，而不知我之所不見者多也。今堯知賢人之愛利天下，而不知有假仁義之賢人，且以自利而賊天下，能不致於人相食乎？夫唯能外乎賢者，捐仁義者也。知無心於爲仁則能利之，而有心爲仁義者則賊之，故不尚賢也。覕，音別，《字義》云：「不詳貌。」《正韻》引《莊子》爲證，而以爲「割」，用郭子玄之説。非也。

有暖姝者，有濡需者，有卷婁者。所謂暖姝者，學一先生之言，則暖暖姝姝而私自説也，自以爲足矣，而未知未始有物也，是以謂暖姝者也。濡需者，豕蝨是也，擇疏鬣自以爲廣宮大囿，奎蹏曲隈，乳間股腳，自以爲安室利處，不知屠者之一旦鼓臂布艸操烟火，而己與豕俱焦也。此以域進，此以域退，此其所謂濡需者也。卷婁者，舜也。羊肉不慕蟻，蟻慕羊肉，羊肉羶也。舜有羶行，百姓悦之，故三徙成都，至鄧之虚墟。而十有萬家。

堯聞舜之賢，舉之童土之地，曰：「冀得其來之澤。」舜舉乎童土之地，年齒長矣，聰明衰矣，而不得休歸，所謂卷婁者也。是以神人惡衆至，衆至則不比，不比則不利也。故無所甚親，無所甚踈，抱德煬和以順天下，此謂真人。於蟻棄知，於魚得計，於羊棄意。

暖姝者，人情喜炎暖而悦姝媚，斯名誌自喜也。濡需者，濡足於中，不蚤決去，誌貪溺也。卷婁者，卷攣而傴僂，誌局曲不自得也。學一先生之言，乃著述家以立言自喜，豈知未始有物之先何有於言，而乃暖暖姝姝，自喜其言之得。豕蝨托安於豕體，而卒與俱焦。與域俱進，與域俱退，不能拔足畏途，故爲濡需。此倚權門、殉富貴者流也。羊羶而蟻慕，舜有羶行，爲民所歸，爲堯所舉，不得休歸，而以身勞天下，是卷婁而不舒暢者也。是以神人惡有羶行使衆至，衆至則人各有趣向而不和，不和則勞精神爲之調處，於我殊不利。故處衆不甚設親疎之意，抱德煬和以順天下而無所忤，此謂真人。真人處世，於蟻則棄知，於魚則得計，於羊則棄意。夫蟻有知，故知慕羶，今不同暖姝者矜小知而自喜，爲棄知也。魚計出於遠逝，故能遠害，今不如濡需者爲豕蝨之俱焦，爲得計也。羊因有羶意，故致蟻之慕，今不同卷婁者使衆至而不比，爲棄意也。童土不生五穀，正洪荒之世也。

以目視目，以耳聽耳，以心復心。若然者，其平也繩，其變也循。古之真人，以天待之，不以人入天。古之真人，得之也生，失之也死；得之也死，失之也生。藥也，其實堇烏頭。也，桔梗也，雞廱芡實。也，豕零《進學解》所稱「豨苓」。也，是時爲帝者也，何可勝言？句踐也以甲楯三千棲於會稽。唯種也能知亡之所以存，唯種也不知其身之所以愁。故曰：鴟目有所適，鶴脛有所節，解之也悲。故曰：風之過河也有損焉，日之過河也有損焉，請只風與日相與守河，而河以爲未始其攖也，恃源而往者也。故水之守土也審，影之守人也審，物之守物也審。故目之於明也殆，耳之於聰也殆，心之於殉也殆。凡能其於府也殆，殆之成也不給改。禍之長也茲萃，其反也緣功，其果也待久。而人以爲己寶，不亦悲乎。故有亡國戮民無已音紀，謂死亡其身。不知問是也。故足之於地也踐，雖踐，恃其所不蹍而後善博也；人之知也少，雖少，恃其所不知而後知天之所謂也。知大一，知大陰，知大目，知大均，知大方，知大信，知大定，至矣。大一通之，大陰解之，大目視之，大均緣之，大方體之，大信稽之，大定持之。盡有天，循有照，冥有樞，始有彼。則其解之也似不解之者，其知之也似不知之也，不知而後知之。其問之也，不可以有崖，而不可以無崖。頡絜。滑猾。有實，古今不代，而不可以虧，則可不謂有大揚搉乎？闔不亦問是已，奚惑然爲？以不惑解惑，復於不惑，是尚大不惑。

凡人之生也，天與耳目心體以有生，至其發爲視聽思惟之用，則多狥於外物，失其耳目心思之本體，是謂益生而適所以喪其生也。有能以目視目，以耳聽耳，以心復心，如其天之所以與我而無所增益者乎？若然者，其平而無事也，絕無私曲，如繩之直；其變而應事也，虛心以出，唯理之循。故古之真人，於耳目心思不敢輕爲用也，以天待之，不以人入於天，此真人之所以常不死者也。故一耳目心思，能以天待，垂簾塞聽，虛靜抱神，得之以生，而失之則死矣；若以人入天，將招召外好，自劫家寶，得之以死，必失之而後生耳。是數者，養生之藥也。如實堇、桔梗、雞廱、豕零，有時用之爲主，有時置之不用，是時爲帝者也。必有大藥得之以生，而常爲帝者在，只此數藥生人殺人，用法不同，何可勝言？如句踐棲於會稽一事也，文種於此時能以身存越，而不能使越之終保其身。是越得文種之藥以生，而文種身爲越藥死，何文種能知用於越而不知用於身也？故曰：「鴟目適於見夜，鶴脛愁在解長。」耳目心思之用，亦貴得其適耳。故曰：「風過河有蕩搖而河損，日過河有暵暴而河損。請之風日相守，以攖一河，而河爲未始攖也。」恃源而往，則雖損其外，不攖其內。蓋凡物之攖吾內也，其用功專；而人之應於物也，易爲殉。故水之守土，影之守人，外物守內物而欲攖之，俱無晷刻移。而審耳目心思狥於外物，則聰明靈照之本體殆。凡能于其府也，無源而見攖，其藏能之府殆。唯不能以目視目，以耳聽耳，以心復心，故殆也。殆之成也，死亡隨至，欲改不給，而禍且叢集。欲返其危殆，必須循漸之功；冀其成功證果，必待積久之力。夫耳目心思所以生，人不能以天待之，而危殆以死，人尚以爲己寶，不亦悲乎？故世主信方士、求神仙，外有亡國戮民，内有喪身亡己，惟不知問是而昧天人生死之幾也。故足於地，其所踐者少，恃其所不蹍者而後善博；人於知，其所能知者少，恃其所不知而後能知。天蓋有不知，則視聽心思不攖於物。其天者全，而庶契其天之所謂。蓋天之所謂，非以覆幬萬物者即謂之天，有未始有物，乃先天而爲我得生之源者，始謂之天。若止欲知天，則天道無窮，知之難盡。縱知之盡，亦何益於生？天有大一，爲起化主宰；有大陰，爲收斂時候。大目鑒觀，大均賦與，大方賦物，有定大信時節，應期大定，禍福報應之不爽。於此而能一一知之，至矣，不爲少矣。又非徒能知之已也，且能各解其所以致用者。造化分陰陽，大一實通之；物生形骸，爲之帝縣，大陰收斂，脱形骸而解之；萬民殊行，大目分善惡而視之；萬物殊品，大均因物以賦而緣之；大方賦物，飛潛動植不易其常；大信循時，晦明寒暑，各得其候；大定持報應，作善作惡，不至於惑亂。人欲言天，則是數者盡有天焉，而不屬於人；若欲言知，則循是數者，已有照焉，而不昏於識。即使人置之於不知，則天自於冥冥中用是數者爲樞紐，不以人不知而遂樞紐解也。如人以知之而謂天已盡，則天於既始有物後方有彼數者，而未始有物無有彼也。如此知天，夫豈是關要事？其解之亦似不解之，其知之亦似不知之，爲於生死事中無用得處也。蓋惟知之多，故先天之原愈不可知，必屏視聽、斷思惟，不知而後知之。其問之也，不可泥形體而以有涯問，亦不可舍形骸而以無涯問。其事極爲頡滑，難於執持。而産藥有源，採藥有時，乃實徵實候，而非可虚言也。問其候，廣成有廣成之火候，不得授於黃帝；黃帝有黃帝之火候，不得傳於後人。語曰：「聖人傳藥不傳火，從來火候少人知。」古今不相代，若時刻少差，則失喪天寶，豈可虧也？《入藥鏡》曰「差毫釐不成丹」是也。有斯大事，可不爲大舉揚而搉論之也乎？闔亦不問是，而以惑者妄爲之也？張平叔曰：「任君聰慧過顔閔，不遇明師莫強求。」第問者難得其人，可以待問者尤難得其人。待問者，先於此事不惑，而後可以解人之惑。明人授而明人受，毫髮無差，是尚大不惑。莊子平日嘗言：「道無問，問無應。」獨於此事，懃懃欲人叩問。想從來法門如此，須憑口訣，不用書傳。「揚搉」，《漢書》「揚搉」，《古今注》：「揚，舉也。搉，引也。」舉而引之，陳其趣也。許由逃堯，是《老子》「不尚賢」之意，終之曰「夫唯外乎賢者知之矣」，此是結語。次節「有暖姝者」三句，是起語；終之曰「於蟻棄知」三句，是結語。註家乃自「許由逃堯」起，至「其變也循」而止，通爲一段；自「以目視目」至終篇，俱爲生死大事，欲得傳授，乃截入於「暖姝者」之下，語意不貫；而於其下一段，慇懃接引之意茫茫，都作別解。丁卯夏日，偶爲分疏此篇，因欲解竟《莊子》，俄攝德興，又移攝安仁，遂棄去。戊辰冬，自安仁歸，遂取三十三篇，盡爲之詮解，據見以陳，自爲頗不失其發言本意，而未知果不失其本意否也。此篇則詮解所自始，故記之。

南華真經本義卷十四

雜篇　則陽第二十五

《莊子》每篇，多一意爲終始。獨此自「則陽干進」至「靈公得謚」，天人性命，刑罰兵爭，小大精粗，無所不有，至龐雜無倫，如丘里之言。故篇終假少知問丘里之言，丘里之言何足盡道，而道亦無不在。是篇龐雜無倫之言，何一非道，而又何足以盡道？然則道奚若？篇中稱公而不私、無思無爲者是矣。

則陽遊於楚，夷節言之於王，王未之見，夷節歸。彭陽見王果曰：「夫子何不譚我於王？」王果曰：「我不若公閱休。」彭陽曰：「公閱休奚爲者邪？」曰：「冬則擉 測角切。 鼈於江，夏則休乎山樊。有過而問者，曰：『此予宅也。』夫夷節已不能，而況我乎？吾又不若夷節。夫夷節之爲人也，無德而有知，不自許，以之神其交，固顛冥乎富貴之地，非相助以德，相助消也。夫凍者假衣於春，暍者反冬乎冷風。夫楚王之爲人也，形尊而嚴；其於罪也，無赦如虎；非夫佞人正德，其孰能撓焉？故聖人，其窮也使家人忘其貧，其達也使王公忘爵祿而化卑。其於物也，與之爲娱矣；其於人也，樂物之通而保己焉；故或不言而飲人以和，與人並立而使人化。父子之宜，彼其乎歸居，而一間其所施。其於人心者，若是其遠也。故曰待公閲休。」

則陽急於富貴，因夷節求之而未得，又欲因王果，王果砭其膏肓之病，故稱公閲休。夫公閲休冬夏江山托以爲宅，如此之人，何知人間富貴？若夫夷節之爲人，無德而有機知，不自許，愛重其身，而但以精神結交權勢，固顛冥於富貴中，不知自出者。如此人，與之相處，不能助我進德，但益起奔競之念，相助消耳。夫凍者不能逢春，必假衣以爲春，然後可以解其凍。暍者不得遇冬，必反冬乎冷風，庶幾如冬，而可以止其暍。今則陽慕富貴，如凍如暍，必得清恬冲退之士如彼公閲休〔二〕者，是凍之春衣，暍之冷風也。彼楚王何如人，而欲干之？必佞如夷節，或可以佞撓；正如公閲休，或可以正撓。故聖人不欲人之動心富貴，窮使家人忘貧，達使王公忘貴。其於物也，特一時與之爲娱，而不以累心；其於人也，亦樂其遇時之通，而不欲其失

〔二〕「公閲休」及後兩處「公閲休」，原作「公休閲」，據前引《莊子》原文乙正。

己。故或不言而飲人和，與人並立而使人化，若父子一心而與之相宜。彼其人乎，遇山之樊、江之涘，歸居之以爲宅，又何心於用世？遇不得已而一間其所施爲，當必有蓋世之績焉，而亦付之偶然。其於人心，超然塵垢之外，若是其遠，而豈與顛冥富者同乎？「故曰待公閱休」，待公閱休而解求富貴者之凍喝，豈爲鷹楚王計也哉？

聖人達綢繆，周盡一體矣，而不知其然，性也。復命搖作而以天爲師，人則從而命之也。憂乎知而所行恒無幾時，其有止也，若之何？生而美者，人與之鑑，不告則不知其美於人也。若知之，若不知之，若聞之，若不聞之，其可喜也終無已，人之好之亦無已，性也。聖人之愛人也，人與之名，不告則不知其愛人也。若知之，若不知之，若聞之，若不聞之，其愛人也終無已，人之安之亦無已，性也。舊國舊都，望之暢然；雖使丘陵艸木之緡，入之者十九，猶之暢然。況見見聞聞者也，以十仞之臺縣（玄。）衆間者也。冉相氏得其環中以隨成，與物無終無始，無幾無時。日與物化者，一不化者也，闔嘗舍之。夫師天而不得師天，與物皆殉，其以爲事也若之何？夫聖人未始有天，未始有人，未始有始，未始有物，與世偕行而不替，所行之備而不洫，（況域切。）其合之也若之何？湯得其司御門尹登恒爲之傅之，從師而不囿，得其隨成。爲之司其名；之名嬴法，得其兩見。仲尼之盡慮，

爲之傅之。容成氏曰：「除日無歲，無内無外。」

聖人一心，與天下後世不分爲二，達於綢繆而周盡爲一體，不知其所以然，而自然與爲一體，性也。萬物芸芸，各歸其根，此是天道。聖人復命夫搖搖動作之物，使各歸其根，合爲一體，是以天爲師，聖人不知也。人則命之曰「聖人愛人，聖人師天耳」。人亦知人己一體，但憂乎知之而不能愛，乃行愛人之事，所行無幾時而輒止矣，以愛不根性故也。如美者不必自知其美，而己之可喜與人之喜而好之，寧有止時？聖人不自知愛人，而己之愛人與人之蒙其愛而安之，又寧有止時？所以然者，性分上事與聞見外熏不同。今舊國舊都，聞見所熏，而猶望之暢然，雖艸木蕪没，至十亡其九，望之猶暢然。况性者，見見聞聞之主宰，非物慾所能蕪没，如以十仞之臺懸於衆間，往來大道，無艸木之蕪没，豈有暫行輒止之時？古之冉相氏，得其虚中之性，隨物與成，達綢繆爲一體，而與物無終無始，無幾無時。外則與物搖作，日與物化；内則師天復命，一不化者也。曷嘗舍之而有不行之時乎？彼憂乎知而行者，求師天而不得師天，徒與物爲殉，此特強爲其事，而與性不相合也，若之何？乃聖人，則未始有天而知其爲可師，未始有人而知其爲不可不愛，未始有始而忽於一日内起師天愛人之念，未始有物而必得人而治，以施師天愛人之功。但與世偕行焉，而隨成一體。我之愛人無已，人之安之亦無已不替也。且其偕行者備極綢繆，常人盡慮而不到，聖人俱盡於愛之之中，而又不至與物爲殉，而溺于其中不洫也。是聖性不求師天，而已暗與天合也，若之何？湯未嘗曰：「我將師天得調御之門尹登以爲阿衡之位。」當時學焉而臣傅之也，傅之也者，師之也。從師即所以師天，而不宥於師天之迹，得其隨成於自然。而湯有師天之名，湯亦不知有其名，而之名爲剩法。湯見愛人之無已而已，人但見安之無已而已，得其兩見，與物無終無始，無幾無時，而安焉者也，性也。至於仲尼無治人之責，而與人盡慮，立其教典，與綢繆成其一體。其盡慮處，即是其傅之傅，天下後世之師天者。天下之人，後世之人，盡在其慮中，與物無終無始，無幾無時，而安焉者也，性也。彼憂乎知而所行恒無幾時者，性體一刻有已，即全體不續。內既不能愛人無已，外亦豈能安之無已？故容成氏曰：「歲者積日而成，除日無歲。」言缺其暫者，隳其久。外者由於其內，「無內無外」，言忘諸性者失諸人。

魏瑩罃。**與田侯牟約，田侯牟背之。魏瑩怒，將使人刺之。犀首聞而恥之，曰：「君爲萬乘之君也，而以匹夫從讎。衍請受甲二十萬，爲君攻之，虜其人民，係其牛馬，使其**

君内熱發於背。然後拔其國。忌也出走，然後抶〔一〕尺。其背，折其脊。」季子聞而恥之，曰：「築十仞之城，城者既十仞矣，則又壞之，此胥靡之所苦也。今兵不起七年矣，此王之基也。衍亂人，不可聽也。」華子聞而醜之，曰：「善言伐齊者，亂人也；善言勿伐者，亦亂人也；謂伐與不伐亂人也者，又亂人也。」君曰：「然則若何？」曰：「君求其道而已矣。」惠子聞之而見戴晉人。戴晉人曰：「有所謂蝸者，君知之乎？」曰：「然。」「有國於蝸之左角者曰觸氏，有國於蝸之右角者曰蠻氏，時相與爭地而戰，伏尸數萬，逐北旬有五日而後反。」君曰：「噫。其虚言與？」曰：「臣請爲君實之。君以意在四方上下有窮乎？」君曰：「無窮。」曰：「知遊心於無窮，而反在通達之國，若存若亡乎？」君曰：「然。」曰：「通達之中有魏，於魏中有梁，於梁中有王。王與蠻氏，有辯乎？」君曰：「無辯〔二〕。」客出而君惝然若有亡也。客出，惠子見。君曰：「客，大人也，聖人不足以當之。」惠子曰：「夫吹筦也，猶有嗃也；吹劍首者，吷而已矣。堯舜，人之所譽也；道堯舜於戴晉人之前，譬猶一吷也。」

田侯牟背約而魏瑩怒，韓魏相侵而昭侯憂事在《讓王》篇。子華子取天下與韓魏

〔一〕「抶」，原作「秩」，據明世德堂《六子全書》本《南華真經》改。
〔二〕「辯」，原作「辨」，據明世德堂《六子全書》本《南華真經》改。

較，取兩臂之廢以與亡生之憂較，其言醒而切。戴晉人稱上下四方之無窮，稱蝸牛角之微細，而逞雄心者與同其微細。戴晉人之言曠而達，此子華子所謂道，而使魏王求之者也。人言至今蠻觸之戰與楚漢之爭並存天壤，未知誰真誰僞，誠然矣。吹管者雖無音而有竅，故有嗃然之響；吹劍者有環無竅，僅如風過，一吷而已。以堯舜揖讓之聖稱於戴晉人前，將失其聲，稱猶一吷也。揖讓之聖猶不足稱，況於爭乎？蝸牛戴殼，蜉蝣也。

孔子之楚，舍於蟻丘之漿。其隣有夫妻臣妾登極者，子路曰：「是稯稯總。何爲者邪？」仲尼曰：「是聖人僕也。是自埋於民，自藏於畔。其聲銷，其志無窮，其口雖言，其心未嘗言，方且與世違而心不屑與之俱。是陸沉者也，是其市南宜僚邪？」子路請往召之。孔子曰：「已矣。彼知丘之著於己也，知丘之適楚也，以丘爲必使楚王之召己也，彼且以丘爲佞人也。夫若然者，其於佞人也羞聞其言，而況親見其身乎？而何以爲存？」子路往視之，其室虛矣。

前《徐無鬼》篇言仲尼至楚，市南宜寮爲祭酒，行乞言之禮。今又言宜寮與夫子異趣，兩人原不同時，前後互異，見爲寓言之意。但說夫妻臣妾登極，不言其所以然，敘出當時光景，令觀者自解。緣夫子舍賣漿家，與宜寮爲鄰。宜寮聞夫子來，欲觀其爲人，又不屑與接，故舉家登屋極而望。「極」，屋脊也。《宋史》：許將以狀元使遼，入幽燕境，人皆升屋而觀。宜寮在屋上望，故夫子邊亦得見宜寮。「是聖人僕」者，聖人界限雖嚴，中有圓通妙用。宜寮但知遵守界限，不能自作主張，故爲聖人之僕。自藏於邊畔，不以中正自居，與世違矣，猶處世間，不違而違，如無水而沉，故曰「陸沉」也。宜寮既望而知夫子之爲人，又知得夫子必識宜寮之爲人，故曰：「彼知丘之著於己也。」夫子栖栖非佞，爲宜寮言，不妨自居爲佞。

長梧封人問子牢曰：「君爲政焉勿鹵莽，治民焉勿滅裂。昔予爲禾，耕而鹵莽之，則其實亦鹵莽而報予；芸而滅裂之，其實亦滅裂而報予。予來年變齊，去聲。深其耕而熟耰之，其禾繁以滋，予終年厭飧。」莊子聞之曰：「今人之治其形，理其心，多有似封人之所謂，遁其天，離其性，滅其情，亡其神，以衆爲。故鹵莽其性者，欲惡之孽，爲性萑丸。葦蒹葭，始萌以扶吾形，尋擢吾性；並潰漏發，不擇所出，漂疽疥癰，内熱溲膏是也。」

莊子欲絶聖棄知，似極鹵莽滅裂。乃其治形理心，則又極細，謂耕耘不得鹵莽滅裂，爲政不得鹵莽滅裂。人之治形理心，而可如封人之所謂遁天離性、滅情亡神，皆以鹵莽滅裂之衆爲使然。鹵莽滅裂雖云有衆爲，其實只是欲、惡兩端，爲性中之害，所當鋤去。不去而使有萌孽，如留嘉禾中之萑葦、蒹葭，始焉厭足其嗜欲，若可以扶助吾形，尋以衆爲而拔擢吾性，則血氣俱病，將並潰漏，發而不擇所出。其潰漏而不擇所出何如？如漂疽疥癕，内熱溲膏者是也。此治形理心鹵莽滅裂之報也。

齊，劑也，耕耘之法也。鹵莽，遇剛鹵難耕之地而艸莽之也。滅，滅嘉禾而裂地土也。

栢矩學於老聃，曰：「請之天下遊。」老聃曰：「已矣。天下猶是也。」又請之，老聃曰：「汝將何始？」曰：「始於齊。」至齊，見辜人焉，推而強之，解朝服而幕之，號天而哭之，曰：「子乎，子乎。天下有大菑，子獨先離之。曰莫爲盜，莫爲殺人。榮辱立，然後覩所病；貨財聚，然後睹所爭。今立人之所病，聚人之所爭，窮困人之身使無休時，欲無至此，得乎？古之君人者，以得爲在民，以失爲在己；以正爲在民，以枉爲在己。故一形有失其形者，退而自責。今則不然，匿爲物而愚不識，大爲難而罪不敢，重爲任而罰不勝，遠其塗而誅不至。民知力竭，則以僞繼之，日出多僞，士民安取不僞？夫力不足則僞，知不足則欺，財不足則盗。盗竊之行，於誰責而可乎？」

栢矩請遊，老子曰「已矣。天下猶是也」，亦謂「天下無邦，滔滔者皆是也」

云爾。「推而強之」者，罪人委頓，推起而強勉扶持之也。「一形有失其形」者，以法有五刑，人犯其一，則失一形而不得爲全人也。

蘧伯玉行年六十而六十化，未嘗不始於是之而卒詘之以非也。未知今之所謂是之非五十九非也。

言人當隨時變化，不得狃於其所見。

萬物有乎生而莫見其根，有乎出而莫見其門。人皆尊其知之所知，而莫知恃其知之所不知而後知，可不謂大疑乎？已乎，已乎。且無所逃。此則所謂然與，然乎？

萬物有生而生之根不可見，則生無其生也；有出而出之門莫可見，則出無其出也。欲知夫生根、出門而俱莫可見，則知無其知也。人不知其生之根而知其生之自有根，不知其出之門而知其出之自有門，如使人皆尊其知而必求知夫生之門、出之根，則了不可得。恃其所不知，而冥之於無心，則根、門見在，是知反爲不知而無知乃爲有知，大足爲疑端。倘於此悟得，則妄情頓歇。已乎，已乎。生不必求根，孰逃此無根之根？出不必求門，孰逃此無門之門？知不必求知，孰逃此無知之知？斯語然歟？或者其然乎？

仲尼問於太史大弢、伯常騫、狶韋曰：「夫衛靈公飲酒湛樂，不聽國家之政；田獵畢弋，不應諸侯之際。其所以爲靈公者何邪？」大弢曰：「是因是也。」伯常騫曰：「夫靈公有妻三人，同濫而浴。史鰌奉御而進所，搏幣而扶翼。其慢若彼之甚也，見賢人若此其肅也，是其所以爲靈公也。」狶韋曰：「夫靈公也死，卜葬於故墓不吉，卜葬於沙丘而吉。掘之數仞，得石槨焉，洗而視之，有銘焉，曰：『不馮憑。其子，靈公奪而里一作「埋」。之。』夫靈公之爲靈也久矣，之二人何足以識之？」

「因是」者，因靈公之行有如夫子所稱，故以「靈」謚也。「搏幣」者，不欲史鰌捧幣進御，手自搏取之，欲免其勞也；又扶翼之，省趨蹌也。「不馮其子」爲槨者自言，不得憑子以葬斯槨，靈公奪而居里之也。古稱葬者之所爲「蒿里」。大弢「因是」之言簡；伯常騫取肅於慢恕；狶韋洗槨見銘，名有先定，見事皆先定。其言奇，不奇不足以壓倒前二人之言。

少知問於太公調曰：「何謂丘里之言？」大公調曰：「丘里者，合十姓百名而爲風俗也，合異以爲同，散同以爲異。今指馬之百體而不得馬，而馬係於前者，立其百體而謂之馬也。是故丘山積卑而爲高，江河合水而爲大，大人合并而爲公。是以自外入者，有主而不執；由中出者，有正而不距。四時殊氣，天不賜，故歲成；五官殊職，君不私，故國治；文武大人不賜，故德備；萬物殊理，道不私，故無名。無名故無爲，無爲而無不爲。時有終始，世有變化，禍福淳淳，至有所拂者而有所宜；自殉殊面，有所正者有所差。比於大澤，百材皆度；觀乎大山，木石同壇。此之謂丘里之言。」少知曰：「然則謂之道，足乎？」大公調曰：「不然。今計物之數，不止於萬，而期曰萬物者，以數之多者號而讀之也。是故天地者，形之大者也；陰陽者，氣之大者也；道者爲之公。因其大以號而讀之，則可也，已有之矣，乃將得比哉？則若以斯辯，譬猶狗馬，其不及遠矣。」

《周禮》：「四井爲邑，四邑爲丘」；「五家爲鄰〔一〕，五鄰爲里。」丘里者，合十姓百名以爲風俗，言人人殊然，合而聽之則公。故異可以爲同，同中復有異。聽言者但據其衆多而無私者，以爲公是耳。如馬之百體非馬，而馬不出百體之間，具在也。故積卑爲丘山，合水爲江河，合併爲大人之公。言之自外入者，吾雖有主於中，

〔一〕「鄰」及下「五鄰」之「鄰」，原皆作「部」，據《四部叢刊初編》景長沙葉氏觀古堂藏明翻宋岳氏刊本《周禮》改。

而不自執其意，恐執而失聽言之公也。言之由中出者，吾雖合理之正，而不逆距人言，恐距而失立言之公也。四時殊氣，天不私賜一時，故歲成。五官殊職，君不私庇一官，故國治。文武殊功，大人不私賜而偏於文、偏於武，故德備。萬物剛柔，是非殊理，道不私於一物，故大樸不散而無名。無名又安所有爲？無爲而無不爲矣。不私而無名無爲，自是道妙，非言之所能盡也。時運不停，而有終有始；世道升降，而一變一化。此皆不知其所以然而然，人不得以私意干之者。禍福之至也，淳淳而自至，造物無心之公也。不必得福而後爲福，至有所拂者反有宜，禍亦有時而爲福也。人之以利欲自殉也，各自一心，如面之不同，人心自謀之私也。又不必見失而後爲失，有所正者反有所差，得亦未必不爲失也。比於大澤，大澤之百材同矣，而百材之大者、小者、長者、短者，皆當度宜而致用，同中固有異也。觀乎大山，大山之木石異矣，木與石異，而木與木、石與石又自有異；然同以大山爲壇而居，合異以爲同也。異同殊致，而合之即爲大同，此謂丘里之言。夫十姓百名易私也，合異爲同而成其大公。公可爲道乎？丘里之言不足當道，而特借道之名，以名其言之合於公。猶如名「萬物」者，數豈止萬？從其數之多者號而讀之爲萬。故語形之大者，必推天地；語氣之大者，必推陰陽；語公之大者，必推於道。道爲之公，丘里合併爲公。

因道爲公之大，取以號「丘里之言」而讀之則可。其實道妙於無，既已有丘里之言，將得比於至無者哉？若以斯辯，有與無迥不相及，譬猶狗馬形似而大小頓異，不及遠矣。必因丘里之言而悟及不私無言之妙，斯爲立馬之百體而見馬者也，庶乎無名無爲而無不爲矣。

少知曰：「四方之内，六合之裏，萬物之所生惡起？」大公調曰：「陰陽相照，相蓋相治；四時相代，相生相殺。欲惡去就，於是橋起；雌雄片合，於是庸有。安危相易，禍福相生，緩急相摩，聚散以成。此名實之可紀，精之可志也。隨序之相理，橋運之相使，窮則反，終則始，此物之所有。言之所盡，知之所至，極物而已。覩道之人，不隨其所廢，不原其所起，此議之所止。」

少知問物生之原，此亦是要問。大公調説萬物之所由生，極周悉無餘，但除卻太初不説。太初者，能生物而不着於物，知與議之所不及者也。陰陽相照，對待也；相蓋，交也；相治，刑併也。不刑併，則順而不生。陰陽又分爲四時相代，運旋也；相生，發育也；相殺，收斂也。不收斂，則不能發育。此造化生物之原也，以氣化而生者也。唯造化有相蓋相生，則爲彼此之欲而就者；造化有相治相殺，則爲彼此所惡而去者。於是有順逆向背，而運行爲之橋起。橋起者，通兩邊之往來不絕斷也。有陰陽則雌雄成片，蠕動飛走，居室男女，各以片合，胎生卵生，於是庸有而生，類爲之不絕。此絪緼構精之生物也，以形化而生者也。人物既生，而人事亦從此生矣。安危之相易，禍福之相生，緩急之相摩，以是倏聚焉，倏散焉，人事之生出者，紛錯無窮也。此化生形生事生，有名實之可紀，理極精微，可用書而志者也。陰陽四時有序，而隨序以理，其生欲惡去就，橋起而橋運以使之生。將窮焉，則復反矣；將終焉，又復始矣。此物之所有，而自有天地以至今日，其生未嘗一日息也者。在人人可得而言，言之所盡，亦極物而止，道不以物而盡，亦言之所不能盡也。亦人人可得而知，知之所至，亦極物而止，道非知之所能盡者，亦知之所不能至也。故物生之終，見以爲廢，而道不與之俱廢；物生之始，見以爲起，而道不與之俱起。覩道者聽物自爲起廢，而道不在是，故不原其所起，不隨其所廢，而議亦不在是，此議之所以止。然則少知今日問萬物之所生烏起者，亦不求其所起可也。

少知曰：「季真之莫爲，接子之或使，二家之議，孰正於其情，孰偏於其理？」大公調曰：「鷄鳴犬吠，是人之所知。雖有大知，不能以言讀其所自化，又不能以意其所將

爲。斯而析之，精至於無倫，大至於不可圍。或之使，莫之爲，未免於物而終以爲過。或使則實，莫爲則虛。有名有實，是物之居；無名無實，在物之虛。可言可意，言而愈疏。未生不可忌，已死不可徂。一作「阻」。死生非遠也，理不可覩。或之使，莫之爲，疑之所假。吾觀之本，其往無窮；吾求之末，其來無止。無窮無止，言之無也，與物同理；或使莫爲，言之本也，與物終始。道不可有，有不可無。道之爲名，所假而行。或使莫爲，在物一曲，夫胡爲於大方？言而足，則終日言而盡道；言而不足，則終日言而盡物。道物之極，言默不足以載；非言非默，議其有極。」

少知又猶疑季真、接子兩家之議生物，一以爲莫而爲，一以爲或有所使，不知孰正孰偏？夫曷不觀於雞鳴狗吠乎？此目前之事，人所知也。至謂雞鳴狗吠，或使之而然，則狗爲吠矣，誰使之化爲吠之聲，不同於鳴者？雞爲鳴矣，誰使之化爲鳴之聲，不混於吠者？雖有大知，不能以言讀其所自也，「或使」之說未可憑也。如謂其莫之爲而然，則雞將鳴而莫有爲之鳴者，將偶然爲吠奈何？狗將吠而莫有爲之吠者，又將偶然爲鳴奈何？此又大知所不能意測其所將爲者也，「莫爲」之説亦未可憑也。凡物皆然，雖細細如析薪者而分析之，精極無倫，大至不可圍，皆非二家之説所能盡。二家之説未免囿於物，不得其正而終以爲過。「或使」則過於實，「莫爲」則過於虛。有名有實，是物之現在所居者則然，非所以語於無物之先也，故以「或使」而實之者，過也。無名無實，是物之已化而歸虛者則然，非所以語於有物之候也，故以「莫使」而虛之者，過也。如有知者，謂可以言而讀其自化，謂可以意而意其所將爲，此一偏測度之見，將言而愈疏。未生者，不可忌而禁之使不生；已死者，不可沮而徼之使不死。生死近身內事，理尚不可覩而難於期必如此，奈何以「或使」、「莫爲」妄測造物之原，而假此以生疑乎？吾觀物於始生之本，是方來也，而其先之往者已無窮，本非其本，吾所謂不原其所起者也；吾觀於已生之末，將往也，而繼今之將來者尚無止，末不爲末，吾所謂不隨其所廢者也。人但當聽其無窮，聽其無止，一言不着，庶幾同於物理矣。謂之「或使」，謂之「莫爲」，由此生出議論。言之本也，但當與物之居者、在於虛者相終始於道內而已矣。道妙於無不可爲，有一着於有，則不可爲無。道原無名，人特假道之名以相稱，謂彼「或使」、「莫爲」，全着名相，在物一曲，而何有於道之大方？吾前謂「議之所止」，不欲開言之端，非無謂也。使言足闡道，則終日言而盡道，何爲不可？唯言而不足闡道，則終日言而盡物，何貴於言？物非道也，物之至極處，是亦道也。道物之極，不在有言，不在無言，全憑神悟。而以議論求之，能要其極乎？

道在太初，無思無爲，舉其散見則無所不在。如是篇，龐雜無倫，處大小精粗，何者非道？而欲名、言其所以爲道，則又窅乎無端，故中尋其生出根門，而歸於不知。後又舉化生、形生、事生之原，與「或使」、「莫爲」之説，若欲審知生出根源，而隨曰：「可言可意，言而愈疏。」欲人忘言思，而默契在真源也。

雜篇　外物第二十六

篇「外物」也，而篇中言内養者甚悉，欲人取外與内衡，乃《養生主》之疏註。外爲利，而《詩》、《書》發塚，「爲惡近刑」者之過也；外爲名，而甘心蹈河，「爲善近名」之累也。水火得調，心有天游，則「緣督爲經」之明效。火傳也，不知其盡也。彼隤然道盡者，失「緣督爲經」之用，而水火不調，故然。

外物不可必，故龍逢誅，比干戮，箕子狂，惡來死，桀紂亡。人主莫不欲其臣之忠，而忠未必信，故伍員云。流於江，萇弘死於蜀，藏其血三年而化爲碧。人親莫不欲其子之孝，而孝未必愛，故孝己憂而曾參悲。

人情於名利，不能頃刻放下，然利名外物，不可取必。龍逢、比干、箕子有賢聖名，豈欲以此媒死，而卒以名死；惡來、桀、紂厭於利欲，豈欲以此邀亡，而卒以利亡，其所遭俱非其所必者也，然此猶在外也。至於君親之求忠臣孝子，是自用己意，又卒疑忠棄孝，而不能必其忠臣孝子之安全。況臣子於君父，安能以我之忠孝，而必其信且愛哉？然則人之憧憧名利者，徒爲熱中而焚五内之和，使生生道盡耳。

木與木相摩則然，金與火相守則流。陰陽錯行，則天地大絯，該。**於是乎有雷有霆，水中有火，乃焚大槐。有甚憂兩陷而無所逃，螴**陳。**蜳**惇。**不得成，心若縣於天地之間，慰暋沈屯，利害相摩，生火甚多，衆人焚和，月固不勝火，於是乎有僓**頹。**然而道盡。**

《陰符經》曰：「天有五賊，見之者昌。」言五行也。天一生水，爲生物之源。地二生火，水得火以固濟。然火性炎上難制，五行之中皆有其火，爲害最大。《陰符經》曰「火生於木，禍發必尅」是也。木爲火之母，兩木相摩，則生火而木焚。金爲水之母，火能尅金而相守則金流，水之母且見傷。陰陽相生相尅，原自有序，錯行不順，則天地之運大有結絯而不通。於是陰陽二氣兩相擊搏，有雷有霆。水以尅火者，亦且有火。大槐之能生火者，其焚燒不待言矣。子母俱傷，此五行之甚憂。其能尅者與彼受尅者，兩陷而無所逃。雷霆蚤發，則蟄伏俱出，隨且僵死，蠉蜳不得成。蠉蜳者，蟄蟲也。此又《陰符》所言「天發殺機」者是也。人亦猶是。五賊在心，人心當常凝於氣穴，以固水火之交。心若以名利之故，出而懸於天地之間，則陰陽不交，慰暋而鬱悶，沉屯而結塞。世間名利得失，錯雜膠結於心胸，寧止於木與木相摩、金與火相守而已乎？利害相摩，千頭萬緒，生火甚多。身中五臟受衆火銷鑠，其焚和爲甚，得無有甚憂兩陷而無所逃者乎？心在南方，爲火，爲日；腎在北方，爲水，爲月。今爲焚和，則火烈上騰，月不得火之固濟而受火之銷鑠，水且立涸矣，惡能勝火哉？於是精神有僓然頹敗，而生生之道且立盡者。

《離騷經註》曰：「魄不受魂，魂不載魄，則魂游魄降而人死矣。故修鍊之士，必使魂常附魄，如日光之載月質；魄常檢魂，如月質之受日光。則神不馳而魄不死，遂能登仙去，而上征也。」

莊周家貧，故往貸粟於監河侯。監河侯曰：「諾。我將得邑金，將貸子三百金，可乎？」莊周忿然作色曰：「周昨來，有中道而呼者。周顧視車轍中，有鮒魚焉。周問之曰：『鮒魚來。子何爲者邪？』對曰：『我，東海之波臣也。君豈有斗升之水而活我哉？』周曰：『諾。我且南遊吳越之王，激西江之水而迎子，可乎？』鮒魚忿然作色曰：『吾失我常與，我無所處。我得斗升之水然活耳，君乃言此，曾不如蚤索我於枯魚之肆。』」

養身者取於贍生而不在多，求一湌之外，皆西江之水，此欲人不厚爲利也。

任公子爲大鉤巨緇[二]，五十犗界。以爲餌，蹲乎會稽，投竿東海，旦旦而釣，期年不得魚。已而大魚食之，牽巨鉤，錎陷。没而下，騖揚而奮鬐，白波若山，海水震蕩，聲侔鬼神，憚赫千里。任公子得若魚，離而腊昔。之，自制浙。河以東，蒼梧已北，莫不厭若魚者。已而後世輇荃。才評論人才。諷説之徒，皆驚而相告也。夫揭竿累，趣灌瀆，守鯢鮒，其於得大魚難矣。飾小説以干縣令，其於大達亦遠矣。是以未嘗聞任氏之風俗，其不可與經於世亦遠矣。

經世者在無用而爲其大用。王猷霸略，皆小説干世之事，此欲不急爲名也。巨緇，大黑綸也；累，小繩綸也。

〔二〕「緇」，原作「錙」，據明世德堂《六子全書》本《南華真經》及後文改。

儒以《詩》、《禮》發塚[一]，大儒臚傳曰：「東方作矣，事之何若？」小儒曰：「未解裙襦，口中有珠。」「《詩》固有之曰：『青青之麥，生於陵陂。生不布施，死何含珠爲？』接其鬢，壓其顪，誨。儒以金椎控其頤，徐別其頰，無傷口中珠。」

用《詩》、《書》而營名利，皆發塚之儒也。

老萊子之弟子出薪，遇仲尼，反以告，曰：「有人於彼，修上而趍促。下，末僂而後耳，視若營四海，不知其誰氏之子？」老萊子曰：「是丘也。召而來。」仲尼至。曰：「丘，去汝躬矜與汝容知，斯爲君子矣。」仲尼揖而退，蹙然改容而問曰：「業可得進乎？」老萊子曰：「夫不忍一世之傷而驁萬世之患，抑固窶邪，亡其略弗及邪？惠以歡爲，驁終身之醜，中民之行進焉耳，相引以名，相結以隱。與其譽堯而非桀，不如兩忘而閉其所譽。反無非傷也，動無非邪也。聖人躊躇以興事，以每成功。奈何哉其載焉終矜爾？」

夫子之身，長上而促下，所謂「腰以下不及禹三寸」，背則僂曲，視而不見其耳，目若營四海而隱然係一世之憂者。弟子既能覩貌識衷，師又能聞言而得其人。老

〔一〕「塚」，原作「家」，據後文「皆發塚之儒也」改。

萊子欲去夫子之矜躬容知者，以夫子之心分別是非，欲救世之亂。作此矜持，有此容知，不若都忘情而返於大道也。夫欲救世之亂，此不忍一世之傷。人之神氣，與天同久。因救世而矜持，耗損神氣，此萬世之患，可驚而輕邪？將夫子命蹇致然，亡乃其思慮略弗及此，而遂輕重倒置。夫惠能救世之患以爲歡，輕萬世之患以爲驚，此中民不識權衡者進於此。蓋其所相引者，以救世之虛名，而實結一世亂之隱憂，亦何爲者乎？終日譽堯以望世之爲堯而不得，終日非桀以禁世之爲桀而亦不得，故不若忘是非而閉其所譽。夫此有非譽，彼亦反加以非譽，豈能益我？無非傷也。非譽反加，若循之以動，豈能合道？無非邪也。故聖人之事，若不得已然而躊躇以動，無心於成功，功每每成矣。今夫子奈何以救世爲事，取而載之於身，終身矜持之不釋，其如萬世之患何？此特寄言老萊，以喚醒天下後世之徇外者。然則患不爲一世而近，不忍舍一身之利者，又何如也？

宋元君夜半而夢人被髮闚阿門，曰：「予自宰路之淵，予爲清江使河伯之所，漁者余且得予。」元君覺，使人占之，曰：「此神龜也。」君曰：「漁者有余且乎？」左右曰：「有。」君曰：「令余且會朝。」明日，余且朝。君曰：「漁何得？」對曰：「且之網得白

龜焉，其圓五尺。」君曰：「獻若之龜。」龜至，君再欲殺之，再欲活之，心疑，卜之，曰：「殺龜以卜，吉。」乃刳龜，七十二鑽而無遺筴。仲尼曰：「神龜能見夢於元君，而不能避余且之網；知能七十二鑽而無遺筴，不能避刳腸之患。如是，則知有所困，神有所不及也。雖有至知，萬人謀之。魚不畏網而畏鵜鶘。去小知而大知明，去善而自善矣。嬰兒生，無石師而能言，與能言者處也。」

凡能營心名利者，皆知謀之人。觀神龜，神知有餘，不自救患。故有智者不貴自用，有至知而謀於萬人，去善而自善者也。魚畏鵜鶘，失之網罟，用小知而忘大知者也。乃人之知不知，係於所習，習與名利人處，則騖名利而昏；習與有道人處，則能藏用；而知嬰兒之能言，其與處者能言也。

惠子謂莊子曰：「子言無用。」莊子曰：「知無用，而始可與言用矣。夫地非不廣且大也，人之所用容足耳，然則廁足而墊之致黃泉，人尚有用乎？」惠子曰：「無用。」莊子曰：「然則無用之爲用也亦明矣。」

莊子稱無用之用，非直置之於無用而即爲用也。虛靜内養，則形全精復，還以相天。此其所以爲大用也。

莊子曰：「人有能遊，且得不遊乎？人而不能遊，且得遊乎？夫流遁之志，决絶之行，噫，其非至知厚德之任與？覆墜而不反，火馳而不顧，雖相與爲君臣，時也，易世而無以相賤。故曰：至人不留行焉。夫尊古而卑今，學者之流也。且以豨韋氏之流觀今之世，夫孰能不波？唯至人乃能遊於世而不僻，順人而不失己。彼教不學，承意不彼。」

名利俱足以昏人知慮，而名根尤爲難去。人有能遊者，涉世而趨仕宦之路，利厚似污；不能遊者，遁世而爲岩穴之士，名高近潔。莊子此段，又若抑此伸彼者，見爲名爲利其失均也。不能遊者，以己不能涉世，而遂卑視世間進趨之士，不知己之品格與彼不甚相遠。進趨者，涉亂世之末流，而不能主持爲流遯之志；岩穴者，存潔身之念，而必於不出爲决絶之行，是均非至知厚德之所爲。何者？身决絶之行，則忘同群之義，雖舉世覆墜，彼且長往而不返。切進趣之謀，則有熱中之患。其行若火馳，甞甘心而不顧。以己岩穴爲高，以人仕進爲卑，一清一濁，雖相與若君臣之不相及，特一時如此，易世觀之，則出而狥利與處而狥名者同是偏行，何足以相賤？故至人不留行焉。彼隱處而不能涉世者，因尊古卑今，謂今世非可仕之時，此學者之見。夫世與時移，雖以古人到今世，安能不波？故聖人亦與世推移，遊焉而不爲僻異，外順乎人而内不失己。世俗所尚而教者，我不學之；彼之所致望於我者，又未嘗不承其意，而不以彼哉外之也。涉世不染於世，飄然在塵垢之外，斯可以言逍遥遊矣。老子爲柱下史，莊叟爲漆園吏，皆所以遊世而不僻者也。後世謂莊子一意不爲，豈其情哉？

目徹爲明，耳徹爲聰，鼻徹爲顫，羶。口徹爲甘，心徹爲知，知徹爲德。凡道不欲壅，壅則哽，哽而不止則跈，女展切。跈則衆害生。物之有知者恃息，其不殷，非天之罪。天之穿之，日夜無降，降等漸衰也。人則顧塞其竇。胞有重閬，心有天游。室無空虚，則婦姑勃谿；心無天遊，則六鑿相攘。大林丘山之善於人也，亦神者不勝。德溢乎名，名溢乎暴，謀稽乎誸，賢。知出乎爭，柴生乎守，官事果乎衆宜。春雨日時，艸木怒生，銚挑。鎒耨。於是乎始修，艸木之到植者過半而不知其然。静然可以補病，眥㴲可以休老，寧可以止遽。雖然，若是，勞者之務也，非佚者之所未嘗過而問焉。聖人之所以駴駭。天下，神人未嘗過而問焉；賢人所以駴世，聖人未嘗過而問焉；君子所以駴國，賢人未嘗過而問焉；小人所以合時，君子未嘗過而問焉。

人之生也，心神恃氣以得生，氣息必神存而後養。神所以不存，由耳目口鼻心知六根牽於外物，則神氣俱爲壅塞。此息不能周通身内，生之所以虧也。故六根俱欲通徹於內，身不欲以外物爲壅。目不視而魂在肝，則色不爲目壅，徹而爲明；耳不聽而精在腎，則聲不爲耳壅，徹而爲聰；鼻不嗅而魄在肺，則香不爲鼻壅，徹而爲甘；舌不動而神在心，則味不爲口壅，徹而爲甘；心不動而神常寂，則外物不爲虛明壅，徹而爲知。知者，心之神也。由徹得知，故神不昏壅，得爲一身之主。知徹而爲德，凡道豈欲有壅乎？壅則聲色臭味之類，必有一物常在懸想，如物之哽於喉中，哽而不止，則氣結滯不通，不能周行。如足之跈，足以跈疾不行，則衆害將至，焉能避之？夫物之有知者，必寄生於息，息有降而不殷，非天之罪。天之氣，與人穿身而轉，氣穴雖在下，必穿而上。當日午時、夜子時，陽與陰必一會。人顧以聲色臭味哽於內，塞其升降之竇，故有不殷。人身與天地相似，天地相去八萬四千里，心腎相去亦八寸四分，中餘一寸二分空閑之地。《黄庭經》云：「黄庭內人服錦衣。七莛玉籥閉〔二〕兩扉，重掩金關密樞機，玄泉幽闕〔三〕高崔嵬。」是重閬也。《參同契》云：「真人潛深淵，浮游守規中。」規者，圓而爲天象。當其浮游規中，不着物情，爲之天游。室無空虛，則婦姑勃谿，相爭戾矣。心無天游，則壅哽爲患，耳目口鼻此六鑿者

〔二〕「閉」，原作「關」，據民國間商務印書館影明正統《道藏》本《太上黄庭內景玉經》改。

〔三〕「闕」，原作「關」，據民國間商務印書館影明正統《道藏》本《太上黄庭內景玉經》改。

相擾亂矣。《清淨經》云：「夫人神好清，而心擾之；人心好靜，而慾牽之。」雖在擾亂之頃，心神依然好靜。人見大林丘山輒以爲善，爲心神不勝世俗之擾亂，故見靜處而輒喜。夫世俗之擾人多矣。求名者在立德，則過爲矜持而德溢。務名者喜暴揚，則過爲矜大而名溢。事急則稽於謀，爭起則用其知。柴柵於胸中而不化，爲堅吾之所守也。當官任事而決行，爲果於衆情之所宜也。心神有一事則不寧。諸如此類，叢集心內，安有天游？然心神雖擾，而天之穿之，息未嘗不殷也。春雨日時，艸木怒生，此生物之自然者，人之生息亦猶是也，貴在知時耳。農人遇艸木怒生而方修銚鎒，則生機之到植者過半，爲失時而不知其然。人遇息生之候，不知其然，亦猶是也。

屈原《遠遊》篇曰：「順凱風以從遊兮，至南巢而一息。見王子而宿之兮，審一氣之和德。」曰：「毋滑而魂兮，彼將自然。一氣孔神兮，於中夜存。虛以待之兮，無爲之先。」

《天隱子》曰：「法起冬至夜子時，一陽始來，或遲或蚤，先須辯識氣來形候。才覺氣來，運自己之氣，適與天地之氣偕作。次日復候此氣而消息之。此神仙至妙至精之術也。」

彼爲養生小術者，謂「靜然可以補病，眥搣可以休老。眥，病而不視，可以休息老年之人。寧可以止遽」，此勞者圖一時之安便，故出此。佚者方心有天游，神凝氣固，豈過而問此？蓋神不得養則不勝世俗之累，見大林丘山而猶以爲善。神完之後，與天同體，雖六合震動而不入其心，故聖人之所以駴天下，神人未嘗過而問焉。猶之聖不問人駴世，賢不問人駴國，君子不問人合時，皆其所不屑問者也。蓋駴世駴國，止於德名謀知、柴守官宜之類，豈其以神聖之儔而營營於世俗名利之間乎？

演踐。**門有親死者，以善毀爵爲官師，其黨人毀而死者半。堯與許由天下，許由逃之；湯與務光，務光怒之，紀他聞之，帥弟子而踆於窾水，諸侯弔之，三年，申徒狄因以踣**赴。**河。**

慕官師而毀死，死於爲利；慕務光而踣河，死於爲名。雖有清濁，同爲忘身於外物。身之死矣，邀名利而誰享？

荃者所以在魚，得魚而忘荃；蹄者所以在兔，得兔而忘蹄；言者所以在意，得意而忘言。吾安得夫忘言之人而與之言哉？

荃者，香艸餌魚；蹄者，兔罝係足。莊子之言多矣，而云欲忘言。以爲此篇所載，尤爲秘密藏盡相吐露，恐人以尋常言語視之而漫不加省，故言欲忘言，尤爲珍惜其所以言也。

南華真經本義卷十五

雜篇　寓言第二十七

《寓言》一篇，乃《齊物論》之義疏。因是之宗旨也，言唯取適而不與物爭，然不然，可不可，謂之「卮言」。卮者，觶也。《禮記疏》註：「觶者，適也。」與物爭然可則不適，因物之然可爲然可則無不適。所以然者，我與萬物同被天元之一氣，不宜以異形而遂生異見。故曰：「萬物皆種也，以不同形相禪。」唯不爭異見，常自適而養神，年命自長。故曰「因以曼衍，所以窮年」也。因物之然可是非而然可是非，常與時俱化，終日言常無言。

寓言十九，重言十七，卮言日出，和以天倪。寓言十九，藉外論之。親父不爲其子媒。親父譽之，不若非其父者也；非吾罪也，人之罪也。與己同則應，不與己同則反；同於己爲是之，異於己爲非之。重言十七，所以已言也，是爲耆艾。年先矣，而無經緯本末以期年耆者，是非先也。人而無以先人，無人道也；人而無人道，是之謂陳人。卮言日出，和以天倪，因以曼衍，所以窮年。不言則齊，齊與言不齊，言與齊不齊也，故曰無言。言無言，終身言，未嘗言；終身不言，未嘗不言。有自也而可，有自也而不可；有自也而然，有自也而不然。惡乎然？然於然。惡乎不然？不然於不然。惡乎可？可於可〔一〕。惡乎不可？不可於不可。物固有所然，物固有所可，無物不然，無物不可。非卮言日出，和以天倪，孰得其久？萬物皆種也，以不同形相禪，始卒若環，莫得其倫，是謂天均。天均者，天倪也。

莊子作書，有「寓言」，假於物名，或假人名，常十居其九；有「重言」，借重於古人，常十居其七；至於取適之「卮言」，和於一氣，初分之倪而不失天籟之本。然則日日出口，雖「寓言」、「重言」，無非「卮言」也。即不爲「寓言」、「重言」，以己意而言，或平嘗應對，未嘗載於書者之言，無非「卮言」也。「寓言」十九，不以己言，藉外論之，此何故？親父不媒，譽子須人也。此其失在人好同己、惡異己，故吾不敢以己言取人之惡。「重言」十七，所以已爭也。人爲耆艾，敬承有素，庶能

〔一〕「可」字前原衍「不」字，據明世德堂《六子全書》本《南華真經》删。

已爭。若年先而其人無經緯本末之定識，但以期頤之年稱耆者，是非先也。人而無所以先人，則又何關於人道？不過陳舊人而已，不足重也。卮言日出，和以天倪，因以之爲遊戲曼衍，所以窮年而無中道死亡之患。物理原自至一，不言則齊，有言即不齊，故曰「言無言」。所謂「未嘗言」、「未嘗不言」者，非真以有言、不言爲未嘗也。吾唯不以己意，而無端自發一然不然、可不可之言，如未嘗言亦未嘗不言者也。何自而然？然於其然。何自而不然？不然於其不然。至於可不可，亦猶是也。人方執己見，同於己則應，不同於己則不應，不知物固各自有然有可，無物不然，亦無物不可。苟非卮言日出，和以天倪，則人執一己之偏心，將視物之然者皆爲不然、可者皆爲不可，勞神明而費爭辯，是自速之斃也，孰得其久哉？夫吹萬異竅也，皆噫氣之所被；萬物異形也，皆一氣之所種。形不同而真宰相禪，未嘗不同。始卒若環，無一刻可斷之期；倫緒紛紜，無一言可齊之理。言與齊不齊，因以曼衍，此謂天均。均，平也。天均者，天倪也。一氣初分，平而不偏，未知其爲己乎，爲物乎，而彼此各適者也。

莊子謂惠子曰：「孔子行年六十而六十化，始時所是，卒而非之。未知今之所謂是

之非五十九非也？」惠子曰：「孔子勤志服知也。」莊子曰：「孔子謝之矣，而其未之嘗言。孔子曰：『夫受才乎大本，復靈以生。鳴而當律，言而當法，利義陳乎前，而好惡是非直服人之口而已矣。使人乃以心服，而不敢蘁五各反。立，定天下之定。』已乎，已乎。吾且不得及彼乎。」

書中「重言」，出孔子爲多。孔子之言，曾不膠是非、然否於一定。行年六十而六十化，始時所是，卒而非之。惠子疑孔子勤志於學而服行其知，恐中有定操，其是非未肯遽變。不知孔子學至於化，凡學者服習勤行之事，盡謝去之矣。彼豈其未之有嘗言乎？孔子嘗言「人受才於大本」，謂人俱於造化大本源處受其真宰。「復靈以生」，不失真宰之源而和之天倪，是孔子渾全造化也。故鳴而當律，言而當法，利義陳乎前，皆物之所自陳，而好惡是非亦因物之所自有。孔子言之，直服人之口，我無心也。唯無心，故人不但口服，乃以心服。無異趣而蘁立者，好惡是非本天下所自定，孔子但因而定之焉耳。已乎惠子，此豈可以勤志服行而揣摩論量者乎？是非好惡已化之孔子，且得幾及之乎哉？

曾子再仕而心再化，曰：「吾及親仕，三釜而心樂；後仕，三千鍾而不洎，既。吾心悲。」弟子問於仲尼曰：「若參者，可謂無所縣其罪乎？」曰：「既已縣矣。夫無所縣者，可以有哀乎？彼視三釜三千鍾，如觀一作「鸛」。雀蚊虻相過乎前也。」

曾子及親仕，則三釜樂祿；不洎親，雖三千鍾猶悲，是「再仕而心再化」也。弟子尤嫌其未化在，問「若參者，可謂無所縣乎」，疑其不免於縣也。孔子果曰：「既已有縣矣。無所縣者，哀樂不能入心，彼視三釜、三千鍾何與於己，而因此興哀也？」夫人情之於利祿，常樂多苦少。曾子哀在於多，其哀樂之故，又不爲身而唯爲其親，此真幾於化矣。師友且嫌其縣者，謂親不在而興哀，哀之何益？徒以怛神情而損天和，爲不自適也。

顏成子游謂東郭子綦曰：「自吾聞子之言，一年而野，二年而從，三年而通，四年而物，五年而來，六年而鬼入，七年而天成，八年而不知死、不知生，九年而大妙。」生有爲，死也。勸公，以其死也，有自也；而生陽也，無自也。而果然乎？惡乎其所適，惡乎其所不適？天有歷數，地有人據，吾惡乎求之？莫知其所終，若之何其無命也？莫知其所始，若之何其有命也？有以相應也，若之何其無鬼邪？無以相應也，若之何其有鬼邪？東郭子綦即南郭子綦也。

顔成子自聞東郭〔二〕子綦「吾喪我」之言、「天籟」之言，一年之内欲槁木其形而未能，欲死灰其心而未能，但覺文彩俱失，動不成章，野矣。至二年，爲槁木得槁木，爲死灰能死灰，其從也。三年之後，照之以天，是非、利害、生死之故，其何所入而不通？四年之後，幾於物化，是非、利害、生死之故，又更不知其何往。五年而天機焕發，不知其所往者，於是而復來。六年則來者更寂若鬼入，而莫窺其迹也。七年則入者又出，若天成而不藉于人也。八年而生歟、死歟，常一視而不知其異也。九年則生可謂之死，死可謂之生，可以生而不死，可以死而復生，大妙矣。夫既大妙，則於死生人鬼，似可定爲畫一之説，而要唯不定，然後能定天下之定而無乎不適。人方其生時，神氣壯旺，可以無所不爲，尚可呵神罵鬼，死者無能爲也。似生時適，至死者與生者遇，則厲鬼往往能勸公以死，如唐廁鬼勸李赤死之類。公者，如秦漢人自稱「乃公」者也。蓋死有自，自溺者、自雉頸者、自虎倀者，各以其所自死勸人，皆幽陰積結之所爲。而生則陽氣自無而爲有，無自也，何幽陰積結之有？是以生不能勸鬼死，而鬼能勸乃公以死。又似死時適，如此以言死生之理者，其果然乎？謂生適

〔二〕「郭」原作「廓」，據前引《莊子》原文改。

而不免受鬼勸，謂死適而又不能以有爲。適與不適，果安在邪？推明死生人鬼之說，在天則有歷數，二氣、五行相禪而爲衰旺生尅；在地則有人據，人據二氣、五行而推求其衰旺生尅之期，由是以求宜可得定說矣。而定說者，吾惡乎求而可得耶？均是生也，其終時有不及歲月者，有百十其歲月者，有百十其歲月而猶未見其終者，非有命以命之，何以同生異終若是然？均是受生之始也，此何以定爲千百，此何以定爲十數，彼何以定之不及十數？果有命以命之，胡然而厚薄夭壽若是頓異耶？人據歷數以推見某日某鬼旺、某日某鬼衰、某日鬼神出游何方、某日可以祭祀，是亦有相應者，而見其說之驗，若之何無鬼邪？亦有全不相應者，而見其說之不驗，若之何有鬼邪？此非卜度依仿之言也。吾蓋九年九化至於大妙，死生有無洞徹之矣。但當遇有與之言有，而不執定爲無；遇無與之言無，而不執定爲有。此亦滑疑之耀，所稱爲因是者乎？不然，斷斷而爭有無，不但物與我不相適，而於有無是非之理，亦尚未爲冥契者也。

龐居士蘊，住無生庵，作偈曰：「昔日在有時，常被有人欺。種種生分別，見聞多是非。後來入無時，又被無人欺。一向看心坐，冥冥無所知。有無俱是執，何處是無爲？有無同一體，諸相盡皆離。心同虛空故，虛空無所依。」會得居士此偈者，可以悉顏成子游立言之意矣。

衆罔兩問於景影。曰：「若向也俯而今也仰，向也括而今也被髮，向也坐而今也起，向也行而今也止，何也？」景曰：「叟叟也，奚稍問也？予有而不知其所以。予，蜩甲也，蛇蛻也，似之而非也。火與日，吾屯豚。也；陰與夜，吾代也。彼吾所以有待邪？而況乎以有待者乎？彼來則我與之來，彼往則我與之往，彼強陽則我與之強陽。強陽者又何以有問乎？」

《齊物論》有罔兩問景，此復有衆罔兩問景，同罔兩問，而所主之意異也。前主在形景相待，而若其不相待。此則重在俯仰、被括、坐起、行止形狀頓殊，景無不與之爲同。若使形爲俯而景爲仰，形被髮而景更括髮，至坐起、行止，無不與形異，不但景所不能，形得見之，必且驚駭，以爲怪事，趣就陰以滅景，而波及罔兩，寧得復相與屯火日之下，爲強陽以自適乎？景之外，有依稀淡景三四，故言衆。衆故於火日下言屯軍，屯必有代，故於陰處無景時言代。「強陽」者，形得造化之陽氣而跳梁不定也。形強陽，故景亦與之爲強陽；景強陽，故衆罔兩亦隨之爲強陽。末句所謂強陽者，指衆罔兩也。罔兩隨景而俯仰、被括、坐起、行止，身在強陽中，親與爲強陽之事，又何以有問乎？「彼」，指形也。況乎有待，形又有待於化也。

陽子居南之沛，老聃西遊於秦，邀於郊，至於梁而遇老子。老子中道仰天而嘆曰：「始以汝爲可教，今不可也。」陽子居不答。至舍，進盥漱巾櫛，脱屨户外，膝行而前曰：「向者弟子欲請夫子，夫子行不間，是以不敢。今間矣，請問其故。」老子曰：「而睢睢灰。盱盱，吁。而誰與居？大白若辱，盛德若不足。」陽子居蹵子六切。然變容曰：「敬聞命矣。」其往也，舍者迎將，其家公執席，妻執巾櫛，舍者避席，煬漾。者避竈。其反也，舍者與之爭席矣。

老子見陽子居不能藏身於衆庶，而翹然欲爲天下立是非、然否之的。是以我爲白，謂天下皆辱也，辱天下而獨爲其白，則白不能久；是以我爲盛德，天下皆不足也，不足天下而獨居其盛，其盛必不能長。故老子謂其「睢睢盱盱」，言其瞻視間常有不可一世之意，人將望而畏之，誰與爲適而誰與之爲親？及陽子居一變其睢盱之狀，至使向之迎將、執櫛、避席、避竈舍者與之爭席，則天壤間無復有一陽子居，而溷溷然同爲衆庶。大白而若辱矣，盛德而若不足矣。南沛一往返之間頓换一人，幾於栩栩夢蝶而爲物化。

雜篇　讓王第二十八

《讓王》篇歷唐虞三代訖春秋，似小説家紀録高行以風後世。自堯至石户之農，凡四事，讓天下也。捐國土以全生，則得太王、王子搜、韓昭侯三人，事會不同，賢聖殊品，均之重吾生耳。困約不以適然之遇動其心，自顔闔至陳蔡，凡八事。北人無擇而後，有如周興二士，乃更輕生以立節。北人無擇、卞隨、務光三人者，既不貪榮，亦不關節，更不重生，一聞不入耳之言，趣死而已。彼其視生死如尋常，行坐小不順情，便可起而移一坐處。世人介介分毫得失，視此何如？篇中敘事，或簡或繁，造景必奇，有情必肖，時立論案，變化無端，此千古奇文，《史記》小論所由昉。人見其事多載《吕覽》，遂疑《莊》文爲贋。夫《吕覽》族南襲用《莊》、《列》何止於此，反贋《莊》文？此何似？予謂似新莽竊傳國璽，人見漢時所用，反疑取之新莽，不過惑於蘇子瞻《祠堂記》語耳。子瞻任一時己見，謂《讓王》等四篇俱後人剿入。如謂是篇爲後人贋作，則已先載《吕覽》；如謂取諸《吕覽》，特加詮次，欲混《莊》文，則愚者不能，知者不作。子瞻明人暗語，予有説，具《盜跖》篇。

堯以天下讓許由，許由不受。又讓于子州支父，子州支父曰：「以我爲天子，猶之可也。雖然，我適有幽憂之病，方且治之，未暇治天下也。」夫天下至重也，而不以害其生，又況他物乎？唯無以天下爲者，可以托天下也。舜讓天下於子州支伯，子州支伯曰：「予適有幽憂之病，方且治之，未暇治天下也。」故天下大器也，而不以易生，此有道者之所以異乎俗者也。舜以天下讓善卷，善卷曰：「予立於宇宙之中，冬日衣皮毛，夏日衣葛絺；春耕種，形足以勞動；秋收斂，身足以休食；日出而作，日入而息，逍遥於天地之間而心意自得。吾何以天下爲哉？悲夫，子之不知予也。」遂不受。於是去而入深山，莫知其處。舜以天下讓其友石户之農，石户之農曰：「捲捲乎后之爲人，葆力之士也。」以舜之德爲未至也。於是夫負妻戴，攜子以入於海，終身不反也。

四事皆讓天下，讀之不見爲重復可厭者，其用筆參差有變化也。堯讓許由，許由不受。一句推過一人，又却述子州支父不受之語曰「以我爲天子，猶之可也」，此句豐致異常。以「雖然」轉下「幽憂之病方且治之，未暇治天下也」，見不但天下不關其心，併讓天下亦全不出於有意。子州支伯讓舜天下，仍用支父語，省去首一句，又更覺直截。然語同而各見致者，其論斷異也。凡人作文，必前簡後煩，前淺後深，今皆倒用。善卷、石户之農，俱不立論斷。善卷縷縷發揮，躬耕獨樂，無取於有天下」，而之農以一句斷舜之爲人曰「葆力之士也」，更不着他語，千鈞大力。

太王亶父居邠，狄人攻之；事之以皮帛而不受，事之以犬馬而不受，事之以珠玉而不受，狄人之所求者土地也。太王亶父曰：「與人之兄居而殺其弟，與人之父居而殺其子，吾不忍也。子皆勉居矣。爲吾臣與爲狄人臣奚以異？且吾聞之，不以所用養害所養。」因杖筴而去之。民相連而從之。遂成國於岐山之下。夫太王亶父，可謂能尊生矣。能尊生者，雖富貴不以養傷身，雖貧賤不以利累形。今世之人居高官尊爵者，皆重失之，見利輕亡其身，豈不惑哉？所用養，土與民也；所養，身也。

越人三世弒其君，王子搜患之，逃乎丹穴。而越國無君，求王子搜不得，從之丹穴。王子搜不肯出，越人薰之以艾。乘以王輿。王子搜援綏登車，仰天而呼曰：「君乎，君乎，獨不可以舍我乎？」王子搜非惡爲君也，惡爲君之患也。若王子搜者，可謂不以國傷生矣，此固越人之所欲得爲君者也。

韓魏相與爭侵地。子華子見昭僖侯，昭僖侯有憂色。子華子曰：「今使天下書銘於君之前，書之言曰：『左手攫俱縛切。之則右手廢，右手攫之則左手廢。然而攫之者必有天下。』君能攫之乎？」昭僖侯曰：「寡人不攫也。」子華子曰：「甚善。自是觀之，兩臂重於天下也，身亦重於兩臂。韓之輕於天下亦遠矣，今之所爭者，其輕於韓又遠。君固愁身傷生以憂戚不得也。」昭僖侯曰：「善哉。教寡人者衆矣，未嘗得聞此言也。」子華子可謂知輕重矣。

《莊子》雖云寓言，亦多實録，如接輿見《論語》，大王見《孟子》，宋元公夢龜見《龜筴傳》，王子搜載《淮南子》而名字異，湯讓瞀光見《韓非子》而紀事異，原憲居貧見《家語》，列子諸事見本書，南榮趎師老子見賈大傅《新書》。前善卷事，宋羅勉道言今常德府武陵縣南有善卷壇，近壇有墳；至《高士傳》、《神仙傳》所載，則取諸《莊子》。三段論斷，俱用「可謂云云矣」一句起；太王八句，王子搜三句，子華子止一句。

魯君聞顔闔得道之人也，使人以幣先焉。顔闔守陋閭，苴布之衣而自飯牛。魯君之使者至，顔闔自對之。使者曰：「此顔闔之家與？」顔闔對曰：「此闔之家也。」使者致幣，顔闔曰：「恐聽者謬而遺使者罪，不若審之。」使者還，反審之，復來求之，則不得已。故若顔闔者，真惡富貴也。故曰：道之真以治身，其緒餘以爲國家，其土苴側雅反。以治天下。由此觀之，帝王之功，聖人之餘事也，非所以完身養生也。今世俗之君子，多危身棄生以殉物，豈不悲哉？凡聖人之動作也，必察其所以之與其所以爲。今且有人於此，以隨侯之珠彈千仞之雀，世必笑之。是何也？則其所用者重而所要者輕也。夫生者，豈特隨侯之重哉？

子列子窮，容貌有飢色。客有言之於鄭子陽者曰：「列御寇，蓋有道之士也，居君之國而窮，君無乃爲不好士乎？」鄭子陽即令官遺之粟。子列子見使者，再拜而辭。使者去，子列子入，其妻望之而拊心曰：「妾聞爲有道者之妻子，皆得佚樂，今有飢色。君過而遺先生食，先生不受，豈不命邪？」子列子笑謂之曰：「君非自知我也。以人之言而遺我粟，至其罪我也又且以人之言，此吾所以不受也。」其卒，民果作難而殺子陽。

顔闔論贊反覆二十餘句，先以「真惡富貴」一句揭過顔闔，乃以道之用分作三等，道豈有三等？有道真治身者，自然及國家及天下。爲道者用心不在彼，覺有等級耳。由此觀之，帝王之功非所以完身養生，乃莊子一生主意。發此一句，文勢已完，乃復感嘆世俗人，且援引聖人爲世俗人設一輕重失倫之喻，方説開去，又截然止住。「所以之」與其「所以爲」，若無分別，而有分別。「所以之」，是心之所向，如上殉物；「所以爲」，是身有營幹以求得其所向，如上危身棄生之事。

楚昭王失國，屠羊說走而從於昭王。昭王反國，將賞從者，及屠羊說。屠羊說曰：「大王失國，說失屠羊；大王反國，說亦反屠羊。臣之爵祿已復矣，又何賞之言？」王曰：「強上聲。之。」屠羊說曰：「大王失國，非臣之罪，故不敢伏其誅；大王反國，非臣之功，故不敢當其賞。」王曰：「見之。」屠羊說曰：「楚國之法，必有重賞大功而後得見，今臣之知不足以存國而勇不足以死寇。吳軍入郢，說畏難而避寇，非故隨大王也。今大王欲廢法毀約而見說，此非臣之所以聞天下也。」王謂司馬子綦曰：「屠羊說居處卑賤而陳義甚高，子其爲我延之以三旌之位。」屠羊說曰：「夫三旌之位，吾知其貴於屠羊之肆也；萬鍾之祿，吾知其富於屠羊之利也。然豈可以貪爵祿而使吾君有妄施之名乎？說不敢當，願復反吾屠羊之肆。」遂不受也。

楚昭王三次發賞，曰強之，曰見之，曰爲我延以三旌之位，語約而體尊。屠羊說三次辭賞，先以失國反國平辭，再以任罪任功深一步辭，又再以畏難避寇剖露本心辭，終乃取屠羊與富貴相衡，而謂己不得貪富貴，君不得爲妄施，則據理益正，理不可奪。楚昭王三語已極贊嘆，故不再作論案。

原憲居魯，環堵之室，茨以生艸；蓬户不完，桑以爲樞；而甕牖二室，褐以爲塞；上漏下濕，匡坐而弦。子貢乘大馬，中紺而表素，軒車不容巷，往見原憲。原憲華冠縰徙。履，杖藜而應門。子貢曰：「嘻，先生何病？」原憲應之曰：「憲聞之，無財謂之貧，學而不能行謂之病。今憲，貧也，非病也。」子貢逡巡而有愧色。原憲笑曰：「夫希世而行，比周而友，學以爲人，教以爲己，仁義之慝，輿馬之飾，憲不忍爲也。」

「學以爲人，教以爲己」，今世切病，不意莊子世已有此事，又不意莊子如許聰明，將千萬世人心底病痛，止用兩句說透。「華冠」者，冠裂如華也。「縰履」，曳履也。

曾子居衛，緼袍無表，顏色腫噲，手足胼駢。胝。支。三日不舉火，十年不制衣，正冠而纓絕，捉衿而肘見，納履而踵決。曳縰而歌《商頌》，聲滿天地，若出金石。天子不得臣，諸侯不得友。故養志者忘形，養形者忘利，志道者忘心矣。

孔子謂顏回曰：「回，來。家貧居卑，胡不仕乎？」顏回對曰：「不願仕。回有郭外之田五十畝，足以給飦粥；郭內之田十畝，足以爲絲麻；鼓瑟足以自娛，所學夫子之道者足以自樂也。回不願仕。」孔子愀然變容，曰：「善哉回之意。丘聞之：『知足者，不以利自累也；審自得者，失之而不懼；行修於內者，無位而不怍。』丘誦之久矣，今於回而後見之，是丘之得也。」

連記孔門三賢：曾子，用三句作論贊；顔回，即借孔子語作論贊；原憲，又即用其自語作論贊。

中山公子牟謂瞻子曰：「身在江海之上，心居乎魏闕之下，奈何？」瞻子曰：「重生。重生則利輕。」中山公子牟曰：「雖知之，未能自勝也。」瞻子曰：「不能自勝則從，神無惡乎？不能自勝而强不從者，此之謂重傷。重傷之人，無壽類矣。」魏牟，萬乘之公子也，其隱巖穴也，難爲於布衣之士；雖未至乎道，可謂有其意矣。

篇中皆輕棄富貴之事，乃獨許魏公子牟之從神。蓋善醫者，見病未可攻，則不急攻之以傷元氣，要使病不爲人害而已。

孔子窮於陳蔡之間，七日不火食，藜羹不糁，顔色甚憊，而弦歌於室。顔回擇菜，子路、子貢相與言曰：「夫子再逐於魯，削迹於衛，伐木於宋，窮於商周，圍於陳蔡，殺夫子者無罪，藉夫子者無禁。弦歌鼓琴，未嘗絶音，君子之無恥也若此乎？」顔回無以應，入告孔子。孔子推吐當切。琴喟然而嘆曰：「由與賜，細人也。召而來，吾語之。」子路、子貢入。子路曰：「如此者可謂窮矣。」孔子曰：「是何言也。君子通於道之謂通，窮於道之謂窮。今丘抱仁義之道以遭亂世之患，其何窮之爲？故内省而不窮於道，臨難而不失其德。天寒既至，霜雪既降，吾是以知松柏之茂也。陳蔡之隘，厄。於丘其幸乎。」孔子削然反琴而弦歌，子路扢然執干而舞。子貢曰：「吾不知天之高也，地之下也。」古之得道者，窮亦樂，通亦樂。所樂非窮通也，道得於此，則窮通爲寒暑風雨之序矣。故許由娱於潁陽而共恭。伯得乎共首。

司馬彪曰：「共伯，名和，修其行，好賢人。周厲王之難，天子曠絶，諸侯皆請以爲天子。即位十四年，大旱，屋焚，卜於太陽，兆曰：『厲王爲祟。』召公乃立宣王，共伯復歸於宗，逍遥得意，共山之首。」

舜以天下讓其友北人無擇，北人無擇曰：「異哉后之爲人也，居於畎畝之中而遊堯之門。不若是而已，又欲以其辱行漫我。吾羞見之。」因自投清冷之淵。湯將伐桀，因卞隨而謀，卞隨曰：「非吾事也。」湯曰：「孰可？」曰：「吾不知也。」湯又因瞀務。光而謀，瞀光曰：「非吾事也。」湯曰：「孰可？」曰：「吾不知也。」湯曰：「伊尹何如？」曰：「強力忍垢，吾不知其他也。」湯遂與伊尹謀伐桀，剋之，以讓卞隨。卞隨辭曰：「后之伐桀也謀乎我，必以我爲賊也；勝桀而讓我，必以我爲貪也。吾生乎亂世，而無道之人再來漫我以其辱行，吾不忍數聞也。」乃自投椆水而死。湯又讓瞀光曰：「知者謀之，武者遂之，仁者居之，古之道也。吾子胡不立乎？」瞀光辭曰：「廢上，非義也；殺民，非仁也；人犯其難，我享其利，非廉也。吾聞之曰：『非其義者，不受其祿；無道之世，不踐其土。』況尊我乎？吾不忍久見也。」乃負石而自沉於廬一作「盧」。水。

北人無擇辭舜天下，乃不列石户之農之後，從卞隨、瞀光輕生類也；其言亦過刻。卞隨以「強力忍垢」四字該伊尹，雖不知聖人，然此四字乃能寫任字之神。三人俱不作論贊，想莊子於此亦微有權衡。

昔周之興，有士二人處於孤竹，曰伯夷、叔齊。二人相謂曰：「吾聞西方有人，似有道者，試往觀焉。」至于岐陽，武王聞之，使叔旦往見之，與之盟曰：「加富二等，就官一列。」血牲而埋之。二人相視而笑曰：「嘻，異哉。此非吾所謂道也。昔者神農之有天下也，時祀盡敬而不祈喜；其於人也，忠信盡治而無求焉。樂洛。與政爲政，樂與治爲治，不以人之壞自成也，不以人之卑自高也，不以遭時自利也。今周見殷之亂而遽爲政，上謀而下行貨，阻兵而保威，割牲而盟以爲信，揚行以説悦。衆，殺伐以要利，是推亂以易

暴也。吾聞古之士，遭治世不避其任，遇亂世不爲苟存。今天下闇，周德衰，其並乎周以塗吾身也，不如避之以潔吾行。」二子北至於首陽之山，遂餓而死焉。若伯夷、叔齊者，其於富貴也，苟可得已，則必不賴。高節戾行，獨樂其志，不事於世，此二士之節也。

「其於富貴也，苟可得已」，言富貴非出於不義而苟可以無辭，則必不賴高節戾行以自異於世。今唯必不可以不辭，故獨樂其志，不事於世，此二士之節也。表明二士之心非過於狹隘，亦微見前三人之死爲可已而不已者也。

雜篇　盜跖第二十九

莊子語道，貴在無爲，故曰「爲善無近名，爲惡無近刑」、「與其譽堯而非桀也，不若兩忘而化於道」。乃世人不能忘情善惡是非之分，每每按事摘情，互相詆毀。使今有桀、跖者出，亦按事摘情以詆毀聖人，何損於聖人？聖人豈因桀、跖之詆毀，而遂爲變其生平？聖人不因詆毀遂變生平，桀、跖又豈因衆人之詆毀而遂變其爲桀、跖？此《盜跖》篇所由作。而後復用滿苟得之議論專於爲利，以益暢盜跖之本情；用子張之議論專於爲名，以標明儒者之界限。用無約爲折衷曰：「無爲小人，反殉而天；無爲君子，從天之理。」然天下惟有道者，能忘善忘惡而平等一視。夫人之知道者有幾，安知不因斯言以益小人之焰？故終以知和曰：「及其患至，求盡性竭財殫求，以反一日之無故而不可得也。」其示爲惡之防至嚴也。

蘇子瞻不察此意，真以《盗跖》篇爲詆毁聖人，思爲莊子諱。其作《祠堂記》，欲去《盗跖》、《漁父》、《讓王》、《説劍》四篇，以爲淺陋不入於道；得其《寓言》之終，陽子居事與《列御寇》篇事兩者相類，然後悟而笑曰：「是固一章也。莊子之言未終，而昧者剿之以入其言，爲不可不辯。」夫莊子之言相類者亦多，即在《列御寇》篇，伯昏瞀人語列子曰：「汝非能使人保汝，而不能使人無保汝。」前《應帝王》篇，壺子語列子曰：「爾以道與世抗，必信，夫故使人得而相汝。」意亦相類，又當是一章，而謂中間二十許篇皆後人剿入者邪？自蘇子斯言出，而後世讀《莊子》者皆服蘇子明識，以爲能分别真僞。夫蘇子明識未能過太史公，太史公先蘇子千餘年，去莊子近，其於真僞當自了然，於《列傳》曰：「作《漁父》、《盗跖》、《胠篋》以詆訾孔子之徒。」數篇出於莊子，已有明證。蘇子曰：「此知莊子之粗者。」夫太史公不言詆訾孔子，而曰「詆訾孔子之徒」，明以莊子詆訾不在孔子，而後世學孔子者，竊其迹而希心利禄，故詆訾及之。至詆訾孔子者，又不用他人，而獨借盜跖之口，則莊子深意居然可知。蘇子何以不察，而徒謂太史之知其粗？至如《漁父》篇，則未嘗詆訾，而相爲規誨。《論語》中如《漁父》者甚多，謂莊陰助孔子，「實與而文不與」。夫時稱爲夫子，謂爲魯國中一人，曰：「吾且不得及彼乎？」文又何嘗不與也？其論天下道術，謂於墨翟諸家不列孔子，而見其尊之至。不知莊子於孔子，已該在天人神聖之内，何但不列於諸家，且後復叙六經，而幸中國稱道之者。尚有其人以爲斯道幸，莊子之尊信，豈在後世諸儒下哉，而煩爲之諱也。若蘇子者，非其明識不足，唯自恃明識，讀時不深求，而意所偶觸，信爲的然。吾故曰「蘇子用明人作暗語」者，此也。

焦弱侯曰：「子瞻辯莊子能尊孔子，去《讓王》、《盜跖》等四篇，謂《寓言》與《列御寇》固是一章。今按《列子》第二篇，首載列御寇饋漿事，而即綴以楊朱爭席，正與子瞻之言合。豈子瞻作《記》，亦因此有悟邪？」夫以「爭席」綴「饋漿」後，此列子當日作書次第。《寓言》終於爭席，歷《讓王》、《説劒》、《盜跖》、《漁父》四篇，而後及列子之饋漿，此兩事特爲莊子所引用。莊子作書自有次第，安得以引用其言，而謂次第遂一一與原書合？果一一吻合，則前所指壺子言「使人得而相汝」又載在「饋漿」之首，又果合爲一章，而自外篇《駢拇》起至雜篇《外物》，凡一十九篇俱剿入，俱當删去，但取《應帝王》與《寓言》、《列御寇》合爲一章，其可乎？焦弱侯言：「莊書之奇，自非後世所能亂，其文詞格制之不同，故可望而知。」予謂《讓王》等四篇非後人所作，其爲莊子之書，是固可望而知者也。且莊子之書，篇自爲一意，《寓言》有《寓言》一篇之意，不得入於《列御寇》；《列御寇》有《列御寇》一篇之意，不得合於《寓言》。《列御寇》之意，在知道自晦，不出異以感人，使人得以富貴爵禄羈其身。故篇中多言取富貴者爲危機，而愚者恃其所見以入於人爲足悲也。《寓言》之意，在不執己見而以卮言取適，因物然否與時變化。楊朱之始於避舍、終於爭席，正與時變化而以自適者也。即一罔兩問景耳，其俯仰、行止、坐起、被括一不自主，而形景、造化但相隨而自適者，此《寓言》之罔兩問景也。其在《齊物論》，則形景、造化彼此相待，而若其不相待，舉然與不然盡出於無心，此爲《齊物論》罔兩問景之意。一事而異篇則意易，胡可得而一也？子瞻知莊子未嘗詆訾孔子，即言其未嘗詆訾孔子可矣。彼一書之中，可以據以發明此意者不少，何必誣其書之僞，欲信己説，僞其書，而以爲凡分章命篇皆出於世俗，非莊子本意。夫《漁父》、《盗跖》、《胠篋》諸篇稱於太史公，自秦漢來相傳俱然，蘇子瞻但可果於自信，豈可果於盡誣千古之人哉？

近世孫月峰、焦弱侯、陸西星，無不以子瞻之言爲然。子瞻之言已足移人視聽，加諸名公又爲崇信其言，《莊子》諸篇胡得而不僞？夫既喜其書，不欲其人有詆訾聖人之名，欲爲之辯，亦何不深惟作書本意而輕誣其僞？重後世惑也。莊子最信列子，凡《列子》書，其引用已十二三。《列子》載楊朱之言，亦歷詆群聖以及孔子，乃列子則心服孔子，其稱之者曰：「夫子能爲之而能不爲者也。」此一言也，在道家可謂能傳聖人之神。使有學佛者欲評論吾夫子，予意謂亦當云然爾矣。總之，二家不得詆訾孔子，學二家而果有得於其道，亦未有甘心詆訾也者。其詆訾也，特借聖人以發一往偏至之意，而非真以聖人之道尚有所不滿於其心，更不煩後人作還就回護之想。然則列子作書次第，蘇子或因此觸發，遂欲割裂《莊子》，謂其意見因此而誤則可，謂其因此而悟則未可。

孔子與柳下季爲友，柳下季之弟，名曰盜跖。之石切。盜跖從卒九千人，橫行天下，侵暴諸侯，穴室樞户，驅人牛馬，取人婦女，貪得忘親，不顧父母兄弟，不祭先祖。所過之邑，大國守城，小國入保，萬民苦之。孔子謂柳下季曰：「夫爲人父者，必能詔其子；爲人兄者，必能教其弟。若父不能詔其子，兄不能教其弟，則無貴父子兄弟之親矣。今先生，世之才士也，弟爲盜跖，爲天下害，而弗能教也，丘竊爲先生羞之。丘請爲先生往説税。之。」柳下季曰：「先生言爲人父者必能詔其子，爲人兄者必能教其弟，若子不聽父之詔，弟不受兄之教，雖今先生之辯，將奈之何哉？且跖之爲人也，心如涌泉，意如飄風，強足以距敵，辯足以飾非，順其心則喜，逆其心則怒，易辱人以言。先生必無往。」孔子不聽，顔回爲馭，子貢爲右，往見盜跖。

盜跖乃方休卒徒大山之陽，膾人肝而餔之。孔子下車而前，見謁者曰：「魯人孔丘，聞將軍高義，敬再拜謁者。」謁者入通。盜跖聞之大怒，目如明星，髮上指冠，曰：「此夫魯國之巧僞人孔丘非邪？爲我告之：『爾作言造語，妄稱文武，冠枝木之冠，帶死牛之脅，多辭繆説，不耕而食，不織而衣，搖脣鼓舌，擅生是非，以迷天下之主，使天下學士不反其本，妄作孝弟而儌倖於封侯富貴者也。子之罪大極重，疾走歸。不然，我將以子肝益晝餔之膳。』」孔子復通曰：「丘得幸於季，願望履幕下。」謁者復通。盜跖曰：「使來前。」孔子趨而進，避席反走，再拜盜跖。盜跖大怒，兩展其足，案劒瞋目，聲如乳虎，曰：「丘來前。若所言，順吾意則生，逆吾心則死。」孔子曰：「丘聞之，凡天下有三德：生而長大，美好無雙，少長貴賤見而皆説之，此上德也；知維天地，能辯諸物，此中德也；勇悍果敢，聚衆率兵，此下德也。凡人有此一德者，足以南面稱孤矣。今將軍兼此三者，身長八尺二寸，面目有光，脣如激丹，齒如齊貝，音中黄鐘，而名曰盜跖，丘竊爲將軍恥不取焉。將軍有意聽臣，臣請南使吳越，北使齊魯，東使宋衛，西使晉楚，使爲將軍造大城數百里，立數十萬户之邑，尊將軍爲諸侯，與天下更始，罷兵休卒，收養昆弟，共祭先祖。此聖人才士之行，而天下之願也。」

盜跖大怒曰：「丘來前。夫可規以利而可諫以言者，皆愚陋恒民之謂耳。今長大美好，人見而説之者，此吾父母之遺德也。丘雖不吾譽，吾獨不自知邪？且吾〔一〕聞之，好面譽人者，亦好背而毁之。今丘〔二〕告我以大城衆民，是欲〔三〕規我以利而恒民畜我也，安可長久也？城之大者，莫大乎天下矣。堯舜有天下，子孫無置錐之地；湯武立爲天子，而後世絶滅。非以其利大故邪？且吾聞之，古者禽獸多而人民少，於是民皆巢居以避之，晝拾橡栗，暮棲木上，故命之曰有巢氏之民。古者民不知衣服，夏多積薪，冬則煬之，故命之曰知生之民。神農之世，臥則居居，起則于于，民知其母，不知其父，與麋鹿共〔四〕處，

〔一〕「且吾」，原作「吾且」，據明世德堂《六子全書》本《南華真經》乙正。
〔二〕「丘」字原闕，據明世德堂《六子全書》本《南華真經》補。
〔三〕「欲」字原闕，據明世德堂《六子全書》本《南華真經》補。
〔四〕「共」字原闕，據明世德堂《六子全書》本《南華真經》補。

耕而食，織而衣，無有相害之心，此至德之隆也。然而黄帝不能致德，與蚩尤戰於涿鹿之野，流血百里。堯舜作，立群臣，湯放其主，武王殺紂。自是之後，以強陵弱，以衆暴寡。湯武以來，皆亂人之徒也。今子脩文武之道，掌天下之辯，以教後世，縫衣淺帶，矯言僞行，以迷惑天下之主，而欲求富貴焉，盗莫大於子。天下何故不謂子爲盗丘，而乃謂我爲盗跖？子以甘辭説子路而使從之，使子路去其危冠，解其長劍，而受教於子，天下皆曰孔丘能止暴禁非。其卒之也，子路欲殺衛君而事不成，身菹於衛東門之上，是子教之不至也。子自謂才士聖人邪？則再逐於魯，削跡於衛，窮於齊，圍於陳蔡，不容身於天下。子教子路菹此患，上無以爲身，下無以爲人，子之道豈足貴邪？世之所高，莫若黄帝。黄帝尚不能全德，而戰涿鹿之野，流血百里。堯不慈，舜不孝，禹偏枯，湯放其主，武王伐紂，文王拘羑里。此六子者，世之所高也，孰論之，皆以利惑其真而強上聲。反其情性，其行乃甚可羞也。世之所謂賢士，伯夷、叔齊辭孤竹之君而餓死於首陽之山，骨肉不葬。鮑焦飾行非世，抱木而死。申徒狄諫而不聽，負石自投於河，爲魚鱉所食。介子推至忠也，自割其股以食文公，文公後背之，子推怒而去，抱木而燔死。尾生與女子期於梁下，女子不來，水至不去，抱梁柱而死。此四子者，無異於磔犬流豕、操瓢而乞者，皆離罹。名輕死，不念本養壽命者也。世所謂忠臣者，莫若王子比干、伍子胥。子胥沉江，比干剖心，此二子者，世謂忠臣也，然卒爲天下笑。自上觀之，至於子胥、比干，皆不足貴也。丘之所以説我者，若告我以鬼事，則我不能知也；若告我以人事者，不過此矣，皆吾所聞知也。今吾告子以人之情：目欲視色，耳欲聽聲，口欲察味，志氣欲盈。人上壽百歲，中壽八十，下壽六十，除病瘦死喪憂患，其中開口而笑者，一月之中不過四五日而已矣。天與地無窮，人死者有時，操平聲。有時之具而託於無窮之間，忽然無異騏驥之馳過隙也。不能説其志意，養其壽命者，皆非通道者也。丘之所言，皆吾之所棄也。亟去走歸，無復言之。子之道，狂狂汲汲，詐巧虛僞事也，非可以全真也，奚足論哉？」

孔子再拜趨走，出門上車，執轡三失，目芒然無見，色若死灰，據軾低頭，不能出氣。歸到魯東門外，適遇柳下季。柳下季曰：「今者闕然數日不見，車馬有行色，得微往見跖邪？」孔子仰天而嘆曰：「然。」柳下季曰：「跖得無逆汝意若前乎？」孔子曰：「然。丘所謂無病而自灸也。疾走料虎頭，編虎須，幾不免虎口哉。」

子張問於滿苟得曰：「盍不爲行？無行則不信，不信則不任，不任則不利。故觀之名，計之利，而義真是也。若棄名利，反之於心，則夫士之爲行，不可一日不爲乎？」滿苟得曰：「無恥者富，多信者顯。夫名利之大者，幾在無恥而信。故觀之名，計之利，而信真是也。若棄名利，反之於心，則夫士之爲行，抱其天乎？」

人不能忘情是非，契心大道，則爲善爲惡雖所向不同，而均之歸於爲利。不得認爲善者乃所以爲名而常是，爲惡者乃所以爲利而常非。特借子張以發爲名者之情，以子張曾問行而務外故也。「盍不爲行」，謂修行所以立名，無名無行人不見信，則莫肯任用，不利孰甚焉。故觀之名，計之利，而義真是也。「義」，所以修名行而致人信任者也。又爲子張作一外貌語：縱使除卻名利不道，只反之本心上，士之爲行，亦道理當然，豈可一日而不爲？滿苟得以爲人生總是爲利，儒者乃顧惜廉恥，内實好利，外間又説好義，只是欺瞞别人而爲不信。惟其欺瞞不信，亦往往失却實利，以致於一生沉滯不顯。吾見無恥者，肯低頭忍事而富；多信者，心行如一，遇利必趨而顯。名利之大，幾在無恥而信，又何取於務義之虚名？故觀名計利，而信真是也。若如子之言，除却名利不道，只反之本心上，則心上何曾有一行字？唯安逸受享是其天性。士之爲行，將獨抱其天，安逸一生足矣。役役世間，何爲者也？

子張曰：「昔者桀紂貴爲天子，富有天下，今謂臧聚曰『汝行如桀紂』，則有怍色，有不服之心者，小人所賤也。仲尼、墨翟，窮爲匹夫，今謂宰相曰『子行如仲尼、墨翟』，則變容易色稱不足者，士誠貴也。故勢爲天子，未必貴也；窮爲匹夫，未必賤也；貴賤之分，在行之美惡。」滿苟得曰：「小盜者拘，大盜者爲諸侯，諸侯之門，義士存焉。昔者桓公小白殺兄入嫂，而管仲爲臣；田成子常殺君竊國，而孔子受幣。論則賤之，行則下之，則是言行之情悖戰於胸中也，不亦拂乎？故《書》曰：『孰惡孰美？成者爲首，不成者爲尾。』」子張曰：「子不爲行，即將疏戚無倫，貴賤無義，長幼無序；五紀六位，將何以爲別乎？」滿苟得曰：「堯殺長子，舜流母弟，疏戚有倫乎？湯放桀，武王殺紂，貴賤有義乎？王季爲適，嫡。周公殺兄，長幼有序乎？儒者僞辭，墨子兼愛，五紀六位將有別乎？且子正爲名，我正爲利。名利之實，不順於理，不監於道。吾日與子訟於無約曰：『小人殉財，君子殉名。其所以變其情，易其性，則異矣；乃至於棄其所爲而殉其所不爲，則一也。』故曰：無爲小人，反殉而天；無爲君子，從天之理。若枉若直，相而天極；面觀四方，與時消息。若是若非，執而圓機；獨成而意，與道徘徊。無轉而行，無成而義，將失而所爲。無赴而富，無殉而成，將棄而天。比干剖心，子胥抉決。眼，忠之禍也；直躬證父，尾生溺死，信之患也；鮑子立乾，干。勝申。子不自理，廉之害也；孔子不見母，匡子不見父，義之失也。此上世之所傳，下世之所語，以爲士者正其言，必其行，故服其殃，離罹。其患也。」

子張謂人分貴賤，不在名位，在行之美惡，仍以聲稱體貌上論。滿苟得言人之趨名鶩利，只論實事，不在虛稱。從古聖賢口所擯棄者，悖義之事；而身所親與者，又多悖義之人。故事何分美惡？要在有成就耳。「五紀」者，貌言視聽五事之紀也；「六位」者，六爻、貴賤、遠近、親疎之位也。滿苟得既摭摘前古聖人，決裂人道之紀綱；又言爲名爲利者爾我俱欲，假作體面而虛爲好看之言曰「須順於道，須監於理」。若是計名利之實，只是名利而已，何取順理而監道也？拘道理便失名利，此又借滿苟得之口，以剔發兩邊人之心曲。於是無約折衷之曰「爲利而徇財，是小人一邊人；爲行而徇名，是君子一邊人」。其所以致於變情易性者，一則以清高爲名之故，一則以污下爲利之故，果有異矣；乃至棄其所當爲之大道而徇其所不當爲之名利，則無清濁、無君子小人，一也。故曰：無爲小人，反而殉汝之天乎，財胡足殉也；無爲君子，盍從爾天理乎，名胡必從也。一枉一正，用各有時，相而天極而已；何消何息，面觀四方，與時宜之而已；若是若非，豈有一定，執爾圓機而已；凡若此者，豈殉名利，乃獨成爾意，與道徘徊焉耳。殉名者曰「盍不爲行」，而欲轉爾之行，曰「義真是也」，其如失爾之所當爲，遠於大道何也？殉利者曰「無恥者富」而欲赴之，「多信者顯」欲殉而成之，其如棄爾之天，終於陷溺何也？然小人殉利，其害易見；君子殉名，其害更深。比干、子胥不免殉忠之名，直躬、尾生不免殉信之名，鮑子、勝子不免殉廉之名；雖以孔子之聖，猶與匡章同有義名之失。此古今所傳之事，以爲士者正其言、必其行，唯恐有玷於名，故服其殃、罹其患，而身爲之殉也。此言又若重抑君子者，莊子原望聖賢邊人爲善，而無爲之之心，置是非於兩忘，故重砭之。若小人邊，固其所不致望者也。臧聚，臧獲竊聚之人也。

鮑子，名焦，污時君不仕，子貢諫，遂棄蔬餓死。勝子，音申，或云申徒，抱甕之河；或曰申生也。

無足問於知和曰：「人卒未有不興名就利者。彼富則人歸之，歸則下之，下則貴之。夫見下貴者，所以長生安體樂意之道也。今子獨無意焉，知不足邪，意知而力不能行邪，故推正不忘邪？」知和曰：「今夫此人以爲與己同時而生，同鄉而處者，以爲夫絶俗過世之士焉；是專無主正，所以覽古今之時，是非之分也，與俗化。世去至重，棄至尊，以爲其所爲也；此其所以論長生安體樂意之道，不亦遠乎？慘怛之疾，恬愉之安，不監於體；怵惕之恐，欣歡之喜，不監於心；知爲爲而不知所以爲，是以貴爲天子，富有天下，而不免於患也。」無足曰：「夫富之於人，無所不利，窮美究勢，至人之所不得逮，賢人之所不能及，俠人之勇力而以爲威強，秉人之知謀以爲明察，因人之德以爲賢良，非享國而嚴若君父。且夫聲色、滋味、權勢之於人，心不待學而樂之，體不待象而安之。夫欲惡避就，固不待師，此人之性也。天下雖非我，孰能辭之？」知和曰：「知者之爲，故動以百姓，不違其度，是以足而不爭，無以爲故不求。不足故求之，爭四處而不自以爲貪；有餘故辭之，棄天下而不自以爲廉。廉貪之實，非以迫外也，反監之度。勢爲天子而不以貴驕人，富有天下而不以財戲人。計其患，慮其反，以爲害於性，故辭而不受也，非以要名譽也。堯舜爲帝而雍，非仁天下也，不以美害生也；善卷、許由得帝而不受，非虛辭讓也，不以事害己。此皆就其利，辭其害，而天下稱賢焉，則可以有之，彼非以興名譽也。」無足曰：「必持其名，苦體絶甘，約養以持生，則亦久病長阨而不死者也。」知和曰：「平爲福，有餘爲害者，物莫不然，而財其甚者也。今富人，耳營鐘鼓筦籥之聲，口嗛於芻豢醪醴之味，以感其意，遺忘其業，可謂亂矣；侅礙。溺於馮句。氣，若負重行而上也，可謂苦矣；貪財而取慰，貪權而取竭，靜居則溺，體澤則馮，可謂疾矣；爲欲富就利，故滿若堵耳而不知避，且馮而不舍，可謂辱矣；財積而無用，服膺而不舍，滿心戚醮，焦。求益而不止，可謂憂矣；內則疑刦請之賊，外則畏寇盜之害，內周樓疏，外不敢獨行，可謂畏矣。此六者，天下之至害也，皆遺忘而不知察，及其患至，求盡性竭財單，以反一日之無故而不可得也。故觀之名則不見，求之利則不得，繚意絶體而爭此，不亦惑乎？」

莊子固未嘗望小人能忘是非而契大道，然不可使其自信爲計得而益之毒，故用無足、知和之言議，爲小人作一隄防。只「無足」二字，已説盡小人好利之病，不必知和之正議出而隄防立也。無足謂人所以興名就利而爲富，乃長生樂意安體之道。今知和獨不爲，將知力之不足，抑將推行正道於不忘，故距不爲？謂不爲富爲推正不忘，便將不爲富作絶俗過高之事，故知和曰：「今夫此人以爲與己生同時、處同鄉，一不爲富而以爲絶俗過高之士焉，是專無主心在内，無正念在懷，故識見如此。當淳古之時，是非分明，必不其然。此所以覽古今時變之不同，是非得失之所分也。在古以不爲富者是，而今世俗以爲非；在古以興名就利者非，而今世俗以爲是。將與俗爲群，見化於世，棄去至重至尊之道德，而同與今世之人爲其所爲，以求富利。」此其所以論長生樂意安體之道，不亦遠乎？夫爲富者於體有慘怛之疾，不爲富者有恬愉之樂，今不監也；爲富者於心有怵惕之恐，不爲者有欣懽之喜，今亦不監也。知爲爲以趨富利，而不知所以爲，是以富貴不免於患，豈所以爲長生安體樂意之道哉？無足乃盛誇富厚之勢力，雖至人聖人有所不及，藉其資力，則事事如意。凡快意之事，不待學習而心自然與之樂，不須像效而體自然與之安，此蓋出於人性。天下雖非我，孰能辭之？至今人之艷慕富厚，猶然如無足之見。夫如無足之見，但期於適一己之欲，乃知者之爲，則動以百姓爲心，與百姓相安，不違其度，是以常足而不爭。蓋富厚原無分量足否，只在一心，無以富爲者，故不求富也。心常不足，故求之，爭盡四處，而猶不自以爲貪；心常有餘，故辭之，天下可棄，而猶不自以爲廉。貪之實，豈外有迫之使然？唯監此心之度量，度量宏者，勢爲天子不驕人以貴，富有天下不戲人以財。計富貴之有患，慮驕人戲人者之有反報，以爲害於性，故天下可辭而弗受也，非以要名譽也。堯舜讓而非仁天下，不以富貴之美害生也；善卷、許由不受天下而非虛辭讓，不以天下之事害己也。此皆就其恬愉欣懽之利，辭其慘怛怵惕之害，而天下稱賢，天下加之以賢名則可以有之，而彼其讓之之心，非以興名譽也。無足以爲，讓富貴者如此，則所持專是空名，而絕甘苦體，如久病長阨而不死。至今人之厭惡貧賤，猶如無足之見。知和謂享富貴者所得之利，嘗不能償害，利雖可甘，害尤足畏。今試數有財之害，富人耳營於聲，口嗛於味，嗜慾感意，正業遺忘，可謂亂矣；體肥侅如溺，侅，音孩，《字義》云：「非常貌。」予謂「侅」字從人從亥，言人如豕之肥也。不能自起，必馮而後行，其氣之喘急，若負重行而上也，可謂苦矣；貪財而取慰一時，貪權而力致殫竭，靜居則體重難起如溺，體澤則行動須人故馮，因「侅溺於馮」句難明，故復自疏此二句。可謂疾矣；我欲富利，人人亦欲富就利，故左右前後之人滿若屬坦之耳，堵，牆垣也。皆懷伺察竊取之心，此蕭墻之禍，曾不知避，且馮而不舍，寄身盜賊之手，可謂辱矣；積財無用，服膺不舍，滿心皆戚焦之念，求益不止，可謂苦矣；内則疑劫請之盜，外則畏寇盜之害，重樓内匝，疏軒外望，不敢獨行，可謂畏矣。此六者，天下之害，盡遺忘之而不知省，及患至財單，始知平之爲福，欲反於昔日之無故而不可得。欲就富利而名利俱失，乃繚繞於意念，竭絶其肢體與人爭利，豈不惑哉？君子爲名，小人爲利。終言爲利者，究至於失利，以大懲小人之貪也。

《盜跖》篇之作，欲忘是非，而以滿苟得、子張之言分別是非。一則曰「義真是也」，一則曰「信真是也」，無約兩解之曰：「若是若非，執而圓機。善惡是非，洵當兩忘矣。」正謂圓機之士難得。故知和聞無足之言而嘆曰：「所以覽古今之時，是非之分也。」嘆今人以富爲是，而不審於是非之分者也。然則是非固有定在，更不必重與今世爲無益之爭耳。莊子作此，大是苦心。近見解是篇者曰：「皆膚淺鄙陋，不知記此何爲？故謂『非莊子手筆』者，真知言哉。」彼謂蘇子爲知言，而予獨謂爲此言者之不知言也。

南華真經本義卷十六

雜篇　說劍第三十

昔趙文王喜劍，劍士夾門而客三千餘人，日夜相擊於前，死傷者歲百餘人，好之不厭。如是三年，國衰，諸侯謀之。太子悝患之，募左右曰：「孰能說悦。王之意止劍士者，賜之千金。」左右曰：「莊子當能。」太子乃使人以千金奉莊子。莊子弗受，與使者俱，往見太子曰：「太子何以教周，賜周千金？」太子曰：「聞夫子明聖，謹奉千金以幣從者。夫子弗受，悝尚何敢言？」莊子曰：「聞太子所欲用周者，欲絶王之喜好也。使臣上說稅。大王而逆王意，下不當太子，則身刑而死，周尚安所事金乎？使臣上說大王，下當太子，趙國何求而不得也？」太子曰：「然。吾王所見，唯劍士也。」莊子曰：「諾。周善爲劍。」太子曰：「然吾王所見劍士，皆蓬頭突鬢垂冠，曼莫干反。胡之纓，短後之衣，瞋目而語難，王乃說之。今夫子必儒服而見王，事必大逆。」莊子曰：「請治劍服。」治劍服三日，乃見太子。太子乃與見王，王脱白刃待之。莊子入殿門不趨，見王不拜。王曰：「子欲何以教寡人，使太子先？」曰：「臣聞大王喜劍，故以劍見王。」王曰：「子之劍何能禁制？」曰：「臣之劍十步一人，千里不留行。」王大悦之，曰：「天下無敵矣。」莊子曰：「夫爲劍者，示之以虚，開之以利，後之以發，先之以至。願得試之。」王曰：「夫子休就舍，待命令設戲請夫子。」王乃校劍士七日，死傷者六十餘人，得五六人，使奉劍於殿下，乃召莊子，曰：「今日試使士敦劍。」莊子曰：「望之久矣。」

王曰：「夫子所御杖，長短何如？」曰：「臣之所奉皆可。然臣有三劍，唯王所用，請先言而後試。」王曰：「願聞三劍。」曰：「有天子劍，有諸侯劍，有庶人劍。」王曰：「天子之劍何如？」曰：「天子之劍，以燕谿石城爲鋒，齊岱爲鍔，晉魏爲脊，周宋爲鐔，尋。韓魏爲夾；包以四夷，裹以四時，繞以渤海，帶以常山；制以五行，論以刑德；開以陰陽，持以春夏，行以秋冬。此劍，直之無前，舉之無上，案之無下，運之無旁，上決浮雲，下絶地紀。此劍一用，匡諸侯，天下服矣。此天子之劍也。」文王芒然自失，曰：「諸侯之劍何如？」曰：「諸侯之劍，以知勇士爲鋒，以清廉士爲鍔，以賢良士爲脊，以忠聖士爲鐔，以豪桀士爲夾。此劍，直之亦無前，舉之亦無上，案之亦無下，運之亦無旁；上法圓天以順三光，下法方地以順四時，中和民意以安四鄉。此劍一用，如雷霆之震也，四封之内，無不賓服而聽從君命者矣。此諸侯之劍也。」王曰：「庶人之劍何如？」曰：「庶

人之劍，蓬頭突鬢垂冠，曼胡之纓，短後之衣，瞋目而語難。相擊於前，上斬頸領，下決肝肺。此庶人之劍，無異於鬬雞，一旦命已絶矣，無所用於國事。今大王有天子之位而好庶人之劍，臣竊爲大王薄之。」王乃牽而上殿，宰人上食，王三環之。莊子曰：「大王安坐定氣，劍事已畢奏矣。」於是文王不出宫三月，劍士皆服斃其處也。

寓言也。莊子之書寓言十九，風雲、河海、昆蟲、魚鳥，無不寓之以言。莊子又輒以身等於昆蟲、魚鳥、風雲、河海，而寓言見意。其意云何？欲已鬬也。當時諸侯好戰鬬，而劍客重養千金之死士，迎屠沽爲上客。天下果敢負氣之人，遂欲藉此自見，屠腸抉面，爲人報仇，世多刺客，乃重之以美名，曰「劍俠」。至又神其事，而謂其能飛騰變化，曰「劍僊」。劍而可仙，則誰當不爲劍者？劍術之去仙道尚遠。至語其害，如莊子所稱「斬頸領」、「決肝肺」、「命絶」，無異鬬雞者，往往而是。人主好之，如趙文王「劍士夾門」、「國衰見謀」者，又往往而是。其所以好劍士者，不過欲快雄心於天下，與其事戰鬬而快雄心何如？行大道，用賢能，上可以混一六合，下可威服四鄰，乃重劍客？故莊子特用己爲海若，借趙文爲河伯，闡揚大道，銷化雄心，使千世之下讀之，而喜技術者爲之短氣。若聖賢據理言之，謂大道當行，則曰「今王一怒而安天下之民」是也；謂劍士不足用，則曰「撫劍疾視，此匹夫之勇」是也。莊子故爲粧撰，欲傾吐雄奇，言其所不爲之事，若以之自雄者。人言太史公好奇，莊子爲文，好奇特甚。如《中庸》曰：「鳶飛戾天，魚躍於淵。」斯亦足以發明道無不在矣。莊子則曰「在螻蟻，在稊稗」，必甚而曰「在屎溺」然後已。唯文奇，故歷千百世而常傳。至于奇奧處，亦千百世而人不得解。如此篇者，信蘇子之言，輒以爲他人贗作；信莊子之深，又以其事爲實然，均非也。莊子之寓言也，後世宋玉、枚乘、相如之作賦，多若此矣。

「曼胡」，粗無文理也。「鍔」，劒刃也。「鐔」，劒口也。「鋏」，劒把也。孫月峰曰：「後發先至，是兵家要訣。」

雜篇　漁父第三十一

孔子遊乎緇帷之林，休坐乎杏壇之上。弟子讀書，孔子弦歌鼓琴，奏曲未半。有漁父者，下船而來，鬚眉交白，被髮揄袂，行原以上，距陸而止，左手據膝，右手持頤以聽。曲終而招子貢、子路，二人俱對。客指孔子曰：「彼何爲者也？」子路對曰：「魯之君子也。」客問其族。子路對曰：「族孔氏。」曰：「孔氏者何治也？」子路未應，子貢對曰：「孔氏者，性服忠信，身行仁義，飾禮樂，選人倫，上以忠於世主，下以化於齊民，將以利天下。此孔氏之所治也。」又問曰：「有土之君與？」子貢曰：「非也。」「侯王之佐與？」子貢曰：「非也。」客乃笑而還，行言曰：「仁則仁矣，恐不免其身，苦心勞形以危其真。嗚呼，遠哉，其分於道也。」

子貢還，報孔子。孔子推吐雷反。琴而起曰：「其聖人與？」乃下求之，至於澤畔，方將杖拏而引其船，顧見孔子，還鄉而立。孔子反走，再拜而進。客曰：「子將何求？」孔子曰：「曩者先生有緒言而去，丘不肖，未知所謂，竊待於下風，幸聞咳唾吐臥切。之音以卒相丘也。」客曰：「嘻，甚矣子之好學也。」孔子再拜而起，曰：「丘少而修學，以至於今，六十九歲矣，無所得聞至教，敢不虛心？」客曰：「同類相從，同聲相應，固天之理也。吾請釋吾之所有而經子之所以。子之所以者，人事也。天子、諸侯、大夫、庶人，此四者自正，治之美也；四者離位，而亂莫大焉。官治其職，人憂其事，乃無所凌。故田荒室露，衣食不足，徵賦不屬，妻妾不和，長少無序，庶人之憂也；能不勝任，官事不治，行不清白，群下荒怠，功美不有，爵祿不持，大夫之憂也；廷無忠臣，國家昏亂，工技不巧，貢職不美，春秋後倫，不順天子，諸侯之憂也；陰陽不和，寒暑不時，以傷庶物，諸侯暴亂，擅相攘伐，以殘民人，禮樂不節，財用窮匱，人倫不飭，百姓淫亂，天子有司之憂也。

今子既上無君侯有司之勢，而下無大臣職事之官，而擅飾禮樂，選人倫，以化齊民，不太多事乎？且人有八疵，事有四患，不可不察也。非其事而事之，謂之總；莫之顧而進之，謂之佞；希意道言，謂之諂；不擇是非而言，謂之諛；好言人之惡，謂之讒；析交離親，謂之賊；稱譽詐僞以敗惡人，謂之慝；不擇善否，兩容頰適，佞口也。偷拔其所欲，謂之險。此八疵者，外以亂人，内以傷身，君子不友，明君不臣。所謂四患者：好經大事，變更易常，以挂功名，謂之叨；專知擅事，侵人自用，謂之貪；見過不更，聞諫愈甚，謂之狠；人同於己則可，不同於己，雖善不善，謂之矜。此四患也。能去八疵，無行四患，而始可教矣。」

孔子愀然而嘆，再拜而起曰：「丘再逐於魯，削迹於衛，伐樹於宋，圍於陳蔡。丘不知所失，而離罹。此四謗者何也？」客悽然變容曰：「甚矣子之難悟也。人有畏影惡迹而去之走者，舉足愈數而迹愈多，走愈疾而影不離身，自以爲尚遲，疾走不休，絶力而死。不知處陰以休影，處靜以息迹，愚亦甚矣。子審仁義之間，察同異之際，觀動靜之變，適受與之度，理好惡之情，和喜怒之節，而幾於不免矣。謹脩而身，慎守其真，還以物與人，則無所累矣。今不脩之身而求之人，不亦外乎？」

孔子愀然曰：「請問何謂真？」客曰：「真者，精誠之至也。不精不誠，不能動人。

故強哭者，雖悲不哀；強怒者，雖嚴不威；強親者，雖咲不和。真悲無聲而哀，真怒未發而威，真親未笑而和。真在内者，神動於外，是所以貴真也。其用於人理也，事親則慈孝，事君則忠貞，飲酒則歡樂，處喪則悲哀。忠貞以功爲主，飲酒以樂爲主，處喪以哀爲主，事親以適爲主，功成之美，無一其迹矣。事親以適，不論所以矣；飲酒以樂，不選其具矣；處喪以哀，無問其禮矣。禮者，世俗之所爲也；真者，所以受於天也，自然不可易也。故聖人法天貴真，不拘於俗，愚者反此。不能法天而恤於人，不知貴真，祿祿而受變於俗，故不足。惜哉，子之蚤湛於僞而晚聞大道也。」

孔子又再拜而起曰：「今者丘得遇也，若天幸然。先生不羞而比之服役，而身教之。敢問舍所在，請因受業而卒學大道。」客曰：「吾聞之，可與往者與之，至於妙道；不可與往者，不知其道，慎勿與之，身乃無咎。子勉之，吾去子矣，吾去子矣。」乃刺船而去，延緣葦間。

顏淵還車，子路授綏，孔子不顧，待水波定，不聞拏音而後敢乘。子路旁車而問曰：「由得爲役久矣，未嘗見夫子遇人如此其威也。萬乘之主，千乘之君，見夫子未嘗不分庭抗禮，夫子猶有倨傲之容。今漁父杖拏逆立，而夫子曲要磬〔一〕折，言拜而應，得無太甚乎？門人皆怪夫子矣，漁父何以得此乎？」孔子伏軾而嘆曰：「甚矣由之難化也。湛於禮義有間矣，而樸鄙之心至今未去。進，吾語汝。夫遇長不敬，失禮也；見賢不尊，不仁也。彼非至仁，不能下人，下人不精，不得其真，故長傷身。惜哉。不仁之於人也，禍莫大焉，而由獨擅之。且道者，萬物之所由也，庶物失之者死，得之者生；爲事逆之則敗，順之則成。故道之所在，聖人尊之。今漁父之於道，可謂有矣，吾敢不敬乎？」

或曰：「《漁父》篇多詆訾孔子之意，識者以爲他人勦入，非莊子之言。」果非莊子之言歟？曰：不然也。非莊子不能有此胸襟見解，有此胸襟見解，當自作《莊子》，必不假莊子作《莊子》。然則莊子果詆訾孔子者歟？曰：不然也。莊子嘗詆訾孔子矣。借口盜跖歷詆往聖，負天下之至非者，自應非天下之至是。《漁父》則曰「同類相從，同聲相應」，彼自以爲與孔子一氣，而何詆訾之有？然則漁父之諄復於孔子者何爲？曰：規也。何規？彼其仿丈人荷蕢之意，以明潔身高蹈之爲是，滔滔變易之爲非。且其中實有詆訾之意，寓焉而不盡露。其所寓意詆訾者，不在孔

〔一〕「磬」，原作「罄」，據明世德堂《六子全書》本《南華真經》改。

子，在後世之學孔子而不真者，外若急急於拯世，内實冀利祿以自私。故曰：「謹脩而身，慎守其真。」又曰：「真在内者，神動於外，所以貴真也。」豈於孔子之身而虞其有不真也哉？詆訾學者，而寓言孔子何爲？莊子生既不同時，凡其諄復於孔子者，豈真爲孔子哉？以爲後來之學孔子者，告彼唯尊信焉。而欲砭學者之失，故寓意以諷，不直露其旨也。不特漁父然也，若老子，若老萊子，若温伯雪子屬，有所規誨於孔子，則必極摹夫子虛懷好善、舍己下人之誠，雖及門之士形容親切，豈有加此？是則莊子所以深服吾夫子，而未嘗有詆訾之念存於中者也。莊子未嘗詆訾孔子，然實與孔子異趣。如莊子之道，亦可繇歟？夫莊子立言奇偏，理常圓會，獨虞望之而不能繇，豈虞繇之不濟於用？莊子時，於佛道尚未有聞也，其見解已幾於佛氏。昔王文成謂佛爲自私自利。佛非自私自利者也，以世界爲五濁，而了性命於虛空。三界衆生皆吾一體，吾之性命了，而三界衆生性命已爲畢了。莊老固曰：「吾無爲而民自化，我清淨而民自正。」是亦聖人盡性而參贊之意。但聖人不以吾之盡性默足以參贊，而遂撤其經綸天下之大功。譬之家焉，一人言物行恒自足，刑於内外，然有家督之責，切一體之情者，豈忍以家務爲煩瑣，置一切於不問？聖人雖視世界之污濁，不忍處身世外而坐俟其徐清，寧以身入濁世之中，必求與之同清而後已。故學佛者爲佛之力量大，而吾以爲聖人之力量尤大。噫，安得世有莊子，而以吾之説請正於其前也哉。

雜篇　列御寇第三十二

列御寇之齊，中道而反，遇伯昏瞀人。伯昏瞀人曰：「奚方而反？」曰：「吾驚焉。」曰：「惡乎驚？」曰：「吾嘗食於十漿，而五漿先饋。」伯昏瞀人曰：「若是，則汝何爲驚已？」曰：「夫内誠不解，形諜諜。成光，以外鎮人心，使人輕乎貴老，而韰其所患。夫漿人特爲食羹之貨，多餘之贏，其爲利也薄，其爲權也輕，而猶若是，而況於萬乘之主乎？身勞於國而知盡於事，彼將任我以事，而效我以功，吾是以驚。」伯昏瞀人曰：「善哉觀乎。女處已，人將保汝矣。」無幾何而往，則户外之屨滿矣。伯昏瞀人北面而立，敦頓。杖蹙之乎頤，立有間，不言而出。賓擯。者以告列子，列子提屨，跣而走，暨乎門，曰：「先生既來，曾不發藥乎？」曰：「已矣，吾固告汝曰『人將保汝』，果保汝矣。非汝能使人保汝，而汝不能使人無保汝也，而焉用之感豫出異也？必且有感搖而本才，一作性。又無謂也。與汝遊者又莫汝告也，彼所小言，盡人毒也。莫覺莫悟，何相孰也？巧者勞而知者憂，無能者無所求，飽食而遨遊，汎若不系之舟，虛而敖遊者也。」

列御寇之驚於饋漿者，以己內誠不解，而形諜成光，故致於感人。恐感國君，遂貽己以事也。「形」，舉動。「諜」，言詞也。伯昏瞀人言，凡感人而使之悅豫者，必是不能沉默，出異以感人，且搖動本性，甚無意義。乃與遊者又止爲小言獻譽，以毒害汝；莫相誰何，以覺悟汝。恐以知巧受憂勞，所不免矣。所以然者，由汝雖不使人保汝，而不能使人無保汝。能使人無保者，真人默化，明者會心，覺保者分量懸絕，不能盡用，而徒保之無益，故無保。若後顏闔之無保孔子者是也。「小言」，巧小相譽之言。「何相孰」，一意承順，無有詰難誰何之者。

鄭人緩也呻吟裘氏之地。祇支。三年而緩爲儒，河潤九里，澤及三族，使其弟墨。儒墨相與辯，其父助翟。十年而緩自殺。其父夢之曰：「使而子爲墨者予也。闔胡嘗視其良，既爲秋柏之實矣？」夫造物者之報人也，不報其人而報其人之天。彼故使彼。夫人以己爲有以異於人以賤其親，齊人之井飲者相捽卒。也。故曰今之世皆緩也。自是，有德者以不知也，而況有道者乎？古者謂之遁天之刑。「闔」、「胡」同義，忿語重沓也。「良」字，古本爲「窅」，丘虛也，近本從「良」字。

鄭緩，三歲之儒，未必内誠不解，而潤里澤族，豈止五漿之饋？出異何捷也？卒使弟墨，而父助以還殺其身。故見夢於父，恨父不視其良，而遂秋栢良子。夫緩豈真儒？而爲儒之後，猶潤里及族。弟藉兄得墨，不能潤兄，而還殺兄，其惡何如？然天之正罪於人，不報其人而報其人之天。翟之天，是使翟爲墨者，即其兄是也。故曰：「彼故使彼。」原情正罪，緩與翟亦正等。緩以己爲有異，至死而猶見夢，出異以賤其親。是緩與弟生同源，死同罪。緩獨自擅其異，如齊人之井，飲者忘其井之源同出於河而以一井自擅，有欲飲者，與捽也。自多其穿井之知，而忘其本源之同。今世多緩，爲其自知而自異，卒憂患及之。自是有德者監焉，欲冥於不知，况有道者乎？冥於不知，憂患莫及，遁天之刑者也。

聖人安其所安，不安其所不安；衆人安其所不安，不安其所安。莊子曰：「知道易，勿言難。知而不言，所以之天也；知而言之，所以之人也。古之人，天而不人。」朱泙平漫學屠龍於支離益，單千金之家，三年技成而無所用其巧。聖人以必不必，故無兵；衆人以不必必之，故多兵；順於兵，故行有求。兵，恃之則亡。

聖人常不自見異而安其所安，至於見異則驚而不安。其所不安，如伯昬瞀人所言者可見也。衆人侈然欲以表異於人而安其所不安，人不我知，則急於有知；而不安其所安，即爲緩者之徒可見也。於是莊子立一斷案曰：「知道易，不言難。」知而不言，未嘗感豫出異以求爲人用，所以之天也，憂患所不及者也。知而言之，自異賤人，急於世用，所以之人也，憂患所不免者也。古之人，天而不人，免天刑矣。蓋知而之人者，不徒欲自用，而又必於自用。存必用之心，憂患所以叢也。屠龍之技難成而無用，單千金之産，三年以學者，不安其所安，而喜於出異也。然猶幸其無用，使必於用，則其禍豈特止於無所試巧而已？聖人於凡事有可取必者，猶不必之，嘗無求於世，故無兵而無憯毒。衆人於凡事雖不可取必者，猶欲取必，每求多於世，故多兵而多憯毒。兵莫憯於志，鏌邪爲下。順於兵者，順其貪得憯毒之志，故多求恃之，以叢憂患而亡矣。

小夫之知，不離苞苴竿牘，敝精神乎蹇淺，而欲兼濟道物，太一形虛。若是者，迷惑于宇宙，形累不知太初。彼至人者，歸精神乎無始而甘冥乎無何有之鄉。水流乎無形，發洩乎太清。悲哉乎，汝爲知在毫毛，而不知大寧。宋人有曹商者，爲宋王使秦。其往也，得車數乘；，王説悦。之，益車百乘。反於宋，見莊子曰：「夫處窮閭阨隘。巷，困窘織屨，槁項黄馘國。者，商之所短也；一悟萬乘之主而從車百乘者，商之所長也。」莊子曰：「秦王有病召醫，破癰潰痤才何反。者得車一乘，舐矢。痔者得車五乘，所治愈下，得車愈多。子豈治其痔邪，何得車之多也？子行矣。」

夫知道而言之，其近天刑，而取憂患猶然，況小夫之知乎？小夫之知，不離苞苴而餽遺也，竿牘而通問也。以是弭縫世主之間，此游説者細務。而妄言我且兼濟道物，舉有無而一視之，若是其敝精神而迷也。豈知至人之歸精神於無始，而甘冥於無何有之鄉？如水之無形，而太清何不照也？此以毫末之知，而求見大安寧之效，豈有安寧之可冀哉？用小知以出異，冀利祿如緩耳。卑哉其求用也，如遇十漿而乞之者也。此舐痔而得車，莊子所以爲曹商羞也。形爲有物，虚爲無形。太一形虚，舉有無而合一之，此小知之妄言也。形累受有物之累，不知太初，忘無物之原。

魯哀公問於顔闔曰：「吾以仲尼爲貞幹，國其有瘳乎？」曰：「殆哉圾乎。仲尼方且餙羽而畫，從事華辭，以支爲旨，忍性以視民而不知不信，受乎心，宰乎神，夫何足以上民？彼宜汝與？余。予頤與？誤而可矣。今使民離實學僞，非所以視民也，爲後世慮，不若休之。難治也。」施於人而不忘，非天布也。商賈不齒，雖以事一作「士」齒之，神者弗

刑者，陰陽食之。夫免乎外内〔二〕之刑者，唯真人能之。

齒。爲外刑者，金與木也；爲内刑者，動與過也。宵人之離罹。**外刑者，金木訊之；離内**

聖人有大寧之術，苟非其君所宜用，猶未免致憂患，而使用之者近天刑。但聖人能使人之無保己，以全其不用耳。魯哀公欲貞幹仲尼，而顔闔不保也。以魯君而用仲尼，殆哉岌乎仲尼，吾甚危之。非爲仲尼身危，用仲尼而使一時多近刑者之足危也。以今世俗而欲用聖人文明之治，如羽毛固文物，方且餙而畫之。從事華詞，以支離爲旨趣。忍其性之所不能以視乎民，而期共效於文明之治。曾不知民之不我信，但以聖人緖言受於心，宰之以神，徒自爲勞擾，夫何足以上民？且仲尼亦知君之性不出自然，彼豈宜汝而謂能終行其道歟？予忍性以用其道，而内不相安，寧得用此以自養歟？當此時，惟悔貞幹之説爲誤而可矣。欲民舍其所自能而學其所不能，是離實學僞，增長浮華，非所以視民也。爲後世慮，不若休之，浮華無實，難治也。施於人而不忘汲汲然筭功計效，非天布於民自然之道也。天布於民，各有常分。一慕於文明，則人皆有衣冠禮樂之想，不屑以身爲朴鄙之事，遇商賈而不齒，雖

〔二〕「外内」，原作「内外」，據明世德堂《六子全書》本《南華真經》乙正。

以事齒之，神者不齒，則誰爲商賈？民用得無缺乎？推此言之，凡敦朴質實之事，又誰肯爲？此近刑者所以日衆也。有外刑，有内刑。爲外刑者，金與木也；爲内刑者，動與過也。宵人犯法，離外刑者，金木訊之。任治之人，忍性視民，多動與過，陰陽食之。彼仲尼雖爲貞幹，道行則行，不行則止，自不近刑。夫免乎外内之刑者，唯彼真人能之耳。用聖人而僅足自免，使上下交受天人内外之刑，吾所謂「殆哉圾乎仲尼」者，此也。夫仲尼得顔闔之言，可謂能使人無保，以免於憂患者矣。

孔子曰：「凡人心險於山川，難於知天。天猶有春秋冬夏旦暮之期，人者厚貌深情。故有貌愿而益，有長若不肖，有順一作「慎」。懁狷。而達，有堅而縵，有緩而釬。旱。故其就義若渴者，其去義若熱。故君子遠使之而觀其忠，近使之而觀其敬，煩使之而觀其能，卒猝。然問焉而觀其知，急與之期而觀其信，委之以財而觀其仁，告之以危而觀其節，醉之以酒而觀其則，雜之以處而觀其色。九徵至，不肖人得矣。」正考父一命而傴，再命而僂，三命而俯，循牆而走，孰敢不軌？如而夫者，一命而呂鉅，再命而於車上儛，三命而名諸父，孰協唐許？賊莫大乎德有心而心有睫，及其有睫也而内視，内視而敗矣。凶德有五，中德爲首。何謂中德？中德也者，有以自好也而吡匹爾反。其所不爲者也。

己出異而致人之知者，近於刑；己出知而察人之異者，亦近於刑。故仲尼以爲，人之厚貌深情雖爲難知，而如君子持九徵之術以察人之隱，亦所不宜。凡人當利祿之交，自然各有常態。如正考父三命益恭，豈虞其有不軌哉？乃深情厚貌如而夫者，每命益增其侈，豈其能爲唐之許由哉而煩九徵也？九徵之術，德有心而心有睫，善惡大明，探人幽隱，敗之媒也。耳目口鼻心五者之用，皆爲凶德，而中德特甚，爲凶之首。何謂中德？乃有心有睫之德，有以自好於中而察人之隱，呲其所不爲，人孰甘之？「呂鉅」，陳律呂鉅鐘以自樂也。「心有睫」，言心中如有目，分別太明也。「呲」，訾也。「貌愿而益」下五事，俱相反，正深情厚貌之難知者。

窮有八極，達有三必，形有六府。美髯長大壯麗勇敢，八者俱過人也，因以是窮。緣循、偃佒、鞅。**困畏不若人，三者俱通達。知慧外通，勇動多怨，仁義多責。達生之性者傀，達於知者肖；達大命者隨，達小命者遭。**

以凡人之情理論窮達，有必然之應，內外有相合之符。美髯長大壯麗勇敢，八者俱過人而窮，以過人爲必然，故窮也。緣循、偃佒、困畏，三者俱不若人而達，以不若人爲必然，故達也。知慧在內，爲外通之府，而世務叢集；勇動在內，爲多怨之府，而人懷不平；仁義在内，爲多責之府，而望施者衆。六者俱美德之形，而恃其爲美德，故外通而爲怨責府。然此亦論理有當然，至於人心之明達者，則又不如此。無論達有「三必」，即「八極」、「三府」孰不可以善用？特其所謂明達者，分量有不同耳。達生之情者，任天而動，何窮何達，何形何府，傀然自放而已。唯達於知，則爲知所役，未免一一而肖，如前所云也。達大命而通化始，則隨窮隨達，隨形隨府，無入而不得者也。唯達小命而安目前之運數，則或然或不然，在其所遭遇何如耳，亦不必一一肖也。夫窮達形府，在所必然，而猶然有可必有不可必，奈何以九徵之術爲必然，欲操以探人之隱微哉？

人有見宋王者，錫車十乘，以其十乘驕穉治。莊子。莊子曰：「河上有家貧恃緯蕭而食者，其子没於淵，得千金之珠。其父謂其子曰：『取石來鍛斷。之。夫千金之珠，必在九重之淵而驪龍頷下。子能得珠者，必遭其睡也。使驪龍而寤，子尚奚微之有哉？』今宋國之深，非直九重之淵也；宋王之猛，非直驪龍也。子能得車者，必遭其睡也。使宋王而寤，子爲䪥粉夫。」

察人隱微而得，如探驪龍頷而得珠者也。彼其所察之人，非負勢之奸雄，即南面之威主，不寤而察行則利祿至，寤而察不行則天刑至，危哉其求用也。是又如遇十漿而剽掠之，乃虀粉身命之道。此莊子爲得車於宋王之未寤者危也。

或聘於莊子。莊子應其使曰：「子見夫犧牛乎？衣以文繡，食以芻菽，及其牽而入於太廟，雖欲爲孤犢，其可得乎？」莊子將死，弟子欲厚葬之。莊子曰：「吾以天地爲棺槨，以日月爲連璧，星辰爲珠璣，萬物爲齎資。**送。吾葬具豈不備邪？何以加此。」弟子曰：「吾恐烏鳶之食夫子也。」莊子曰：「在上爲烏鳶食，在下爲螻蟻食，奪彼與此，何其偏也。」**

夫取利祿者，卑爲舐痔，險探驪龍，其於天刑、憂患均所不免。故莊生雖不能使人無保，而能自爲保生，必不爲犧牛死，必不求齎送比迹。孤豚無意，潤河九里；鳶蟻平付，何煩見夢爭良？可謂「天而不人」，善自免於憂患者矣。

以不平平，其平也不平；以不徵徵，其徵也不徵。明者唯爲之使，神者徵之。夫明之不勝神也久矣，而愚者恃其所見入於人，其功外也，不亦悲乎。

夫人所以未免染指利祿者，本無大寧之術而自謂大寧求平也，無平之之術而以小知求平其平也，不平而已矣。不得自然之徵而操「九徵」爲術求徵也，無徵之之神而以察隱求徵其徵也，不徵而已矣。蓋小知小察，知而言之，遂自以爲明而爲明之所使，故必於用巧；而豈知神者其於平傾善否，雖灼然先知猶且不言？所以入之於天，而物孰有能逃於天者？其平傾善否，明者悉心以計，猶恐失之；神者任其自然徵見，而常付之無心。明不勝神，人之不勝天也。而愚者恃其見入於人，故強爲平強爲徵，所謂「以不必必之」，其功外也。多兵而近刑，不亦悲乎？

雜篇　天下第三十三

堯曰「咨，爾舜」，直存道法，不煩締構。由堯舜至於湯，熱腸冷語爲之結構，要而不繁。至「天下之治方術者多矣」，洋洋纚纚幾千百言，敘事不周盡不止，説意不曲暢不止，文章家之瑰麗者也。彼聖賢追承其盛緒，而此也留慨於衰風，自固不同。

天下之治方術者多矣，皆以其有爲不可加矣。古之所謂道術者，果惡乎在？曰：「無乎不在。」曰：「神何由降？明何由出？」「聖有所生，王有所成，皆原於一。」不離

於宗，謂之天人。不離於精，謂之神人。不離於真，謂之至人。以天爲宗，以德爲本，以道爲門，兆於變化，謂之聖人。以仁爲恩，以義爲理，以禮爲行，以樂爲和，薰然慈仁，謂之君子。以法爲分，以名爲表，以參一作「操」爲驗，以稽爲決，其數一二三四是也，百官以此相齒，以事爲常，以衣食爲主，蕃息畜藏，老弱孤寡爲意，皆有以養，民之理也。古之人其備乎。

泰初無有，一氣混淪，未有神明之用也。問神何由而降，明何由而出乎？其神降也，爲聖有所生，以成具爲内聖也。其明出也，爲王有所成，以起其爲外王也。明者，神之用也。一氣混淪，爲道之宗。聖與王雖降賦而爲人矣，皆原於一，不離於宗。人而未始非天，謂之「天人」。大道窈冥，其中有精，其精甚真。不離於精，與彼更生，謂之「神人」。不離於真，審乎無假，謂之「至人」。道原於天，以天爲宗；道得於人，以德爲本。道有變化，以道爲門，而兆於變化，此則爲之而無以爲，謂之「聖人」。自堯舜而下，以至孔子，皆是也。立仁義，制禮樂，薰然慈仁，此則爲之而有以爲，謂之「君子」。三代之聖君賢相，皆是内王外王之全者也。「以法爲分」至「皆有以養，民之理也」，莊子備言古來治法如此，一意循名責實，略不放寬一着，其刻覈幾於名法家，絶不似晉人之清談。太史公謂「申韓之意本諸老子」，有以也。

配神明，醇天地，育萬物，和天下，澤及百姓，明於本數，係於末度，六通四辟，闢。小大精粗，其運無乎不在。其明而在數度者，舊法世傳之史，尚多有之。其在於《詩》、《書》、《禮》、《樂》者，鄒魯之士、搢紳先生，多能明之。《詩》以道志，《書》以道事，《禮》以道行，《樂》以道和，《易》以道陰陽，《春秋》以道名分。其數散於天下而設於中國者，百家之學時或稱而道之。天下大亂，賢聖不明，道德不一，天下多得一察焉以自好。譬如耳目鼻口，皆有所明，不能相通。猶百家衆技也，皆有所長，時有所用。雖然，不該不偏，一曲之士也。判天地之美，析萬物之理，察古人之全，寡能備於天地之美，稱神明之容。是故内聖外王之道，闇而不明，鬱而不發，天下之人各爲其所欲焉以自爲方。悲夫，百家往而不反，必不合矣。後世之學者，不幸不見天地之純，古人之大體，道術將爲天下裂。

古人之道術，其全備如此。明於本數，是其大原；係於末度，不遺庶務。其明而在歷數，御世者史書載之，二《典》、三《謨》及三王之行事是也。聖人不膺歷數，則道在「六經」，鄒魯及門、私淑之士、縉紳先生多能明之。「六經」所道不同，皆以明道。學者雖或不能兼通，散於中國，各有專門。雖不在儒者之門，别爲百家之學，亦時稱而道之，以道術大明故也。及天下大亂，道德既衰，人多專一偏之見而以自好。譬如人身各有所用，而不能相通爲用；猶百家衆技各有所長，而不能兼盡諸長。故雖爲有用，止名一曲之士。判析道理，察以古人之全，見今人於天地之美不備，神人之容不稱，是故内聖外王之道，何所藉以發明？天下人各自爲方術，悲夫，道術爲天下裂也。

不侈於後世，不靡於萬物，不暉於數度，以繩墨自矯，而備世之急，古之道術有在於是者。墨翟、禽滑骨。釐聞其風而説悦。之。爲之大過，已之大順。作爲《非樂》，命之曰《節用》；生不歌，死無服。墨子氾愛兼利而非鬭，其道不怒；又好學而博，不異，不與先王同，毁古之禮樂。黄帝有《咸池》，堯有《大章》，舜有《大韶》，禹有《大夏》，湯有《大濩》，文王有《辟璧。雍》之樂，武王、周公作《武》。古之喪禮，貴賤有儀，上下有等。天子棺槨七重，諸侯五重，大夫三重，士再重。今墨子獨生不歌，死不服，桐棺〔二〕三寸而無槨，以爲法式。以此教人，恐不愛人；以此自行，固不愛己。未敗墨子道，雖然，歌而非歌，哭而非哭，樂而非樂，是果類乎？其生也勤，其死也薄，其道大觳；恪。

〔二〕「棺」，原作「槨」，據明世德堂《六子全書》本《南華真經》改。

使人憂，使人悲，其行難爲也，恐其不可以爲聖人之道，反天下之心，天下不堪。墨子雖獨能任，奈天下何？離於天下，其去王也遠矣。墨子稱道曰：「昔禹之湮洪水，决江河而通四夷九州也，名山三百，支川三千，小者無數。禹親自操橐耜而九鳩。雜天下之川；腓無胈，拔。脛無毛，沐甚風，櫛疾雨，置萬國。禹大聖也，而形勞天下也如此。」使後世之墨者，多以裘褐爲衣，以跂〔一〕蹻爲服，日夜不休，以自苦爲極，曰：「不能如此，非禹之道也，不足謂墨。」相里勤之弟子，五侯之徒，南方之墨者苦獲、已齒、鄧陵子之屬，俱誦《墨經》，而倍譎不同，相謂别墨；以堅白同異之辯相訾，以觭偶不仵之辭相應；以巨子爲聖人，皆願爲之尸，冀得爲其後世，至今不决。墨翟、禽滑釐之意則是，其行則非也。將使後世之墨者，必以自苦以腓無胈、脛無毛，相進而已矣。亂之上也，治之下也。雖然，墨子真天下之好也，將求之不得也，雖枯槁不舍也，才士也夫。

不侈不靡，不以度數爲暉華，以繩墨自矯，不妄費而衣食有餘，足以備世之急，此專務儉約而足用。古有以此爲道術，墨翟、禽滑釐聞其風而悦之。即使一遵其道，猶恐失中；况又爲之太過，割絶情欲，大循其術，而不恤情之所不堪。作爲非樂

〔一〕「跂」，原作「跛」，據後文「以跂蹻爲服」改。

之書，命之曰《節用》，意在節儉，故以名篇。以「尚同不異」爲學，而又不同於先王。歷來帝王皆有樂名，墨子非其樂；從古喪禮皆有等制，墨子薄其禮。彼雖以兼愛爲主，而如其所爲，於人已俱不被愛。墨子之道，特未敗耳，雖未敗，然已遠於人情。如歌、哭、樂，情之所不能無，而俱非之，是果於人情類乎？「其道大觳」者，言磽觳寡瘠也。遠人情，不可以爲王道。墨子所聞而悦之之道，爲惡衣卑宫，盡力溝洫，其原出於禹，故常稱大禹治水之勤勞，而唯恐不似。其徒「以跂蹻爲服」，跂即屐，木屨也；蹻，草屨；服，用也。「五侯之徒」，諸侯子弟之學墨者。南方學墨之人，唯恐人之不齒己於墨，苦欲己之獲見齒也。若鄧陵子之屬，俱誦《墨經》，而又分門户相爲「別墨」，以堅白同異之辯相訾，以觭偶配合不仵之辭相應和。「巨子」者，墨子之嫡道派也。《呂氏春秋》載墨之黨，時有吳起之難，其弟子孟勝、徐弱輩，擁存巨子於宋之田襄家，而弟子死者百八十三人。「以巨子爲聖人，皆願爲之尸」，尸者祭主，欲爲巨子之主而紹承其後也。既有別墨，不知爲巨子後者，果屬於何人？故至今不决也。後之墨者，但相進於勤苦，欲召亂則易亂之上，欲致治則難治之下。雖然，今天下俱爲偷安自利之人，有如墨子，豈非真天下所共好，求之今世，豈可得見？雖其人枯槁磽觳，華彩全乏，所當收録不暇而可舍也？人才難得，如墨子，真才士也夫。

不累於俗，不飾於物，不苟於人，不忮於衆，願天下之安寧以活民命，人我之養畢足而止，以此白心，古之道術有在於是者。宋鈃、刑。尹文聞其風而悦之。作爲華山之冠以自表，接萬物以别宥爲始；語心之容，命之曰心之行，以胹合驩，以調海内，請欲置之以爲主。見侮不辱，救民之鬪，禁攻寢兵，救世之戰。以此周行天下，上説稅。下教，雖天下不取，強上聲。聒而不舍者也，故曰上下見厭而強見也。雖然，其爲人太多，其自爲太少，曰：「請欲固置五升之飯足矣。」先生恐不得飽，弟子雖飢，不忘天下。日夜不休，曰：「我必得活哉。」圖傲乎救世之士哉。曰：「君子不爲苛察，不以身假物。」以爲無益於天下者，明之不如已也。以禁攻寢兵爲外，以情欲寡淺爲内，其小大精粗，其行適至是而止。

心不與俗相累，情不爲物矯飾。不肯飾情，故不苟合於人，即下文所謂「别」也；不與俗累，故不忮於衆，即下文所謂「宥」也。願安活生民而不求豐養，人雖不知其用心，常欲如此，故曰「以此白心」。宋鈃、尹文獨悦其道而不忮於人，亦不苟於俗，作華山之冠以自表於世。華山上下均平，其冠象之也。接物以「别」爲始，不餙於物，不苟於人也；以「宥」爲始，不累於俗，不忮於衆也。語心之寬宏而容物，名之曰「此心之本行」也。不能容物者，違心之行者也。以和合歡，以調海内，請天下人俱置此道以爲之主，雖天下不取，見厭而強求以自見。置五升之飯，人我之養畢足而止。弟子雖飢，而曰「我必得活」，未必真飢死，故不求豐也。怪救世之士多務虚名自利，圖用此高傲之耳。其言曰：「君子不苛察，仍是宥也；不以身假於物，仍是别也。」以爲凡事無益於天下而不足以安活民命也者，而猶講明之，徒爲惑亂，不如其已也。以禁攻寢兵，其事係天下，雖大，乃其粗者，外也；情欲寡淺，其事在一心，雖小，乃其精者，内也。其行適至是而止，不能求多於此外也。「胹」，熟物而和之也。《左傳》：「宰夫胹熊蹯不熟。」此言和合人情也。

公而不黨，易異。而無私，決然無主，趣物而不兩，不顧於慮，不謀於知，於物無擇，與之俱往，古之道術有在於是者。彭蒙、田駢、慎到聞其風而悦之。齊萬物以爲首，曰：「天能覆之而不能載之，地能載之而不能覆之，大道能包之而不能辯之。」知萬物皆有所可，有所不可。故曰：「選則不徧，教則不至，道則無遺者矣。」是故慎到棄知去己，而緣不得已，泠零。汰於物，以爲道理，曰：「知不知，將薄知而後鄰傷之者也。」謑髁無任，而笑天下之尚賢也；縱脱無行，而非天下之大聖。椎追。拍輐斷，與物宛轉，舍是與非，苟可以免。不師知慮，不知前後，魏危。然而已矣。推吐雷反。而後行，曳而後往，若飄風之還，若羽之旋，若磨石之隧，全而無非，動靜無過，未嘗有罪。是何故？夫無知之物，無建己之患，無用知之累，動靜不離於理，是以終身無譽。故曰：「至於若無知之物而已，無用賢聖，夫塊不失道。」豪傑相與笑之曰：「慎到之道，非生人之行而至死人之理，適得怪焉。」田駢亦然，學於彭蒙，得不教焉。彭蒙之師曰：「古之道〔二〕人，至於莫之是莫之非而已矣。其風窢闃。然，惡可而言？」常反人，不聚觀，而不免於魭輐。斷。其所謂道非道，而所言之韙不免於非。彭蒙、田駢、慎到不知道。雖然，概乎皆嘗有聞者也。

無私無黨，决然趣物而不生二意，知慮不參，隨物俱往，古有以是道行之者。此必無爲之世、結繩之俗則可，豈後世之所宜也？彭蒙、田駢、慎到乃悦其道，而首以齊物爲務，欲將聖賢庸凡、知與不知一視之，而無容有意於其間也。謂天地與道尚無全能，萬物殊量，豈能皆可而更無不可。唯不選則物效其可，而選之則不可者衆，

〔二〕「道」，原作「聖」，據明世德堂《六子全書》本《南華真經》及後文改。

有不偏矣。不教則物自有可，而教之則不能强所不可，有不至矣。能任無爲之道，則可否兼包而無遺物也。故慎到棄有覺之知，去有己之念，緣不得已而後動，泠汰於物，澄清知慮，以爲道理。曰：「人有知有不知，均貴冥之於無知也。」知而有知，於空明之内更增障翳；不知而知，於純朴之中鑿其渾沌。將薄知之而不深，然後鄰傷之而不切。倘深知之，必切傷之矣。今俗言謑謑髁髁，謂輕佻喜動也。謑髁而輕動者，無敢任之以事，乃笑天下之尚賢，笑其任謑髁喜動也。繩檢所以約束人倫，縱脱於繩檢之外，而未嘗爲修飭之行，乃非天下之大聖，非其不縱脱而約束也。「椎柏輐斷」，徐文長解：「椎」是椎所以搗物。「柏」，鞠也。鞠柏性堅，古人破爲臼，用以搗鬱金。「輐」，是湊皮成毬之義，圓物也。「斷」者，《易》曰：「斷木爲杵。」杵亦刓，無棱角。四字皆爲圓轉刓朴之義。慎到用此法，以與物宛轉。嘗魏然不動，如風飄羽，旋磨石間之物。旋轉下隧者，皆屬無心，故求其罪過，嘗不可得。何者？彼其同無知之物，無自立意見之過，無用知之累，不見其違理，雖無譽而亦無咎也。如其自同死人何？

至田駢學於彭蒙，其學不用知慮，無用聖賢，得不教焉教，以教其所不知。今欲其安於不知，故無用教也。彭蒙之師曰：「古之道人，不致於有是非，如風之窢然，過而無迹，惡可而言？」夫人有是非而置之不言，常至於是非顛倒，大反人情，而曾不知。聚衆理以觀會通，與之俱往，不免〔二〕輐斷而圓轉於間，無真見者也。故彭蒙、田駢、慎到雖有所聞，爲不知道。

以本爲精，以物爲粗，以有積爲不足，澹然獨與神明居，古之道術有在於是者。關尹、老聃聞其風而悦之。建之以常無有，主之以太一，以濡弱謙下爲表，以空虚不毁萬物爲實。關尹曰：「在己無居，形物自著。其動若水，其靜若鏡，其應若響。芴忽。乎若亡，寂乎若清。同焉者和，得焉者失。未嘗先人而嘗隨人。」老聃曰：「知其雄，守其雌，爲天下谿；知其白，守其辱，爲天下谷。」人皆取先，己獨取後，曰受天下之垢；人皆取實，己獨取虚，無藏也故有餘，巋然而有餘；其行身也，徐而不費，無爲也而笑巧；人皆求福，己獨曲全，曰苟免於咎。以深爲根，以約爲紀，曰堅則毁矣，鋭則挫矣。常寬容於物，不削於人，可謂至極。關尹、老聃乎，古之博大真人哉。

〔二〕「不免」，原作「未兑」，據前引《莊子》原文改。

道本於無而爲之精，末見於有而爲之粗。粗者可積，有積終歸於盡，故不足。唯虛極靜篤，澹然獨與神明居而已。建無而主一，不一不能爲無也。濡弱謙下，出以應世，虛空無物而能物物，不毁物而淪於虛也。關尹之言曰：「在己無居虛空，其本體形物自著，遇空而呈象，若水、若鏡、若響、若亡、若清，皆無居而物著事也。同焉者，常與人和而不爭；得焉者，反以爲失而不處。故未嘗先人而嘗隨人。」此關尹之道也。老聃之言曰：「知雄守雌，常弱而爲天下谿；知白守辱，自晦以爲天下谷。」舍先取後，若鈍而受天下垢。舍實取虛，不積而其中有餘。其有餘非空言也，無藏之藏，巋然而見其有餘矣。其行身舒徐而儉嗇，其處己尚無爲而笑利巧，曲全免咎，未嘗求福也。凝神守氣，以深爲根；儉視儉聽，以約爲紀。曰堅則毁矣，鋭則挫矣，非葆生養命之道也。常寬容而不爲剞削，可謂至極其道；不着於物而實無所不有，古之博大真人哉。

芴寞無形，變化無常，死與生與，天地並與，神明往與。芒乎何之，忽乎何適，萬物畢羅，莫足以歸，古之道術有在於是者。莊周聞其風而悦之。以謬悠之説，荒唐之言，無端

崖之辭，時恣縱而不儻，不以觭見之也。以天下爲沉濁，不可與莊語，以卮言爲曼衍，以重言爲真，以寓言爲廣。獨與天地精神往來，而不敖倪於萬物，不譴是非，以與世俗處。其書雖瓌瑋而連犿無傷也，其辭雖參差而諔詭可觀。彼其充實不可以已，上與造物者遊，而下與外死生、無終始者爲友。其於本也，弘大而辟，深閎而肆；其於宗也，可謂稠調。**適而上遂矣。雖然，其應於化而解於物也，其理不竭，其來不蛻，芒乎昧乎，未之盡者。**

莊子作書，意在使人出離生死，故其敘古道術，先説人世生死變化與出離之大概。芴寞無形，未生以先也。變化無常，生而復死，死而復生也。人之生死與天地並，而形骸不過暫時假托，並天地而與往者神明耳。神明芒芴何之？萬物畢羅，何者足以住，足而爲神明之所歸？要當有以超出之而後可。古之道術有在於是，若廣成子、黄帝之屬是已。莊子既以此道自喜，而復作書教天下後世以謬悠、荒唐、無端崖之辭，時縱恣而不儻同於人，此特其爲言與尋常異，而於道術，則以該括無遺，不以觭見之而失在一偏也。以天下溺於萬生萬死之中爲沉濁，不可與莊語，故以卮言適口者爲曼衍，若相游戲然，以借重古人之言爲真實，以寄寓假托之言爲廣肆。書中精神獨與天地相往來，雖高曠若此，而未嘗敖倪萬物，不譎人之是非，而與世俗相安。其書雖瓌瑋奇特，而意實連犿婉轉，與物無傷也。其辭雖參差不齊，而諔詭怪譎之中精意可觀，如但以虛言相視，則亦何益？彼其於生死性命，充實用功，將見漸超漸出，功惡可已？上與造物游，而下與外死生、無終始者友。道以本爲精，其於本也，空諸所有，不粘一物，弘大而開闢，深閎而廣肆矣。道以一爲宗，其於宗也，一之精，守而弗失，通極於天倫，可謂稠密順適，上遂而合於天矣。雖然，不離於宗者，將以造物之先而應於化也，將以去其生死之弢而解於物也。其精神與天同久，往來不蜕。往來猶蜕，是神理雖存而形骸猶謝，尚在萬物芒昧變化之内，與乘白雲而遊帝鄉尚遜一籌，此爲未之盡者。莊子既以升舉自歉，亦不拈起外上之事。其自敘不欲浮誇。

惠施多方，其書五車，其道舛駁，其言也不中。麻歷。**物之意，曰：「至大無外，謂之大一；至小無内，謂之小一。無厚，不可積也，其大千里。天與地卑，山與澤平。日方中方睨，物方生方死。大同而與小同異，此之謂小同異；萬物畢同畢異，此之謂大同異。**

南方無窮而有窮，今日適越而昔來。連環可解也。我知天下之中央，燕之北、越之南是也。氾愛萬物，天地一體也。」惠施以此爲大，觀於天下而曉辯者，天下之辯者相與樂之。卵有毛；雞三足；郢有天下；犬可以爲羊；馬有卵；丁子有尾；火不熱；山出口；輪不蹍地；目不見；指不至，至不絶；龜長於蛇；矩不方，規不可以爲圓；鑿不圍枘；飛鳥之景未嘗動也；鏃矢之疾而有不行不止之時；狗非犬；黄馬驪牛三；白狗黑；孤駒未嘗有母；一尺之棰，日取其半，萬世不竭。辯者以此與惠施相應，終身無窮。桓團、公孫龍辯者之徒，飾人之心，易人之意，能勝人之口，不能服人之心，辯者之囿也。惠施日以其知與人之辯，特與天下之辯者爲怪，此其柢也。然惠施之口談，自以爲最賢，曰天地其壯乎。施存雄而無術。南方有倚畸。人焉曰黄繚，問天地所以不墜不陷，風雨雷霆之故。惠施不辭而應，不慮而對，徧爲萬物説，説而不休，多而無已，猶以爲寡，益之以怪。以反人爲實，而欲以勝人爲名，是以與衆不適也。弱於德，強於物，其塗隩矣。由天地之道觀惠施之能，其猶一蚊一虻之勞者也。其於物也何庸？夫充一尚可，曰愈貴道，幾矣。惠施不能以此自寧，散於萬物而不厭，卒以善辯爲名。惜乎，惠施之才。駘蕩而不得，逐萬物而不反，是窮響以聲，形與影競走也。悲夫。

道術須才，有才可以進道。乃謬用其才，馳騁於辯而失其所宗，如惠施者，可惜也。惠施博學多方，集録書策至五車之多，惜其於道舛駁不純，其言不中於理。歷數萬物之意，曰天地間庶品群生，皆原於一。至大無外，天地同原，謂之「大一」；至小無内，秋毫異裏，謂之「小一」。大小異而不殊，其名體殊而歸一。無厚與有大爲異，今但指無厚處爲無厚，而衺延廣闊，不積而大有千里，則無與有同也。天地尊卑異，而一氣升降，天交於地則卑於地；山澤高深異，而一氣感通，澤上於山則山與平。日中昃不同，方其中之時已，即是其昃睨之時，而竟不得異；物生死不同，方其生之機已，即爲其方死之機，而亦竟不得異。舉覆載間物，其大致雖同，而細核其中，又各自爲致，大同而與小同異，爲其有「小一」在也，此之謂「小同異」。然統其大概，則無物不同，無物不異，萬物畢同畢異，爲其有「大一」在也，此之謂「大同異」。唯其有同必異，無異不同，故南北方位、時日先後、凡物成毀，俱可顛倒以言，雖極顛倒，而亦不失爲同。以南方之無窮而指爲有窮，即有窮矣。以今日之適越而稱爲昔來，即昔來矣。連環不可解，而亦可解。燕北越南，非天下之中央，而爲天下之中央。何也？有窮無窮，同此南方；今來昔來，同是適越；解與不解，同解連環」；「燕北越南，同在天地之中央。未見正言者爲是，顛倒言之者爲不是也。正倒一，萬物皆一，吾與萬物皆一。吾當爲氾愛乎萬物，有身者不得引而自私天地物也。天地，一也，天地之體與吾亦一也，吾當自愛此一體，有天地者不得置而自外。惠施以此爲大，觀於天下而曉辯者，天下辯者聞其大言快辯而樂之，於是增益其説，如「卵有毛」至「一尺之棰，日取其半，萬世不竭」，凡二十二事，皆顛倒名實，指異爲同，以爲不離吾之「大一」、「小一」。辨者以此與惠施相應和，終身無窮。桓團、公孫龍辯者之徒，以其辯矯餙人之心，變易人之意，變亂形名，能服人之口，於理不中，不能服人之心，此辯者之囿，不能自出者也。惠施日以其知與人之辯，相爲怪異以傾人聽聞，此其大抵也。然惠施之口談，自以爲最賢，曰：「天地得吾辯，而世界爲加闢，萬物爲加親，天地且增壯氣矣乎。」惠施徒存此雄心，而不知道術，不能服人。南方有畸人曰黄繚〔二〕者，問天地所以不墜不陷，風雨雷霆之故，蓋亦不服惠施之辯，而特舉造化難窮者問也。惠施不辭不慮，漫然而對，偏説萬物，説而不休，多而無已，猶以爲寡，益之以怪，是豈有精言要義，能折服其心者哉？以反於人情爲

〔二〕「繚」，原作「綺」，據前引《莊子》原文改。

實，欲以勝人爲名，是以黃繚輩起而相爲詰難，與衆不適也。不用意於虛空無物之地，爲弱於德；究心於名實同異之間，爲強於物。其所由辯說之途，皆人聞見所不及、意想所不到，亦云隩矣。如惠施之用心，說同說異，勞神明爲一，豈不勤苦？爲欲增壯氣於天地，而由天地觀惠施之能，猶一蚊一虻之勞，毫無損益於間也，何功乎？夫惠施知有所謂一，充其貴一之心而進之尚可。夫道原於一，使惠施曰「今所愈貴者，唯在於一」，則將反於無物之宗，於道幾矣。惠子乃不能守一自寧，散於萬物而不厭，卒以善辯爲名。惜乎，惠施之才。既知有一，足爲道術中人，乃駘蕩而不得，逐物而不返，是不知絕聲以息響，止形以息影，而與聲窮響，與影競走也。悲夫。

「卵有毛」以下，皆天下辯者之辭，今亦強存其解。卵種異，而後來之毛色異，爲有毛。雞兩足，而有行其足者，爲三足。郢無天下，天下皆如郢，爲有天下。馬未出殼，殼是卵。丁子生尾，尾爲掉。字形也。《荀子》曰：「鉤有鬚，卵有毛，此說之難持也，而鄧析、惠施能之。」註云：鉤有鬚，即丁子有尾也。丁之曲者爲鉤，鬚與尾類。火不熱，寒太盛也。山出口，善答應也。輪不蹍地，圓不定也。目不見，見在心也。指不至，至須意也；雖不至，無刻不隨意至。蛇繞龜身，龜長有餘。矩規制方圓，自不方圓。鑿不圍枘，人爲鑿圍枘。鳥影不動，飛鳥自動。矢鏃雖疾，此弦已離，彼鵠未到，此謂不止，彼謂不行。狗犬異稱，稱狗則非犬。馬牛是二，加黄黑成三。白黑無言，言白狗黑，則白爲黑。孤駒無父，誰與母生駒，孤駒無母。然公孫之辯，公子牟嘗自有解，在《列子》書。

莊子本義附録敘

草樓著書，群真互傳。漆園之作，實闡玄元。録《莊子宗傳》於卷首。神龍片甲，威鳳一毛。不爲全體，靈瑞所昭。録《莊子逸語》於《宗傳》之後，是爲第一卷。見天浩浩，入井而小。出户漸寬，升嶽更宥。地分崇卑，見莫能了。自戰國、兩漢至於皇明，一千九百三十餘年，荃宰文人，隱倫仙釋，行議文章，有關《莊子》者，録爲《莊子品評》，自第二卷至第八卷。中間品識不同，歸趣迥異。世有污隆，亦因以見文章之代變。崇禎壬申歲四月初十日，陳治安敘。

南華本義附録卷一

宗傳

莊子之學，本於老子。自關尹子、莊子而外，以至於計然、申、韓，俱宗老子之學，各有著述。或别爲名、法家，而關尹子、壺子、列子、莊子號爲道家。王子年《拾遺記》曰：「老君居景室之山，與世人絶迹，唯老叟五人，共譚天地之數。所撰經書垂十萬言，皆寫以玉牒，級以金繩，貯以玉函。此乃洛州景山太室、少室也。所言《九變》、《長生》等經，有百萬篇，多藏名山石室，秘而未行。今所出者，約六千卷。」葛洪曰：「元君者，老子之師也，大神仙之人也。能調和陰陽，役使鬼神，興作風雨，天下衆仙皆隷焉。」此又《老子宗傳》所自出也。〔一〕

關尹子尹喜，仕周昭王爲大夫。善天文，豫占東南真氣，狀若龍蛇而西。是月融風

〔一〕「葛洪曰」條，原在「陶都水言」條下，據《無求備齋莊子集成續編》影印道光十五年紅蘭山房刻本移至此處。

三扇，天理西行，知有聖人度關，乞出爲函關令。昭王癸丑五月壬午，紫氣浮空，有老人駕青牛白畚車，諸子驂乘，徐甲爲御，將度關。喜拜下風，則老子也。喜曰：「大道將隱，強爲我著書。」遂館於終南草樓，師事之。明年甲寅，授《道德》五千餘言。至穆王時西還，上終南修草樓。

關尹亦自著書九篇，名《關尹子》。是時，其徒晉公孫辛銒，字計然，學於老子。敬王二年南遊，楚平王禮聘問道。既而適越，范蠡師之。書十二篇，名《文子》，有《平王問道》章。

列御寇，居鄭圃四十年，人無識者。安王四年，著書八篇，明老子之道。

莊周，字子休，號南華子。顯王三十年，楚聘爲相，不就。隱濠上漆園，著書五十三篇，名《莊子》。今存三十三篇。

《天下名山記》云：抱犢山在潞州上黨，莊子所居。

庚桑楚、南榮趎、崔瞿、栢士成綺、尹文子之徒，皆當時師事老子，傳其道。

韓退之曰：「孔子之道，大而能博，及門弟子不能遍觀而盡識也，故學焉而各得性之所近。其後離散分處，又各以所能授弟子，源遠而末益分。」蓋子夏之學，其後有田子方。子方之後，流而爲莊周，故莊周之後喜稱田子方之爲人。

莊子數稱夫子爲「夫子」，是退之之言亦爲不妄。至王陽明又曰：「子夏之後有田子方，田子方之後爲莊周，莊周之後有荀況，荀況之後有李斯，豈吾夫子之道使然？不善學之，雖吾夫子之道亦不能無弊。」欲指秦廷逐客，亦洙泗傍分之派，遂以蘭陵祭酒綴漆園弟子之班。

陶都水言：「莊子師長桑公子，隱抱犢山，白日沖舉。」

段成式《酉陽雜俎》曰：「太極真仙中，莊周爲闈編郎。八十一戒，千二百善，入洞天。二百三十戒，二千善，登山上靈官。萬善，升玉清。」〔二〕

《宛委餘編》云：「自古文章之士，稱以仙去者：淮南王與八公上昇，東方朔爲華陽洞主，司馬季主委羽托化，南華、沖虚各備仙職。」

又云：「覽《真誥》諸書，顔回爲明晨侍郎，後爲三天司直，一云與卜商俱修文郎；張衡、楊子雲爲北方鬼帝，治羅酆山；周公爲北帝師；莊周爲太玄博士；嚴君平尚在峨嵋山；墨翟爲太極仙卿；賈誼爲西明都禁郎，以治馬融事不當，謫還泰山司馬；温太真爲監海；杜預爲長史。」

〔二〕「段成式」條，原無，據《無求備齋莊子集成續編》影印道光十五年紅蘭山房刻本補。

逸語

莊周，齊人也，《本傳》：「蒙人。」《地理志》：蒙屬梁國。劉向《别録》云：「宋之蒙人。」隱於山岳。湣王遣使齎金百鎰，聘以相位。周謝，使者去，乃引聲歌曰：「天地之道，近在胸臆。呼吸精神，以養九德。渴不求飲，饑不索食。避世守道，志潔如玉。卿相之位，難可直當。巖巖之石，幽而清涼。枕塊寢處，樂在其央。寒涼囘固，可以久長。」見《古今樂録》。

閼奕之隸與殷翼之孫、遏氏之子三士，相與謀致人於造物，共之元天之上。元天者，其高四見列星。元天，山名。

游梟問雄黄曰：「今逐疫出魅，擊鼓呼躁，何也？」雄黄曰：「黔首多疾，黄帝氏立巫咸，使黔首沐浴齋戒以通九竅，鳴鼓振鐸以動其心，勞形趨步以發陰陽之氣，飲酒茹葱以通五臟。夫擊鼓呼躁，逐疫出魅鬼。黔首不知，以爲魅祟也。」

插桃枝於户，連灰其下，童子入不畏而鬼畏之，是鬼智不如童子也。

童子夜嘯，鬼數若齒。

小巫見大巫，拔茅而棄，此其所以終身弗如。

尹儒學御，三年而無得，夜夢受秋駕。明日往朝師，師曰：「今將教子以秋駕。」司馬彪曰：「秋駕，法駕也。」

空閲一作「門」。來風，桐乳致巢，此以其能苦其性者。司馬彪曰：「門户孔空，風善從之。桐子似乳，著其葉而生，其葉似箕，鳥喜巢其中也。」

紼謳所生，必於斥苦。斥，疏緩也；苦，用力也。引紼謳歌爲人用力不齊，故促急之也。

庚市子肩之毁玉也。

孔子病，子貢出卜。孔子曰：「汝待也。吾坐席不敢先，居處若齋，食飲若祭，吾卜之久矣。」

老子見孔子徒弟子五人，問曰：「前爲誰？」對曰：「子路勇且多力，其次子貢爲智，曾子爲孝，顔淵爲仁，子張爲武。」老子歎曰：「吾聞南方有鳥，名爲鳳。鳳之所居也，積石千里，河水出下。鳳鳥居止，天爲生食，其樹名瓊，枝高百仞，以璆琳琅玕爲實。天又爲生離珠，一人三頭，遞起以伺琅玕。鳳鳥之文，戴聖嬰仁，右智左賢。」

善卷，堯聞其得道之士，乃北面而師事之。蒲衣八歲，而舜師之。

廉者不食不義之食，不嗽不義之水。

仲尼讀《春秋》，老聃踞竈觚而聽。竈觚，額也。

羊溝之雞，三歲爲株，相者視之，則非良雞也。然數以勝人者，以狸膏塗其頭。羊溝，鬬雞處；株，包也。雞畏狸。

惠子始與莊子相見，而問乎莊子曰：「今日自以爲見鳳凰，而徒遭燕雀耳？」坐者俱笑。

豫樟初生，可抓而絶。

鵲上高城之垝，而巢於高榆之顛，城壞巢折，凌風而起。故君子之居世者，得時則義行，失時則鵲起。

金鐵蒙以大緤，載六驥之上，則致千里。

孔子舍於沙丘，見主人，曰：「辯士也。」子路曰：「夫子何以識之？」曰：「其口窮踦，其鼻空大，其服博，其睫流，其舉足也高，其踐地也深。鹿與〔二〕而牛舍。」

青鷀愛子忘親。鷀鳥專愛其子。

聲氏之牛夜亡，而遇夔，止而問焉：「我有四足，動而不善，子一足而超踊，何以然？」夔曰：「以吾一足，王於子矣。」

市上之人有善戴尊者，累十尊而行。人有與之更者。行道未半，而以其尊顛。酒尊也。亡羊而得牛，斷指而得頭。

〔二〕「與」，原作「興」，據中華書局縮印商務印書館影宋本《太平御覽》卷四六四引《莊子》改。

羌人死，燔而揚其灰。

子張見魯哀公不禮士也，託僕夫而去，曰：「臣聞君好士，故不遠千里而見。君之禮士也，有似葉公子高之好龍。室雕文，盡寫以龍。於是天龍下之，窺頭於牖，施尾於堂。葉公見之，棄而還走，失其魂魄，五色無主。是葉公非不好龍也，好夫似龍而非龍也。今君非不好士也，好夫似士而非士也。」

流脈並作則爲驚怖，陽氣獨上則爲顛病。

以十鈞射者，見天而不見雲；以七鈞射者，見雲而不見鶬；以五鈞射者，見鶬而不見雀。

函牛之鼎沸，蟻不得措一足。喻聖主之法明，遂至不敢蹈也。

趙簡子出田，鄭龍爲右。有一野人，簡子曰：「龍下射彼，使無驚吾馬。」三命鄭龍，鄭龍不對。簡子怒。鄭龍曰：「昔吾先君伐衛免曹，退爲踐士之盟，不戮一人。吾今一朝田，而曰『必爲我殺人』，是虎狼殺人，故將救之。」簡子愀焉，曰：「不愛其身以活人者，可無從乎？」還車輟田，曰：「人之田也得獸，今吾田也得士。」

梁君出獵，見白雁群集。梁君下車，彀弩一作「弓」。欲射之。道有行者不止，白雁群駭。梁君怒，欲射行者。其御公孫龍下車撫其心。梁君忿然作色而怒曰：「龍不與其君，而顧與他人，何也？」公孫龍對曰：「昔者齊景公之時，齊，一作「宋」。天旱三年，卜之，曰：『必以人祠，乃雨。』景公下堂頓首曰：『吾所以求雨者，爲民也。今必使吾以人祠，乃且雨，寡人將自當之。』言未卒而天大雨。方千里者何爲？有德於天而惠施於民也。今主君以白雁之故而欲射殺人，無異於虎狼。」梁君援其手與上車，歸入郭門，呼萬歲，曰：「樂哉，今日獵也。人獵皆得禽獸，吾獵獨得善言而歸。」

人而不學，命之曰「視皮」；一作「肉」。學而不行，命之曰「輒囊」。輒，擊者也。一作「撮」。

秋禽之肥，易牙和之。非不美也，彭祖以爲傷壽，故不食之。

祝牧謂其妻曰：「天下有道，我黻子佩；天下無道，我負子戴。」

易姓而王，封於太山、禪於梁父者，七十有二代。其有形兆垠堮勒石，凡千八百餘處。

槐之生也，入季春五日而兔目，十日而鼠耳，更旬而如規，二旬而葉成。鷂爲鸇，鸇爲布穀，布穀爲鷂，兆物變也。

盧敖見若士，深目鳶肩。

禮若亢鋸之柄。亢，舉也。禮有所斷剖，猶舉鋸之柄以斷物也。

叔文相莒三年，歸，其母自績。謂母曰：「文相莒三年，有馬千駟。今母猶績，文之所得事，皆將棄之已。」母曰：「吾聞君子不學《詩》、《書》、射、御，必有博塞之心；小人不好田作，必有竊盜之心；婦人不好紡績織紝，必有淫泆之行。好學爲福也，猶飛鳥之有羽翼也。」已上見《逸書》。

任車未虧，童子行之；及其傾覆也，顛高墮谷，千人不能安。卵之未剖也，一指摩之；及其飛鴻也，奮翼凌雲，罾繳不能達也。胎之能乳也，一繩制之；及其爲牡也，羅網不能禁也。虎也執群獸，食牛馬，劍戟不能難也。故漣滴之流，久久而成江海；小蛇不死，化爲神龍；積微之善，以至吉祥；小惡不止，乃至滅亡。又曰：我之所以爲我者，豈我也哉？我猶爲身者非身，身之所以爲身，以我存也。而我之所以爲我者，以有神也。神之所以留我者，道使然也。又曰：道之所生，天之所興。始始於不始，生生於不生，存存於不存，亡亡於不亡。又曰：夫起福生利，成功遂事，備物致用，使人大富。天下奢僭，財貨不足，民人愈醜。福滿山澤，金玉成積，國愈不安，民益少利。飾知相愚，以詐相要。防隄邪淫，姦宄之路密；分別同異，是非之變衆。則國家昏而政事衰。作方遂伎，彫琢文彩，奇變異怪，以褒有德，以別尊卑，巧故愈起，俊出愈奇。令速賞深，罰峻刑嚴，斲肌膚，斷四支，疏遠不隱，親近不和。罪至夷滅，賞至封侯，天地振慄，盜賊愈多。又曰：夫饑而大食，渴而大飲，熱而投水，寒而入火，所苦雖除，其身必死。胸中有瘕，不可鑿也；喉中有疾，不可剝也；蚤蝱著回，不可射也；蟣蝨著身，不可斫也。又曰：夫日月之出入也同明，人之死生也同形，春秋之分也同利，玄聖之與野人也同容，通者之與閉塞也同事，道士之與赤子也同功。凡此數者，其中異而外同，非有聖人，莫之能明。又曰：夫陰而不陽，萬物不生；陽而不陰，萬物不成。天地之道，始必有終，終必有始。又曰：夫嬰兒未知，而忠信於仇讎；及其壯大有識，欺紿兄嫂。三軍得意，則下亡虜；窮谿之獸，不避兕虎。其事非易，事理然也。見嚴君平所註《老子指歸》。

莊子曰：「君子内無饑寒之患，外無劫奪之憂，居上而敬，居下不爲害，君子之道也。」見《日者傳》。

陸德明《序録》曰：「莊生宏才命世，辭趣華深，正言若反，故莫能暢其私致。後人增足，漸濱其真。故郭子玄云：『一曲之才，妄竄奇語，若《閼奕》、《意修》之旨，《危言》、《游鳧》、《子胥》之篇，凡諸巧雜，十分有二。』《漢書·藝文志》：『《莊子》五十二篇。』即司馬彪、孟氏所註是也。言多詭誕，或似《山海經》，或類占夢書，故註者以意去取。其《内篇》衆家並同，自餘或有《外》而無《雜》。唯子玄所註，特會莊子之旨。」

今觀《逸語》，俱三十三篇中所不載，如「乘時雀起」、「葉公好龍」、「小巫見大巫」等語，古來引用多矣。《宛委餘篇》以「肉視」、「撮囊」四字爲奇。宋時，祝和父《事文類聚》引蘇子曰：「仲尼讀書，老聃倚竈觚而聽之，問曰：『是何書也？』曰：『《春秋》也。』」亦本《逸書》而語，不如本書簡捷。

顔之推曰：「吾初讀《莊子》『螝二首』，《韓非子》曰『蟲有螝者，一身兩口，争食相齕，遂相殺也』，茫然不識此字何音，逢人輒問。案《爾雅》諸書曰：『蠶蛹名螝，音潰。』又非二首兩口貪害之物。後見《古今字詁》曰此亦古之『虺』字。積年疑滯，豁然霧解。」此見古人讀書精詳。今《逸書》中亦無「螝二首」句也。陸德明謂「北齊杜弼註《莊子·惠施》篇」，無其書。顔之推又曰：「亦猶郭象以惠施之辯爲莊周言也。」今郭象誤解惠施處亦不可見。是不特《莊子》書逸，併其註亦有逸者也。大抵《逸書》繇後人以意删去，又有於删後録其意所喜者而存之，故無大整篇者。郭子玄以爲巧雜淆真，故從删去，此殊不然。《莊子》書未嘗散亂，何緣淆雜？觀《論衡》可見以孫大司馬之穎悟，其讀《莊子》也極力研究，猶苦難解。解《莊子》而遇其難處，思之不通，便以爲淆雜而已。

王充《論衡》曰：「秦雖無道，不燔諸子。諸子尺書，文篇具在，可觀讀以正説，可采掇以示後人。」「知屋漏者在艸下，知政失者在艸野，知經誤者在諸子。」

《莊子》云：「地三年種蜀黍，其後七年多蛇。」

此在張華《博物志》，不欲遺《莊子》一句，故録之。〔二〕

〔二〕「《莊子》云」條，原無，據《無求備齋莊子集成續編》影印道光十五年紅蘭山房刻本補。

南華本義附録卷二

品　評戰國　西漢　東漢　三國

西漢司馬子長《莊子列傳》

莊子者，蒙人也，名周。周嘗爲蒙漆園吏，與梁惠王、齊宣王同時。其學無所不闚，然其要本歸於老子之言，故其著書十餘萬言，大抵率寓言也。作《漁父》、《盜跖》、《胠篋》，以詆訿孔子之徒，以明老子之術；《畏累虚》、《亢桑子》之屬，皆空語無事實。然善屬書離辭，指事類情，用剽剝儒墨，雖當世宿學，不能自解免也。其言洸洋自恣以適己，故自王公大人不能器之。楚威王聞莊周賢，使使厚幣迎之，許以爲相。莊周笑謂楚使者曰：「千金重利，卿相尊位也。子獨不見郊祭之犧牛乎？養食之數歲，衣以文繡，以入太廟。當此之時，雖欲爲孤豚，豈可得乎？子亟去，無污我。我寧游戲污瀆之中自快，無爲有國者所羈，終身不仕，以快吾志焉。」

後世論莊子者，或贊其高玄，或譏其放傲。大約晉宋人贊嘆，宋元人譏貶。言説雖多，盡無當於莊子，固不若太史公本傳，寥寥數語，字字皆實録也。

太史公曰：「老子所貴道，虚無，因應變化於無爲，故著書辭稱微妙難識。莊子散道德，放論，要亦歸之自然。申子卑卑，施之於名實。韓子引繩墨，切事情，明是非，其極慘礉少恩。皆原於道德之意，而老子深遠矣。」

荀卿，趙人。年五十，始來游學於齊，田駢之屬皆已死。齊襄王時，而荀卿最爲老師。齊尚修列大夫之缺，而荀卿三爲祭酒焉。適楚，春申君以爲蘭陵令。荀卿嫉濁世之政，亡國亂君相屬，不遂大道而營於巫祝，信機祥，鄙儒小拘，如莊周等又猾稽亂俗，於是推儒、墨、道德之行事興壞，序列著數萬言而卒。因葬蘭陵。而趙亦有公孫龍爲堅白同異之辯，劇子之言；魏有李悝，盡地力之教；楚有尸子、長盧；阿之吁子焉。自如孟子至於吁子，世多有其書，故不論其傳云。蓋墨翟，宋之大夫，善守禦，爲節用。或曰並孔子時，或曰在其後。俱《史記》。

莊子自云「巵言日出」，指爲「猾稽」，夫乃近似。

荀子曰：「墨子蔽於欲〔二〕而不知文，宋子蔽於用而不知得，慎子蔽於法而不知賢，申子蔽於勢而不知知，惠子蔽於辭而不知實，莊子蔽於天而不知人。」附戰國。

莊子知人。荀子蔽於莊子之天而不知其人。

嚴君平卜筮城都，市人有邪惡非正之問，則依蓍龜爲言利害。與人子言依於孝，與人弟言依於順，與人臣言依於忠，各因勢導之以善。裁日閱數人，得百錢，足自養，則閉肆下簾，而授《老子》。博覽亡不通，依老子、莊周之旨，著書十餘萬言。

司馬季主曰：「今夫卜筮者之爲業也，積之無委聚，藏之不用府庫，徙之不用輜車，負載之不重，止而用之，無盡索之時。持不盡索之物，遊於無窮之世，雖莊氏之行未能增於是也。」季主引用《莊子》，見在《逸語》。〔三〕

淮南王《莊子略要》曰：「江海之士，山谷之人也，輕天下，細萬物，而獨往者也。」莊子曰：「庚市子肩之毁玉也。」淮南《莊子後解》曰：「庚市子，聖人無欲者也。人有爭財相鬬者，庚市子毁玉於其間而鬬者止。」《莊子》二語，《逸書》所不載。

〔二〕「欲」，原作「用」，據中華再造善本影印宋刻本《荀子》改。
〔三〕「司馬季主曰」條，原無，據《無求備齋莊子集成續編》影印道光十五年紅蘭山房刻本補。

枚乘《七發》終篇：「客曰：『將爲太子奏方術之士有資略者，若莊周、魏牟、楊朱、墨翟、便蜎、詹何之倫，使之論天下之精微，理萬物之是非；孔老覽觀，孟子持籌而筭之，萬不失一。此亦要言妙道也，太子豈欲聞之乎？』於是太子據几而起，曰：『渙乎一聽聖人辯士之言。』涊然汗出，霍然病已。」

楊子《法言》曰：「莊周、申、韓不乖寡聖人而漸諸篇，則顏氏之子、閔氏之孫其如台。或曰：『莊周有取乎？』曰：『少欲。』『鄒衍有取乎？』曰：『自持。至周罔君臣之義，衍無知於天地之間，雖鄰不覿也。』」

桓君山嘗從班嗣借《莊子》，班報曰：「吾子聞仁義之羈絆，係聲名之韁鎖，伏孔氏之軌躅，馳顏閔之極藝，何以大道爲自眩也？昔有學步邯鄲者，失其故步，匍匐而歸耳。其行已。」持論如此，遂終於家。

馬季長善鼓琴，好吹笛，達生任性，不拘儒者之節。大將軍鄧騭聞季長名，召爲舍人。非其好也，遂不應命。後客游凉州，會羌亂，米貴，關西道殣相望。季長既饑困，乃歎息曰：「古人有言：『左手據天下之圖，右手刎其喉，愚夫不爲。』所以然者，生貴於天下也。今以曲俗咫尺之羞，滅無貲之軀，殆非老莊所謂矣。」遂應騭召。兩漢。

蜀秦宓少有才學，屢辭辟命。同郡王商勸令仕，云：「貧賤困苦，亦何可以終身？」宓曰：「昔堯優許由，非不弘也，洗其兩耳；楚聘莊周，非不廣也，執竿不顧。宓得曝背隴畝之中，與沮溺爲儔，聽玄猿之悲吟，察鶴鳴於九皋，身安爲樂，無憂爲福，斯宓得志之秋，何困苦之戚？」

吳闞澤對大帝曰：「許成子、原陽子、老子、莊子，皆修身自玩，放暢山谷，縱汰其心，學歸澹泊。至漢景帝，以黄帝、老子義體尤深，改子爲經，始立道學，敕朝野諷誦。」

魏王輔嗣，山陽高平人，少而察慧。十餘歲，便好《老》、《莊》，通辯能言。何平叔甚奇之，題曰：「後生可畏。若斯人者，可與言天人之際矣。」弱冠，詣裴徽，徽問曰：「夫無者，誠萬物之所資，聖人莫肯致言，而老子申之無已，何邪？」弼曰：「聖人體無，無又不可以訓，故言必及有。老莊未免於有，恒訓其所不足。」

嵇康曰：「老子、莊周，吾之師也。」又曰：「縱逸來久，情意傲散，簡與禮相背，懶與慢相成，而爲儕類見寬，不攻其過。又讀《莊》、《老》，重增其放，故使榮進之心日頹，任實之心轉篤。」

讀《莊》、《老》而重增其放，爲不善讀《莊》、《老》。嵇叔夜應是有託而言，不足爲《莊》、《老》病也。

阮籍《莊論》曰：「天地生於自然，萬物生於天地。人生天地之中，體自然之形。身者，陰陽之精氣也；性者，五行之正性也；情者，遊魂之變欲也；神者，天地之所以馭者也。别而言之，則鬚眉異名；合而説之，則體之一毛也。彼「六經」之言，分處之教也。莊周之云，致意之辭也。至人者，恬於生而靜於死。生恬則情不惑，死靜則神不離，故能與陰陽化而不易，從天地變而不移。生究其壽，死循其宜，心氣平治，不消不虧。是以廣成子處空同之山，以入無窮之門；軒轅登崑崙之阜，而遺玄珠之根。此則潛身者易以爲活，而離本者難與永存也。馮夷不遇海若，則不以己爲小；雲將不失問於鴻濛，則無以知其少。由斯言之，自是者不章，自建者不立，守其有者有據，持其無者無執。月弦則滿，日朝則襲。咸池不留陽谷之上，而懸之後將入也。故期得者喪，爭明者失，無欲者自足，空虚者受實。夫山靜而谷深者，自然之道也；得之道而正者，君子之實也。是以作智造巧者害於物，明著是非者危於身，修飾以顯潔者惑於生，畏死而榮生者失其貞。莊周見其若此，故述道德之妙，敘無爲之本，寓言以廣之，假物以延之，聊以娱無爲之心而逍遥於一世。豈將以希咸陽之門，而與稷下爭變也哉？」

裴使君徽問管公明曰：「何尚書一代名士，其實何如？」管曰：「其才若盆盎之水，所見者清，不見者濁。神在廣博，志不務學，弗能成才。如以盆盎之水求一山之形，形不可得，則智由此惑。故説《老》、《莊》則巧而多華，説《易》義則美而多僞。華則道浮，僞則神虚。得上才則淺而絶流，得中才則游精而獨出，輅以爲少功之才也。」裴使君曰：「吾數與何平叔共説《老》、《莊》、《易》義，常覺辭妙於理，不能折之。又時人吸習歸之，益令不了。相見得清言，然後灼灼耳。」以上三國。

南華本義附録卷三

品評晉

阮宣子有令聞，太傅王夷甫見而問曰：「聖人重名教，老莊貴自然，其旨同異？」對曰：「將無同。」太傅善其言，辟之爲掾[一]，世謂「三語掾」。衛玠嘲之曰：「一言可辟，何假於三。」宣子曰：「苟是天下人望，亦可無言而辟，何假於一。」遂相與爲友。宣子名修。《晉書》又謂「三語掾」是阮瞻，問者王戎。

庾子嵩讀《莊子》，開一尺許便棄去，曰：「了不異人意。」《晉秋陽》又記：「庾子嵩恢廓有大度，是老莊之徒，曰：『昔未讀此書，意嘗謂至理如此。今見之，正與人意暗同。』」

〔一〕「掾」及下「三語掾」之「掾」，原皆作「椽」，據《四部叢刊》景印明袁氏嘉趣堂刊本《世説新語》改。

向秀清悟有遠韻。莊周著《内》、《外篇》，秀爲之註義，發明奇趣，振起玄風，讀之者超然會意，莫不自足一時也。初，秀欲註，嵇康曰：「此書詎復須註？正是妨人作樂耳。」及成，示康曰：「殊復勝不？」

初，註《莊子》者數十家，莫能究其旨要。向秀於舊註外爲解義，大暢玄風，唯《秋水》、《至樂》二篇未竟而秀卒。秀子幼，義遂零落，然猶有別本。郭象者，爲人薄行有儁才，見秀義不傳於世，遂竊以爲己註，乃自註《秋水》、《至樂》二篇，又易《馬蹄》一篇，其餘衆篇，或定點文句而已。後秀義別本出，故今有向、郭二《莊》，其義一也。

郭子玄《莊子序》曰：「夫莊子者，可謂知本矣。故未始藏其狂言，言雖無會而獨應者也。夫應而非會，則雖當無用；言非物事，則雖高不行。與夫寂然不動，不得已而後起者，固有間矣，斯可謂知無心者也。夫心無爲，則隨感而應，應隨其時，言唯謹爾，故與化爲體，流萬代而冥物，豈曾設對獨遘而游談乎方外哉？通天地之統，序萬物之性，達生死之變，而明内聖外王之道，上知造物無物，下知有物之自造也。其言宏綽，其旨玄妙。遂綿邈清遐，去離塵埃而返冥極者也。」

郭子玄《逍遥》註曰：「天地者，萬物之總名也。天地以萬物爲體，而萬物必以自然爲正。自然者，不爲而自然者也。

「所遇斯乘，又將惡乎待哉？此乃至德之人，玄同彼我者之逍遥也。夫唯與物冥而循大變者，爲能無待而常通，豈自通而已哉。又順有待者，使不失其所待，所待不失，則同於大通矣。故有待無待，吾所不能齊也。至於各安其性，天機自張，受而不知，則吾所不能殊也。夫無待猶不足以殊有待，況有待者之巨細乎？

「夫自任者對物，而順物者與物無對。故堯無對於天下，而許由與稷契爲匹矣。何以言其然邪？夫與物冥者，故群物之所不能離也。是以無心玄應，唯感之從，汎乎若不繫之舟，東西之非己也。故無行而不與百姓共者，亦無往而不爲天下之君矣。以此爲君，若天之自高。實君之德也，若獨兀然立乎高山之頂。守一家之偏尚，此故俗中之一物，而爲堯之外臣耳。若以外臣代乎内主，斯有爲君之名而無任君之實也。

「堯舜者，世事之名耳；爲名者，非名也。故夫堯舜者，豈直堯舜而已哉？必有神人之實焉。今所稱堯舜者，徒名其塵垢粃糠耳。

「夫堯之無用天下爲，亦猶越人之無所用章甫耳。然遺天下者，固天下之所宗。天下雖宗堯，而堯未嘗有天下也。故窅然喪之，而常遊心於絶冥之境，雖寄坐萬物之上，而未始不逍遙也。四子者，蓋寄言以明堯之不一於堯耳。夫堯實冥矣，其迹則堯也。自迹觀冥，外内異域，未足怪也。世徒見堯之爲堯，豈識其冥哉？故將求四子於海外，而據堯於所見，因謂與物同波者，失其所以逍遙也。然未知至遠之所順者更近，而至高之所會者反下也。若乃厲然以獨高爲至而不夷乎俗者，斯山谷之士，非無待者也，奚足以語至極而遊無窮哉？」

「蝶夢」註曰：「方其夢爲蝴蝶而不知周，則與殊死不異也。然所在無不適志，則當生而係生者，必當死而戀死矣。今之不知蝴蝶，無異於夢之不知周也，而各適一時之志，則無以明蝴蝶之不夢爲周矣。世有假寐而夢經百年者，則無以明今之百年，非假寐之夢者也。夫時不暫掉而今不遂存，故昨日之夢於今化矣，生死之變，豈異於此而勞心於其間哉？」

向、郭《德充符》註曰：「羿，古之善射者。弓矢所及，爲彀中。夫利害相攻，則天下皆羿也。自不遺身忘知，與物同波者，皆遊於羿之彀中耳。雖張毅之出，單豹之處，猶未免於中地，以中與不中，唯在命耳。而區區者各有其所遇，而不知命之自爾。故免乎弓矢之害者自以爲巧，欣然多己；及至不免，則自恨其謬而志傷神辱。斯未能達命之情者也。夫我之生也，非我之所生也。則一生之内，百年之中，其坐起行止，動靜趣舍，性情知能，凡所有者，凡所無者，凡所爲者，凡所遇者，皆非我也，理自爾耳。而横生休戚乎其中，斯又逆自然而失者也。

「天不爲覆，故能常覆；地不爲載，故能常載。使天地而爲覆載，則有時而息矣。使舟能沈而爲人浮，則有時而没矣。故物爲焉，則未足以終其生也。

「故人之生也，非誤生也；生之所有，非妄有也。天地雖大，萬物雖多，然吾之所遇適在於是，則雖天地神明，國家聖賢，絶力至知而弗能違也。故凡所不遇，弗能遇也；其所遇，弗能不遇也。凡所不爲，弗能爲也；其所爲，弗能不爲也。故付之而自當矣。

「既稟之自然，其理已足。則雖沈思以免難，或明戒以避禍，物無妄然，皆天地之會，至理所趣。必自思之，非我思也；必自不思，非我不思也。或思而免之，或思而不免，或不思而免之，或不思而不免。凡此皆非我也，又奚爲哉？任之而自至也。

「人之生也，非情之所生也。生之所知，豈情之所知哉？故有情於爲離曠而弗能也，然離曠以無情而聰明矣。有情以爲賢聖而弗能也，然賢聖以無情而賢聖矣。豈直賢聖絶遠而離曠難慕哉？雖下愚聾瞽，及雞鳴狗吠，若有情於爲之，亦終不能也。不問遠之與近，雖去己一分，顔孔之際，終莫之得也。是以觀之萬物，反取諸身，耳目不能以易任成功，手足不能以代司致業。故嬰兒之始生也，不以目求乳，不以耳向明，不以足操物，不以手求行，豈百骸無定司，形貌無素主，而專由情以制之哉？」」

《大宗師》註曰：「天者，自然之謂也。夫爲爲者不能爲，而爲自爲耳；爲知者不能知，而知自知耳。自知耳，不知也；不知也，則知出於不知矣。自爲耳，不爲也；不爲也，則爲出於不爲矣。爲出於不爲，故以不爲爲主；知出於不知，故以不知爲宗。是故真人遺知而知，不爲而爲，自然而生，坐忘而得，故知稱絶而爲名去也。

「人之生也，形雖七尺，而五常必具。故雖區區之身，乃舉天地以奉之。故天地萬物，凡所有者，不可一日而相無也。一物不具，則生者無由得生；一理不至，則天年無緣得終。然身之所有者，知或不知也；理之所存者，爲或不爲也。故知之所知者寡，而身之所有者衆；爲之所爲者少，而理之所存者博。在上者莫能器之，而求其備焉。人之所知不必同，而所爲不敢異，異則僞成矣。僞成而真不喪者，未之有也。或好知不倦，以困其百體，所好不過一枝，而舉根俱弊，斯以其所知而害其所不知也。若夫知之盛也，知人之所爲者有分，故任而不彊也；知人之所知者有極，故用而不蕩也。故所知不以無涯自困，則一體之中，知與不知闇相與會而俱全矣。斯以其所知，養所不知者也。

「夫白日登天，六合俱照，非愛人而照之也。故聖人之在天下，煖然焉若陽春之自和，故蒙澤者不謝；淒乎若秋霜之自降，故彫落者不怨。

「方言死生變化之不可逃，故先舉無逃之極，然後明之以必變之符，將任化而無係也。

「夫無力之力，莫大於變化者也，故乃揭天地以趨新，負山嶽以舍故。故不暫停，忽已涉新，則天地萬物無時而不移也。世皆新矣，而自以爲故；舟日易矣，而視之若舊；山日更矣，而視之若前。今交一臂而失之，皆在冥中去矣。故向者之我，非復今我也。我與今俱往，豈常守故哉？而世莫之覺，故謂今之所遇可係而在，豈不昧哉？

「不知與化爲體，而思藏之使不化，則雖至深至固，各得其所宜，而無以禁其日變。故夫藏而有之者，不能止其遯也；無藏而任化者，變不能變也。

「夫理有至極，外内相冥，未有極游外之致而不冥於内者也，未有能冥於内而不游於外者也。故聖人常游外以弘内，無心以順有，故雖終日揮形而神氣無變，俯仰萬機而淡然自若。夫見形而不及神者，天下之常累也。是故覩其與群物並行，則莫能謂之遺物而離人矣；觀其體化而應務，則莫能謂之坐忘而自得矣。豈直謂聖人不然哉？乃必謂至理之無此。是故莊子將明流統之所宗，以釋天下之可悟。若直就稱仲尼之如此，或者將據所見以排之，故超聖人之内迹，而寄方外於數子。宜忘其所寄，以尋述作之大意，則夫游外弘内之道，坦然自明。而《莊子》之書，故是超俗蓋世之談矣。」

用臣。」

《天道》篇註曰：「夫工人無爲於刻木，而有爲於用斧；主上無爲於親事，而有爲於用臣。」

《秋水》篇註曰：「以小求大，理終不得。各安其分，則大小俱定矣。若毫末不求天地之功，則周身之餘皆爲棄物；天地不見大於秋毫，則顧其形象裁自足耳。將何以知細之定細，大之定大也？」

昔人言「郭象註《莊子》，乃《莊子》註郭象」，用此褒美，亦似譏彈。註不了經，何取於註？今録註數則，以挹其玄奥逸麗之風，不必爲解《莊》之藉也。

《莊子·逍遥》舊是難處，諸名賢所可鑽味，而不能拔理於郭、向之外。支道林在白馬寺中將馮太常共語，因及《逍遥》。支卓然標新理於二家之外，皆是諸名賢尋味之所不得，後遂用支理。

支道林《逍遥論》曰：「夫逍遥者，明至人之心也。莊生建言大道，而寄指鵬、鷃。鵬以營生之路曠，故失適於體外；鷃以在近而笑遠，有矜伐於心内。至人乘天正而高興，遊無窮於放浪，物物而不物於物，則遥然不我得；玄感不爲，不疾而速，則逍然靡不適，此所以爲逍遥也。若夫有欲當其所足，足於所足，快然有似天真，猶饑者一飽，渴者一盈，豈忘蒸嘗於糗糧，絶觴爵於醪醴哉？苟非至足，豈所以逍遥乎？」此向、郭之注所未盡。

向秀論曰：「聖人已死，大盜不起者，聖人事業日新，新者爲生，故者爲死。乘天地之正，御日新之變，得實而捐其名，歸真而忘其途，則大盜息矣。不死者，言守故而不日新，牽名而不造實也。大盜不止，不亦宜乎？」

古人欲回護莊子，乃作如此想。

支道林、許詢、謝安共集王濛家。謝顧謂諸人：「今日可謂彦會。時既不可留，此集固亦難常，當共言詠，以寫其懷。」許便問主人：「有《莊子》不？」正得《漁父》一篇。謝看題，便各使四坐通。支道林先通，作七百許語，敘致精麗，才藻奇拔，衆咸稱善。於是坐客各言懷畢。謝問曰：「卿等盡不？」皆曰：「今日之言，少不自竭。」謝粗難，因自敘其意，作萬餘語，才峰秀逸，既自難干，加意氣擬託，蕭然自得，四坐莫不厭心。支謂謝曰：「君一往奔詣，故復自佳耳。」

羊孚雅善理義，與殷仲堪道《齊物》。殷難之，羊云：「君四番後，當得見同。」殷笑曰：「乃可得盡，何必相同？」乃四番一通，殷咨嗟曰：「僕便無以相異。」歎爲新拔者久之。

孫盛子放，字齊莊。七八歲時，庾亮問曰：「欲齊何莊？」曰：「齊莊周。」亮曰：「不慕仲尼邪？」曰：「仲尼生而知之，非企慕可及。」亮大奇之，曰：「王輔嗣之流也。」

法師慧遠，姓賈氏，雁門樓煩人。幼而好學。年十三，隨舅令狐氏游學許、洛，博綜六經，尤善《莊》、《老》，宿儒先進莫不服其深致。二十一，欲渡江從學范寧，適石虎暴死，南路梗塞。時沙門釋道安建剎於太行、常山，一面盡敬，以爲「真吾師也」。遂與母弟慧持投簪受業，精思諷誦，夜以續晝。至二十四，大善講貫。有客聞説實相義，往復問難，彌增疑昧。師爲引莊子之説以相比類，惑者釋然。安師因許令不廢外典，常臨衆歎曰：「使道流東國者，其在遠乎？」

司馬太傅問謝車騎：「惠子其書五車，何以無一言入玄？」謝曰：「故當是其妙處不傳。」

《戰國策》曰：「張儀欲以魏合於秦、韓而攻齊、楚，惠施欲以魏合於齊、楚而案兵。人多爲張儀於王所。惠子謂王曰：『小事也，謂可者、謂不可者正半，況大事乎？以魏合於秦、韓而攻齊、楚，大事也，而王之群臣皆以爲可。不知是其可也，如是其明也？亡群臣之智術，如是其同邪？是其可也，未如是其明也；而群臣之智術也，又非皆同也，是其有半塞也。所謂劫王者，失其半者也。』」

予讀至此，爲置書起走，慨然興歎。使魏王之所用盡若群臣，魏安得不亡？使魏之群臣盡若惠施，魏安得亡？惠施之語，明爽快利，雖使莊子談事，豈能加此？《莊子》書中雖數短惠子，惠子要是高賢，非戰國縱橫家所及，且不特與張儀論事當也。上陳先王欲留扶社稷，則雪中輟葬；明告楚人以卜度交情，則君自郊迎。是皆以一言取效，略不涉於傾險變詐之習。獨其勉田需自樹，嫌其事近彌縫。及余在湖南，而蔡制臺諱復一。嘗引其事以相告曰：「夫以十人樹而一人拔，猶無生楊。今吾以一人樹，而有二三人欲相拔，且當奈何？」吾當時甚感樹之者之恩，彼欲拔者將自厭心情，吾獨如之何？亦因以知惠子之勉田需，乃深諳世情，而苟懷用世之志，不得不爾，未可遽以此相非也。

惠子在楚，與楚人辯難，莊子比於蹢子夜半之鬭。吾想戰國使人，亦若六朝南北之通好，主客間一言致勝，即滿朝動色。以惠子聲聞，固楚人所欲親聆議論。惠子雖自快雄談，亦欲以重魏於楚。其言轉展不窮，當由其天性使然。客有言於魏王者曰：「惠子之論事也善譬，王如使之無譬，則不能言矣。」惠子即以譬曉之曰：

「今人不知彈之狀，而直告以彈之狀如彈，明者不諭也。今譬彈之狀如弓，而以竹爲之弦，人無不諭也。」於是魏王怡然喜惠子之善喻人意也。莊子短惠子，特欲其節省議論而返之於要道，然其心未嘗不賢惠子。向微過墓數言，則後世幾不知其爲匠石之良質矣。謝車騎因人疑五車無玄，曰：「故當是其妙處不傳。」此亦因莊言而量惠子之言必自玄耳。如劫王失半，亦豈可謂斯言之尚白？

肇法師「舟山論」曰：「莊生之所以藏舟，仲尼之所以逝川，斯皆感往者之難留也。何者？人則謂少壯同體，百齡一質，徒知年往，不覺形隨。是以梵志出家，白首而歸。鄰人見之曰：『昔人尚存乎？』梵志曰：『吾猶昔人，非昔人也。』鄰人皆愕然，非其言也。所謂『有力者負之而趨，昧者不覺』，其斯之謂歟？」

僧肇在姚秦時，從鳩摩羅什於長安草堂寺，重譯經本。羅什所撰，僧肇嘗爲執筆點定。

嵇含，字道君，嵇喜孫也。王粹以貴公子尚主，亭館甚盛，圖莊周於室。一日廣集朝士，使含爲讚。含竟作弔文，序曰：「帝婿王弘遠，華池豐屋，廣延儁彥，而圖莊生垂綸之象，所謂託非其所，可弔而不可賀也。」其詞略云：「邁矣莊生，天縱特放。氣虚神清，窮玄極曠。人僞俗季，真風遐散。借玄静以助溺，引道德以自獎。户詠恬曠之辭，家畫先生之象。於乎王生，有出無處。池非巖石之溜，宅非茅茨之宇。馳屈産於皇衢，畫兹象其焉取？嗟乎先生，高跡何蹈？生棲煙霞之徑，死寄彫楹之屋。託非其地，没有餘辱。」粹甚愧之。

魏陽元舒子混，清惠有才行。年二十七，既先殞，人謂陽元悲必過慟，陽元退而嘆曰：「吾不及莊生遠矣，豈以無益自損乎？」遂不復哭。

戴顒世居剡，後出吴下。士人共爲築室，聚石引水，植木開澗，少時繁茂，有若自然。乃述《莊》、《老》大旨，著《逍遥論》、《禮記·中庸》篇。

《南嶽魏夫人仙壇碑》曰：夫人諱華存，字賢安，任城人，晉司徒文康公舒之女也。夫人天才卓異，玄標幽拔。少讀《老》、《莊》、三《傳》，五經、百子，無不該覽。性樂神仙，味真悟道，服胡麻散、茯苓丸，吐納氣液，攝生夷静。親戚往來，一無關見。常欲别居閒處，父母不聽。年二十四，強適太保掾南陽劉君幼彦。生二子：璞、遐。璞爲庾司空司馬，遐爲陶太尉從事中郎、安城太守。子息初立，乃離隔室宇，齋於別寢。清修百日，忽有太極真人安度明、扶桑碧河湯谷神王景林暨諸仙來降。度明曰：「子苦心求道，道今至矣。」於是景林授夫人《黄庭内景經》，令晝夜誦讀萬遍，乃得洞觀鬼神，曰：「此不死之道也。」

抱朴子曰：「五千文雖出老子，皆汎論較略。其中了不肯首尾全舉其事，有可按據者也。但暗誦此經而不得其要道，直爲徒勞耳。至於文子、莊子、關令尹喜之徒，其屬文華，雖祖述黄老，憲章玄虚，但衍其大旨，永無至言。或復齊死生爲無異，以存活爲傜役，以徂没爲休息，其去神仙已億千里矣，豈足耽玩哉？」

死生一致，乃得道後究竟之玄譚。葛稚川恐人途徑未臻，妄希玄詣，將有弛然不復用力者，故取莊老與關尹同譏，至作《關尹敘》，則又極尊戴。

抱朴子曰：「玄冰未結，白雪未積，則青松之茂不顯；俗化不弊，風教不頹，則皎潔之操不別。到危國而沉賤，故莊萊抗遺榮之高；居亂邦而饑寒，故曾列播忘富之潔。」

抱朴子曰：「邃古之事，何可親見，皆賴記籍，《列仙傳》炳然其必有矣。然書不出周公之門，事不經仲尼之手，世人終於不信。然則古史所記，一切皆無，何但止一事哉？

俗人貪榮好進，汲汲名利，以己之心遠忖昔人，乃復不信古有逃帝王之禪授、薄卿相之貴任，如巢、許之輩，老萊、莊周之徒，以爲皆不然也。」

孫楚《莊子讚》曰：「莊周曠蕩，高才英儁。本道根貞，歸於大順。妻亡不哭，亦何所歡？慢弔鼓缶，放此誕言。殆矯其情，近失自然。」

徐文長《讀〈莊子〉》詩曰：「莊周輕死生，曠達古無比。何爲數論量，生死反大事？乃知無言者，莫得窺其際。身没名不傳，此中有高士。」徐詩、孫贊，豎義甚正，理難破壞。然性情名實之間，非所以較勘《莊子》。皇甫謐贊曰：「文窮萬妙，學守一玄。」二語雖能該《莊子》，亦未盡《莊子》之神。

南華本義附録卷四

品　評 南宋齊梁陳　北魏齊周隋

宋王僧虔《戒子書》曰：「汝開《老子》卷頭五尺許，便自呼談士，此最險事。設令袁令命汝言《易》，謝中書挑汝言《莊》，張吳興叩汝言《老》，端可復言未嘗看邪？六十四卦，未知何名；《莊子》衆篇，何者内外？而終日欺人，人亦不受汝欺也。」[一]

《南史》：劉歊[二]，字士光。生夕有香氣，氛氳滿室。幼有識慧，六歲誦《論語》、《毛詩》，意所不解，便能問難。十二讀《莊子·逍遥》篇，曰：「此可解耳。」客問之，隨問而答，皆有情理。

宋世名僧有慧琳者，姓劉氏。少出家，有才章，兼内外之學，註《孝經》、《莊

[一]「宋王僧虔」條原闕，《無求備齋莊子集成續編》影印道光十五年紅蘭山房刻本有此條，置於卷三之末，茲據以補録並依史事時間移至此處。

[二]「歊」，原作「敲」，據《百衲本二十史》影印元大德刻本《南史》卷四十九《劉歊傳》改。

子·逍遥》篇，文論傳於世。

齊豫章王蕭嶷，在武帝時位大司馬。自以地位隆重，深懷退素。帝嘗問臨川王暎：「居家何樂？」暎曰：「政使劉瓛講《禮》，顧惻講《易》，朱廣之講《莊子》，臣與二三兄弟友生時復擊贊，以此爲樂。」上大賞之。他日謂嶷曰：「臨川爲善，遂至於斯。」嶷曰：「此大司馬公次弟，安得不爾？」上乃以玉如意指嶷曰：「未若皇帝之次弟，爲善最多也。」

宗測，少静退，不樂人間。豫章王嶷徵爲參軍，測答之曰：「何爲謬傷海鳥，横斤山木？」欲游名山，迺挂其祖所畫《向子平圖》於壁，齎《老》、《莊》二書自隨。子孫拜辭悲泣，測長嘯不顧。

齊沈麟士，年逈八十，耳目猶聰明。抄寫火下細書，滿數十篋。時人以爲養身静嘿所致。著《周易兩系》、《莊子内篇訓註》及《五經》、《老子要略》數十卷。

顧歡，吴興鹽官人。鄉有學舍，歡貧無以受業，於壁後倚聽，無遺忘者。夕則然松節讀書，或然糠自照。晚節服食，不與人通。爲術數，多效驗。山陰白石村多邪病，村人求哀，歡往講《老子》，規地作獄。有傾，見狐狸、黿、鼉自入獄中者甚多，即命殺之，病者皆愈。又有病邪者，歡問其家有何書，曰：「有《孝經》。」曰：「可取《仲尼居》置病人枕邊恭敬之。」病者愈。人問其故，曰：「善禳惡，正勝邪。」歡以佛道教異，互相非毁，著《論》曰：

「夫辯是與非，宜據聖典。道經云：『老子入關，之天竺維衛國。國王夫人名曰淨妙，老子因其晝寢，乘日精入淨妙口中，後年四月八日夜半時，剖右腋而生。墜地即行七步，於是佛道興焉。』或謂歡曰：『國師道士，儒林之宗。』出《瑞應本起》。歡曰：『五帝三王，不聞有佛；國師道士，無過老莊；儒林之宗，孰出周孔？若孔老非聖，誰則當之？然二經所説，如合符契。其聖則符，其跡則反。是以端委縉紳，諸華之容；剪髮曠衣，群夷之服。擎跽磬折，侯甸之恭；狐蹲狗踞，荒流之肅。棺殯槨埋，中夏之風；火焚水沉，西夷之俗。若以道邪，道固符同矣；若以俗邪，俗則大乖矣。泥洹即涅槃。仙化，各是一術。佛號正真，道稱正一。一歸無死，真會無生。在名則反，在實則合。夫蹲夷之儀，婁羅之辯，各出彼俗，自相聆解。猶蟲躍鳥聒，何足述效？』」歡雖同二法，而意黨道教。司徒袁粲託爲道人通公駁之。其略曰：「白日停光，恒星隱照，誕降之應，事在老先，似非入關，方昭斯瑞。又西域之記，佛經之説，以膝行爲禮，不慕蹲坐爲恭。道以三繞爲虔，不尚踞傲爲肅。豈專戎俗，爰亦兹方。襄童謁帝，膝行而進；趙王見周，三環而止。今佛法垂化，或因或革。清信之士，容衣不改；息心之人，服貌必變。變本從道，不遵彼俗，俗風自殊，無患其亂。又仙化以變形爲上，泥洹以陶神爲先。變形者白首還緇，而不能無死；陶神者使塵惑日損，湛然常存。乖詭若此，何謂其同？」歡答曰：「按《道經》之作，著自西周；佛教之來，始乎東漢。年踰八百，代懸數十。若謂黄老雖久而濫在釋前，是吕尚盜陳恒之齊，劉季竊王莽之漢也。又夷俗長跪，法與華異，翹左跂右，全是蹲踞。今諸華士女，氏族弗革，而露首偏踞，濫用夷禮。請問所歸，異在何處？若以剪落爲異，則胥靡剪落矣；以立像爲異，則俗巫立像矣。此非所歸，歸在常住，常道孰異？神仙是大化之總稱，至名無名，空寂無爲。若服食茹芝，延壽萬億，壽盡則死，藥極則枯，此修考之士，非神仙之流也。」時有明僧紹作《正二教論》，以爲：「佛明其宗，老全其生。守生者蔽，明宗者通。今道家稱長生不死，名補天曹，大乖老莊立言本意。」歡年六十四，自尅死日，自擇葬時，卒於剡山。身體香軟，道家謂之尸解仙化焉。

梁劉勰作《文心雕龍》，其《諸子》篇曰：「諸子者，入道見志之書。鬻熊知道，而文王諮詢，録爲《鬻子》，子自肇始。伯陽識禮，而仲尼訪問，爰序道德，以冠百氏。逮及七國，孟軻膺儒以磬折，莊周述道以翱翔，墨翟執儉確之教，尹文課名實之符，申商刀鋸以制理，鬼谷脣吻以策勳，承流而枝附者，不可勝算。暨于暴秦烈火，勢炎崑岡，而煙燎之毒，不及諸子。逮漢成普思，子政讎校，於是《七略》芬菲，殺青所編，百有八十餘家矣。」

馬樞曰：「吾聞貴爵位者，以巢由爲桎梏；愛山林者，以伊呂爲管庫。束名實則芻芥柱下之言，玩清虚則粃糠席上之説。稽之論篤，亦各從其好也。然支父讓王，嚴子傲帝，遂爲千古美譚。比求志之士，望塗而息，豈天之不惠高尚，何山林之無聞甚乎？」自是遂隱於茅山，有終焉之志。

支父讓王，既稱千古美譚，千古人豈盡無識？自蘇子《祠堂記》一出，而人讀《讓王》等篇，俱指爲僞書，以爲鄙俚淺陋。文士一言，遂使千古名文，不能自保其真僞好醜。

陳江總作《莊周頌》曰：「玉潔蒙縣，蘭薰漆園。丹青可久，雅道斯存。夢中化蝶，水外翔鯤。出俗靈府，師心妙門。垂竿自若，重聘忘言。悠哉天地，共是籠藩。」

天嘉中，張譏講《周易》、《老》、《莊》。吴郡陸元朗、朱孟博，沙門法才、慧拔，道士姚綏，皆傳其業，爲三教宗。所撰《周易義》三十卷、《老子義》十一卷、《莊子内篇義》十二卷《外篇義》二十卷《雜篇義》十卷、《玄部通義》十二卷，後主嘗勑秘書就其家寫入，藏之秘閣。

陳後主在東宮，集官僚宴詠，學士張譏在坐。時新造玉柄麈尾成，後主親執之曰：「當今雖復多士如林，堪執此者，唯張譏耳。」即手授之。仍令於温文殿講《莊》、《老》。高祖臨聽，賜御所服衣一襲。以上宋、齊、梁、陳。

元魏孝文帝名宏，禀性聰聖，《五經》之義，覽之便講。學不師受，探其精奥。善談《老》、《莊》，尤精釋義。有大文筆，馬上口授，及其成也，不改一字。愛奇好士，常寄以布素之意。服常澣濯，鞍勒鐵木而已。

後魏神龜二年，宋雲與惠生向西域取經，入烏場國。其王菜食長齋，晨夜禮佛。見魏使宋雲，拜受詔書。語人問宋雲曰：「卿是日出人也？」宋雲曰：「我國東界大海，日出其中，實如來旨。」又問：「彼國出聖人否？」宋雲具説周、孔、莊、老之德；次序蓬萊山上銀闕金堂，神仙、聖人並在其上；説管輅善卜，華陀治病，左慈方術。如此之事，分別説之。王曰：「若如卿言，即是佛國。我當命終，願生彼國。」

關洛名儒，罕尚莊學，宋雲方外，故舉與周、孔同稱。乃孝文以人主而力行古道，又善《老》、《莊》，真出類拔萃者也。至隋並南北，則多有其人矣。

後魏祖鴻勳，弱冠有文。城陽王徽奏爲司徒法曹參軍。未幾，去官，遺陽休之書以寄意。書云：

「陽生大弟：吾比還故郡。本縣之西，有雕山焉。其處閒遠，水清石麗，高巖四匝，良田數頃。即石成基，憑林起棟。簷下流煙，共霄氣而卷舒；園中桃李，雜椿柏而蔥蒨。企莊生之逍遥，慕尚子之清曠。無事爲貴，斯已適矣。崑峰積玉，光澤者前毁；瑶山叢桂，芳茂者先折。是以東都有掛冕之臣，南國有捐情之士。斯豈惡粱錦、好蔬布哉？欲保其七尺，終其百年也。去矣陽生，途乖趣別。緬尋此旨，杳若天漢。已矣哉，書不盡言。」

北齊顔之推曰：「夫老、莊之書，蓋全真養性，不肯以物累己也。故藏名柱史，終蹈流沙；匿跡漆園，卒辭楚相。此任縱之徒耳。何晏、王弼，祖述玄宗，遞相誇尚，景附草靡，皆以黄、農之化，在乎己身；周、孔之業，棄之度外。而平叔以黨曹爽見誅，觸死權之網也；輔嗣以多笑人被疾，陷好勝之阱也；夏侯玄以才望被戮，無支離擁腫之鑒也；荀奉倩喪妻，神傷而卒，非鼓缶之情也；郭子玄以傾動專勢，寧後身外己之風也；阮嗣宗沈湎荒迷，乖畏途相誡之譬也。彼諸人者，並其領袖，玄宗所歸。其餘桎〔二〕梏塵滓之中，顛仆名利之下者，豈可備言乎？直取其清談雅論，剖玄析微，賓主往復，娛心悦耳，非濟世成俗之要也。洎於梁世，茲風復闡，《莊》、《老》、《周易》，總謂「三玄」。武皇、簡文，躬自講論。周弘正奉贊大猷，化行都邑，學徒千餘，實爲盛美。元帝在江、荆間，復所愛習，召置學生，親爲教授，廢寢忘食，以夜繼朝，至乃倦劇愁憤，輒以講自釋。吾時頗預末筵，親承音指，性既愚魯，亦所不好云。」

顔之推排詆老莊，乃能先於宋元諸儒。其言何晏、夏侯太初輩，喜莊老之言而身悖莊老之道，所以致殃，亦是公論。謂莊老非濟世成俗之要，當未悉其裁。〔三〕《顔氏家訓》歷詆江南老莊之家，行悖其學，多罹凶患。夫學其道而不用其道，自足致患，非老莊咎。北方專門經學，鮮能究心玄理，此史所謂「南北章句，好尚互有不同」者也。

顔之推曰：「莊生有乘時鵲起之説。」故謝朓詩曰：「鵲起登吳臺，吾有一親表。」作《七夕》詩云：「今夜吳臺鵲，亦共往填河。」皆耳學之過也。

〔二〕「桎」，原作「狂」，據《四部叢刊》景印明遼陽傅氏刊本《顔氏家訓》改。

〔三〕自「顔之推」至「未悉其裁」原闕，據《無求備齋莊子集成續編》影印道光十五年紅蘭山房刻本補。

足爲用事不審根源之戒。

齊天保五年，梁州舉樊遜秀才。詔制問釋、道兩教，遜對曰：「臣聞天道性命，聖人所不言，蓋以理絶涉求，難爲稱詣。如伯陽道德，莊周逍遥，遺言取意，猶有可尋。至若玉簡金書，神經秘録；三田、九轉之奇，絳雪、玄霜之異；淮南成道，犬吠雲中；子喬得仙，劍飛天上，皆是憑虚之説、海棗之談。又末葉已來，大存佛教，寫經西土，畫像南宮。昆池地黑，以爲燒刼之灰；春秋夜明，謂是降神之日。妖妄之徒，棄家出家；改形易貌，有異生人；恣意放情，還同俗物。伏惟陛下受命，山海效靈。湘中石燕，沐時雨而群飛；臺上銅烏，遡和風而杓轉。猶復降情文苑，斟酌百家，想執玉於瑶池，念求珠於赤水。竊以王母獻環，由感周德；上天錫珮，實報禹功。二班勒史，兩馬製書，未見三世之辭，無聞一乘之旨。帝樂王禮，尚有時而沿革；左道怪民，亦何辭於沙汰。」尚書擢第，以遜爲當時第一。

何妥，西城人也。父細腳胡，通商入蜀，事梁武陵王紀，主知財帛，因致巨富，號爲西川大賈。妥少機警，八歲遊國學，助教顧良戲之曰：「汝既姓何，是荷葉之荷，爲河水之河？」妥應聲答曰：「先生姓顧，是眷顧之顧，爲新故之故？」衆咸異之。年十七，以巧技事湘東王，後知其聰明，召爲誦書左右。江陵陷，入周，周武帝尤重之，授太學博士。周宣帝初欲立五后，以問儒者辛彦之，對曰：「后與天子匹體齊尊，不宜有五。」妥駁曰：「帝嚳四妃，舜又二妃，亦何常數？」帝大喜，繇是封襄城縣伯。隋文受禪，進爵爲公。納言蘇威常言於上曰：「臣先人每戒臣云：『唯讀《孝經》一卷，足可立身治國，何用多爲？』」上亦然之。妥進曰：「蘇威所學，非止《孝經》。厥父若信有此言，威不從訓，是其不孝；若無此言，面欺陛下，是其不誠。且夫子有云：『不讀《詩》，無以言；不讀《禮》，無以立。』豈容蘇綽教子獨反聖人之訓？」自後與威更相詆訶。仕終國子祭酒。有《周易講疏》三卷、《孝經義疏》三卷、《莊子義疏》四卷、《文集》十卷，並行於世。

《隋書·經籍志》：疏《莊子》者，皆梁、陳以前，絶無北魏、周、齊人。何妥有《莊子義疏》四卷，其人繇梁入周，非周、隋人也。蘇威父子自《孝經》外，不欲多讀，況肯他學？

隋崔賾，字祖濬，七歲能屬文。後徵爲河南、豫章二王侍讀，每更日往來二王之門。及河南爲晉王，轉記室參軍，自此去豫章。王重之不已，遺賾書曰：「足下博聞強記，鉤深致遠。視漢臣之三篋，似陟蒙山；對梁相之五車，若吞雲夢。吾兄欽賢重士，敬愛忘疲，先築郭隗之宫，常置穆生之醴。今者重開土宇，更誓河山。大啓南陽，重開東閣。想得奉飛蓋、曳長裾，歌山桂之偃蹇，賦池竹之檀欒，其崇貴也如彼，其風流也如此。幸甚幸甚，何樂如之。」

　　賾答書曰：「祖濬燕南贅客，河朔惰游。未嘗聚螢映雪，懸首刺股，讀《論》唯取一篇，披《莊》不過盈尺。況復桑榆漸暮，藜藿屢空；舉燭無成，穿楊盡棄。但以燕求馬首，薛養雞鳴，謬齒鴻儀，虚班驥皁。忽屬周桐錫瑞，唐水承家。真龍將下，誰好有名；濫吹先逃，何須别聽。但慈旨抑揚，損上益下，江海所以稱王，丘陵爲之不逮。無任戴荷之至，謹奉啓以聞。」

　　披《莊》不過盈尺，雖出謙辭，實是不讀。庚敳讀《莊子》，開尺許便棄去，故引爲不讀《莊》之典故。

　　文中子王通曰：「《詩》、《書》盛而秦世滅，非仲尼之罪也；虚玄長而晉室亂，非老莊之罪也；齋戒修而梁國亡，非釋迦之罪也。《易》不云乎：『苟非其人，道不虚行。』」

　　孫思邈，京兆人，通百家説，善言老子、莊周。隋文帝輔政，以國子博士召，不拜。密語人曰：「後五十年，有聖人出，吾且助之。」唐太宗初，召詣京師。年已老，而聽視聰瞭於陰陽、推步、醫藥，無不善。卒，年百餘歲。以上魏、齊、周、隋。

南華本義附録卷五

品評唐 南唐 五代

王勣，字無功。嗜酒，不任事。有奴婢數人，種黍，春秋釀酒，養鳧雁，蒔藥草自供。以《周易》、《老子》、《莊子》置床頭，他書罕讀也。貞觀中，以家貧赴選。時太樂有府史焦革，善釀酒，冠絶當時。君苦求爲太樂丞，選司以非士職，不授。君再三請曰：「此中有深意。且士庶清濁，天下所安，不聞莊周避漆園、老聃辭柱下？」卒授焉。數月，而焦革死，妻袁氏時送美酒。歲餘，袁又死。歎曰：「天乃不令吾飽美酒。」遂挂冠歸田。自是太樂爲清流。河汾中有隱士仲長子光，服食養性。君重其貞素，遂結廬河渚，爲杜康立廟，歲時致祭，以焦革配焉。貞觀十八年，終於家。臨終自尅死日，兼自爲墓誌。

陸淳云：「莊叟之後，綿歷千祀，幾於道者，予得之王君焉。心與物溟，德不外蕩，隨變而適，即分而安。罔所拘而迹不害教，遺其類而道不絶俗。故有陶公之去職，言不怨時；有阮氏之放情，行不迕物。曠哉淵乎，真可謂樂天之君子者矣。」

武攸緒，武惟良子也。恬淡寡欲，好《易》及《老》、《莊》書。隱居龍門少室間，冬蔽茅椒，夏居石室。晚年，肌肉消省，瞳有紫光，晝能見星。

開元初，詔中書令張説，舉能治《易》、《老》、《莊》者。集賢直學士侯行果，薦稽康子元及平陽敬會真於説。説籍以聞，並得侍講。俄並兼集賢侍講學士。

張志和，婺州金華人。父游朝，通莊、列二子書，爲著《罔象》、《白馬證》諸篇佐其説。志和十六擢明經，後以親喪，不復仕。著《玄真子》。嘗撰《漁歌》，憲宗圖真求之，不能致。

司馬承禎，字子微，事潘師正，傳辟穀道引術。師正曰：「我得陶隱居正一法，逮而四世矣。」廬天台不出，睿宗命其兄承禕就起之。既至，引入中掖廷，問其術，對曰：「爲道日損，損之又損，以至於無爲。夫心目所知見，每損之尚不能已，況攻異端而增智慮哉？」帝曰：「治身則爾，治國若何？」曰：「國猶身也，故游心於淡，合氣於漠，與物自然而無私焉，而天下治。」此用莊子之言以對。帝嗟歎曰：「廣成之言也。」

柳子厚稱譙國戴簡曰：「好孔子書，旁及《莊》文，莫不總統，以至虚爲極，得受益之道。」

柳子厚曰：「吾每爲文章，未嘗敢以輕心掉之，懼其剽而不留也；未嘗敢以怠心易之，懼其弛而不嚴也；未嘗敢以昏氣出之，懼其昧没而雜也；未嘗敢以矜氣作之，懼其偃蹇而驕也。抑之欲其奥，楊之欲其明，疎之欲其通，廉之欲其節，激而發之欲其清，固而存之欲其重。此吾之所以羽翼大道也。本之《書》以求其質，本之《詩》以求其恒，本之《禮》以求其宜，本之《春秋》以求其斷，本之《易》以求其動。此吾所以取道之原也。參之穀梁氏以厲其氣，參之荀、孟以暢其支，參之老、莊以肆其端，參之《國語》以博其趣，參之《離騷》以致其幽，參之太史以著其潔。此吾所以旁推交通，而以爲之文也。」

白樂天曰：「予早棲心禪梵，浪迹《老》、《莊》，因疾觀身，果有所得。」

韓退之志庫部郎中鄭群曰：「俸禄入門，與其所過逢飲酒醉呼，連日夜不厭；或分挈以去，一無所愛恤。遇其空無時，客至，清坐竟日，不設食，各自引退，亦無辭謝。與之游者，自少至老，未嘗見其言色有若憂歎者。豈列御寇、莊周等所謂『近於道者』邪？」

韓退之曰：「上規姚姒，渾渾無涯；周誥殷盤，佶屈聱牙；《春秋》緊嚴，《左氏》浮誇；《易》奇而法，《詩》正而葩；下逮《莊》、《騷》，太史所録；子雲、相如，同工異曲。」

李翺《去佛齋議》曰：「佛法之所言者，列御寇、莊周言之詳矣，其餘則皆戎狄之道也。使佛生於中國，則其爲作也必異於是，況驅中國之人舉行其術邪？」

唐初，傅奕言：「佛入中國，而孅兒幻夫，摸象老莊，以文飾之，有害國家而無補百姓也。」李翺亦承此意言之，能知老莊，未能知佛也。

李翺《答朱載言書》曰：「赫乎若日火，包乎若天地，掇章稱詠，津潤怪麗，六經之詞也。創意造言，皆不相師。故其讀《春秋》也，如未嘗有《詩》也；其讀《詩》也，如未嘗有《易》也；其讀《易》也，如未嘗有《書》也；其讀屈原、莊周也，如未嘗有六經也。故義深則意遠，意遠則理辯，理辯則氣直，氣直則辭盛，辭盛則文工。如山有恒、華、嵩、衡焉，其同者高也，其艸木之榮不必均也；如瀆有淮、濟、河、江焉，其同者出源到海也，其曲直、深淺、色黃白不必均也。此創意之大歸也。六經之後，百家之言興，老聃、列御寇、莊周、鶡冠、田穰苴、孫武、屈原、宋玉、孟軻、吳起、商鞅、墨翟、鬼谷子、荀況、韓非、李斯、賈誼、枚乘、司馬遷、相如、劉向、楊雄，皆足以自成一家之文，學者之所師歸也。故義雖深、理雖當，詞不工者不成文，宜不能傳也。文、理、義三者並兼，乃能獨立於一時，而不泯滅於後代。」

陸德明題《〈莊子〉郭註》曰：「子玄之註論，真可謂得《莊子》之旨矣。郭生前歎膏粱之途說，餘亦晚覩貴遊之妄談，斯所謂異代同風，何可復言也？或曰：『莊、惠標濠梁之契，發郢、匠之模，而言其道舛駁，其言不中，何邪？』曰：『夫欲極有教之肆，神明其言者，豈得不善其辭而盡其喻乎？莊子振徽音於七篇，列斯文於後世，重言盡涉玄之路，從事展有辭之敘，雖談無貴辯，而教無虛唱。然其文易覽，其趣難窮，恐造懷而未達者，有過理之嫌。袪斯文之弊，故舉惠子之宏辯也。』」

柳子厚曰：「凡人可以言古，不可以言今。桓譚亦云：『親見揚子雲容貌不能動人，安肯傳其書？』誠使博如莊周、哀如屈原、奧如孟軻、壯如李斯、峻如馬遷、富如相如、明如賈誼、專如揚雄，猶爲今之人，則世之高者至少矣。由此觀之，古之人未必不薄於當世而榮於後世也。」

又曰：「大都文以行爲本，在先誠其中。其外者，當先讀六經，次《論語》、孟軻書，皆經言；《左氏》、《國語》、莊周、屈原之辭，稍採取之；穀梁子、太史公甚峻潔，可以出入；餘書俟文成，異日討也。」

權德輿《莊子指要序》曰：「今之畸人有隱居張氏者，治《莊子》內、外、雜篇，以向、郭舊註未盡，懼學者之蕩於一端、泥於一說，作三十三篇《指要》以明之。蓋弘道以周物，闡幽以致用，内外相濟，得其環中，以應無窮。静而聖，動而王，時命大行乎則返一無迹，大窮乎則深根寧極。其放言大觀也，則齊彭殤、一堯傑。或至大，適以爲累；或至細，乃牽乎用。斯豈窮鄉一曲者所能通？故有内、外、雜篇之異。然則道之於物，無不繇也。行之者視其分而揭厲之，爲家爲邦，爲仁爲智，游之泳之，日漸漬之。則味者皦、躁者静，攖寧懸解，豈遠人哉？隱居名九垓，老於是學，遊名山，無常居，不粒食，與土木鳥獸同其外，而中明也如是。向使與漆園同代，如丘明受經於仲尼矣。」

莊子之學，以其不用爲大用。人謂其蘄於不用，大不曉莊意，故於《本義》中數數言之。今見張氏《指要敘》謂「欲以其無窮之應，開世間一曲者之見」，乃知千古載籍雖甚深旨趣，千古内定有一識者。

令狐綯曾以舊事訪温庭筠，對曰：「事出《南華》，非僻書也。或冀相公以燮理之暇，姑宜覽古。」綯甚怒，奏庭筠有才無行，卒不登第。庭筠有詩曰：「應知此恨人多積，悔讀《南華》第二篇。」以上唐。

南唐李建勳，嘗蓄一玉磬，聲極清越。客有談及猥俗之語者，則急起擊玉磬數聲，曰：「聊代清耳。」有一竹軒，榜曰「四友」：以琴爲嶧陽友，磬爲泗濱友，《南華經》

爲心友，湘竹榻爲夢友。

潘佑《贈別文》曰：「莊子有言：『得者時也，失者順也，安時而處順，哀樂不能入也。』佑嘗佩服於斯言。夫得者謂如人之生也，自一歲、二歲至於百歲，自少而得壯，自壯而得老，歲數之來，不可却也。失之者亦如一歲、二歲至於百歲，若暮之失蚤，今之失昔，從壯而失少，從老而失壯，行年之去，不可留也。天下之事皆然也，來不可避，去不可留。故『安時而處順，哀樂不能入也』。如人一歲、二歲至於百歲，其間得失哀樂雜然繁苛。當其時，哀則戚戚而不可解，樂則熙熙而不可易，及其過而思之，則向之熙熙戚戚，亦何妄哉？事生而記之於心，或爲喜，或爲悲，或爲恨，其名雖衆，然皆一心之變也。始則無物，終則何有哉？往所謂商周秦漢，或爭而得之者，或爭而失之者，今何有焉？天下之事，其未至也無狀也，方今無住也，已往無物也。予今營營，復何求邪？然而貪慾而好利，繫心於得失者，跼促若轅下駒，安得懸解如列子、能言如莊周者，發言如雷，注耳如風，焚天下之轅，釋天下之駒，浩浩復歸無物，至於無言歟？僕舊之所言如此。足下之行也，録以贈行。足下跼促之甚，其心已病矣。聞吾此言，病其瘳乎？」

後唐李愚告人曰：「予夙夜在公，不曾爛遊華胥國。欲於洛陽買水竹，作『蝶庵』，謝事居其間，當以莊周作開山第一祖，陳摶配食，然忙者難爲註籍供職。」

陳摶，字圖南，號扶搖子。舉進士不第。志慕神仙，乃盡散家業，惟携一石鐺而去。後唐明宗聞名召見，賜號「清虛處士」，並賜宮女三人。詩謝曰：「處士不生巫峽夢，空煩雲雨下陽臺。」即時遯去。棲武當山九室岩，後移華山，常閉門睡，累月不起。周顯德中，有尋訪者窺户，闃其無人。樵者見有遺骸生塵，捫其心獨暖，審視之，乃先生也。州將以聞，周世宗召見，賜號「白雲先生」。歸臥華山。人問：「睡亦道乎？」答曰：「有。凡人之睡也，先睡目，後睡心；吾之睡也，先睡心，後睡目。凡人之醒也，先醒心，後醒目；吾之醒也，先醒目，後醒心。心醒，因見心，乃見世；心睡，不見世，並不見心。宇宙以來，若治世者、出世者、訓世者，吾盡付之無心，睡無心，醒亦無心。」問曰：「睡可無心，醒焉能無心？」曰：「凡人於夢處醒，故醒不醒；吾心於醒處夢，故夢不夢。故善吾醒，乃所以善吾睡；善吾睡，乃所以善吾醒。」問曰：「吾欲學無心，如何則可？」曰：「對境莫任心，對心莫認境。如是已矣，焉知其他。」宋太宗召見，賜號「希夷先生」。後復召之，表謝曰：「臣明時閒客，唐室書生。形如槁木，心若死灰。願回天聽，得隱此山。數行丹詔，徒煩彩鳳銜來；一片野心，已被白雲留住。敢祈睿眷，俯順愚衷。」華陰李琪，開元中郎官；關西逸人呂洞賓，有道術，行數百里，頃刻即到，俱數至其齋中。端拱初，遣門人鑿石室於張超谷，遂化形石室，五色雲滿洞口，彌月不散。

後晉張薦明，少以儒學遊河朔，後去爲道士，通老子、莊周之説。晉高宗召見，問：「道家可以治國乎？」對曰：「道也者，妙萬物而爲言，得其極者，尸居袵席之間，可以治天下。」高祖大其言，延入内殿，拜以爲師，號「通玄先生」。後不知所終。南唐、五代。

南華本義附録卷六

品　評宋

宋淳化三年，太宗試進士，賦用《莊子》「卮言日出」出題，孫何等不知所出，叩檻乞上指之，上為陳大義。至景祐元年，始詔試進士題目具經史所出，摹印給之，不許上請。宋起。〔一〕

崔頤正事太宗，嘗召講《莊子》一篇，賜錢五萬。

王旦「堯讓天下於許由論」曰：「天出於無爲，人出於有爲。無爲者以有爲爲累，有爲者以無爲爲宗。方其有爲也，堯爲天子，富有天下，不爲有餘；及其無爲也，由爲匹夫，隱於箕山，不爲不足。以由喻天之所爲，日月時雨是也；以堯喻人之所爲，爝火浸灌

〔一〕「宋淳化三年」條原闕，《無求備齋莊子集成續編》影印道光十五年紅蘭山房刻本有此條，置於卷五之末，兹據以補録並依史事時間移至此處。

是也。夫堯以由能治天下而不敢尸，由以堯能立天下而不肯代，然則天下將誰治之？曰：『治於堯則有爲而無爲者也，治於由則無爲而有爲者也。蓋道之在聖人，出則堯、隱則由也，庸何擇乎？』」

王旦「季咸論」曰：「古者帝王之治天下必有不測之用，故使人不可得而相。孔子曰：『君子有三變：望之儼然；及其即之，又變而温然；及聽其言也，又變而爲厲矣。』是豈可執一而相哉？夫堯一而已，就之如日，望之如雲，其仁如天，其智如神，若此之多變。然則聖人出而治天下，使人不可得而相者，固所以取天下而用之道也歟？」

王文正此義亦未必正當，特存此二則者，見公爲太平醇謹宰相，亦未嘗不留意於莊學也。

道鄉鄒忠公浩曰：「『玄牝之門』，取諸吾身則鼻也。鼻者，息之所由以出入。綿綿若存，用之不勤，則其息深矣，孫叔鼻間栩栩然是已。莊子曰：『真人之息以踵，衆人之息以喉。屈服者，其溢言若哇。其嗜慾深者，其天機淺。』《素問》曰：『非出入則無以生長壯老矣，非升降則無以生長化收藏。是以升降出入，無器不有。』四者之有而貴常守，知此然後知谷神之所以不死。」

玄牝有關於鼻息，未可指鼻息即玄牝也。

嚴谷山人江袤，南宋紹興時人，有氣息之説，附於此。或問：「何者爲息？」曰：「循陰陽以左右、隨子午以消長者是也。其運如未嘗止之輪，其旋如不可盡之環，與元氣交通，晝夜不息。人知所以守息，則知所以養氣；知所以養氣，則知所以入道；知所以入道，則抱一禪定固無殊致也。」莊周言：『養形之士，吹呴呼吸。』此特其淺淺者耳。形神俱妙，蓋本於襲母氣。孔子曰：『毋意，毋我。』老子曰：『及吾無身，吾有何患？』瞿曇曰：『無眼耳鼻舌身意。』人之有生，形色外具，心意内知，必使之無者，何哉？蓋無者，萬善之所歸，萬法之所宗。人能外息諸緣，冥心於無，則與道俱矣。其歸一致，所謂坐忘。息氣面壁，果殊途哉？

歐陽修曰：「陳康肅公堯咨善射，當世無雙。嘗射於家圃，有賣油翁釋擔而立，微頷之曰：『無他，但手熟爾。』康肅忿然曰：『爾安敢輕吾射？』翁曰：『以我酌油知之。』乃取一葫蘆置於地，以錢覆其口，徐以杓酌油滴之，自錢孔入而錢不濕。因曰：『我亦無他，唯手熟爾。』康肅笑而追之。此與莊子所謂解牛、斲輪何異？」

禹之所治大水七，岷山導江其一也。江出荆州，合沅湘，合漢沔，以輸之海。其爲汪洋誕漫，蛟龍水物之所憑，風濤晦暝之變怪。壯哉，是爲勇者之觀也。吾兄晦叔爲人慷慨，喜義勇而有大志，能讀前史，識其治亂之迹。家荆州，臨大江，捨汪洋誕漫、壯哉勇者之所觀，而方規地爲池，方不數丈，治亭其上，反以爲樂，何哉？蓋其擊壺而歌，解衣而飲，陶乎不以汪洋爲大，不以方丈爲局，其心豈不浩然哉？然則水波之漣漪，游魚之上下，其爲適也，與夫莊周所謂「惠施遊於濠梁之樂」何以異？烏用蛟龍變怪之爲壯哉？故名其亭曰「游儵亭」。

六一居士初謫滁州，自號「醉翁」。既老而衰且病，將歸老於潁水之上，則又更號「六一居士」。客有問曰：「六一，何謂也？」居士曰：「吾家藏書一萬卷，集録三代以來金石遺文一千卷，有琴一張，有棋一局，而常置酒一壺。」客曰：「是爲五一，奈何？」居士曰：「以吾一老翁，於此五物之間，是豈不爲六一乎？」客笑曰：「子欲逃名者乎？而屢易其號。此莊子所謂『畏影而走乎日中』者也。余將見子疾走大喘渴死，而名不得逃也。」居士曰：「吾固知名之不可逃，然亦知夫不必逃也。吾爲此名，聊以志吾之樂爾。」客曰：「其樂如何？」居士曰：「方其得意於五物也，泰山在前而不見，疾雷破柱而不驚。雖響九奏於洞庭之野，閱大戰於涿鹿之原，未足喻其樂且適也。然常患不得極吾樂於閒者，世事之累吾樂者衆也。軒裳珪組勞吾形於外，憂患思慮勞吾心於内，使吾形不病而已瘁，心未老而先衰，尚何暇於五物哉？雖然，吾自乞其身於朝者三年矣，使得與此五物偕返於田廬，庶幾償其夙願焉。此吾之所以志也。」客復笑曰：「子知軒裳珪組之累其形，不知五物之累其心乎？」居士曰：「不然，累於彼者已勞矣，又多憂；累於此者既逸矣，幸無患。吾其何擇哉？」於是與客俱起，握手大笑曰：「置之，區區不足較也。」

歐文忠讀《莊子》而未嘗悉心《莊子》。故集中三處引用，皆與其精神不洽。晚年不遊心於物之初，而欲假五物以自娱，正坐不悉心《莊子》之故。

蘇子瞻解廣成之言曰：「按《山經》，廣成子治大《易》屯、蒙二卦，運行日月，蓋古之真人，黄帝師也。物之質、物之殘，言其情在於欲己長生，而外託於養人民、遂羣生也。夫長生不死，豈非物之實？而所謂養人民、遂羣生者，豈非道之餘乎？雲不待族而雨，艸木不待黄而落者，言雖天地之精，不能供此有心之耗也。故荒亡之符先見於日月，以身占之，則耳目先病矣。真人、佞人，猶穀之與稗也。所種者穀，雖瘠土不生稗；所種者稗，雖美田不生穀。今欲學道，而問已不情。佞僞之種，道何從生？閒居三月，則先物後己之心無所復施，故其問如此。窈冥昏默，此致道之方，而非道也。學道者，患其散且僞。故窈窈冥冥者，所以致一也；默默昏昏者，所以全真也。此下又畫一以教之，皆真實語。無視無聽，抱神以靜，則無爲也；心無所知，則無思也；必清必靜，無勞形，無搖精，則無欲也。三者具而形神一，形神一而長生矣。内不愼，外不閉，而形神離矣。至彼至陽至陰之原，二者如日月水火之用，所以修煉變化，堅氣而凝物者也。以窈冥昏默立長生之本，以無爲、無思、無慾去長生之害，又以至陰至陽堅凝之，吾事足矣。天地有官，自爲我治之；陰陽有藏，自爲我蓄之。爲之在我，成之在彼也。物本無終極，其分也成也，其成也毁也。物未嘗死，故長生者，物之固然，非我獨能。我能守一而處和，故不見其分、成與毁耳。人其盡死而我獨存乎？言學道者能盡去其人而獨存其我者，少也。夫可見、可言、可去、可取者，人也，非我也。不可見、不可言、不可去取者，是真我也。近是則明，遠是則愚，得是則得道矣。故人其盡死而我獨存者，此之謂也。」

蘇軾《莊子祠堂記》曰：「莊子，蒙人也。嘗爲蒙漆園吏。没千餘歲，而蒙未有祠之者。縣令秘書丞王兢始作祠堂，求文以爲記。謹按《史記》，莊子與梁惠、齊宣王同時。其學無所不窺，然要本歸於老子之言，故其著書十餘萬言，大抵皆寓言也。作《漁父》、《盗跖》、《胠篋》，以詆訾孔子之徒，以明老子之術。此知莊子之粗者。余以爲莊子蓋助孔子者，要不可以爲法耳。楚公子微服出亡，而門者難之。其僕操箠而罵曰：

『隸也不力。』門者出之。事固有倒行而逆施，以僕爲不愛公子則不可，以爲事公子之法亦不可。故莊周之言，皆實予而文不予，陽擠而陰助之，其正言蓋無幾。至於詆訾孔子，未嘗不微見其意。其論天下道術，自墨翟、禽滑釐、彭蒙、慎到、田駢、關尹、老聃之徒，以至於其身，皆以爲一家，而孔子不與，其尊之也至矣。然余嘗疑《盜跖》、《漁父》則真若詆孔子者，至於《讓王》、《説劍》者，皆淺陋不入於道。反覆觀之，得其《寓言》之終曰：『陽子居西遊於秦，遇老子。老子曰：「而睢睢，而盱盱，而誰與居。大白若辱，盛德若不足。」陽子居蹙然變容。其往也，舍者將迎其家，公執席，妻執巾櫛，舍者避席，煬者避竈。其反也，舍者與之爭席矣。』去其《讓王》、《説劍》、《漁父》、《盜跖》四篇，以合於《列御寇》之篇，曰：『列御寇之齊，中道而反，曰：「吾驚焉，吾食於十漿，而五漿先饋。」』然後悟而笑曰：『是固一章也。』莊子之言未終，而昧者勦之以入其言。余不可以不辯。凡分章名篇，皆出於世俗，非莊子本意。元豐元年十一月十九日記。」

此《記》雖出於愛莊子，而遂至於誣莊子，實爲賢智之過。已具論於《盜跖》、《漁父》諸篇。

王安石曰：世之論莊子者不一，而學儒者曰：「莊子之書，務詆孔子以信其邪説，要焚其書、廢其徒而後可。其曲直固不足論也。」學儒者之言如此，而好莊子之道者曰：「莊子之德，不以萬物干其慮，而能信其道者也。彼非不知仁義也，以爲仁義小而不足行矣；彼非不知禮樂也，以爲禮樂薄而不足化天下。故老子曰：『道失後德，德失後仁，仁失後義，義失後禮。』是知莊子非不達於仁義禮樂之意也。彼以爲仁義禮樂者，道之末也，故薄之云耳。」夫儒者之言善也，然未嘗求莊子之意也；好莊子之言者固知讀莊子之書也，然亦未嘗求莊子之意也。昔先王之澤，至莊子之時竭矣。天下之俗，譎詐大作，質朴並散，雖世之學士大夫，未有知貴己賤物之道者也。於是棄絶乎禮義之緒，奪攘乎利害之際，趨利而不以爲辱，殞身而不以爲怨，漸漬陷溺，以至乎不可救已。莊子病之，思其説以矯天下之弊，而歸之於正也。其心過慮，以爲仁義禮樂皆不足以正之，故同是非，齊彼我，一利害，則以足乎心爲得。此其所以矯天下之弊者也。既以其説矯弊矣，又懼來世之遂實吾説而不見天地之純、古人之大體也，於是又傷其心於卒篇以自解。故其篇曰：「《詩》以道志，《書》以道事，《禮》以道行，《樂》以道和，《易》以道陰陽，《春秋》以道名分。」由此而觀之，莊子豈不知聖人者哉？又曰：「譬如耳目鼻口皆有所明，不能相通，猶百家衆技皆有所長，時有所用。」用是以明聖人之道其全在彼而不在此，而亦自列其書於宋鈃、愼到、墨翟、老聃之徒，俱爲不該不偏一曲之士。蓋欲明吾之言有爲而作，非大道之全云耳。然則莊子豈非有意於天下之弊而存聖人之道乎？伯夷之清，柳下惠之和，皆有矯於天下者也。莊子用其心，亦二聖人之徒矣。然而莊子之言不得不爲邪説比者，蓋其矯之過矣。夫矯枉者，欲其直也，矯之過則歸於枉矣。莊子亦曰：「墨子之心則是也，墨子之行則非也。」推莊子之心以求其行，則獨何異於墨子哉？後之讀莊子者，善其爲書之心，非其爲書之説，則可謂善讀矣。此亦莊子之所願於後世之讀其書者也。今之讀者，挾莊以謾吾儒曰：「莊子之道大哉，非儒之所能及知也。」不知求其意，而以異於儒者爲貴，悲夫。

學者詆周非堯、舜、孔子，余觀其書，特有所寓而言耳。而孟子曰：「説《詩》者，不以文害辭，不以辭害意，以意逆志，是爲得之。」讀其文而不以意原之，此爲周者之所以訟也。周曰：「上必無爲而用天下，下必有爲而爲天下用。」又自以爲處昏主亂相之間，故窮而無所見其材。孰爲周之言皆不可措乎君臣父子之間，而遭世遇主終不可使有爲也？及其引太廟犧以辭楚之聘使，彼蓋危言以懼衰世之常人耳。夫以周之才，豈迷出處之方而專畏犧者哉？蓋孔子所爲隱居放言者，周殆其人也。然周之説，其於道既反之，宜其得罪於聖人之徒也。夫中人之所及者，聖人詳説而謹行之；説之不詳，行之不謹，則天下弊。中人之所不及者，聖人藏乎其心而言之略；不略而詳，則天下惑。且夫諄諄而後喻，曉曉而後服者，豈所謂可以語上者哉？惜乎，周之能言而不通乎此也。

蘇子由曰：善與人言者，因其人之言而爲之言，則天下之辯者服矣。與其里人言而曰「吾父以爲不然」，則誰肯信以爲爾父之是是？故不若與之論曲直，雖楚人可以與秦人言之而無害。故夫天下之所爲多言，以排夫異端而終以不明者，惟不務辨其是非利害，而以其父屈人也。夫聖人之所爲尊於天下，爲其知夫理之所在也。而周公、仲尼所以爲信於天下，以其子弟而知之也。故非其子弟，則天下有不知周公之爲周公，而仲尼之爲仲尼者矣。是故老聃、莊周其爲說，不可以周、孔辯也。何者？彼其以爲周、孔之不足信也。夫聖人之於事，譬如規矩之於方圓爾。天下之人信規矩之於方圓，而以規矩辨天下之不方不圓，則不若求其至方極圓，以陰合于規矩。使彼以爲規而不圓，矩而不方，則亦無害于吾說，若此則其勢易以析天下之異論。昔者天下之士，其論老聃、莊周與佛之道，皆未嘗得其要也。老聃之說曰：「去仁義，絶禮樂，而後天下安。」吾之說曰：「仁義禮樂，天下之所恃以治者。」佛之說曰：「棄父絶子，不爲夫婦，放雞豚，食菜茹，而後萬物遂。」而吾之說曰：「父子夫婦，食雞豚，以遂萬物之性。」夫彼且以其說，而吾亦以其說。彼且不吾信，如吾之不彼信也。蓋天下之不從，莫急於未信而彊刼之。故夫仁以安人而行之以義，節之以禮而播之以樂，守之以君臣而維之以父子兄弟，食肉而飲酒，此明於孔子者之所知也，而欲以諭其所不知之人，而曰：「孔子則然。」嗟夫，難哉。愚則不然，曰：「天下之道，惟其辨之而無窮，攻之而無間；辯之而有窮，攻之而有間，則是不足以爲道。」果孔子而有窮也，亦將捨而他之。惟其無窮，是以知其爲道而無疑。蓋天下有能平其心而觀焉，而不牽夫仲尼、老聃之名，而後可與語此也。

蘇子由曰：天下之道，惟其辯之而無窮，攻之而無間；辯之而有窮，攻之而有間，則是不足以爲道。昔者六國之際，處士橫議，以熒惑天下。楊氏爲我，而墨氏兼愛。老聃、莊周起而承之，以爲兼愛、爲我之不足以收天下，故兩無所適處，而泛泛焉浮游於其間，而曰：「我皆無所爲。」爲我者爲兼愛之所詆，而兼愛者爲爲我之所毀，是二者，其地皆不可居也。古之聖人惟其得而居之，是以天下大服，而其道遂傳於後世。今老聃、莊周不得由大道，而見其隙，竊入於其間，而執其機。夫惟聖人能處於其間而制其當，然兼愛、爲我亦莫棄也，而能用之以無失乎道。故曰：「我則異於是，無可無不可。」夫無可無不可，此老聃、莊周之所爲辯也，而仲尼亦云。蓋嘗聞之，聖人之道，處於可不可之際，而遂從而實之，是以其說萬變而不可窮。老聃、莊周從而虛之，是以其說汗漫而不可詰。蓋天下固有物也，有物而相遭，固亦有事矣。是故聖人從其有而制其御有之道，以治其有實之事，則於天下夫亦何事之不可爲？至區區焉求其有，以納之於無，則其用力不已，甚勞矣哉。夫老聃、莊周亦自知其窮矣。夫其窮者何也？不若從其有而有之爲易也。故曰：「無之以爲用。」又曰：「有之以爲利。」而至於佛者，則亦曰「斷滅」，而又曰「無斷無滅」。夫既曰無矣，而又恐無之反以窮；既斷滅矣，又恐斷滅之適以爲累，則夫其情可以見矣。仲尼有言曰：「君子之中庸也，君子而時中；小人之中庸也，小人而無忌憚也。」夫老聃、莊周其亦近於中庸，而無忌憚者哉。

茅鹿門曰：「上下共爲一篇。只看子由行文，如神龍變化，不可捉摸。學者如能静坐窗几，將此心默提出來，與此二篇文字打作一片，令我胸中亦覺變幻飄蕩而不可羈制，則文思之懸一日千里矣。」

茅公極稱此文者，爲其蹁躚鼓動，自是蘇家本色。至如下篇，立意命辭實有未允，當是子由少作。

蘇子由曰：「莊周《養生》一篇，誦之如龍行空，爪趾鱗翼所及，皆自合規矩。」

爲東坡誌曰：「公初好賈誼、陸贄書，論古今治亂，不爲空言。既而讀《莊子》，喟然歎曰：『吾昔嘗有見於中，口未能言，今見《莊子》，得吾心矣。』」

李方叔云：「東坡教人讀《戰國策》，學説利害；讀賈誼、晁錯、趙充國章疏，學論事；讀《莊子》，學論理性；又須熟讀《論語》、《孟子》、《檀弓》，要志趣正當，讀韓柳。」今記得數百篇，要知作文體面。

秦少游曰：「探道德之理，述性命之情，發天人之奥，明死生之變，此論理之文，如列御寇、莊周是也；别黑白陰陽，要其歸宿，決其嫌疑，此論事之文，如蘇秦、張儀是也；敘事之文，如司馬遷、班固；託詞之文，如屈原、宋玉所作是也。鉤莊、列之微，挾蘇、張之辯，摭遷、固，獵屈、宋，本以《詩》、《書》，折之孔、孟，此成體之文，如韓愈所作是也。」

黄山谷《莊子内篇論》曰：「莊周内書七篇，法度甚嚴。彼鵾鵬之大，鳩鷃之細，均爲有累於物而不能逍遥，唯體道者乃能逍遥耳。故作《逍遥遊》。物之不齊，物之情也。大塊噫氣，萬竅殊聲，吾是以見萬物之情狀。俗學者心窺券外之有，企尚而思齊，道之不著，論不明也。故作《齊物論》。生生之厚動而之死地，立於羿之彀中。其中也，因論以爲命；其不中也，因論以爲智。養生者，謝養生而養其生之主，幾乎無死地矣。故作

《養生主〔二〕》。上下四方，古者謂〔三〕之宇；往來不窮，古者謂之宙。以宇觀人間，以宙觀世，而我無所依。彼推故去，挽也故來，以德業與彼有者，而我常以不材。故作《人間世》。有德之驗，如印印泥。射至百步，力也；射中百步，巧也。箭鋒相直，豈巧力之謂哉？子得其母，不取於人而自信。故作《德充符》。族則有宗，物則有師，可以爲衆父者，不可以爲衆父父。故作《大宗師》。堯舜出而應帝，湯武出而應王。彼求我以是，與我此名，彼俗學者因以塵埃粃糠，據見四子。故作《應帝王》。二十六篇，解剝斯文爾，由莊周以來，未見賞音者。晚得向秀、郭象，陷莊周爲齊物之書，涽涽以至今，悲夫。」

莊語虛玄，人得以意解。故《老》、《莊》、大《易》，古昔有同觀。至於《外》、《雜篇》中各取一篇爲《内篇》作解，雖出管見，然兩相校勘，似不可以易。郭子玄與莊意不相合，而自昔至今無不尊信，徒以其文之工，如意之謬何也？今見山谷《内篇論》曰「二十六篇，解剝斯文爾」，又曰「向秀、郭象陷莊子爲齊物之書，涽涽以至於今」，可謂見天日。

〔二〕「主」，原作「論」，據《四部叢刊》景印宋乾道刊本《豫章黃先生文集》卷二十改。
〔三〕「謂」，原作「爲」，據《四部叢刊》景印宋乾道刊本《豫章黃先生文集》卷二十改。

問莊周何如？程子曰：「其學無禮無本，然形容道理之言，則亦有善者。」

程子曰：「學者後來多耽《莊子》。若謹禮者不透，則是他須看《莊子》，爲極有膠固纏縛，須求一放曠之説以自適。譬之有人於此久困纏縛，須覓一箇出身，如東漢末尚節行太甚，須有東晉放曠，其勢必然。」

問《齊物論》如何？曰：「莊子之意，欲齊物理邪？物理從來齊，何待莊子而後齊？若齊物形，物形從來不齊，如何齊得？此是莊子見道淺，不奈胸中所得何，遂著此論也。」

胡五峰曰：「莊周云：『伯夷死名於首陽之下。』非知伯夷者也。若伯夷可謂全其性命之情者矣，謂之死名可乎？周不爲一世用以保其身可矣，而未知天下之大本也。」

死名死利是筆鋒淩駕，借事立説以折服人，而不爲實事，今都認作實説看耳。

邵堯夫曰：「莊周雄辯，數千年一人而已。如庖丁解牛曰：『躕躇四顧。』孔子觀呂梁之水曰：『蹈水之道無私。』皆至理之言也。

「莊子與惠子遊於濠梁之上。莊子曰：『儵魚出遊從容，是魚樂也。』此盡己之性，能盡物之性也。非魚則然，天下之物皆然，若莊子者可謂善通物矣。

「莊子《齊物》未免乎較量，較量則爭，爭則不平，不平則不和。無思無爲，神妙致一之地也。所謂一以貫之，聖人以此洗心，退藏於密。

世傳康節能推來事，豈有讀書不明作者之意？今如此議《齊物論》，當由習其説而不察耳，譚理則佳。

「莊子氣豪，若呂梁之事，言之至者也。《盜跖》言事之無可奈何，雖聖人亦莫如之何。《漁父》言事之不可強者，雖聖人亦不可強。此言有爲無爲之理，順理則無爲，強則有爲也。

「庖人雖不治庖，尸祝不越樽俎而代之，此君子思不出其位，素位而行之意也。」

晁文元公迥曰：「古今名人多好讀老莊之書，以其無爲無事之中有至美至樂之理也。

「莊子云：『至德之人，無聲之中，獨聞和焉。』豈非觀音佛之法門乎？泰宇定者，發乎天光，豈非定光佛之名相乎？

「《易》之樂天知命，《老子》之少思寡欲，《莊子》之安時處順，釋氏之背塵合覺，四者不失，久而彌堅，非常人也。」

又曰：「學莊生，清虛澹泊；遵《楞枷》，微妙寂靜。如此足矣。《圓覺經》云：『心息相依，息調心淨，此禪那入道之門。』《莊子》云：『至人之心若鑑，取其寂而照，不將迎於物。』又云：『真人之息以踵。』取其深而細，從根本中來。」

王雱曰：「聖人以必不必，衆人以不必必。何謂也？大人者言不必信，行不必果，必不必也；言必信，行必果，以不必必也。莊子之言，有與聖賢相似者，不可全非而已矣。「夜氣存者，萬慮息也。不定以存者，謂不能朝徹也。能朝徹，則所謂復德之本也。」

王雱、呂惠卿兩人，慫恿王安石，貽害宋世，何乃俱解《莊子》？又《李彥平先生遺書》云：「呂吉甫讀《莊子》至『參萬歲而一成純』，遂大悟性命之理。」故其《老》、《莊》二解獨冠諸家。夫天上無不識字神仙，謂文人易於悟入則可；謂傾險作佞之人，以一言有悟而遂證大道，恐未必然。今録惠卿解長梧子之言，以存其悟入之處。

呂惠卿長梧子註曰：「聖人不知利害，故無就違；無不足，故不喜求；無非道，故不緣道。有謂乃所以無謂，無謂乃所以有謂，唯無心者足以與此。瞿鵲子嘗聞夫子言之，以爲孟浪而已，則以爲妙道，然二者皆非。夫道，非言默所載。故時夜生於卵，而卵非時夜；鴞炙得於彈，而彈非鴞炙；妙道因於所聞，而所聞非妙道也。今之聞道者，自以爲悟，而不知日損以至於無爲，皆瞿鵲之徒也。道不可以言傳耳聽，予言之而汝聽之，皆妄而已，欲其忘言而心契之也。知日月之所以爲日月，而與之合其明，則可旁矣；知宇宙之爲宇宙，而其機在乎手，則可挾矣。爲吻含此，所以爲妙道之行，非特聞之而已。滑昏而以隸相尊者，固置而不取矣。衆人役役，不見成功，聖人則愚而無知，芚而不散。雖萬世之久，參而一之，則成純矣。萬物盡然，而以是相藴。我體備萬物，萬物即吾體之謂也。」

夫悟筆法者，得於江聲；悟禪心者，由於擊竹。悟機所觸，固不問其言之何若。但悟後作解，當有超然神趣，今止於逐句訓釋，略無要領。即如曰「知日月之所以爲日月，宇宙之所以爲宇宙」，語似高玄，亦殊泛漫，用於此處可，用於他處亦可；再增數句可，即減數句亦可，安在其爲妙道也哉？長梧子之意，以爲瞿鵲前所言固是神仙妙道，乃瞿鵲分量實未足以知此，故爲蚤計。至長梧子又自進一格，並神仙亦所不屑爲，以意過曠蕩，故曰「忘言忘聽」，如昔人所謂「不願成佛，何況生天」者也。

碧虛子陳景元師事張鴻濛，嘗著《道德經藏室纂微篇》，蓋采摭古諸家注疏之精微，而參以師傳之秘，集而成書。熙寧中，因召見進呈，御筆獎諭。又有所註《南華經章句》，凡二十餘卷。

楊龜山曰：「《逍遥》一篇，子思所謂『無入而不自得』；《養生主》一篇，孟子所謂『行乎其所無事』。」

楊用修曰：「人能以此意讀《莊子》，則所謂圓機之士，可與之論九流矣。」

李士表，字元卓，著《莊子論》九篇：《夢蝶》、《解牛》、《藏舟》、《坐忘》、《壺子》、《玄珠》、《濠梁》、《墜車》、《道術》。意在超玄，然有模擬構造之迹，故境多敷衍，語亦重複。僅存《解牛》一篇，亦節而存之。

「即無物之自虚者，履萬化而常通。執有物之爲實者，應一塗而亦泥。然物本無物，其體自離，道無不通，安所用解？謂之『解牛』者，離心冥物，而未嘗見牛；乘虚順理，而未嘗游刃。且以刃則十九年，歷陰陽之數，不爲不久；以解則數千牛，應世變之故，不爲不多。疑於敝矣，而發硎若新。蓋執跡則瞬息已遷，操本則亘古不去。妙湛之體，在動而非搖；虚明之用，入塵而不垢。意者一身已幻，孰爲能奏之刀；萬物皆妄，孰爲游刃之地？故未嘗批，而大郤自離；未嘗導，而大窾自釋。善刀而藏，用歸無用，此刀之所以未嘗傷也。一將有見牛之心，則有解牛之累，而衛生之經亦已傷矣。唯在解無解，非礙則解亦不知；在礙無礙，非解則礙亦不立。礙解俱遺，虛而已矣。故能逍遥於自得之場，齊物於至一之域。莊周起解牛之喻惠文，以是達養生焉。」

石王休舍人，因避暑，有襤褸樵夫持斧而前，眉目秀整，議論清快。石問鄉里及世系，曰：「生河南，移居終南，呂渭之裔也。所學者莊子、老子，此外無所爲。」石異之，款留二日，極談出有入無、超生離死之法。將别，曰：「吾將往岳陽。」以丹一粒遺石。服之，年九十餘，面如嬰兒。

謂老莊不足耽玩，謂所學唯在老莊，均神仙者言也。或其言在未成仙之前，固當以得仙後爲定耳。

鐵脚道人，愛赤足走雪中，朗誦《南華·秋水》篇，嚼梅花滿口，和雪嚥之，曰：「吾欲寒香沁入肺腑。」後去采藥衡嶽，夜半登祝融峯觀日出，仰天大叫曰：「雲海盪吾心胸。」《心遠堂文草》

南華本義附録卷七

品　評

南宋　遼　金　元

朱子曰：「莊周書都讀來，所以他説話都説得也是，但不合没拘檢，便九百了。」或問：「康節近似莊周？」曰：「康節較穩。」宋時，滑稽者以癡爲九百。彭祖八百，若九百則神耗而癡。見陳師道《後山詩話》。

問：「孟子與莊子同時否？」曰：「莊子後得幾年，然亦不爭多。」或云：「莊子都不説着孟子一句。」曰：「孟子平生足跡只在齊、魯、滕、宋、大梁之間，不曾過大梁之南。莊子自是楚人，想見聲聞不相接，大抵楚地便有此樣差異底人物、學問。所以孟子説陳良之非，曰：『如今看許行之説，如此鄙陋。』」「當時亦有數十百人從他，是如何？」曰：「不特此也。如莊子書中，説惠施、鄧析之徒，與夫堅白、異同之論，是甚麼學問？然亦是名家。」或云：「他恐是借此以顯理。」曰：「便是禪家要如此，凡事須要倒説。如所謂『不許夜行，投明要到』，『如人上樹，口銜樹枝，手足懸空，却要答話』，都是此意。」

「道家之要，最要這因，萬事且要因來做。《史記・老子傳贊》云：『虛無因應，變化於無窮。』虛無是體，與『因應』字當爲一句，蓋因應是用『因而應之』之義云爾。」因論「庖丁解牛」一段，至「恢恢乎其有餘刃」，曰：「理之得名，以此所見無全牛熟。」

「《莊子》云：『各有儀則之謂性。』此謂『各有儀則』，如有物有則，比之諸家差善。」

問：「野馬也，塵埃也，生物之以息相吹也。是如何？」曰：「他是言九萬底風也，是這箇推去。息是鼻息出入之氣。」問：「《莊子》『實而不知以爲忠，當而不知以爲信』，此語似好。」曰：「以『實』、『當』言『忠』、『信』也好，只是他意思不如此。雖實，而我不知以爲忠；雖當，而我不知以爲信。」問：「莊生他曉得，只是却轉了說。」曰：「其不知處便在此。」

「《莊子》云『天其運乎，地其處乎』云云，至『孰居無事淫樂而勸是』，數語甚好，是他見得，方說到此。其才高，如老子。《天下》篇言『《詩》以道志』云云，至『《春秋》以道名分』，若見不分曉，焉敢如此道？要之，他病，我雖理會得，只是不做。」又曰：「《老》、《莊》二書解註者甚多，竟無一人説得本義出，只據他臆説。某若拈出，便别，只是不欲得。」

「『爲善無近名，爲惡無近刑，緣督以爲經。』『督』，舊以爲『中』。老莊之學，不論義理之當否，而但欲依阿於其間，以爲全身避害之計，正程子所謂『閃姦打訛』者。故其意以爲，爲善而近名者，爲善之過也；爲惡而近刑者，亦爲惡之過也。唯能不大爲善、不大爲惡，而但循中以爲常，則可以全身而全年矣。子莫執中，但無權耳。蓋猶擇於義理，而誤執此一定之中。莊子之意，則不論義理，專計利害，又非子莫比矣。蓋即其本心，實無以異於世俗鄉愿之所見，而其揣摩精巧、較計深切，則又非世俗鄉願之所及，是乃賊德之尤者。所以清談盛而晉俗衰，蓋其勢有所必至，而王通猶以爲非老莊之罪，則吾不能識其説也。」

爲善必名，爲惡必刑，是事理必然。今兩不近者，以其無爲也。雖不得已而爲迹，似涉於善惡，身不近於刑名，仍是以無爲而爲之者也。朱子以爲不大爲善，不大爲惡，專計利害，循中以爲常。不但莊子之識決不淺陋如此，天下事亦必無不大爲而又爲得之理。朱子謂『解莊子者無一人拈得本義出』，俱是臆説，某若拈出，自别。由此觀之，使朱子盡數拈出，猶恐有臆説在也。

「老子猶要做事，莊子都不要做了，又却道他會，只是不肯做。莊周是箇大秀才，他都理會得，只是不肯做事。觀其第四篇《人間世》及《漁父》篇以後，多是説孔子與諸人説，只是不肯學孔子，所謂『知者過之』者也。如『《易》以道陰陽，《春秋》以道名分』等語，後來人如何下得？他直是快刀利斧劈截將去，字字有着落。」李公晦曰：「莊子較之老子較平帖些。」曰：「老子極勞攘，莊子得些只也乖。莊子跌蕩，老子收斂，齊腳斂手；莊子卻將許多道理掀翻説，不拘繩墨。」

周莊仲曰：「莊子雖以老子爲宗，然老子之學尚要出來應世，莊子卻不如此。」曰：「莊子説得較開闊、較高遠，然卻較虚，走了老子意思。若在老子當時看來，也不甚喜他如此説。」

「莊子比老子便不同，莊子又轉調了精神，發出來麤。列子比莊子又較細膩。」問：「御風之説亦寓言否？」曰：「然。」問：「程先生謂《莊子》形容道體之語盡有好處，《老子》『谷神不死』一章最佳。《莊子》云『嗜欲深者天機淺』，此言最善。又曰：『謹禮不透者，須看《莊子》。』然則老莊之學未可以爲異端而不講之邪？」曰：「君子不以人廢言，言有可取，安得而不取之？如所謂『嗜欲深者天機淺』，此語甚的，當不可盡以爲虚無之論而妄訾之也。」周謨曰：「平時慮爲異端所汩，未嘗讀老莊等書，今欲讀之,如何?」曰:「自有所主,則讀之何害?要在識其意所以異於聖人者如何爾。」「楊朱之學出於老子,蓋是楊朱曾就老子學來,故莊、列之書皆説楊朱。《莊子》全寫《列子》,又變得峻奇。《列子》語温雅。」「蘇子由《古史》中多有好處。如論《莊子》三四篇譏夫子處,以爲絶非莊子之書,乃後人截斷莊子本文攙入,此其考據甚精密。由今觀之,《莊子》此數篇亦甚鄙俚。」

子由《古史》論《莊子》者曰:「聞之吾兄子瞻,引用《祠堂記》語也。」朱子平日不喜子瞻,議論故直稱子由。朱子亦遂以數篇爲鄙俚。

真西山曰:「魏正始中,何晏等祖述老莊,以清談相尚。至晉,此風益甚。晏嘗立論:『天地萬物以無爲本。』由是士大夫皆以浮誕爲美。裴頠著《崇有論》以釋其蔽,然不能救也。會稽王昱等又從而扇之,雖謝安石之賢,不免爲習俗所移。終於晉亡而不能革。」或問:「曹參治齊師蓋公,其相漢也以清淨。文景之治,大率依本黄老,約躬省事,薄賦緩獄,不言兵而天下富,老子之術,亦何負歟?」曰:「蓋公之語參曰『治道貴清淨而民自定』,此在《老子》書中一語耳。此語非有槌提仁義、絶滅禮樂之失也,故參用之，務爲休息，至於文景，斯極功矣。雖然，庶矣、富矣而未及於教也，比之二帝三王化民成俗之道，可同日語哉？自何晏、王弼以老莊之書訓釋大《易》，王衍、葛玄競相效慕，專事清談，糟粕五經，蔑棄本實，風流波蕩，晉遂以亡。爲清談者，以心與迹二，事與道殊，形器法度皆芻狗之餘，視聽言動非性命之理，此其所以大失而不自知也。何晏、王衍自喪其身，喪人之國者，如出一軌。而文中子乃曰：『清談盛而晉室衰，非老莊之罪也。』夫清談之弊，正祖於老莊，謂非其罪，可乎？近歲文士又謂：『自正始以風流相命，賞好成俗，士雖坐談空解，不畏臨戎，紈袴子弟能破百萬兵矣，清言致效而非喪邦也。』夫却敵者臨戎之功，而喪邦由清談所致，其得失自不相掩，而曰『清言致效』，可乎？此謂反理之評，不可不辯。」

李塗曰：「莊子善用虛，以其虛虛天下之實；太史公善用實，以其實實天下之虛。」又曰：「《莊子》者，《易》之變；《離騷》者，《詩》之變；《史記》者，《春秋》之變。」

羅大經《鶴林玉露》曰：「道家之教宗老莊，其後乃有神仙形解飛升之説、方士鍊丹葆形之術。然《老子》有云：『吾有大患，爲吾有身，吾既無身，而有何患？』《莊子》云：『子惡乎知悦生之非惑邪？予惡乎知惡死之非弱喪而不知歸者邪？』是老莊之意以身爲贅，以生爲苦，以死爲樂也。今神仙方士乃欲長生不死，正與老莊之説背而馳矣。佛家所謂『生滅滅已，寂滅爲樂』，乃老莊之本意也。故老莊與佛元不爲二。歐陽公云：『道家乃貪生之論，佛家乃畏死之論。』此蓋未嘗深考二家之要旨者也。老莊何嘗貪生？瞿曇何嘗畏死？貪生畏死之説，僅足以排方士而已。韓文公、歐陽公皆不曾深看佛書，故但能攻其皮毛。唯朱文公蚤年洞究釋氏之旨，故其言曰：『佛説盡出老莊，今道家有老莊書不看，盡爲釋氏竊而用之，却去倣效釋氏作經教之屬。如《清淨》、《消災》、《度人》等經，模擬可笑，而《北斗經》尤鄙俚。譬如巨室弟子，所有珍寶悉爲人盜去，却去收人家破甕破釜。』此論窺見其骨髓矣。」

陳傅良曰：「六經之後，有四人焉：據實而有文彩者，左氏也；憑虚而有理致者，莊子也；屈原變《國風》、《雅》、《頌》而爲《離騷》；子長易編年而爲紀傳。皆前未有比，後可以爲法，非豪傑特立之士，其孰能之？」以上南宋。

遼杜法幢作《顯蜜圓通》，言真心廣大，引佛經云：「當知虛空生汝心內，猶如片雲點太清裏，況諸世界在虛空耶？」真心徧滿，含裹十方。反觀父母所生之身，如一微塵，若存若亡。色身外山河大地，咸是妙明真心中物。衆生從無始來，迷卻此心，妄認四大爲身，緣慮爲心，譬如百千箇澄清大海不認，但認一小浮漚。近有儒生罕見佛書，聞此廣大真心，懵然未信。且如俗書《莊子》云「北溟有魚，其名爲鯤。鯤之大，不知幾千里」云云，世豈有見此物者哉？要不可以自目不親覩，遂不信其有。俗書所説有相物情尚爾，何況如來所説無相真心也？遼。

杜法幢因人不知真心徧滿十方，無有生滅，而妄執色身之内緣聚之相、有生有滅者以爲真心，是爲認漚忘海，故舉《莊子》「鯤鵬」之説以開拓世見。但莊書未容以言俗，寓言猶未可以責信，當會其意。且緣慮之心不先加澄定，亦未有能滿真心之量者也。

金李純甫，襄陰人。幼穎悟異常，初業詞賦，及讀《左氏春秋》，大愛之，遂更爲經義學。擢承安二年經義進士。爲文法莊周、列御寇、左氏、《戰國策》，後進多宗之。又喜談兵，章宗南征，兩上書策其勝負，後多如所料。力探性理，及身毒氏學。以下出宋景濂所書，與《金史》本傳稍異。作一書曰《鳴道集説》，其説甚偏，詆駁伊洛諸儒無寸完，至以老莊二子與孔孟同稱爲聖人，一時名流頗傾下之。因其志不遂，日以文酒爲事，嘯歌袒裼，或連飲數月不醒。雖沉醉，亦未嘗廢著書。金。

元許衡曰：「莊子好將許大見趣及義理粗淺處，徹説得不知大小無邊際，緘縢得深密，教人窺測不著。讀此等書，便須大著眼目與看破，休教被他瞞了、引了。」或問：「《史記》稱『莊子作《漁父》、《盜跖》、《胠篋》，以詆訾孔子之徒』，當時去戰國未遠也，而已莫辯其書之異同矣。且其書汪洋縱恣乎繩墨之外，而乃規規焉、局局焉議其篇章，得無陋哉？」臨川吴氏曰：「得意固可以忘言，將欲既其實，而謂不必既其文，欺也。」〔一〕

問答正爲《祠堂記》。

劉因《〈莊周夢蝶圖〉序》曰：「周寓言夢爲蝴蝶，説者以爲齊物，謂蝶、周皆幻

〔一〕「或問」以下至「欺也」見於吴澄《吴文正集》之《莊子敘録》，蓋許氏徵引吴氏之説。「將欲既其實」之「其」字原闕，亦據該文補。

也，幻則無適而不可，乃其所以爲齊也。然周烏足以知之？周之學，縱横之變也。蓋失志于當時，而欲求全于亂世，然其才高意廣，有不能自已者。姑渾淪空洞，舉事物而納之幻，或庶几焉得以猖狂恣肆于其間，以妄自表于天地萬物之外。以是觀之，雖所謂幻者，亦未必真見其爲幻，又惡知吾之所謂齊，所謂無適而不可也，有道以爲之主焉？故大行而不加，窮居而不損，隨時變易，遇物賦形，安往而不齊？安往而不可？此吾之所謂齊與可者，必循序窮理而後可以言之。周則不然，一舉而納事物於幻，而謂窈冥恍惚中，自有所謂道者存焉。噫，鹵莽厭煩者，孰不樂其易而爲之？得罪于名教。[一] 雖然，周已矣，其遺説亦其夢中之栩栩也。故即其圖而戲之曰：『圖汝者畫，辨汝者書，書與畫，無知也。圖汝者之心，及吾之辨汝之心，未發，無有也；既發，亦無有也。以其無所知、無所有者而觀之，安有彼是？既無彼是，安有是非？』周而有知，則必曰：『吾惡乎知之？』使讀者作色于前，發笑于後，乃所以齊之也。圖者，皋落楊内翰；而序圖者，劉因；繼序而題詠者，京師之才大夫也。」元。

夢蝶之説，鏡花水月耳，不須於此間作主張議論；而欲強生議論，故於莊子還

[一]《静修先生文集》卷十九《莊周夢蝶圖序》「得罪於名教」句下，有「失志於當時者，孰不利其説而趨之」十四字。

强生譏貶。劉因在元時第一流人物，文章如此，謂元爲無文，可也。吾獨善宋人江適之言：「夢覺者有曰：覺能知夢，夢不知覺，則覺固真於夢。覺之所爲，止存於思慮之中；夢之先知，乃出於思慮之外，則夢又靈於覺。旦旦之覺，其云爲常有倫；昔昔之夢，其見聞常不續。夢、覺須臾之説耳，其差殊乃至此。况生死爲去來之大變，苟非其人，欲無輪溺於造化，得乎哉？雖然，苟能蚤悟於夢覺，則生死之去來，亦不足道也。」卷七終。

莊子本義附録卷八

品評皇明

宋景濂曰：「列御寇先莊周，周著書多取其説；若書事簡勁宏妙，則似勝於周。間嘗熟讀其書，又與浮屠言合。所謂『内外進矣，而後眼如耳，耳如鼻，鼻如口，無弗同也』，非『大乘圓行説』乎？『萬物皆出於機，皆入於機』，非『輪回不息説』乎？『人皆知生之樂，未知生之苦；知死之惡，未知死之息』，非『寂滅爲樂説』乎？『精神入其門，骨肉返其根，我尚何存』，非『圓覺四大説』乎？中國之與西竺，相去一二萬里，而其説若合符節，何也？豈其得於心者亦有同然歟？」

稱符合處尚多，稍節去。

「《莊子》十卷，戰國時蒙人漆園吏莊周撰。《内篇》七，《外篇》十五，《雜篇》十一，總三十三篇。其書本老子，其學無所不窺，其文辭汪洋凌厲，若乘日月，騎風雲，上下星辰而莫測其所之，誠有未易及者。然所見過高，雖聖帝經天緯地之大業，曾不滿其一哂，蓋彷彿所謂『古之狂者』。惜其與孟軻同時，不一見而聞孔子之大道；苟聞之，則其損過就中，豈在軻之下哉？嗚呼，周不足語此也。孔子百世之標準，周何人，敢掊擊之，又從而狎侮之？自古著書之士，雖甚無顧忌，亦不至是也。周縱日見孟軻，其能幡然改轍乎？不幸其書盛傳，世之樂放肆而憚拘檢者，莫不指周以藉口，遂至義禮陵遲，彝倫斁敗，卒踣人之家國，不亦悲夫。金李純甫，亦能言之士，著《鳴道集説》，以孔孟老莊同稱爲『聖人』，則其沈溺之習至今猶未息也。異説之惑人也，深矣夫。《盜跖》、《漁父》、《讓王》、《説劍》諸篇，不類前後文，疑後人所勦入。晁氏謂『孔子没，道術散，老子始著書，周起而羽翼之』。老子著在孔子未没之先。」

聖老莊者謂是異説惑，雖近正論，惟高皇帝有言曰：「老子之道，乃有國有家者日用常行不可闕者，是也與仲尼之志齊。」聖謨若此，豈無灼見而然也哉？

楊士奇曰：「《南華經》矢口而言，粗而實精，矯偏而論，正而若反。讀者須大其胸襟，空其我相，不得以習見參之。子書中第一部醒眼文字也。」

方孝孺曰：「芒芴公者，居廣信之龍虎山，世學老子之道。其先在戰國時嘗相韓，韓世家能以計策教漢取天下者，其祖也。芒芴公姿顔如玉，雪目瞳子，爍爍有異光。初多藝能，好學，學靡所不習，後盡棄去，以爲害道，舉不以累其中。蓋老子後得其道者，爲列御寇、莊周，世多有其書，而列子言僞也。莊周稱曰：『其餘緒以治家國，其土苴以治天下。』芒芴公好莊周言，又多奇能，使盡用其術，豈不偉也？乃其欲自得者深矣。」

楊升庵曰：「莊子爲書，雖恢譎佚宕於六經外，譬猶天地日月固有常經常運，而風雲開闔、神鬼變幻，要自不可闕。古今文士每奇之，顧其字面，自是周末時語，非後世所可悉曉。然尚有可徵者，如『正獲之問于監市履狶』，乃『大射』有司正、司獲，見《儀禮》。『解之以牛之白顙者，與豚之亢鼻者，與人之有痔病者不可以適河』，乃古天子春有解祠，見《漢·郊祀志》。『唐子』乃掌堂涂之子，猶周王侯之子稱『門子』。『義臺』乃儀臺，鄭司農云：『故書儀爲義。』『其脰肩肩』，乃見《考工記》『梓人爲磬，數目顧脰〔二〕』，『肩』即『頎』字。如此類不一，而士無古學，不足以知之。諸家解者，或敷演清談，或牽聯禪語，或強附儒家，漫曰『此文字奇處絶妙』，又惡識所謂奇妙？千百

〔二〕「脰」，原作「脛」，據後文改。

八載，作者之意鬱而未伸，剽竊之用轉而多誤。」此羅勉道《〈莊子循本〉序》，而升庵録之。「數目顧豆」，《考工記》註云：「數目」，其視急也；「顧」，長脰貌。其脰長也。

楊升庵曰：「昔林肅翁謂，萬象唯風難畫。《莊子》『地籟』一段，筆端能畫風，掩卷而坐，猶覺翏翏之在耳。然觀周公《七月》之詩，『觱發』二字，簡妙含蓄，又畫風之祖也。如毛萇《詩》註云：『漣，風行水成文也。』蘇老泉衍之，作《渙甫字説》一篇。古人謂『六經，時文之祖』，信哉。」

「《莊子》云：『凍者假衣於春，暍者反冬乎冷風。』其言錯綜成文，妙矣。《淮南子》述之曰：『凍者假兼衣于春，暍者望冷于秋。』又較明白，古人辭必己出，而不相襲如此。」

「孔子出，使子路齎雨具，有傾，果雨。子路問其故，孔子曰：『《詩》不云乎「月離於畢，俾〔一〕滂沱矣」，昨暮月正離畢也。』他日月離畢，孔子出，子路請齎雨具，孔子不聽，果無雨。子路問其故，孔子曰：『昔日月離其陰，故雨；昨暮月離其陽，故不雨。』《史記·仲尼弟子傳》『有子事』載此文，而刪月離陽、離陰末節，蓋有深意。作傳之旨，本以見有子不如孔子處，故不説盡。而文蓋藴藉，如《莊子》『九淵』，而止説其三；又

〔一〕「俾」，原作「雨」，據《四部叢刊》景印宋刊巾箱本《毛詩》卷十五改。

『夔憐蚿，蚿憐風，風憐目，目憐心』，止解夔、蚿、風三句，而憐目、憐心之義缺焉。蓋悟者自能知之，若説盡則無味。知此者，知古文之奥矣。」

「莊子曰：『古之治道者，以恬養知。知生而無以智爲也，謂之智養恬。智與恬交相養，而和理出其本性也。』司馬子微曰：『恬智則定慧也，和理則道德也。』是知安慮誠明，恬智定慧，理之會合玄通，無古今，無華夷。而謂其竊吾説以文彼狹，夫瑣儒之見也。」楊升庵。

李夢陽曰：「莊周齊物之論，最達天然，亦最害治。使人皆知彭殤、孔跖同盡同歸，則孰肯自修？或又知清濁混沌，金石銷鑠，孰彭孰殤，孰孔孰跖，肯自修乎？故曰害治。孔子曰：『民可使由之，不可使知之。』」此本集所無，別見《空同子》八篇。

羅念庵與鄧豁渠書曰：「往者來書，其言甚隱；繼者來書，其言甚顯。皆肺腑相示，必欲區區遊大化，與莊、列諸公作伍，世之愛我如公不多見。」

王元美曰：「孟軻氏，理之辨而經者；莊周氏，理之辨而不經者。公孫僑，事之辨而經者；蘇秦，事之辨而不經者。然材皆不可及。」「吾嘗怪庾子嵩不好讀《莊子》，開卷至數行，即掩曰『了不異人』，以爲此本無所曉而漫爲大言者，使曉人得之，便當沉湎濡首。」「莊子亦人中天也，其位業所受則天中人也。其言有倏然而出世外者，則亦人中天也；出而不能盡不獲如大雄氏者，則又天中人也。爲言幾數十萬，今吾采之，而周生爲録之者，十不能一耳，然皆瑩然若穀之得鑿、酥乳之得醍酪，而砂礦之得燭銀也。自《莊子》之言出，而後世之修辭者獵其奇，務識者資其博，拘方者疑其誕，而守經者病其詭，皆有以來之。雖然，彼固有以來之，於彼無與也。吾採之，吾以自爲而已，于四者亦無與也。」

「《檀弓》、《考工記》、《孟子》、《左》、《國》、史遷，聖於文者乎？其敘事則化工之肖物。班氏，賢於文者乎？人巧極，天工錯。莊生、《列子》、《楞嚴》、《維摩》，鬼神於文者乎？其達見，峽決而河潰也，窈冥變幻而莫知端倪也。」

李卓吾曰：「君子所以無願外之念者，以其能素位也；所以能素位者，以其無入而不自得於己也。夫貧賤我素有，一旦而居乎富貴之地，則視富貴又若素有，然而行乎富貴之所得行，不見身之從貧賤來也。以至貧賤患難夷狄，莫不皆然。視之若素，則易位而安，自無願外之想；無入不得，而自無出位之思。苟自得，又何往而不可哉？或曰：『昔人謂光陰者，百代之過客，又謂人生如寄，多憂何爲？此莊生之所以稱達也。今言素位，則步步皆實際，似與莊子等所見不同。』余謂前聖後賢，皆重在自得上。唯自得，則所言無不同者。苟無自得之妙，則視之如傳舍，亦一時影響之見，自解之意耳；履之如實地，亦一時氣質之強，好勝之私耳，非孔子、莊子本意也。今觀夫子視富貴如浮雲，寧獨傳舍？莊子魚樂於濠梁之上，貧賤若曳尾之龜，其爲素位，亦已極矣。扶杖逍遥與逍遥御風，何殊百代過客乎？觀人間世以應帝王，步步皆實詣，寧獨吾夫子教人素位哉？故學者須得聖賢自得之益。苟自得，縱不同，亦何妨也？」

李卓吾曰：「申韓等與儒家分而爲六，各自成家，則各各有一定之學術，各各有必至之事功。舉而措之，如印印泥，走作一點不得也。獨儒者流，汎濫而靡所適從，則以所欲者衆耳，故汲長孺謂其『内多欲而外施仁義』。愚嘗謂成功者必不顧後患，顧後患者必不肯成天下之大成，莊周之徒是已。是以寧爲曳尾之龜，而不肯受千金之幣；寧爲濠上之樂，而不肯任楚國之憂。而儒者皆欲之，於是乎又有居朝廷則憂其民，處江湖則憂其君之論。彼區區者，欲擇其名實俱利者而兼之，得乎？此無他，名教累之也。以故瞻前顧後，左顧右盼，自己無一定之學術，他日又安有必成之事功邪？而又好說時中之語以自文。又況依倣陳言，規迹往事，不敢出半步者哉？」

李卓吾曰：「嵇、阮稱同心，而阮則體妙心玄，一似有聞者，觀其放言，與孫登之嘯可睹也。若向秀註《莊子》，尤爲已見大意之人，真可謂莊周之惠施矣。康與二子遊，何不就彼問道？今讀《養生論》，全然不省神仙中事，非但不識真仙，亦且不識養生矣。何以當面蹉過如此邪？以此聰明出塵好漢，雖向、阮亦無如之何，真令人悵悵。雖然，若其人品之高、文辭之妙，則豈『七賢』之所可及哉？」

此卓吾信莊子之深，以向秀能註《莊子》而嵇叔夜不問，故謂其不識真仙。至論向秀，則曰：「《思舊賦》只說康高才妙技而已。」夫康之才之技亦古今所有，但人品氣骨則古今所希也，豈秀方圖自全不敢盡邪？則此賦可無作也，舊亦可無思爾矣。秀後康死，不知復活幾年？「竹林七賢」，此爲最無骨頭者。

吳因之解顏回「心齋」曰：「顏回欲正衛君，始末三段，雖由粗漸細，然都在化人上討箇門路。『心齋』之說，他把化人念頭打掃得乾乾淨淨了，自家建箇清虛道場，又不獨別人事體抹倒，連自家形體念慮，一身內外所有，也乾乾淨淨。渾喪故我，畢竟鬼神從之，人化之。然心齋者，不知也，知人鬼之從，又非心齋矣。」

解《大宗師》曰：「天之無爲之爲，是大宗師也。人只爲一箇貪生怕死念頭做了病根，弄出許多有爲業障。《莊子》此篇，精神命脈全在死生一事；亦不獨此篇，三十二篇皆然。蓋此老看破一世衆生膏肓之病，頂門下針，要人猛於生死關頭一刀兩段，成大解脱。知此可以蔽《南華》全經之旨。」

袁中郎《瀟碧堂集》：「問儒與老莊同異。答：儒家之學順人情，老莊之學逆人情。然逆人情正是順處，故老莊嘗曰因，曰自然。如『不尚賢，使民不爭』，此語似逆而實因，思之可見。儒者順人情，然有是非，有進退，却是革。夫革者，革其不同以歸大同也，是亦因也。但俗人不知以因爲革，故所之必務張皇。即如耕田鑿井，饑食渴飲，豈不甚好？設有遑精神者，便創立科條，束約西禁，行訪行革，生出種種事端。惡人未必治，而良民已不勝其擾。此等似順而實格，不可不知。」

袁中郎又作《廣莊》七篇，皆不用其詞而發其意，極是新轍，然大意亦教典所已有，故不録。録《人間世》一篇，其云：「衆如鰍，賢如蛟，聖如龍。」亦本於《關尹子》。

《廣人間世》曰：「衆人處世，如鰍如蟹，如蛇如蛙。鰍濁蟹横，蛇毒蛙躁，同穴則爭，遇弱即噉，此市井小人象也。賢人如鯉如鯨如蛟。鯉能神化，飛越江湖而不能升天。鯨鼓鬣成雷，噴沫成雨，而不能處方池曲沼之中。蛟地行水溢，山行石破，而入海則爲大鳥所啖。賢智能大而不能小，能實而不能虚，能出纏而不能入纏，是此象也。惟聖也如龍，龍能爲鰍爲蟹，爲蛇爲蛙，爲諸蟲蚓，故雖方丈涔蹄之中，龍未嘗不沂鱗濯羽也。龍能爲鯉爲鯨爲蛟，故江淮河漢諸大水族，未嘗不相嘘相沫。是故先聖之演《易》，首以龍德配大人。《周易》，處人間世之第一書也；仲尼見老，贊以『猶龍』，老子處人間世之第一人也。《易》之道在於善藏，其用崇謙抑亢。老子之學源出於《易》，故貴柔貴下，貴雌貴黑。夫翠不藏毛，魚不隱鱗，尚能殺身，而況於人？是故大道不道，大德不德，大仁不仁，大才不才，大節不節。道也者，導也，有導則有滯，滯則礙，故古之人以道得禍，十常一也。德也者，得也，如人得物則矜，矜則人見而畏，故古之人以德得禍，十常三也。仁也者，恩也，恩能使人愛，亦能使人忌，故古之人以仁得禍，十常伍也。節也者，岊也，高也，氣太高則折，身太高則危，行太高則蹶，故古之人以節得禍，十常九也。天下之患，莫大乎見長於人，而據我於扃。我之爲我，其伏甚細，其害甚大。聰明，我之伏於諸根者也；道理，我之伏於見聞者也；知解見覺，我之伏於識種者也。古之聖人，能出世者，方能住世。我見不盡而欲住世，譬如有人自縛其手，欲解彼縛，終不能得。堯無我，故能因四岳；禹無我，故能因江河；太伯無我，故能因夷狄；迦文無我，故能因人天三乘菩薩諸根。是故龍逢見戮，比干剖心，伍胥乘潮，靈均自沈，事君之我未盡也；羑里被囚，居東見疑，居聖之我未盡也。我見不盡，戮身之患且不保，何況治世？古之聖人號『肥遯』者，非遯山林也，遯我也。我根在，即見山林，亦顯；我根盡，即遯朝廷，亦隱。何也？無可得而見者也。無可得而見，是故親之不得，疎之不得，名之不得，毀之不得，尚無有福，何有於禍？三代而下，亦有一二至人與龍德相近者，漢之子房、東方朔、黄叔度，晉之阮嗣宗，唐之狄仁傑是也。夫李泌亦似之矣，然高潔其行，至不能調一張良娣，我見尚在，處人間世之道未盡也。嗟乎，若胡廣之《中庸》，馮道之五代，似之而非，非之而似。噫，余不敢言之矣。」「卪」，音節。

陳仲醇曰：「古今文章無首尾者，獨《莊》、《騷》兩家，蓋屈原、莊周皆哀樂過人者也。哀者毗於陰，故《離騷》孤沈而深往；樂者毗於陽，故《南華》奔放而飄飛。哀樂之極，笑啼無端；笑啼之極，語言無端。乃註者定以首尾求之，李北海所謂『似我者拙，學我者死』也。大抵註書之法，妙在隱隱躍躍、若明若昧之間，如詹尹之卜，取意不取象；行人之官，受命不受辭也。龍不掛鈎，黽不食墨，玄解幽微，何嘗之與有，而況《莊子》乎哉？《莊子》註舊有四十九部五百一十六卷，近世《老莊翼》最稱駢辨。而吾友鄒孟陽則謂：『餘註皆可盡廢，獨以郭玄孤行足矣。』庾山甫好讀《老》、《莊》，曰：『正與人意暗同。』嵇叔云：『此書詎復須註？』蓋以不解爲解，則妙解存乎其中。善教兵者，殺其士卒之半；善註書者，亦註其書之半。此郭之所以獨標法外，妙得莊解者也。」

陳仲醇此文，引事使證，博雅融會，幾無跡可尋，然特爲鄒孟陽欲孤行郭註，故其言云然。使有人欲刻《老莊翼》，屬仲醇作序，又當爲别説。是以文章家能論篤者，難也。焦弱侯《國史經籍志》，古今《莊子》註四十七部六百四十一卷。

孫月峰曰：「鑛昔童時，於先君案上竊取《史記》讀之，見其新奇而偉麗，心極愛之，如獲奇寶，時時誦習，以爲天下書唯此一部而已。後又於伯兄所見莊生籍，復驚喜，苦其難解，因極力研究，顧終不能如龍門之莫逆。二十五歲，知愛歐陽文。二十六，熟讀《韓非子》，手節録之，以資舉業。二十九，讀《文選》，愛其醲厚深至。再踰年，讀《漢書》，愛其質而錯落。踰年，釋褐。又一年，乃讀《左傳》，熟記，僚友相背誦。又二年，始讀《國語》，又進之『十三經』，蓋文章之法盡於經矣。」「大都書惟兩漢前爲佳，而就中又只熟知者爲最：三《傳》、《國語》、《策》、《莊》、《列》、《韓非》，更益之《昭明文選》，已大可沉湎濡首矣。」「欲立書程，愚以爲文一家，則《易》、《書》、三《傳》、《周禮》、《禮記》、《語》、《孟》、《老》、《莊》、《韓》，至《史記》止；詩一家，則《詩》、《騷》、『古逸』、《漢魏詩紀》、《選》詩，至《杜集》止，皆一年一周，必不可缺。其餘則程外及之，或即更立程外程，免至泛濫，尤爲善計也。」

書程，今當進「四大家」詩，進《詩歸》。如太白、樂天、李長吉、王維之類，亦何可頓裁？

又曰：「韓、柳一時並稱大家。人謂唐時柳名重於韓，然子厚不知因何，每事皆讓退之而居其次。如退之學《左傳》，子厚則學《國語》；退之學《史記》，子厚則學《漢書》；退之學《莊子》，子厚則學《荀》。豈性所好固然耶？」

王元美曰：「李獻吉勸人勿讀唐以後書，始吾甚狹之，今乃信其然耳。記問既雜，下筆之際自然於筆端攪擾，驅斥爲難。若模擬一篇，則易於驅斥；又覺局促，痕跡婉然，非斲輪手。自今而後，擬以純灰三斛細滌其腸，日取『六經』、《周禮》、《孟子》、《老》、《莊》、《列》、《荀》、《國語》、《左傳》、《戰國策》、《韓非子》、《離騷》、《呂氏春秋》、《淮南子》、《史記》、班氏《漢書》，西京以還至六朝及韓、柳，便須銓擇佳者，熟讀涵泳之，令其漸滋汪洋，氣從意暢，神與境合，分途策馭，默然受指揮，豈不快哉？世亦知有是古非今者，然使之而後來，揮之而後卻，已落第二義矣。」

《焦氏筆乘》援佛典解《莊子》曰：「火之傳於薪，猶神之傳於形；火之傳異薪，猶神之傳異形。前薪非後薪，則知指窮之術妙；前形非後形，則知情數之感深。惑者見形朽於一生，便謂神情共喪，猶覩火窮於一木，便謂終期都盡，可乎？」

又曰：「《七賢論》云：『向秀爲《莊》義，讀之者無不超然若已出塵埃而窺絶冥，始了視聽之表，有神德玄哲，能遺天下，外萬物，雖使動競之人，顧觀所徇，皆悵然自有振拔之情矣。』今觀其書，旨味淵玄，花爛映發，自可與莊書並轡而馳，非獨注書之冠也。嗣後解者數十家，如林疑獨、陳詳道、黄幾復、呂惠卿、王元澤、林希逸、褚秀海、朱得之諸本，互有得失，然視子玄，奚啻蓋壤？希逸乃曰：『欲爲《南華》洗去郭、向之陋。』不知陋之一言，竟誰任之？」郭、向無陋，未是《莊子》忠臣。

「郭象《莊子注》，《世説》謂爲向秀本，象竊之。《世説》去晉未遠，當得其實。」

楊升庵曰：「莊周、李白，神於文者也，非工於文者所及也。文非工，則不可爲神，然神又非工之所可至也。」又曰：「漆園歎當世不可以莊語，楊雄謂後世必有子雲，遠矣哉。」

徐文長《中論》曰：「聃也，禦寇也，周也，中國之釋也。其於曇也，猶契也，印也，不約而同也，與吾儒並立而爲二。止此矣，他無所謂道也。其卒流而爲養生，聃之徒之爲也。入不測之淵海，以學没而已者，非求以得珠也，至海之半，不期而得珠焉。而後之學没者，遂遷其學於珠。此養生之説熾，而他端蝟生而榛塞之由也。故道之名岐於此，與釋與儒而爲三，而本非三也。二之三，嫡之庶，統之閏也。楚之有昭、景也，甲氏也，漢之有陀也。」

徐文長解《莊子》、《老子》、《陰符經》等書，名《闕篇》，爲之序曰：「古詩豈直三百篇哉？吾夫子於詩不要者闕，於史而疑、於多聞而疑者闕。夷者質孔子於華者，華者曰：『吾夫子，天之怯里馬赤也。』夫『怯里馬赤』，譯史也。今吾蘧蘧然，而管株株然，而古之人茫茫然。驅株株以譯茫茫，而祈其盡免於茫茫，則必不能盡免於茫茫。故善譯者莫吾夫子若，而夫子貴闕譯。夫闕詩者，則固闕彼人之闕者也；而闕史、闕多聞者，非彼人之闕也，我莫奈其茫茫者何而姑置之也。仲山甫之謂也，而亦可以驅株株譯茫茫者委乎？故闕者月也，彼之闕，月之虛也；我之闕，月之食也。虛不得而代之盈，食不掩人得而指之。指則鼓，鼓則馳，馳則走，走者救也，救者更也。故食而匿，則更之道不存；食而不匿，則更之道存。故月一也，闕有兩；篇一也，闕亦有兩。故余之命篇，一也，亦以兩。」

徐文長曰：「《呂刑》論斷獄，易兩造，易兩辭，而難單辭。惠與莊辯，兩辭也。惠之書亡，而公孫龍之書尚存六篇，則龍者代惠辭以愬者也。桓團、韓檀、魏公子牟、孔穿及諸亡其名者，皆惠之黨證也。黃繚者，亦惠之一小敵；而莊子者，則惠之一大敵也。《莊子》之《齊物論》篇，一大紙駁愬之詞也。《天下》篇述惠之『大同異』、『小同異』及『卵有毛』種種，諸誕節抄也。『齊人蹢子』一段，爲一小款帖也。斷獄者不備此兩辭而遽聽之，是舉《呂刑》之所謂難者而以爲易也，雖皋陶且奈之何哉？」

此徐文長解《齊物論》，謂是莊子闢惠子之強爲齊物而作。物理原一，惠子、公孫龍輩，舉凡物而綜核名實，本至一者，細爲分析其不一。又從分析後，舉至不一者，合之爲至一。故曰：「勞神明爲一，而不知其同。」必合公孫龍書與《天下》篇與「齊人蹢子」一段觀之，然後其意可見。文長於此原始要終，真如老吏斷獄，世人讀書，何能若是？然莊子本意實不欲聚訟而欲人息爭，謂《齊物》篇是一大紙駁愬之辭，未必然；謂是一大紙告和息之辭，可也。

焦弱侯曰：「孔孟之言詳於有，老莊詳於無。孔孟非不言無，無即寓於有，而孔孟姑因世之所明者引之，所謂『下學而上達』者也。彼老莊以爲必通乎無而後可以用有，於焉取其所略者而詳之，以庶幾乎助孔孟之所不及。夫『形而上者謂之道，形而下者謂之器』，孔孟之言也，今第易道器爲有無，上下爲徼妙，其詞異耳。以其詞之異而害其意之同，此攻之者之自病也，曾足以病老莊乎？」

「《莊子》一書，以明道也。儒之語，不離仁義禮樂，莊子絶而棄之，疑於不類。夫瓦礫糠粃無非道妙，獨仁義禮樂爲其所不載，明乎非蒙莊之意矣。何者？仁義禮樂，道也；而世儒之所謂仁義禮樂者，迹也。執其迹，不知其所以迹，道何由明？故不得已擯而棄焉。使人知道也者，立象先，超繫表，而吾所挾者之無以爲也，庶幾能進而求之也乎？有如求之而契也，然後知象無非真，繫無非理，而仁義禮樂亦可不必絶而棄之也已。

莊子之自言有之：『遠而不可不居者，義也；節而不可不積者，禮也。』學者知其一說，不知其又有一說，幾何而不河漢其言也？」

「老莊盛言虛無之理，非其廢世教也。虛無者，世教所以立也。彼知有物者不可以物物，而覩無者斯足以經有。是故建之以常，無有不然。聖人之業，將以成變化、行鬼神，而欲責之膠膠擾擾之衷，其將能乎？老子曰：『執古之道，以御今之有。』夫曰今之有，則古之爲無，可知矣。而御有者，必取諸無。然則謂虛無廢世教，可不可也？是故舜之無爲而治，非不治也，以無爲治也；禹之行其所無事，非不行也，以無事行也。而昧者遂至清談廢事，如晉宋之爲，斯失之遠矣。莊子曰：『水不雜則清，莫動則平，鬱閉而不流，亦不能清。』夫以廢事爲無爲，是鬱而閉之，而幾水之清者也。」

焦弱侯解「眥𡟯可以休老」曰：「『眥𡟯』，舊解『目病也』。須溪云：『靜，非藥也，然可以補病。目無所見，雖病也，而可以休老。』不知『眥𡟯』蓋養生家之術耳。按《真誥》云：『時以手按四眥，令見光。』分明是檢眼神之法，久爲之，見百靈老形之兆發於目眥，披𡟯皺紋可以沐浴老容。」

解莊子採及《真誥》，以明「眥𡟯」之義，可謂博雅。從來作《莊》解者，能盡取古今註之善者，鱗次於篇，且考核精詳，未有若焦弱侯之《老莊翼》者也，於

《莊子》宜無遺憾。今亦竟不然，其《讀莊七則》謂莊子上非老聃，《讓王》等四篇俱出僞作，是皆信前人之説而誤。統《莊子翼》中，其信前人而誤者何限？在《莊子翼》猶然，何況他解？在莊子之自言固曰：「以謬悠之説，荒唐之言，無端崖之辭，時恣縱而不儻。」如其所言，固不易解。兼之解《莊》者如王雱、吕惠卿，本不具莊子心胸，而欲發其議論，如門外人未嘗親歷徑庭，而遽談門内之曲折，能無差謬？後來者又不暇尋求，略見前人所指示，便謂途徑止此，雖迷謬而不知。至今世之讀《莊》，又止取辭華以資舉業，不必深求旨趣，是但欲借色門牆潤我家室，於莊氏徑庭且置弗問矣。然則《莊子》所以得不廢於今者，能自以其門牆色澤致人豔慕，而中間曲折窅深之處，所謂由寢及廟者，久矣蕪塞而莫尋也。瞿雲、尼父是莊子通家，能登一處之堂陳，更不能隔以門庭之曲折。近有欲增固藩籬，如釋袾宏也者。

釋袾宏曰：「有俗士聚諸年少沙彌講《莊子》，大言曰：『《南華》勝《首楞嚴》。』一時緇流及居士輩無斥其非者。夫《南華》於世書誠爲高妙，而謂勝《首楞嚴》，何可笑之甚也。士固村學究，其品猥細不足較，其言亦無旨趣，不足辯，獨恐誤諸沙彌耳。然諸沙彌稍明敏者久當自知，如言鐵勝黄金以誑小兒，小兒既長，必唾其面矣。」

《莊子》不能勝《首楞嚴》，謂《莊子》爲鐵，實未識《莊子》。其排俗士者，幾攘臂而罵矣。

唐宋大儒言佛竊老莊之説，固爲不知佛。今學佛者輒欲詆斥老莊，其於佛道尚淺。佛言十種仙，存想固形壽千萬歲，不修正覺，報盡還來，散入諸趣。此特欲其修正覺，不狃於長生耳，未嘗言長生者之必不可以入道。故南嶽願留形住世，冀現世得果；天台調身心息欲，使坐禪者無病，存想固形，亦正入道之機也。《悟真篇三註》之序曰：「黄老恐其貪着，故以長生之術漸次引道之。」兹可謂至論。雖然，此亦爲初向道者而言，若夫老莊，豈有歉於正覺者哉？

焦弱侯解《莊子》「摶扶搖羊角而上」：「羊角，即摶扶搖之狀。《夢溪筆談》云：『恩州武城縣有旋風自西南來，望之插天如羊角，官舍居民悉卷入雲中。』又《志林》云：『眉州人，家畜數百，魚深池中，三十餘年。忽一日天青無雲，池中有聲如風雨，魚盡踊起，羊角而上，不知所往。』二事所紀，正與《莊子》同。」

焦弱侯又謂《内篇》斷非莊生不能作，《外篇》、《雜篇》則後人竄入者多。

予竊謂此論不然，今據焦弱侯所論者《外篇》、《雜篇》逐段明之。焦弱侯謂

「莊子與孟子同時，而《胠篋》曰：『陳成子弒其君，子孫享國十二世。』即此推之，則秦末漢初之言也，豈其年踰四百歲乎」？夫自敬仲奔齊，改陳氏爲田氏，至田成子弒君，太公和列爲諸侯，和之孫威王强齊於天下，十二世矣。齊宣王爲威王子，正莊孟同時，稱十二世者，據宣王以先統所見過者言之，何必四百歲？若計田成子至王建入秦，止於十世，無十二世也。謂「曾、史、盜跖、楊朱、墨翟，《莊子·内篇》三卷未嘗言五人，而《外篇》、《雜篇》言之，故知其多出後人」。夫五人於莊子亦何所忌諱而不言？《内篇·齊物論》曰：「故有儒、墨之是非。」亦何嘗不言及墨翟？《齊物論》乃焦弱侯所信爲非莊子不能作者，亦可謂其出自後人者耶？又《田敬仲世家》記「騶忌見威王，三月而授相印。淳于髡曰：『是人必封不久矣。』居期年而封成侯」。《傳》曰：「武得請於冢宰。」公孫丑曰：「夫子加齊之相卿，封侯。」宰相豈必至秦始有，而謂莊書不應有是語？其謂「避漢文諱，改田恒爲田常，爲他人假託尤明」，則又甚謬。凡書出漢文後者弗論，《荀子》，戰國書也，其篇終有曰「田常爲亂」；《呂覽》，先秦書也，《知度》篇曰「陳成常與宰予」；《韓非》，亦先秦書也，《内儲説》曰「田常闞止」，皆稱「常」，不稱「恒」，豈可謂三書皆他人假託？或者劉向編録子書時，避漢諱而改「恒」爲「常」，則《莊子》亦安得據一「常」字而斷其爲假託者也？且詳《莊子》文句，「常」字實非名也，曰「田成子常殺君竊國，而孔子受幣」，言田成嘗有此惡耳。莊書字皆通用。稱「陳成常」者，去「子」而成文；稱「田成子」，則不容綴名於「子」下。如稱「孔子」，何必曰「孔仲尼丘」？莊子於《胠篋》篇嘗再言田成子，皆曰「田成子」而已，無綴名者也。

唐荆川《與茅鹿門書》曰：「秦漢而下，文之不如古者，豈其所謂繩墨轉折之精之不盡如哉？秦漢以前，儒家者有儒家本色，至如老莊家有老莊本色，縱横家有縱横本色，雖其爲術也駁，而莫不皆有一段千古不可磨滅之見。是以老莊必不肯勦儒家之説，縱横必不肯借墨家之談，各自其本色而鳴之爲言。其所言者，其本色也。是以精光注焉，而其言遂不泯於世。唐宋而下，文人莫不語性命，談治道，滿紙炫然，一切自託於儒家，非其涵養畜聚之素，非真有一段千古不可磨滅之見。而影響勦説，蓋頭竊尾，如貧人借富人之衣，莊農作大賈之飾，極力裝做，醜態盡露。是以精光枵焉，而其言遂不久湮廢。然則秦漢而上，雖其老、墨、名、法、雜家之説而猶傳今，諸子之書是也。唐宋而下，雖其一切語性命、談治道之説而亦不傳，歐陽永叔所見唐四庫書目百不存一焉者是也。後之文人欲以立言爲不朽計者，可以知所用心矣。然則吾之不語人以求工文字者，乃其語人以求工文字者也。」

鄧定宇曰：「孔闢異端而不斥老，孟闢楊墨而不斥莊，止因老莊從身心上尋求，縱千差萬錯，走來走去，及至水窮山盡，終要到這路上來。」

江夏賀叔交曰：「無欲不守禮，只是一個莊周。」又曰：「知其無可奈何而安之若命，此一關要識透。」

湘州李師解《莊子》「雖天地覆墜，亦將不與之遺」曰：「天地亦萬物之一也，萬物皆有生死，而天地亦未免於生死也。天不能常清，地不能常寧，則有時而覆墜矣。天地之清寧，是天地之生也；覆墜，是天地之死也。至於天地覆墜，而我將不與之遺，蓋我已離於生死矣。生死之變，不得與之變，故天地之生死，不得而生死之也。夫可得而生死者，人之形骸軀殼也，此假而非真也。惟能審乎無假，則真矣。假則物做主張，牽引流轉，爲物所遷；真則自做主張，不爲物遷，命物之化而守其宗。此所以生死不能變，而天地覆墜不爲之遺也。」

解「鼠肝蟲臂」曰：「黄蘗有云：『凡人臨命終時，但觀五蘊皆空，四大無我，真心無相，不去不來，湛然圓寂，心鏡一如。見善相，諸佛來迎，亦無心隨；見惡相，種種現前，亦無心怪畏。但自忘心，同於法界，便得自在，不爲三世所拘系矣。』今真人安時處順，哀樂不入，善生善死，以天地爲大爐，以造化爲大冶。此時内外身心一齊俱捨，豈不是『五蘊皆空，四大無我，真心無相，不去不來』之謂？其言『鼠肝蟲臂，一任爲之』者，正是種種惡相亦不怪畏之意也。焉有如此人，而真墮惡道哉？」

張二無先生書曰：「辱示《莊》解，向所疑爲汪洋自恣者，一一俱有實地，乃知古人躬行心得之餘，了了拈出，人自河漢之耳。」張諱瑋，爲虔南守道，武進人。

譚元春，字友夏，《閱莊子・庚桑楚》篇曰：「深思是篇，惟『不厭深渺』足以盡之，《内》、《外篇》皆是意也。而是篇堅之以天助，鄙之以賈人，恐之以鬼誅，欲其藏於密也，至矣。密者，深渺之處，一念不起，鬼不得而見也。鬼求見不得，又安從而誅之？淺人在世，四六蕩其胸中，爲適羿之雀，不爲能天之蟲，陰陽之寇默默召聚，非惟不能藏，亦復何處可藏？聖人定有深藏處，莊子知之，曰：萬物出乎無有，而並此無有亦是無有，聖人藏乎是。若大索聖人而得之，若大呼世人而尋之，南榮趎眉睫不深不渺，老子一見得之矣。」〔二〕

〔二〕「譚元春」條原闕，據《無求備齋莊子集成續編》影印道光十五年紅蘭山房刻本補。

重刊《南華真經本義》後記

嚴靈峰

明陳治安《南華真經本義》刊於崇禎五年，少見其他傳本。此爲清道光十五年紅蘭山房重刊，缺字頗多，均一一予以校補；惟第八卷十四頁全失，其内容乃輯録諸家，未知出於誰何。此間未見藏書，無從覓補，只有留置空白，殊非得已也。

一九七四年九月靈峰記。

圖書在版編目（CIP）數據

南華真經本義 /（明）陳治安撰；伍成泉點校. -- 福州：福建人民出版社，2022.12
（莊子集成 / 劉固盛主編）
ISBN 978-7-211-09066-2

Ⅰ. ①南…　Ⅱ. ①陳… ②伍…　Ⅲ. ①道家 ②《莊子》- 注釋　Ⅳ. ① B223.52

中國國家版本館 CIP 數據核字 (2023) 第 010933 號

南華真經本義

作　　者：［明］陳治安　撰　伍成泉　點校
責任編輯：張輝蘭
美術編輯：白　玫
責任校對：林喬楠
出版發行：福建人民出版社
電　　話：0591-87533169（發行部）
網　　址：http://www.fjpph.com
電子郵箱：fjpph7221@126.com
地　　址：福建省福州市東水路 76 號
經　　銷：福建新華發行（集團）有限責任公司
印刷裝訂：上海盛通時代印刷有限公司
地　　址：上海市金山區廣業路 568 號
電　　話：021-37910000
開　　本：890 毫米 ×1240 毫米　1/32
印　　張：17.50
字　　數：307 千字
版　　次：2022 年 12 月第 1 版第 1 次印刷
書　　號：ISBN 978-7-211-09066-2
定　　價：120.00 元